陕西省“三秦学者”创新团队支持计划项目
文化名家暨“四个一批”人才工程项目资助项目
陕西省特支计划“杰出人才”
西北大学“双一流”建设项目
陕西省“特支计划”青年拔尖
教育部人文社科重点研究基地——西北大学中国西部经济发展研究中心

经济增长质量论坛

第一辑

结构性减速背景下的经济转型与高质量发展

钞小静 师 博 李 勇 任保平 主编

西北大学出版社

图书在版编目(CIP)数据

经济增长质量论坛. 结构性减速背景下的经济转型与高质量发展 / 钞小静等主编. —西安: 西北大学出版社, 2019. 5

ISBN 978-7-5604-4311-9

Ⅰ. ①经… Ⅱ. ①钞… Ⅲ. ①经济增长质量—文集 Ⅳ. ①F061. 2－53

中国版本图书馆 CIP 数据核字(2019)第 042936 号

经济增长质量论坛:结构性减速背景下的经济转型与高质量发展

作　　者: 钞小静　师　博　李　勇　任保平
出版发行: 西北大学出版社
地　　址: 西安市太白北路 229 号
邮　　编: 710069
电　　话: 029-88303059
经　　销: 全国新华书店
印　　装: 陕西向阳印务有限公司
开　　本: 787 毫米×1092 毫米　1/16
印　　张: 22. 75
字　　数: 369 千字
版　　次: 2019 年 5 月第 1 版　2019 年 5 月第 1 次印刷
书　　号: ISBN 978-7-5604-4311-9
定　　价: 68. 00 元

前　言

经济增长质量是我和我的团队成员十多年以来,持续不断深入研究的一个领域,十多年来我们对中国经济增长质量的研究经历了四个阶段:第一,探索阶段:1999—2005 年。我从 1999 年攻读博士学位阶段开始关注经济发展问题,并以此为题完成了著作《低成本经济发展的制度阐释》的撰写。后在南京大学洪银兴老师指导下做博士后研究时又做了一些深化,此时关于经济增长质量研究雏形逐步形成。第二,起始阶段:2006—2009 年。2006 年我入选教育部新世纪优秀人才支持计划,支持课题为"经济转型时期中国经济增长质量与和谐发展",以此为起始标志使经济增长质量研究成为研究团队近年来主要的研究方向之一。2010 年《以质量看待增长:对新中国经济增长质量的评价与反思》的出版了标志着经济增长质量的研究正式起步。第三,深化阶段:2010—2012。研究团队相继出版了"中国经济增长质量报告系列(2010、2011、2012)"。在理论方面多篇论文发表在《经济研究》等权威期刊,在实践方面《光明日报》《中国新闻周刊》等媒体就经济增长质量等现实热点问题采访了我,观点、文章陆续被转载、转引,逐渐得到学术界的关注。第四,系统化研究阶段,2012 年到现在。在教育部新世纪优秀人才支持计划结题答辩时,研究成果得到了专家的好评,当时我的老师白永秀教授、西安交通大学经济金融学院的院长冯根福教授建议我在这个领域继续系统推进,当时冯根福教授建议我把一些研究成果往国外冲刺,可以为申报长江学者做准备。结题以后,我在继续出版每年一本的《经济增长质量报告》的基础上,对经济增长质量的研究开始系统推进,开始在经济增长质量方面申报项目,加强经济增长质量的基础理论研究,着眼于经济增长质量理论体系的构建。

十多年来我们对经济增长质量的研究取得了一系列的研究成果:(1)围绕这

个主题，我们在《经济研究》《数量经济技术经济研究》《中国工业经济》《经济科学》《经济学家》《当代经济科学》《学术月刊》等核心期刊上发表论文50余篇，其中《新华文摘》转载7篇，人大报刊复印资料全文转载多篇，《光明日报》转载3篇，《中国社会科学文摘》转载1篇。(2)出版了《以质量看待增长：对新中国经济增长质量的评价与反思》(中国经济出版社，2010年版)，我指导的博士钞小静出版了《中国转型时期经济增长质量的理论与实证分析》(人民出版社，2010年版)，我和梁炜博士主持翻译了米香的《经济增长的代价》(机械工业出版社，2011年版)，我和魏婕、郭晗出版了《经济增长质量的理论研究与实践探索》(中国经济出版社，2012年版)，我和魏婕组织编写了《经济增长理论名著导读》(中国经济出版社，2013年版)，与魏婕、钞小静、师博主持完成了《经济增长理论史》(科学出版社，2014年版)。(3)相继出版了《中国经济增长质量报告2010》《中国经济增长质量报告2011——中国经济增长包容性》《中国经济增长质量报告2012——中国经济增长质量指数及省区排名》《中国经济增长质量报告2013——结构失衡背景下的经济增长质量》《中国经济增长质量报告2014——创新驱动下的经济增长质量》《中国经济增长质量报告2015——中国产业与行业增长质量评价》，形成了关于经济增长质量研究的系列研究报告。(4)进行了经济增长质量基础理论问题的研究。在对中国经济增长质量现实问题研究的基础上，我从2012年开始着手进行经济增长质量基础理论的研究，在《经济学动态》《学术月刊》《当代经济研究》上发表了一系列的研究文章，研究和探索经济增长质量的基础理论问题，2013年开始我把在理论研究基础上形成的成果系统化为一本著作《经济增长质量的逻辑》，2013年经济增长质量发布会时，与会专家对书稿进行了讨论，会后我又进行了修改，2014年申报了"国家社科金成果文库"，获得立项资助，由人民出版社在2015年出版，并由国家社科规划办在2015年的6月进行了表彰；同时2017年出版了《超越数量：质量经济学的标准与范式》，把对经济增长质量的研究扩展到了质量经济学。(5)获得了一些项目资助。除过《经济增长质量的逻辑》获得"国家社科金成果文库"立项资助外，出版多年的《中国经济增长质量报告》获得教育部哲学社会科学发展报告项目立项资助，《地方经济增长质量监测预警系统与政策支持体系》获得2015年国家社科基金第一批重大招标项目立项资助，2014年入选首批陕西省哲学社会科学英才支持计划，同时入选教育部长江学者特聘教授。(6)培养了一批学生。一些博士生和博士后毕业以后，继续在经济增长质量方向下做研究，发表了一系列的文章，大多数先后都获得了国家社科基金，校内的钞小静、魏婕、师荣蓉，江苏科技大学的汤向俊、中南财经政法大学的马强文、中国劳动关系学院的谢琦近年来都获得了国家社科基金。钞小静入选教育部新世纪优秀人才支持计划和陕西省哲学社会科学英才支持计划。魏婕、郭晗获得孙冶方经济学青年菁英奖学金。同时，茹少峰、师博、田洪志、李勇等青年教师也加入到了这个研究领域中。

为了加强经济增长质量的研究，西北大学经济管理学院数理经济与统计系、教育部人文社会科学重点研究基地——西北大学中国西部经济发展研究中心、陕西省哲学社会科学重点研究基地和新型智库宏观经济与经济增长质量协同创新中心，举办了“经济增长质量论坛”，这一论坛已经持续举办了四年多，每学期举办十多次，由新型智库宏观经济与经济增长质量协同创新中心首席专家钞小静教授、师博教授主持，“经济增长质量论坛”主要是对经济管理学院的教师和我的学生中做出的关于宏观经济与经济增长质量的文章进行研讨，文章的作者讲授、点评教师点评、参会者讨论，这种互动方式对于论文作者来说，可以起到完善作用。对于参加者来说，可以起到学习作用。经过几年的积累，论坛积累了几十篇论文，这些论文大多数都已经发表。为了显示我们这个团队的研究成果，在师博教授的辛苦努力下，把这几年积累的成果汇集在一起，在西北大学出版社出版了。

《经济增长质量论坛》出版之际，感谢经济管理学院对论坛的大力支持，感谢钞小静教授、师博教授、魏婕副教授、郭晗副教授、李勇副教授、田洪志副教授在论坛举办中付出的辛苦劳动，感谢师博教授在《论坛》编辑中的辛苦努力，以及西北大学出版社褚骊英编辑的大力支持和辛苦劳动。

西北大学中国西部经济发展研究中心主任、研究生院院长　任保平

2019年4月8日

目录

CONTENTS

第三编　转型与经济发展研究

第一编

经济增长质量的测度与评价

第一章　中国省域工业增长质量：态势评价与影响因素分析

——基于修正的三阶段 DEA 模型*

刚翠翠　任保平　李娟伟**

摘　要　工业增长质量是工业效率、工业结构、国民素质、工业生产外部性与工业产品质量的协调统一。本文利用修正的三阶段 DEA 模型，选取中国 30 个地区 2001—2012 年工业面板数据，对中国各地区工业增长质量进行评价，结果表明：首先，工业增长质量总体呈现下降趋势，从区域角度来看东部工业增长质量高于中西部地区；其次，工业增长出现数量与质量增长的不一致性，在样本区间范围内甚至出现负相关关系；再次，从对松弛量的调整情况来看，国民素质变量并未带来工业增长质量的提高，主要原因可能是人力资本与技术不相适应所致。因此，缩小地区工业增长质量差距，提高中国工业增长质量，应当着力在优化工业结构、协调国民素质与技术创新、提升工业产品质量、减少工业生产负外部性这四方面进行。

关键词　工业增长质量；三阶段 DEA 模型；工业效率

* 本文得到国家统计局科学研究一般项目“基于 DFM 模型的中国供给侧结构性改革绩效评价研究”（2017LY42）；陕西省社科基金项目“基于 DFM 模型的陕西省供给侧结构性改革绩效评价及其提升路径研究”（2017D029）；陕西省软科学研究计划面上项目“‘新常态’背景下陕西政府治理能力提升经济增长质量的机制与政策研究”（2017KRM128）资助。

** 刚翠翠，经济学博士，西安理工大学经济与管理学院，讲师，主要研究方向：经济发展、文化经济；任保平，教育部人文社科重点研究基地——西北大学中国西部经济发展研究中心主任、西北大学研究生院院长，教育部长江学者特聘教授，教授、博士生导师，主要研究方向为中国经济增长质量与发展的政治经济学；李娟伟，经济学博士，陕西师范大学国际商学院讲师，主要研究方向：文化经济、经济增长。

作为国民经济的基础，工业的发展水平是一国综合国力的象征。1949 年以来，中国工业一直是发展的重点产业，尤其是开放以后，中国工业化的进程在明显加快，数量在不断地扩张。然而，相比发达国家漫长的工业化过程，我国工业化仅仅 60 余年，在发展过程中仍遭遇到诸多问题，工业总量的快速增长并没有带动工业发展质量的提高，传统工业增长方式造成的工业结构的不合理、工业能耗过大以及工业污染等问题日益凸显。在追求工业数量增长过程中如何通过提高工业增长质量来实现高级阶段的工业化，不仅影响未来的工业发展模式和方向，也关系到中国经济发展方式战略转型的顺利实现。然而问题在于，工业增长质量的内涵是什么？如何对工业增长质量进行评价？影响工业增长质量的因素又有哪些？针对上述问题，现有研究并未给予充分关注。

对工业增长质量内涵的研究，早期的学者主要是从广义理论层面进行分析，认为工业增长质量主要是在工业产值增加的过程中工业效率与效益、工业结构、产品质量以及出口与工业竞争力四大方面的提高[1]。可是受统计数据和研究方法限制，部分学者从狭义实证层面讨论工业增长的质量问题，即用工业投入产出效率的高低评价工业增长质量的变化[2-3]。然而这些研究成果忽略了两个问题：一是广义上的工业增长质量由于涉及工业发展维度较多，无法进行有效的测度评价；二是狭义上的工业增长质量与工业效率混同，抛弃了原先工业增长质量宽泛的含义。因此，对工业增长质量的评价需要对二者进行融合。借鉴学者任保平对经济增长质量的精确评价[4]，我们重新阐释了广义工业增长质量的内涵。在详细阐述中国工业增长质量内涵的基础上，利用修正三阶段 DEA 模型对中国 30 个地区工业增长质量进行评价，分析影响中国工业增长质量的主要因素和发展趋势，为未来工业发展方向提供决策依据。

一、中国工业增长质量的内涵

经济增长的最优目标是数量、质量和效益相统一[4]。因此，工业增长质量的提高同样需要以数量增长为前提。对于工业增长质量的评价，不仅包括工业内部结构的优化、增长效率的提高，还包含国民素质、生产外部性以及工业产品质量等方面，具体来讲主要包含以下五方面内容：

第一，从效率角度来看，在工业生产中，投入产出效率的提高表明可以利用较少的资源投入得到较高的工业产值收益。在工业总产值达到一定阶段后，成本越小越说明该生产采用了集约型的生产方式，体现了工业在生产技术、管理水平上的差异，在要素日益缺乏的情况下，成本优势是对工业发展微观上的一个考量。因此，较高的投入产出率一般被认为是高质量工业发展水平的基本要求。由于增长质量的逻辑命题本身带有规范的价值判断，因此，在数量增长下确定工业效率的大小，则能表现工业发展“好坏”的程度。

第二，从工业结构角度来看，工业结构的优化是工业增长质量的宏观表现形式。工业结构的优化代表着工业间相互作用的质量，它不仅可以反映工业之间的协调程度，也能反映工业生产中资源有效利用的程度，是要素投入结构与产出结构协调程度的集中体现。黄菁通过对 Divisia 指数分解的方法证明了不同工业结构下污染效应的大小，合理的工业结构有助于实现我国工业绿色经济的发展[5]。王德文等则着重分析工业结构调整对于生产效率以及劳动配置效率的正向影响[6]。工业化水平较高的国家都有着符合现代工业结构的生产体系，包括所有制结构调整合理，轻重工业结构比例协调，并能够结合科技进步与总需求的变化，使工业结构不断走向高级化，从而推动工业生产过程中要素配置效率的改善，形成高质量的工业增长模式。

第三，从国民素质来看，较丰富的人力资本与较高的文化素质体现了更高水平的工业发展状况。关于人力资本能够促进经济增长已成为不争的事实。在工业中，拥有较高的人力资本意味着该生产需要更有知识的人去推动技术作用于生产，使用先进的管理经验以提高生产效率，表现了工业发展正走向高级化阶段。而拥有良好文化素质的员工，由于其更富有开放性的知识与文化，因而“可望成功，勇于竞争，并积极接纳新事物”的愿望也就更强，符合现代市场的基本要求，这种存在于国民素质当中的市场性文化资本能够有效地促进增长效率的改善[7]，因而是影响工业增长质量的一个重要因素。

第四，从工业生产的外部性来看，良好的工业增长质量表现为工业的增长不存在负外部性或者存在有限的负外部性。工业经济的主题在对利益的追求应当满足“帕累托最优”，经济增长的社会成本和环境成本能控制在合理的范围内。由于不可再生资源的日渐枯竭，要求良好的工业增长应该能做到使用清洁能源或者使用清洁生产技术，使人类生存环境得到改善而非一味破坏与索取。工业与环境应能够实现良性的互动发展，工业在增长的同时能够不以大量资源的耗竭为代价，则说明工业增长质量较好。由于考虑了非合意产出，将环境污染等负产出考虑进去，则将“又快又好”纳入生产效率之中，为我们评价工业增长质量提供了一条新的技术路线。

第五，工业产品质量是工业增长质量的微观表现形式。在微观市场中，尤其是垄断竞争市场结构中，只有质量相对较高的工业产品才能够得到市场认可，工业产生的价值才能够实现，产值也才能有所提高。在国际贸易当中，也只有质量较高的工业产品才具有国际竞争力，从而提高了本国的综合国力。在全球化的工业生产中，只有自主创新品牌的工业产品才能够进入到工业生产的高利润环节，使工业生产摆脱传统的“低端价值锁定”，进入高质量的工业发展模式。相反的，缺乏质量的工业产品，即使规模再大，也无法获得基本的工业利润，更无法实现高层次的发展。

总之，工业的增长质量应当是这五个方面的统一与协调发展。工业结构优化能够提高资源的配置效率，使生产效率得到提高；工业中国民素质的提升，即拥有更多人力资本与文化素质，则能够推动技术与生产进步，从而提高工业生产效率；而工业效率的增加也应当满足环境成本最小和工业产品质量最大。因此，工业增长质量是以效率为核心，围绕着工业效率的其他关于工业增长质量的各个方面互相协同发挥作用，使得在工业结构、国民素质与产品质量一定的情况下，生产外部性最小，工业生产效率最高。

二、工业增长质量的测度方法介绍

前文已述，工业增长质量应当表现为在既定的工业结构、国民素质、生产的外部性和工业产品质量下，生产效率能够达到最大。这种工业产值的增长表现在资源能够高效地配置在合理的生产环节，同时使负的外部性降至最小。借鉴涂正革的研究方法[8]，我们采用修正的三阶段 DEA 模型来实现工业增长质量进行评价与分析，主要思路是：首先利用 SBM 模型测算出工业环境技术效率，其次剔除环境和随机误差项对各种要素投入影响，使所有决策单元面临同一种管理水平和生产环境（相同的工业结构、国民素质和产品质量），最后利用修正的要素投入量重新计算各地区工业环境技术效率，从而实现工业增长质量在五个维度方面的统一，即体现了真实工业增长质量的变化。具体测算过程如下：

（一）第一阶段：SBM 模型

借助传统的 SBM 模型，我们可以得到生产外部性与工业增长质量的协调统一，即既需要产出增加，又要保证污染最小化，方向距离函数能够进行这类测度：在既定的方向、技术水平与投入情况下，合意产出与非合意产出缩小距离的可能性大小。假定有 k 个决策单元（DUM），每个单元利用 n 项投入，合意产出为 y，非合意产出为 b，利用 Chung et al.[9] 定义的 Malmquist – Luenberger 指数，将方向向量确定为 $g^t = (y^t, b^t)$，即合意产出与非合意产出在同比例增减，生产者 $k'(y_k^t, x_k^t, b_k^t)$ 在参考既定的环境技术 $P^t(x)^t$ 下的方向环境产出函数为

$$\overrightarrow{D}_0(y_{k'}^t, x_{k'}^t, b_{k'}^t; y_{k'}^t, -b_{k'}^t) = max\beta \tag{1}$$

$$s.t.\ \sum_{k=1}^{K} z_k^t y_k^t, m \geqslant (1+\beta) y_{k',m}^t, m = 1,\cdots,M$$

$$\sum_{k=1}^{K} z_k^t b_{k,j}^t = (1-\beta) b_{k',j}^t, j = 1,\cdots,J$$

$$\sum_{k=1}^{K} z_k^t x_{k,n}^t \leqslant x_{k',n}^t, n = 1,\cdots,N$$

（二）第二阶段：投入调整

在第一阶段中，利用 SBM 模型测度出考虑工业生产具有外部性情况下工业生产效率的大小。但第一阶段仅仅能分离出非合意产出，对于其他影响工业效率因素未能进行有效剔除，此时生产效率并不满足工业增长质量的定义。故而在第二阶段需要参考 Fried[10] 建立 SFA 模型，分离出其他影响工业效率的因素，重新计算出真实的投入值，使所有省份的工业生产面临同等工业结构、同样的国民素质以及同样的产品质量，进而计算对应省份的工业生产效率，才能满足本文工业增长质量的定义。需要说明的是，第二阶段仅是援用 SFA 的回归模型，并未满足成本函数的假设，因此在第二阶段测度中没有包含价格变量。

利用第一阶段 SBM 模型所得数据，得到第一阶段投入的松弛量，令第 k 个决策单元在第 n 个投入值为 $x_{k,n}^t$，其差额即松弛量为 $S_{k,n}^t$，则

$$S^{k,n} = x_{k,n}^t - X_n^t \lambda_n^t \tag{2}$$

环境变量与松弛量之间存在着以下关系，即

$$S_{k,n}^t = f_n(Z_k, \beta_n) + E_{nk} \tag{3}$$

$$E_{nk} = V_{nk} + U_{nk} \tag{4}$$

$f_n(Z_k, \beta_n)$ 是确定可行的松弛量前沿面，β_n 为对应因变量为第 i 个投入松弛量时相应的环境变量待估参数向量，Z_k 为环境变量，一般假设 $f_n(Z_k, \beta_n)$ 满足线性关系 $Z_k\beta_n$，$V_{nk} + U_{nk}$ 为复合误差项，其中，V_{nk} 是第 k 个厂商（DMU）在第 n 个投入

时生产过程的随机误差；U_{nk}是第 k 个厂商（DMU）在第 n 个投入时，其生产过程中管理无效率的非负随机变量，V_{nk}与U_{nk}独立不相关。

为调整投入，需要从 SFA 模型的复合误差项中把随机误差分离出来。根据 Jondrow et al. [11] 的研究结论，利用 JLMS 方法，通过管理无效率的条件估计，可得V_{nk}的估计量

$$\widehat{E}[V_{nk} \mid V_{nk} + U_{nk}] = S_{nk} - Z_k \widehat{\beta}_n - \widehat{E}[U_{nk} \mid V_{nk} + U_{nk}] \tag{5}$$

借鉴罗登跃[18]对于$\widehat{E}[U_{nk} \mid V_{nk} + U_{nk}]$的重新估计式，应用 JLMS 方法推导出管理无效率的估计公式，可得U_{nk}的估计式：

$$\widehat{E}[U_{nk} \mid V_{nk} + U_{nk}] = \int_0^{\infty} (U \mid V + U)\mathrm{d}U = \frac{E(X_n + 1)}{X_n},$$

其中 $X \sim N+$ （μ，σ^2），即满足 0 处截断的非负正态分布。

对投入量进行调整，调整后的投入量 X_{nk}^* 即全部决策单位调整于相同环境之下的投入量：

$$X_{nk}^* = x_{nk} + [max\{Z_k \widehat{\beta}_n\} - Z_k \widehat{\beta}_n] + [max\{\widehat{U}_{nk}\} - \widehat{U}_{nk}] + [max\{\widehat{V}_{nk}\} - \widehat{V}_{nk}] \tag{6}$$

（三）第三阶段：修正后的 SBM 效率值

利用第二阶段调整后的投入量 X_{nk}^* 带入到第一阶段的 SBM 模型当中重新修正效率值，由于在第二阶段，将所有省份的生产状况（工业结构、国民素质、工业产品质量）协调至同一水平，此时测度出的工业效率值即为本文定义的工业增长质量值。

三、中国工业增长质量的评价

本文以全国 30 个省市（西藏除外）地区工业为基本的决策单元，利用 2000 年至 2012 年的数据对全国 30 个地区工业增长质量进行了评价，各主要数据来源于《中国统计年鉴》《中国工业经济年鉴》《中国环境统计年鉴》以及《中国经济普查年鉴 2004》，部分缺失数据采用插值法填补。

（一）投入产出变量的确定

投入变量：借鉴以往研究，本文采用资本、劳动和能源作为投入变量。受限于统计资料以及永续盘存法估计资本存量的问题，资本存量选取工业实际固

定资产净值作为资本存量的指标。劳动投入则采用各地区工业年末平均从业人数。由于工业是能源消费的主要部门，所以采用各地区工业煤炭消费量以及电力消费量两项作为能源投入的指标。

产出变量：合意产出指标主要采用各地区工业增加值，而针对非合意产出，本文采用各地区工业“三废”作为非合意产出，即各地区工业废水排放量，各地区工业废气排放量，以及各地区工业固体废弃物产生量作为指标。

环境变量：结合本文工业增长质量的定义，选择三种环境变量：

第一，结构变量：对于工业结构的研究一般采用霍夫曼比值，即工业行业中消费资料净产值与生产资料净产值的比例作为指标，具体选用两个指标作为工业结构的代表：①工业所有制结构，利用各地区国有工业增加值与工业增加值之比作为指标；②工业的轻重结构，利用各地区轻工业增加值与工业增加值之比作为指标。从改革开放的历史经验来看，国有工业的效率值一般都要低于非国有工业的效率值，显示不同所有制结构下的工业效率是不同的，但在政策支持上，可能会偏向国有工业，因而效率值并不能确定；轻重工业由于资本有机构成不同，因而表现出了不同的效率，而且工业化进程的推进，政府更偏好对重工业的投资与政策支持，因而效率值会有不同。

第二，国民素质变量：①地区间工业人力资本存量，本文利用教育年限法估算人力资本存量；②地区间文化资本存量，利用李娟伟等的计算方法对于地区间文化资本存量进行估计[7]；③经济开放度水平，选取各地区进出口贸易总额与同期地区生产总值之比，表示不同省域的经济开放水平。

第三，工业产品质量变量：一般来讲工业产品质量主要指产品品质、技术水平与品牌等。囿于统计数据的缺乏，对工业产品质量直接评价较为困难，但科学技术的进步、R&D 研发以及自主创新品牌的出现会使得工业产品质量提高，同时在《工业发展十二五规划报告》中明确指出，自主研发是工业产品质量的一个标志，因而利用工业 R&D 存量以及实用新型和外观设计创新成果可大致反映工业产品质量的变化。指标包括：①专利授权件数；②大中型企业科技研发费用。

（二）实证结果分析

1. 第一阶段：工业环境效率测度

从第一阶段计算的 SBM 效率值情况来看，在未分离环境变量与随机因素的影响下，中国30个地区工业的效率值距生产前沿面还有较大的提升空间。从近十年来的动态情况来看，除北京、广东、江苏、上海等地区位于前沿面上，整体呈下降趋势，表明各地区工业生产效率在样本区间内未能显著提高，如表1所示。

表1 中国30个地区工业SBM效率值

地区	省份	2001	2005	2009	2010	2011	2012	平均值
东部地区	北京	1.0000	1.0000	1.0000	1.0000	1.0000	1.0000	1.0000
	天津	1.0000	0.8660	0.7360	0.3860	0.3600	0.3600	0.7504
	河北	0.3160	0.3720	0.2210	0.1900	0.1800	0.1600	0.2955
	江苏	0.6100	1.0000	1.0000	0.5910	0.3800	0.2000	0.7234
	上海	1.0000	1.0000	1.0000	1.0000	1.0000	1.0000	1.0000
	福建	0.5010	0.5440	0.2580	0.2270	0.2400	0.2200	0.4097
	浙江	0.5470	0.4440	0.6160	0.6690	0.6500	0.4400	0.5572
	广东	1.0000	1.0000	1.0000	1.0000	1.0000	1.0000	1.0000
	山东	0.5640	1.0000	1.0000	1.0000	0.2800	0.1600	0.7360
	海南	1.0000	1.0000	1.0000	1.0000	1.0000	1.0000	1.0000
	平均值	0.7538	0.8226	0.7831	0.7063	0.6090	0.5540	0.7725
东北地区	黑龙江	0.6010	1.0000	0.3350	0.3030	0.3000	0.1900	0.4836
	吉林	0.3940	0.4430	0.2870	0.2520	0.2400	0.2100	0.3509
	辽宁	0.2970	0.3900	0.2400	0.2070	0.2100	0.2000	0.2946
	平均值	0.4307	0.6110	0.2873	0.2540	0.2500	0.2000	0.3795
中部地区	安徽	0.2860	0.4520	0.2310	0.2180	0.2200	1.0000	0.3329
	江西	0.2900	0.4050	0.3580	0.3390	0.3100	0.2500	0.3552
	河南	0.3370	0.4700	0.3530	0.2190	0.1900	0.2000	0.3885
	湖北	1.0000	0.3830	0.2430	0.2180	0.2200	0.1900	0.3276
	湖南	0.3100	0.5350	0.2740	0.2350	0.2300	0.2200	0.3329
	山西	0.2040	0.2910	0.1710	0.1580	0.1600	0.1400	0.2064
	平均值	0.4045	0.4227	0.2717	0.2312	0.2217	0.3333	0.3398
西部地区	重庆	0.2850	0.3510	0.3180	0.2650	0.2800	0.2600	0.3483
	甘肃	0.2970	0.3350	0.2550	0.2360	0.2200	0.1900	0.2776
	广西	0.2520	0.2880	0.2250	0.2070	0.2100	0.2000	0.2561
	贵州	0.2340	0.3140	0.2000	0.1710	0.1600	0.1600	0.2257

续表

地区	省份	2001	2005	2009	2010	2011	2012	平均值
西部地区	内蒙古	0.2490	0.2990	0.1930	0.1630	0.1500	0.1500	0.2247
	宁夏	0.2660	0.3360	0.2610	0.2240	0.2000	0.2100	0.2636
	青海	1.0000	0.4880	0.3940	0.3780	0.3800	0.4600	0.5948
	陕西	0.3140	1.0000	1.0000	1.0000	1.0000	1.0000	0.7750
	四川	0.3030	0.3980	0.2310	0.1960	0.1900	0.1800	0.2831
	新疆	1.0000	1.0000	0.2830	0.2810	0.2600	0.2100	0.5577
	云南	0.5490	0.5400	0.2490	0.2150	0.1900	0.1800	0.4065
	平均值	0.4317	0.4863	0.3281	0.3033	0.2945	0.2909	0.4053
	全国	0.4573	0.5365	0.3793	0.3335	0.3061	0.2887	0.4343

注：考虑篇幅，表中仅报告部分年份结果。

2. 第二阶段：松弛量调整

第 12 页表 2 报告了利用 SFA 环境变量对松弛量的回归。当回归系数为负时，表明随着环境变量的增加会减少松弛量的投入，由于松弛量实际上是理想状态与实际状态投入的差值，这一系数为负恰好说明环境变量有利于减少投入变量的冗余或浪费，距离理想状态更近；而当回归系数为正则相反，环境变量将会增加松弛量投入，导致投入变量冗余距离理想状态越远。从第 12 页表 2 的估计结果来看：

第一，工业所有制结构、轻重结构与对外开放度这三个变量与所有松弛量的回归系数均为负，表明随着国有企业比重、轻工业比重越大，对外开放度越高，越有利于提高工业产出的效率，这也驳斥了外资“污染天堂”的假说。但所有制结构并未通过显著性检验，说明在样本区间内国有工业与其他所有制工业在效率上并无显著区别。

第二，人均人力资本与文化资本存量的影响对于所有松弛量的影响为正且通过显著性检验，说明目前国民素质的提高对工业效率影响为负，这与实际经验相反，可能的原因在于人力资本与产业结构的不适应，即目前的产业仍以劳动密集型或是低端制造业为主，因此无法利用较高的人力资本。此外，中国文化资本存量中仍以传统文化资本为主，在提高效率方面不如市场文化的作用强，也可能是造成国民素质与工业效率负相关的主要原因。

第三，对于企业研发来看，其系数对实际固定资产净值松弛量为正，对其他松弛量为负，说明企业的科技创新能够推进就业与能源达到生产的前沿面，而对于固定资产净值则出现冗余。随着研发投入的增加，对于产出的增加与否取决于对固定资产以及从业人数以及能源消费者几个投入量之间影响的程度。

第四，对于专利授权来看，其对就业人数影响为正，对其他投入量影响为负，表明随着专利的增加，就业人数出现冗余，实际固定资产净值与能源消费达到了生产前沿面。由于专利授权实际上反映的是原创性创新成果，这表明自主创新对于工业效率的影响更大。对于产出的增加与否取决于专利授权对这几个投入量之间的影响程度。

表2　SFA 测算环境变量与松弛量回归结果

松弛量 / 环境变量	实际固定资产净值	从业人数	煤炭消费	电力消费
工业所有制结构	-2.04	-0.16	-4.38	-1.09
工业轻重结构	-415.74 ***	-16.13 ***	-353.93	-171.04 **
人均人力资本	888.68 ***	10	5.72	119.02 ***
文化资本存量	1.05 ***	0.07 ***	1.27 ***	0.27 ***
对外开放度	-28.76 ***	-1.25 ***	-10.46 **	-4.54 ***
专利授权	-0.05 ***	0.001 ***	-0.03 ***	-0.01 ***
大中型企业科技研发费用	29.41 *	-1.02 *	-8.61 *	-1.48
sigma-squared	10652621	19335.57 ***	2844706 ***	204759.38
gamma	0.12 *	0.67 ***	0.75 ***	0.67 ***
log likelihood function	-3408.56 ***	-2123.75 ***	-2989.20 ***	-2550.74 ***
LR test	3.66	142.68 ***	176.66 ***	138.26 ***

注：*、**、*** 分别表示在10%、5%、1%显著性水平上显著。

3. 第三阶段：工业增长质量估计

根据第二阶段结果调整投入变量，并将调整后的各省域投入值与原始产出再次代入 SBM 模型进行分析，得到第三阶段工业的 SBM 效率值，即工业增长质量的变化趋势，如第 13 页表 3 所示。

（1）省域工业增长质量分析。在剥离了环境等因素的影响后，大部分地区工业生产效率和第 10 页表 1 相比有所提高。从全国平均水平趋势来看，工业增长质量值呈现下降趋势；其原因可能是随着工业化的进程不断加快，工业三废的排放量增加快于工业合意产出的增加，从而导致工业增长质量下降。

表3　中国30个地区工业增长质量

地区	省份	2001	2005	2009	2010	2011	2012	平均值
东部地区	北京	1.0000	1.0000	1.0000	1.0000	1.0000	1.0000	1.0000
	天津	1.0000	0.7345	0.7876	0.7251	0.7394	0.6721	0.8384
	河北	0.5730	0.5174	0.4322	0.4111	0.3814	0.3883	0.4892
	江苏	0.6751	0.7505	0.6177	0.5909	0.4272	0.3098	0.6643
	上海	1.0000	1.0000	1.0000	1.0000	1.0000	1.0000	1.0000
	浙江	0.7166	0.6148	0.6326	0.6411	0.6066	0.4910	0.6480
	福建	0.6668	0.5593	0.5095	0.5111	0.5376	0.4985	0.5721
	广东	1.0000	1.0000	1.0000	1.0000	1.0000	1.0000	1.0000
	山东	1.0000	1.0000	1.0000	1.0000	0.4395	0.3520	0.8560
	海南	1.0000	1.0000	1.0000	1.0000	1.0000	1.0000	1.0000
	平均值	0.8632	0.8177	0.7980	0.7879	0.7132	0.6712	0.8137
东北地区	黑龙江	1.0000	1.0000	1.0000	1.0000	1.0000	1.0000	1.0000
	吉林	0.8245	0.7311	0.6840	0.6492	0.6552	0.5895	0.7466
	辽宁	0.5521	0.5364	0.4728	0.4692	0.4508	0.4769	0.5107
	平均值	0.7922	0.7558	0.7189	0.7061	0.7020	0.6888	0.7540
中部地区	安徽	0.6112	0.6246	0.5554	0.5744	0.5225	1.0000	0.6202
	山西	0.5284	0.4641	0.4878	0.4142	0.4316	0.4480	0.4562
	河南	0.5861	0.5391	0.4831	0.4147	0.3559	0.3804	0.5196
	湖北	1.0000	0.6702	0.6096	0.6132	0.5952	0.5476	0.6756
	湖南	1.0000	1.0000	1.0000	1.0000	0.6557	1.0000	0.9654
	江西	1.0000	1.0000	1.0000	1.0000	1.0000	1.0000	1.0000
	平均值	0.7876	0.7163	0.6893	0.6694	0.5935	0.7293	0.7100
西部地区	重庆	0.7600	0.6441	0.6153	0.6225	0.6355	0.5923	0.6715
	甘肃	0.6888	0.6418	0.5714	0.6154	0.5055	0.4553	0.6028
	广西	0.7372	0.5310	0.5767	0.5564	0.5524	0.5752	0.6286
	贵州	0.5583	0.5957	0.5214	0.5061	0.4300	0.3904	0.5382
	内蒙古	0.7089	0.5796	0.4803	0.4503	0.4157	0.4188	0.5598
	宁夏	1.0000	0.5461	0.4753	0.3380	0.3200	0.2988	0.5565
	青海	1.0000	1.0000	0.5417	0.5156	0.5268	0.4919	0.8035
	陕西	0.7735	0.8077	1.0000	1.0000	1.0000	1.0000	0.9042
	四川	0.6483	0.6154	0.5216	0.5010	0.4885	0.4770	0.5701
	新疆	1.0000	0.7963	0.5732	0.5917	0.5435	0.4399	0.7367
	云南	0.7040	0.6213	0.5298	0.5320	0.4396	0.4737	0.5855
	平均值	0.7799	0.6708	0.5824	0.5663	0.5325	0.5103	0.6587
	全国	0.7903	0.7141	0.6586	0.6384	0.5843	0.5768	0.7016

注：考虑篇幅，表中仅报告部分年份结果。

从东中西部地区来看，东部地区工业增长质量最高，其均值在0.81；其次为东北地区，其值为0.75；中西部地区工业增长质量分别为0.71与0.65。东部地区处于改革开放的最前沿，其工业结构合理、国民素质较高、生产负外部性较低且工业产品质量较好，因而工业增长质量值也较高。

由于工业增长质量值实际由工业效率值计算而出，据此认为工业增长质量较好的地区有：湖南、陕西、山东、天津、青海、吉林、新疆、湖北、重庆、江苏、浙江、广西、安徽、甘肃。其中陕西省工业增长质量值由2001年的0.77增加至1，近年来在西部大开发的政策扶持下，陕西省工业发展较为迅速，在样本区间内陕西省年平均工业增加值居全国第二，而工业三废中废气和废水的年均排放量却低于全国平均水平。湖南省除了2010年增长质量有所下降外，其余均为1，主要是由于技术行业较快增长，而高耗能行业低位增长所致。甘肃、青海、新疆、广西属于工业规模总量较小，相对负产出较小而导致工业增长质量良好；而山东、天津、吉林、湖北、重庆、江苏、浙江、安徽属于工业规模较大，投入与负产出水平相当，与东部地区已达到生产前沿面的省份来说，其工业增长质量仍有上升的空间。

工业增长质量值低于0.6的省份有：四川、宁夏、内蒙古、贵州、河南、山西、辽宁、福建、河北等省份。宁夏、内蒙古、贵州、河南、福建等省份主要由于其工业总量不高、工业较不发达造成增长质量较低；而四川、山西、辽宁、河北等工业大省则由于其粗放式的经营模式，造成负产出较大而影响了工业增长质量的提高。

（2）全国工业增长质量分析。通过计算工业全要素生产率，得到全国2001—2012年工业全要素生产率的平均值。第15页表4显示，经过调整后的工业全要素生产率几乎都大于1，表明近十年来全国工业全要素生产率在波动中缓慢增长。从该表中有两个发现：

第一，根据ML生产率指数，得到技术效率变化和技术进步率，其中技术效率变化值即本文所求的增长质量变化值。我们可以发现技术效率与技术进步率平均增长率为-1.3%与3.5%，表明技术进步率在增加，而整个工业技术效率在减少，即全国工业增长质量出现下降的趋势。可能的原因在于，虽然我国技术水平在提高，但是这种技术带来是产出与能源消费的同时增加，也即不环保的技术的增加要高于环保技术，造成了工业总体质量下降的趋势。

表4　中国工业全要素生产率及工业增长质量指数（2001—2012）

名称 年份	ML 指数	技术效率变化指数（工业增长质量变化）	技术进步率变化指数	实际工业产出增长率
2001—2002	1.0352	0.9815	1.0547	-0.0103
2002—2003	1.0172	0.9677	1.0512	0.0274
2003—2004	1.0339	1.0481	0.9865	0.0643
2004—2005	0.9801	0.8975	1.0921	0.0615
2005—2006	1.0281	1.0120	1.0160	0.0474
2006—2007	1.0365	1.0000	1.0364	0.0535
2007—2008	1.0370	0.9985	1.0386	0.0720
2008—2009	0.9725	0.9172	1.0604	-0.0451
2009—2010	0.9242	0.9693	0.9535	0.0605
2010—2011	1.0675	0.9483	1.1257	0.0624
2011—2012	1.0325	1.0051	1.0272	-0.0162
平均值	1.0142	0.9768	1.0352	0.0343

第二，实际工业产出与工业增长质量并不同步，且呈现负相关关系。对比第13页表3和表4可以发现，虽然我国工业增长数量较快，但增长质量与数量出现了不一致的现象，出现这种现象的原因可能有：一方面，从投入方面来看，工业增长仍然遵循高投入高消耗的模式，资本投资连年增长，而资本边际收益率却在下降，加之工业负产出增加的速度要远远高于工业增加值增长的速度，造成了工业增长质量的下降。另一方面，从环境变量的影响来看，人力资本对于投入变量的影响为负，即人力资本与生产的不相适应可能是工业增长质量下降的一个原因；而企业研发与专利授权对于投入量的影响具有不确定性，初步估计这种影响可能是非线性的，因此可能造成在样本区间内工业增长质量与数量不一致。

四、结论与启示

本文从工业效率、工业结构、国民素质、工业生产外部性、工业产品质量五个维度，利用修正的三阶段 DEA 模型，对中国 30 个地区工业增长质量进行评价，主要结论有：第一，中国工业增长质量总体呈下降趋势，实际工业产出与工业增长质量并不同步，并呈现负相关关系。第二，从对松弛量的调整来看，人均人力资本与文化资本存量的影响对于所有松弛量的影响为正，说明目前国民素质的提高对工业效率影响为负，而企业研发与专利授权对于投入量的影响具有不确定性，从而造成了工业增长质量与数量不能一致的一个原因。

上述结论的政策启示在于：第一，加快工业结构调整与升级，转变工业发展方式，推动工业结构的改善；第二，提升国民素质与工业技术创新并行，改变人力资本投资以及教育政策，走工业高级化之路，避免工业生产停留在低端制造业上，使现代工业技术能够与现代人力资本相匹配；第三，整合市场排污与政府管制，制定政策抑制高耗能和产能过剩企业扩张，鼓励工业节能减排，构建长期排污交易体系与环境税收体系。

参考文献

[1] 郭克莎. 工业增长质量研究 [M]. 北京：经济管理出版社，1998.

[2] 李玲，陶锋，杨亚平. 中国工业增长质量的区域差异研究——基于绿色全要素生产率的收敛分析 [J]. 经济经纬，2013 (4)：10 - 15.

[3] 李桢业. 工业结构转型与工业增长质量——以中国浙江省为例 [J]. 浙江社会科学，2008 (10)：28 - 35.

[4] 任保平，李娟伟. 实现中国经济增长数量、质量和效益的统一. 西北大学学报（哲学社会科学版），2013 (1)：110 - 115.

[5] 黄菁. 环境污染与工业结构：基于 Divisia 指数分解法的研究 [J]. 统计研究，2009 (12)：68 - 73.

[6] 王德文，王美艳，陈兰. 中国工业结构调整：效率与劳动配置 [J]. 经济研究，2004 (4)：41 - 49.

[7] 李娟伟，任保平. 中国经济增长新动力：是传统文化还是商业精神？——基于文化资本视角的理论与实证研究 [J]. 经济科学，2013 (4)：5 - 15.

[8] 涂正革. 环境、资源与工业增长的协调性 [J]. 经济研究，2008 (2)：93 - 105.

[9] CHUNG Y, FARE R, GROSSKOPF S. Productivity and Undesirable Outputs: a Directional Distance Function Approach [J]. Journal of Environmental Management, 1997, 51: 229 - 240.

[10] FRIED H O, LOVELL C A K, SCHMIDT S S , et al. Accounting for Environmental

Effects and Statistical Noise in Data Envelopment Analysis [J]. Journal of Productivity Analysis, 2002, (17): 157 - 174.

[11] JONDROW J, LOVELL A, SCHMIDT P. On the Estimation of Technical Inefficiency in the Stochastic Frontier Production Model [J]. Journal of Econometrics, 1982 (19): 233 - 238.

第二章　中国分省区经济增长质量的评价与因素分解

茹少峰　任保平

摘　要　本文对经济增长质量判断标准进行了理论分析，提出了测度经济增长质量的理论框架，构建了评价经济增长质量的指标体系，并采用方向距离函数和GML指数，对中国2000—2015年经济增长质量进行了分省区的评价和因素分解。评价结果表明，我国经济增长技术无效率现象普遍存在，但省域之间质量技术效率差距不断缩小。研究发现技术进步和技术进步规模效率是提高我国经济增长质量的主要源泉，技术效率和规模效率是遏制经济增长质量提升的主要因素。东部地区经济增长质量提升高于中部和西部；投资不仅是拉动经济数量增长的动力，也是提升经济增长质量的源泉。在未来中国经济增长中，应该优化资源配置，加大人力资本、医疗卫生和环境污染治理投资，提高技术进步效率和技术进步规模效率，实现经济增长数量、质量和效益的统一。

关键词　内生经济增长理论；经济增长质量指标体系；方向性距离函数；GML指数

一、引　言

经济增长问题是经济学家研究的重要课题，古典经济增长理论的代表人物亚当·斯密、李嘉图和马尔萨斯以及现代经济增长理论代表人物弗兰克·拉姆齐、哈罗德、多马、索洛、斯旺和内生经济增长理论的代表人物罗默、卢卡斯、阿吉翁和霍伊特等人从要素积累、技术效率提升和技术进步角度探讨经济增长的动力源泉和经济增长的差异。在这些研究中学者们一直把 GDP 的总量增加或经济增长率提升作为评价经济增长的标准，然而伴随着经济增长却出现了一系列问题：经济结构失衡、失业率加大、环境污染、生态破坏、经济增长成本增大。针对这些问题，经济学家开始反思经济增长理论，从而对经济增长质量的研究引起学者的广泛关注，普遍的共识是不仅要研究经济增长数量问题更要研究经济增长质量问题。

1979—2010 年的 32 年间中国经济高速增长，其中增长率超出 10% 的年份就有 16 个，但是从 2012 年开始，一方面经济增长率出现下降，2012 年为 7.8%，2013 年为 7.7%。2014 年为 7.5%，2015 年为 6.9%。另一方面，简单外延式经济发展方式导致产能过剩，环境高度污染，经济结构全面失衡，贫富差距拉大，经济增长质量出现问题。因此，我国目前面临着既要转变经济发展方式，又要提高经济增长质量的双重任务，2013 年中央经济工作会议精神明确把提高经济增长质量放到优先考虑的重要位置，然而各省区实际经济发展中经济增长质量提高的效果并不明显，可以看出提高经济增长数量与质量问题是今后相当长时间内的一个难题。那么经济增长质量如何判断？如何评价中国的经济增长质量？哪些因素是影响经济增长质量的主要因素？关于这些问题的探究对转变经济发展方式、提高经济增长质量具有重要意义。本文主要边际贡献为对评价经济增长质量的理论依据进行了剖析，进一步构建了测度经济增长质量的指标体系和选择了归一化计算方法。在实证研究方面，以 2000—2013 年为时间区间，选取我国 30 个省市、自治区的经济面板数据，采用 Global Malmquist-Luenberger 效率指数法对我国 30 个省市、自治区的经济增长质量进行评价和因素分解，评价结果能够正确评估中国分省区经济增长质量现状和影响经济增长质量的各因素，提出了提升中国经济增长质量的对策建议。

二、测度经济增长质量的理论分析

目前国内外对经济增长质量的判断标准大体有两种，一种是狭义的经济增长质量判断标准，该标准采用全要素生产率（TFP）作为经济增长质量判断标准，认为全要素生产率（TFP）是判断一国经济增长质量和经济可持续性的核心指标（卡马耶夫，1983；刘亚建，2002；刘海英等，2004；康梅，2006），全要素生产率是经济增长的投入产出效率，通常投入指标为劳动力和资本，产出指标为 GDP，之所以采用全要素生产率判断经济增长的质量，原因有两点，一是全要素生产率能够分析经济增长动力及其来源，即分析投入要素增长、技术进步和技术效率对经济增长的贡献，依据经济增长理论，一切经济增长都是要素增长和技术进步的结果，只要生产要素不断积累就会促进经济增长的速度，技术进步不断提升，经济就能持续增长，因此，通过全要素生产率中的技术进步率可以判断经济是投入型增长还是效率型增长，从而可以确定经济增长的可持续性。二是全要素生产率是制定和评价经济政策的依据，具体来说，通过全要素生产率增长对经济增长贡献与要素投入对经济增长贡献的比较，就可以确定经济政策是应以增加总需求为主还是应以调整经济结构、促进技术进步总供给为主。因此，采用全要素生产率判断经济增长质量有一定的合理性，基于此，许多学者，如 Hu et al.（1997）、王小鲁等（2000）、Chow et al.（2002）、易纲等（2003）、施少华（2003）、Wan et al.（2003）、Young（2003）、颜鹏飞等（2004，2006）、郑京海等（2005）、王志刚等（2006）、朱承亮（2009）等，都分别对我国全要素生产率进行了研究。但是在这些研究中关于全要素生产率的计算仅仅考虑劳动、资本等生产要素的投入约束，没有考虑其他因素对经济增长质量的影响，如没有考虑非合意产出、没有考虑投入要素的配置作用，其判断结果会导致 TFP 的含义被误导（Shadbegia et al.，2005），从而不能正确衡量经济增长质量水平，扭曲了对社会福利变化的评价。于是近年众多学者开展了环境约束下的中国经济增长效率研究：王兵等（2010）考虑资源环境因素下中国 30 个省份 1998—2007 年的环境效率、环境全要素生产率及其成分；王维国等（2012）考虑了能源和非期望产出二氧化碳排放因素下我国 30 个省域 1999—2010 年的环境全要素生产率；齐亚伟（2013）将能源与二氧化碳纳入全要素生产率测度与分解框架中，测算了 2001—2009 年我国 29 个省市的环境效率及环境全要素生产率变动状况；刘磊珂（2011）对 1998—2008 年资源环境约束下的我国环境效率进行了实证分析。显然这些研究是对全要素生产率判断经济增长质量的完善与发展，但是用全要素增长率判断经济增长的质量有局限性：一是 TFP 测算的是当期的投入产出，在计算 TFP 时用到的固定资产投入却具有长期效用，难以全面地反映到当期 TFP 计算中，正是这一原因导致众多学者测算出的我国 TFP 有差异性（陈培钦，2013）；二是通过 TFP 判断经济增长质量易产生逻辑上的混乱，目前通过计算我国 TFP 从而判断我国经济增长来源是要素投入驱动，是粗放式的经济发展方式，不具有持续性，TFP 对经济增长贡献率低，要转化经济发展方式为集约式，显然这样的研究忽视了要素投资中的结构性，实际上，按照内生经济增长理论，无论是要素投入驱动还是技术进步驱动，二者的来源皆是投资，区别只是投资的结构、质量和资本积累的效益不同，就是说用 TFP 判断经济增长质量难以反映要素配置效率（郑玉歆，2007）。

另一种是广义经济增长质量判断。广义经济增长质量判断不仅关注经济增长的全要素增长率，而且将经济增长的环境代价、收入分配、社会福利及经济运行的稳定性等因素纳入了经济增长质量的评价。温诺·托马斯（2001）认为经济增长质量作为经济发展速度的补充，是指构成经济增长进程的关键性内容，比如机会的分配、环境的可持续性、全球性风险管理及治理结构。罗伯特·巴罗（2002）把经济增长的质量理解为与经济增长密切相关的社会、政治及宗教等方面的因素，具体包括受教育水平、预期寿命、健康状况、法律和秩序的发展程度，以及收入分配的平等程度。刘树成（2007）认为经济增长质量在于经济增长态势的稳定性、经济增长方式的可持续性、经济增长结构的协调性、经济增长效益的和谐性。钞小静等（2009）将经济增长质量界定为与经济增长紧密相关的经济方面的内容，具体包括经济增长的结构、经济增长的稳定性、经济增长的福利变化与成果分配以及资源利用和生态环境代价四个方面。任保平教授认为经济增长质量是增长的效率提高、结构优化、稳定性提高、福利分配改善、创新能力提升。显然以上研究不仅是从更广泛的角度衡量经济增长质量，而且属于一种规范性的价值判断。当然，以上研究也存在不足之处：第一，外延太宽泛，把增长数量以外的各种因素都纳入经济增长质量的评价范围之中，这就造成经济增长质量的外延无法得以确定，从而难以测算经济增长质量；第二，依据现有的经济增长质量的定义无法对经济质量进行定量判断，因为质量本身有两层含义，一层含义是用来表示事物的优劣程度，而另一层含义则是指事物的本质与特性，如果事物的本质与特性无法刻画与描述，那么，事物的优劣程度也就无法把握；第三，广义经济增长质量的判断和用全要素生产率判断经济增长质量相比的另一缺陷，是不能够分析经济增长质量的动力和来源，而仅仅是简单的计算，缺乏经济学意义。

对于广义经济增长质量的实证研究，多是通过构建指标体系进行综合评价经济增长质量，争议较多的地方在于评价指标体系的设计与基础指标的合成归一化方法，近年来在广义经济增长质量评价方面的研究者有：刘海英等（2006）、赵英才等（2006）、马建新等（2007）、贾明清等（2009）、陈丹丹等（2010）、钞小静等（2011），学者们采用的方法，大多用因子分析法、相对指数法、主成分分析法，这些研究的总体思路是根据建立的评价经济增长质量的指标体系计算出每一个基础指标的权重，然后进行简单的加总作为衡量经济增长的质量指数，本文认为这只能作为单一指标对总指标重要性的一个度量，不能反映经济增长质量的内在规律，不能反映要素的技术效率，因为经济增长是由投入要素及其相互之间的关系所构成的，经济增长生产要素的结构变化构成经济增长运动，当生产要素之间的数量比例协调、技术效率不断提高时，就会促使经济增长趋向于质量提高。此外以上的研究在指标体系的设计上都涉及正指标、逆指标和适度指标三种，关于逆指标的处理通常采用倒数的形式，显然这一点不合理，将合意产出和非合意产出进行非对称处理，没有对经济增长质量中的资源与环境代价进行核算，这就人为地夸大了经济收益，必将导致真实的国民福利大为减少，从而误导政策建议（Hailu et al.，2001）。

那么经济增长质量到底如何判断？首先，经济增长质量的判断必须依赖经济增长理论的支撑。在古典经济增长理论基础上发展的内生经济增长理论突出表现为两个方面：一方面是罗默（1986）把知识作为独立生产要素建立的经济增长模型，该模型认为知识的增加能够使得产出增加，经济增长具有长期效应，并且知识的增加具有正外部性，提供知识的边际成本低，一些国家之所以长期处于低水平的增长路径上，就是由于对知识生产部门的投资不够，技术进步率太低。因此，应该鼓励对知识生产的投资。另一方面是卢卡斯的人力资本模型，该模型认为因为人力资本的不同，即使对相同的知识进行使用，也会导致不同的经济增长，人力资本的积累主要是通过教育获得，并且人力资本具有正外部性和竞争性，由此得到的结论是，应该鼓励投资教育和学习，以积累更多的人力资本，促进经济的持续增长（易纲，2003）。因此，对我国经济增长质量的判断不能笼统地用资本和劳动力要素投入测度，应该细分到人力资本积累，要考虑知识生产部门和人力资本投入。

其次，经济增长质量的判断要考虑经济增长的总成本，因为经济增长过程决定了经济增长并不是无代价的，提高经济增长质量只能将经济增长成本降低到最小范围内，而不能完全消除经济增长成本。因此，经济增长质量就是低成本（代价）的经济增长，从这一概念范畴出发，经济增长质量就是使经济增长的经济成本和社会成本达到最小状态。

最后，依据经济增长理论，一切经济增长都是要素增长和技术进步的结果，先要有资本的积累，技术进步、技术创新是投资的结果，我国在选择技术进步的方式上具有后发优势，通过购买设备和技术专利内嵌在资本投入中以实现技术进步，从而提高经济增长质量效率。因此，目前我国经济增长的主要问题不是投资规模问题，而是投资结构失衡而导致的经济增长质量不高，如长期公共投资不足、环境治理投资低等。因此，经济增长质量的判断要考虑投资结构问题，才能得到经济增长的数量和效益相统一的实现。

本文提出关于经济增长质量具体测度依然采用经济增长的投入产出效率，与全要素生产率的测度一样，所不同的是对投入和产出进行了重新界定，经济增长的投入为物质要素投入和教育投入、医疗卫生投入、资源环境投入和社会安全投入。产出为经济发展的效果，包括数量指标 GDP 和收入差距、就业率和环境代价。

三、我国经济增长质量评价指标体系的构建

关于经济增长质量评价指标体系的建立仍没有一个公认的理论体系支撑，本文在已有研究的基础上，提出建立经济增长质量评价的指标体系应以内生经济增长理论为支撑，从投入和产出两个方面来构建。

1. 投入方面的指标

经济增长要素投入作为经济增长物质数量方面的投入，现有的研究用劳动投入和物质资本投入来衡量，本文也不例外。本文进一步将投资结构区分为教育投入、医疗卫生投入、环境资源投入和社会安全投入。教育投入是人力资本，是劳动力的质量投资，教育投入不仅关系到我国受教育者个人的未来发展，更关系到一个国家国民整体素质的提高和社会的文明与进步，如果教育投入低，不但会降低我国人力资本的储备水平，还会影响科技创新、文化传承，导致经济增长为无根的增长，因此，将教育投入纳入经济增长质量评价体系中，教育投入用政府教育支出占财政支出的比例测度；医疗卫生服务具有公益性，不仅关乎全民族的健康素质、人民生活质量改善，而且是经济和社会持续发展的重要保障，医疗卫生投入用医疗卫生从业人员数、医疗卫生支出占财政支出的比

例测度；能源消耗能促进经济增长，近年来人们更加关心能源的利用率和环境污染代价，如果忽略能源使用效率和对污染治理投入，造成资源耗竭、环境服务功能质量下降，环境污染和生态破坏的经济增长就是所谓的无未来的增长，因此，将环境投入纳入经济增长质量评价之中，评价指标用能源消耗量，污染治理投资总额测度；和谐、稳定、平安就是安全，如果社会治安环境很差，投资风险自然会增大，投资成本也会增加，人们投资的热情和积极性会降低，人们对社会经济发展的满意度也会降低，因此，本文也将社会安全投入纳入经济增长质量的评价之中，用公共安全费占财政支出比重测度。

表1　指标说明

	指标	定义
投入	劳动投入	年末社会从业人员总量（万人）
	物质资本投入	采用永续盘存法来计算出的物质资本存量（亿元）
	教育投入	教育支出占财政支出的比重
	医疗卫生投入	医疗卫生从业人员数（万人）
		医疗卫生支出占财政支出的比重
	环境资源投入	能源消费总量（万吨标准煤）
		工业污染治理强度，用工业污染治理投资总额除以 GDP
	社会安全投入	公共安全支出占财政支出的比重
产出	实际 GDP	名义 GDP 除以 GDP 平减指数（亿元）
	就业率	年末社会从业人员总量除以总人口
	城乡收入相对差距	城镇居民收入减去农村居民收入，再除以农村居民收入
	环境污染	SO_2 排放量（万吨）

2. 产出方面的指标

经济发展的产出衡量经济增长的结果，不仅要考虑经济增长的数量，还要考虑经济增长的质量，经济增长的数量用实际 GDP 测度。中国社会科学院社会所和中国环境意识项目组公布的《2007 年全国公众环境意识调查报告》指出，公众对经济增长质量的关注度依次为医疗、就业、收入差距和环境污染问题。因此，本文采用就业率、收入差距和环境污染作为衡量经济增长质量方面的产出。就业率是经济增长的动力，又是衡量经济增长质量的结果，同时又影响社会的稳定程度。经济增长的成果分配主要关注收入分配差距问题，国际上最常用的度量收入分配差距的指标是基尼系数，但是由于没有公认的基尼系数数据和计算方法导致我们无法准确计算。另外，因为我国收入分配的差距主要表现在城乡收入差距上，所以在现有文献中，也常用度量城乡收入差距的指标来反映收入分配的差距。因此，我们采用城乡收入相对比作为测度经济增长成果分配指标。经济增长的环境结果，现有研究文献用 COD、SO_2、CO_2的排放量测度，由于 SO_2是主要空气污染气体，因此，我们选择 SO_2的排放量作为非期望产出。

四、测度中国经济增长质量的 Global Malmquist-Luenberger 指数模型

目前所用的生产效率测度方法多为 Malmquist-Luenberger（ML）生产率指数方法和 Global Malmquist-Luenberger（GML）指数法。

ML 指数法有如下缺陷：①ML 指数在测度跨期方向性距离函数时，如 t + 1 期的产出值在 t 期的技术下可能是不可行的，面临着一个潜在的线性规划无解问题。②以几何平均形式表示的 ML 指数不具有循环性或传递性（Circularity or Transitivity）。③利用两个相邻 ML 指数测度生产率增长时，测算出的全要素生产率指数是相邻期间生产前沿面变动分析，无法观察技术进步效率的长期增长趋势。其经济意义的诠释有可能给政策制定者提供误导性的生产率增长措施。Oh（2010）将 Global Malmquist 生产率概念和方向性距离函数相结合，构建了 ML 指数的替代方法——Global Malmquist-Luenberger（GML）指数。该方法不仅可以解决多输出、多输入和非期望产出问题，而且避免了传统 ML 指数的线性规划无解的问题，同时是可循环累乘，且生产前沿面的构造方法避免了生产前沿向内偏移的可能性，从而避免了技术效率的人为提高，本文拟将 GML 指数运用到中国经济质量测度中。

1. 包含非期望产出的生产可能集的 DEA 模型

假设有 K 个 DMU，每个 DMU 使用 N 种投入：$\mathbf{x} = (x_1, x_2, \cdots, x_N) \in R_+^N$，得到 M 种期望产出：$y = (y_1, y_2, \cdots, y_M) \in R_+^M$，以及 J 种非期望产出：$\mathbf{b} = (b_1, b_2, \cdots, b_J) \in \mathbf{R}_+^J$。假定，$\sum_{k=1}^{K} b_j^k > 0$，$\sum_{j=1}^{J} b_j^k > 0$，在每一个时期 $t = 1, \cdots, T$，第 $k = 1, \cdots, K$ 个省份的投入产出值为 $x^{k,t}, y^{k,t}, b^{k,t}$。

当期生产技术集：

$$P^t(\mathbf{x}^t) = \{(\mathbf{x}^t, \mathbf{y}^t, \mathbf{b}^t) : \mathbf{x}^t \text{ 能生产} (\mathbf{y}^t, \mathbf{b}^t)\}, \mathbf{x}^t \in \mathbf{R}_+^N, t = 1, 2, \cdots, T$$

$P^t(\mathbf{x}^t)$ 为凸的有界闭集。投入与期望产出强可处置性，即如果$(\mathbf{x}^t, y^t, b^t) \in P^t(\mathbf{x}^t)$，且 $\mathbf{x}'^t \geqslant \mathbf{x}^t$ 或者 $y'^t \leqslant y^t$，则$(\mathbf{x}'^t, y^t, b^t) \in P^t(\mathbf{x}^t)$ 或者$(\mathbf{x}^t, y'^t, b^t) \in P^t(\mathbf{x}^t)$。此外，根据 Fare et al.（2007），为了处理非期望产出需要增加两个假设，即非期望产出弱处置公理、期望产出和非期望产出零结合公理。

公理 1 弱处置公理：如果$(y^t, b^t) \in P^t(\mathbf{x}^t)$，且 $0 \leqslant \theta \leqslant 1$，则$(\theta y^t, \theta b^t) \in P^t(\mathbf{x}^t)$。

即期望产出和非期望产出同比例变化，仍然在生产技术集合中。这个公理意味着，若要减少非期望产出就必须减少期望产出，表明环境的改善、污染的减少是有成本的，从而将环境管制的思想纳入分析框架中。

公理 2 零结合公理：如果$(y^t, b^t) \in P^t(\mathbf{x}^t)$，且 $b^t = 0$，则 $y^t = 0$。

这个公理意味着如果没有非期望产出，就没有期望产出，或者说，有期望产出就一定有非期望产出，从而将环境因素纳入分析框架中。

全局生产技术集定义：$P^G(\mathbf{x}) = P^1(\mathbf{x}^1) \cup P^2(\mathbf{x}^2) \cup \cdots \cup P^T(\mathbf{x}^T)$，运用整个时间段内的观测数据构造一个全局生产技术集，所有的决策单元都以全局生产技术集的前沿面为比照对象，增强了决策单元技术效率之间的可比性。

运用数据包络分析（Fare et al.，2004），在规模报酬不变条件下，满足上述公理的生产技术模型为：

$$P^t(x^t) = \left\{ \begin{array}{l} (y^t, b^t): \sum_{k=1}^{K} z_k^t y_{km}^t \geqslant y_m^t, \ = 1, \cdots, M; \\ \sum_{k=1}^{K} z_k^t b_{kj}^t = b_j^t, j = 1, \cdots, J; \sum_{k=1}^{K} z_k^t x_{kn}^t \leqslant x_n^t, n = 1, \cdots, N; z_k^t \geqslant 0, k = 1, \cdots, K \end{array} \right\}$$

2. Global Malmquist-Luenberger 效率指数方法

全局方向距离函数的定义：

$\vec{D}_o^G(x^\tau, y^\tau, b^\tau; g^\tau) = \max\{\beta: (y^\tau, b^\tau) + \beta g^\tau \in P^G(x^\tau)\}$，其中 $\tau = t, t+1$，$P^G(x^\tau)$ 表示全局生产可能集，$\mathbf{g} = (\mathbf{y}, -\mathbf{b})$ 是方向向量。本文引用陶长琪等（2012，2013）在规模报酬不变下，GML 效率指数的定义。

$$GML_t^{t+1} = \frac{1 + \vec{D}_o^G(x^t, y^t, b^t; y^t, -b^t)}{1 + \vec{D}_o^G(x^{t+1}, y^{t+1}, b^{t+1}; y^{t+1}, -b^{t+1})}$$

记 $S(\mathbf{x}, \mathbf{y}, \mathbf{b}; \mathbf{g}) = 1 + D(\mathbf{x}, \mathbf{y}, \mathbf{b}; \mathbf{g})$，那么，

$$S_i^j(\mathbf{x}^\tau, \mathbf{y}^\tau, \mathbf{b}^\tau; \mathbf{y}^\tau, -\mathbf{b}^\tau) = 1 + D_i^j(\mathbf{x}^\tau, \mathbf{y}^\tau, \mathbf{b}^\tau; \mathbf{y}^\tau, -\mathbf{b}^\tau)$$

$D_i^j(\mathbf{x}^\tau,\mathbf{y}^\tau,\mathbf{b}^\tau;\mathbf{y}^\tau,-\mathbf{b}^\tau)$ 表示在规模报酬为 i 的情况下，τ 期观测值在前沿面为 j 时的方向距离函数，其中，$i=C,V;j=t,t+1,G;\tau=t,t+1$，$C$ 代表规模报酬不变，V 代表规模报酬可变，GML 效率指数分解如下所示：

$$GML_t^{t+1}=\frac{\overrightarrow{S_c^G}(x^t,y^t,b^t;y^t,-b^t)}{\overrightarrow{S_c^G}(x^{t+1},y^{t+1},b^{t+1};y^{t+1},-b^{t+1})}=\left(\frac{\overrightarrow{S_V^t}(x^t,y^t,b^t;y^t,-b^t)}{\overrightarrow{S_V^{t+1}}(x^{t+1},y^{t+1},b^{t+1};y^{t+1},-b^{t+1})}\right)$$

$$\times\left(\frac{\overrightarrow{S_V^G}(x^t,y^t,b^t;y^t,-b^t)/\overrightarrow{S_V^t}(x^t,y^t,b^t;y^t,-b^t)}{\overrightarrow{S_V^G}(x^{t+1},y^{t+1},b^{t+1};y^{t+1},-b^{t+1})/\overrightarrow{S_V^{t+1}}(x^{t+1},y^{t+1},b^{t+1};y^{t+1},-b^{t+1})}\right)$$

$$\times\left(\frac{\overrightarrow{S_C^G}(x^t,y^t,b^t;y^t,-b^t)/\overrightarrow{S_V^G}(x^t,y^t,b^t;y^t,-b^t)}{\overrightarrow{S_C^t}(x^t,y^t,b^t;y^t,-b^t)/\overrightarrow{S_V^t}(x^t,y^t,b^t;y^t,-b^t)}\right)$$

$$\times\left(\frac{\overrightarrow{S_C^{t+1}}(x^{t+1},y^{t+1},b^{t+1};y^{t+1},-b^{t+1})/\overrightarrow{S_V^{t+1}}(x^{t+1},y^{t+1},b^{t+1};y^{t+1},-b^{t+1})}{\overrightarrow{S_C^G}(x^{t+1},y^{t+1},b^{t+1};y^{t+1},-b^{t+1})/\overrightarrow{S_V^G}(x^{t+1},y^{t+1},b^{t+1};y^{t+1},-b^{t+1})}\right)$$

$$\times\left(\frac{\overrightarrow{S_C^t}(x^t,y^t,b^t;y^t,-b^t)/\overrightarrow{S_V^t}(x^t,y^t,b^t;y^t,-b^t)}{\overrightarrow{S_C^{t+1}}(x^{t+1},y^{t+1},b^{t+1};y^{t+1},-b^{t+1})/\overrightarrow{S_V^{t+1}}(x^{t+1},y^{t+1},b^{t+1};y^{t+1},-b^{t+1})}\right)$$

$$GML_t^{t+1}=GPEC_t^{t+1}\times GPTC_t^{t+1}\times GSTC_t^{t+1}\times GSEC_t^{t+1}$$

GML 效率指数被分解为四部分，其中第一项 $GPEC_t^{t+1}$ 是纯技术效率变动，表示决策单元在 t 和 $t+1$ 时期之间向全局生产前沿面逼近程度，如果 $GPEC_t^{t+1}>$（$<$）1，表明决策单元向着前沿面移动（远离前沿面），从而使生产活动效率改善（效率恶化）。第二项 $GPTC_t^{t+1}$ 是测度生产前沿面的移动，为技术进步，表示当期技术前沿面向全局技术前沿移动的紧密程度，如果 $GPTC_t^{t+1}>$（$<$）1 表示相对于 t 期的生产前沿面，$t+1$ 期的生产前沿面更加接近（远离）全局生产前沿面，反映了技术进步（技术倒退）。第三项 $GSEC_t^{t+1}$ 表示规模效率变化，如果 $GSEC_t^{t+1}>$（$<$）1 表示规模效率提高（下降）。第四项 $GSTC_t^{t+1}$ 测度技术进步的规模效应，$GSTC_t^{t+1}>$（$<$）1 表示技术偏离不变规模报酬（向不变规模报酬移动）。

全要素生产率指数表示决策单位向最佳生产实践前沿面的移动和生产前沿面的移动。若 $GML_t^{t+1}>1$ 则全要素生产率得到提升，反之，若 $GML_t^{t+1}<1$ 则全要

素生产率下降。

3. 全局方向距离函数的计算

为了测算与分解 GML 指数，需要借助线性规划方法在规模报酬不变和规模报酬可变下分别计算四个方向性距离函数。在规模报酬不变情况下，利用 t 期和 $t+1$ 期的观测值与生产前沿面计算

$\vec{D}_o^t(\mathbf{x}^t,\mathbf{y}^t,\mathbf{b}^t;\mathbf{y}^t,-\mathbf{b}^t)$，$\vec{D}_o^{t+1}(\mathbf{x}^{t+1},\mathbf{y}^{t+1},\mathbf{b}^{t+1};\mathbf{y}^{t+1},-\mathbf{b}^{t+1})$，利用 t 期和 $t+1$ 期的观测值，但却利用全局生产前沿面计算 $\vec{D}_o^G(\mathbf{x}^t,\mathbf{y}^t,\mathbf{b}^t;\mathbf{y}^t,-\mathbf{b}^t)$，$\vec{D}_o^G(\mathbf{x}^{t+1},\mathbf{y}^{t+1},\mathbf{b}^{t+1};\mathbf{y}^{t+1},-\mathbf{b}^{t+1})$，具体计算需要用到线性规划模型，以 t 期为例，第 r 个决策单元当期方向性距离函数可通过求解如下线性规划得到：

$$
\begin{aligned}
D_o^t(\mathbf{x}^t,\mathbf{y}^t,\mathbf{b}^t;\mathbf{y}^t,-b^t) &= \max\beta \\
s.t.\ \sum_{k=1}^{K} z_k^t y_m^{k,t} &\geqslant (1+\beta) y_m^{r,t},\ m=1,\cdots,M \\
\sum_{k=1}^{K} z_k^t b_j^{k,t} &= (1-\beta) b_j^{r,t},\ j=1,\cdots,J \\
\sum_{k=1}^{K} z_k^t x_n^{k,t} &\leqslant (1-\beta) x_n^{r,t},\ n=1,\cdots,N \\
z_k^t &\geq 0,\quad k=1,\cdots,K
\end{aligned}
\tag{1}
$$

t 期的全局方向性距离函数求解模型如下所示：

$$
\begin{aligned}
D_o^G(\mathbf{x}^t,\mathbf{y}^t,\mathbf{b}^t;\mathbf{y}^t,-\mathbf{b}^t) &= \max\beta \\
s.t.\ \sum_{t=1}^{T}\sum_{k=1}^{K} z_k^t y_m^{k,t} &\geqslant (1+\beta) y_m^{r,t},\ m=1,\cdots,M \\
\sum_{t=1}^{T}\sum_{k=1}^{K} z_k^t b_j^{k,t} &= (1-\beta) b_j^{r,t},\ j=1,\cdots,J \\
\sum_{t=1}^{T}\sum_{k=1}^{K} z_k^t x_n^{k,t} &\leqslant (1-\beta) x_n^{r,t},\ n=1,\cdots,N \\
z_k^t &\geqslant 0,\quad k=1,\cdots,K
\end{aligned}
\tag{2}
$$

五、中国经济增长质量评价与因素分解

本文以 2000—2015 年为研究区间，选取我国 30 个省市、自治区的经济数据，数据来源于《新中国六十年统计资料汇编》《中国统计年鉴》。由于数据缺失，样本中没有包含西藏自治区和我国港澳台地区。一些省份缺失数据通过计算已有数据的平均增长率进行补全，本文采用 matlab2013b 软件编程求解模型

（1）和模型（2）中的距离函数，采用 Global Malmquist-Luenberger 效率指数对我国经济增长全要素生产率指数计算，并将这一计算结果称为中国经济增长质量指数。

1. 数据说明

经济增长质量的产出指标数据说明如下：①GDP：首先根据《中国统计年鉴》中公布的国内生产总值指数计算环比 GDP 平减指数，然后将各个时期环比指数的连乘之积求得以 2000 年为基期的定基指数，通过名义 GDP 除以 GDP 平减指数得到实际 GDP。②就业率：用年末社会从业人员总量除以总人口得到。③城乡收入相对差距：用城镇居民收入减去农村居民收入，再除以农村居民收入得到。④SO_2排放量：用各省历年的 SO_2 排放量测算。

投入指标数据说明：①劳动力投入：本文使用年末社会从业人员总量作为生产中劳动力的投入，为了避免投入的重复计算，劳动力投入不包括医疗从业人员数。②物质资本投入：用年均资本存量数据表示，选择目前被普遍采用的永续盘存法计算各地区的物质资本存量，物质资本存量的估算公式为：$K_{it} = K_{it-1}(1-\delta_{it}) + I_{it}$，其中 i 指第 i 个地区，t 指第 t 年。经济折旧率本文采用单豪杰（2008）的研究成果为 10.96%。我们先按照各地区的固定资产投资价格指数将历年的固定资本统一折算成 2000 年不变价的数值，然后根据所设定的折旧率和基期资本存量对历年物质资本存量进行估算。为了避免物质资本中投入的重复计算，剔除了教育资本存量与医疗资本存量，这两项存量数据在教育投入和医疗卫生投入中体现。③教育投入：使用教育支出占财政支出的比重作为教育投入。④医疗卫生投入：采用医疗卫生从业人员数和医疗卫生支出占财政支出的比例作为医疗卫生投入。⑤环境投入：环境投入中能源消耗采用能源消费总量作为能源投入，环境污染治理使用工业污染治理强度，即工业污染治理投资总额除以 GDP，作为环境污染治理投入，工业污染治理投资总额 2000—2003 年数据缺失，用平均增长率进行平滑计算补全。⑥社会安全投入：使用公共安全支出占财政支出的比重，2000—2006 年公共安全支出占财政支出比重数据缺失，利用 2007—2012 年平均增长率进行平滑计算，补全 2000—2006 年的公共安全支出占财政比重数据。

2. 经济增长质量指数测度与分析

经济增长质量 GML 指数是一种动态分析，本文利用 GML 指数计算并分解了中国30个省市2000—2015年间的经济增长质量指数变动、纯效率变动、技术进步、规模效率变动、技术进步的规模效应变动，分析各省域经济增长质量特征与差异，具体结果如表2所示。

表2 2000—2013年各省经济增长质量指数及其分解

	GML	GPEC	GPTC	GSEC	GSTC
北京	1.152	1.010	1.103	0.995	1.021
天津	1.338	1.002	1.278	0.998	1.027
河北	1.429	1.005	1.103	0.958	1.331
山西	1.067	0.999	0.776	1.092	1.235
内蒙古	1.187	1.000	0.996	1.000	1.159
辽宁	1.467	1.058	0.815	0.928	1.785
吉林	0.815	1.108	1.156	0.999	0.764
黑龙江	0.806	1.071	0.938	1.000	0.782
上海	1.288	0.998	1.019	1.002	1.263
江苏	1.238	1.001	1.224	0.900	1.122
浙江	1.933	0.959	1.238	0.977	1.644
安徽	1.204	1.014	1.088	0.989	1.084
福建	1.224	0.994	0.882	1.070	1.291
江西	0.774	1.185	0.699	0.844	1.183
山东	1.245	1.001	1.251	0.906	1.091
河南	1.179	0.980	1.148	0.993	1.042
湖北	1.158	1.002	1.114	1.002	1.016
湖南	1.207	1.008	0.822	1.011	1.410
广东	1.553	1.001	1.190	0.999	1.294
广西	1.301	1.001	1.235	0.998	1.049
海南	1.424	1.000	1.418	1.000	0.970
重庆	1.278	0.997	1.199	1.000	1.141
四川	0.895	0.983	1.138	0.995	0.792
贵州	1.070	1.079	0.978	0.751	1.109
云南	1.174	0.913	1.153	1.095	0.975
陕西	1.245	1.099	1.238	0.906	0.976
甘肃	1.152	1.000	1.062	0.733	1.448
青海	0.964	0.834	0.992	1.198	0.712
宁夏	1.220	1.000	0.844	1.000	1.467

续表

	GML	GPEC	GPTC	GSEC	GSTC
新疆	1.068	1.000	1.005	1.004	1.072
东部	1.390	1.003	1.138	0.976	1.258
中部	1.026	1.046	0.968	0.991	1.064
西部	1.141	0.992	1.076	0.971	1.082
均值	1.202	1.010	1.070	0.978	1.142
标准差	0.233	0.060	0.171	0.091	0.248

从第30页表2中我们发现：各省经济增长质量累积指数均值为1.202，表示2000—2015年间经济增长质量指数提高了20.2%，年均增长速度1.4%；从GML指数的分解状况来看，对于各省区经济增长质量的提高贡献最大的是GSTC（技术进步的规模效应），其次为GPTC（纯技术进步），GPEC（纯技术效率）对经济增长质量的贡献较低，而GSEC（规模效率）对经济增长质量的提高有遏制作用，可见纯技术进步、技术进步的规模效应和纯技术效率是我国经济增长质量提高的主要来源。其可能的解释为我国在选择技术进步的方式上具有后发优势，通过购买设备和技术专利内嵌在资本投入中以实现技术进步，从而提高经济增长质量效益。另外，我国人力资本不断积累，人员素质不断提高，2000年高校毕业生人数为107万，2014年高校毕业生人数727万，随着人力资本结构的不断提升，技术进步率、技术进步的规模效应和纯技术效率对提升经济增长质量的推动作用逐渐显现。由此，本文推断中国的经济增长不仅是数量上的扩张，还有质量上的提高。

从区域变化看，2000—2015年间东部省份的经济增长质量指数均值为1.39，表明东部地区的经济增长质量有大幅度的提高，提高了39%。中部地区经济增长质量指数为1.026，提高了2.6%，经济增长质量提高并不显著。西部经济增长质量指数低于东部高于中部，提高了14.1%。总体表现为东—西—中态势，从GML指数的分解来看，导致区域之间经济增长质量指数差异最大的因素有两项，一是技术进步引起的规模效益，从高到低排序为东—西—中，二是纯技术进步率由高到低排序为东—西—中，这表明东部地区经济质量的提升不仅在先进技术的引进和自主创新，而且技术进步带来的规模报酬递增效应推动了东部的经济增长质量的增长，东部地区率先开始转变经济发展方式。西部地区虽然技术进步规模效应和技术进步效率低于东部地区，但是这两项数值均高于中部，表明西部地区正在加速追赶发达地区，努力提高经济增长质量，而中部地区不仅技术进步的规模效应不明显，纯技术进步率更是小于1，从而导致经济增长质量指数落后，可见技术进步规模效益和技术进步的差距是导致东部与中、西部间经济增长质量差距的重要原因。三大区域的纯技术效率和规模效率差异不大，纯技术效率中部提高4.6%，东部地区纯技术效率几乎不变，西部地区纯技术效率为下降0.8%，说明三大区域资源投入和产出逼近前沿面的程度低。规模效率西部地区下降2.9%，东部地区规模效率下降2.4%，中部地区的规模效率下降0.9%，东、中部省域有所恶化，说明三大区域的投资规模向规模报酬不变移动。东部地区的规模效率下降，近年来东部地区的要素集聚过度，要素规模的扩大并没有带来与之相匹配的效率的提高，于是规模效率有所下降。如东部地区的浙江、河北、辽宁都是要素集聚程度很高的省份。中部地区以及西部地区的规模效率下降的原因主要在于中西部地区的省份产能过低，在发展中对资源的依赖过度，如山西和陕西是煤炭大省，甘肃、江西、青海的教育水平低下，教育投入少，人力资本存量较低，这些因素都会对规模效率的提高产生阻碍作用。可见要素聚集程度过高的省份会造成资源的浪费，而要素聚集程度低的省份又无法形成高级要素的聚集，这种失衡的要素资源配置导致了规模效率的普遍下降。

从各省域的经济增长质量指数来看，25个省份GML指数均大于1，表明经济增长质量提高，而中部的吉林、黑龙江、江西，西部的青海、四川共5个省份的GML指数均小于1，表明经济增长质量有所下降。经济增长质量指数最高的三个省份依次为：浙江、广东、辽宁。但是提升经济增长质量指数的因素不同，浙江公共安全支出比、平均工业污染治理强度低和人力资本聚集效应均处于全国领先水平，因此，经济增长质量提升通过技术进步的规模效应、纯技术进步、规模效率以及纯技术效率综合驱动。广东GDP全国第一，投入大，经济增长质量提升通过纯技术进步和技术进步的规模效应综合驱动，但是规模效率与纯技术效率是阻碍经济增长质量的进一步提高的主要因素。辽宁通过充分利用自身资源，由技术进步率、规模效率、技术效率综合驱动。经济增长质量下降的青海、吉林、黑龙江、四川，共同特征为SO_2排放量大，人力资本投入低，导致技术效率和技术进步规模效率恶化，经济增长质量指数排名最后的是江西，SO_2排放量高，工业污染强度高等因素，导致技术效率、技术进步率、技术进步规模效益三项数值小于等于1，导致经济增长质量下降。通过省域经济增长质量分析可以看出，转变投资结构，加大对人力资本投资、技术引进从而引起技术进步，并改善环境水平、提高居民生活质量是经济增长质量提升的有效路径。

六、研究结论与政策建议

本文提出用经济增长的投入产出效率作为判断标准评价经济增长质量，选择 Global Malmquist-Luenberger（GML）指数方法对中国2000—2012年经济增长质量进行了分省区的评价和因素分解。我们得到如下结论并提出相关政策建议：

2000—2015年间经济增长质量显著提升。中国的经济增长不仅是数量上的扩张，还有质量上的提高，对经济增长质量的提高贡献最大的是纯技术进步，其次为技术进步的规模效率，而纯技术效率和规模效率对经济增长质量的提高有遏制作用；东、中、西三大区域的经济增长质量排序为东—西—中，导致三大区域之间经济增长质量指数差异最大的因素是：技术进步规模效应和技术进步率。全国21个省份经济增长质量指数均大于1，表明经济增长质量提高了，东部2个省，中部3个省，以及西部4个省经济增长质量下降，可见虽然技术进步是提高经济增长质量的主要动力，但是技术进步规模效率是提高经济增长质量的关键。因此，在未来的中国经济增长中，转变投资结构，加大对人力资本投资、自主创新水平的提升、技术引进从而引起技术进步是经济增长质量提升的有效路径，同时要注意高级要素的聚集，注意通过高级要素集聚提升技术水平、技术效率，减少规模效率的损失，实现经济增长的规模报酬递增机制的形成。

经济增长质量指数高于传统全要素生产率指数。全要素生产率指数低估纯技术进步率和技术进步规模效率，而高估纯技术效率和规模效率，东部地区经济增长数量速度快、质量高，中、西部经济增长数量速度慢、质量低，充分说明在我国，目前投资不仅是拉动经济数量增长的动力，也是拉动经济增长质量的源泉。因此，对于中西部省份要加强投资，优化投资结构，提高投资效益，提高经济增长的动力源泉。

降低经济增长代价才能真正实现经济增长数量、质量和效益的统一。不考虑教育投入、医疗卫生投入、环境污染治理投入、社会安全投入时，全国经济增长质量指数有所下降，表明在提高经济增长质量的过程中，不仅要通过技术进步提高全要素生产率，促进经济增长质量的提高，同时在经济增长中要注意发挥人力资本的真实作用，加大环境保护力度和社会安全管理，以降低经济增长中的各类代价，促进“真实经济增长”，实现数量、质量和效益的统一。

参考文献

[1] 钞小静，惠康. 中国经济增长质量的测度［J］. 数量经济技术经济研究，2009（6）.
[2] 钞小静，任保平. 中国经济增长质量的时序变化与地区差异分析［J］. 经济研究，2011（4）.
[3] 陈丹丹，任保平. 制度变迁与经济增长质量：理论分析与计量检验［J］. 当代财经，2010（1）.
[4] 陈培钦，王俊杰. 我国全要素生产率的测度差异的原因分析——基于 DEA 的方法［J］. 当代经济，2013（1）.
[5] 康梅. 基于数据包络分析的综合因子绩效评价模型［J］. 中国管理科学，2005（10）.
[6] 刘海英，张纯洪. 中国经济增长质量提高和规模扩张的非一致性实证研究［J］. 经济科学，2006（2）.
[7] 刘树成. 论又好又快发展［J］. 经济研究，2007（6）.
[8] 刘亚建. 我国经济增长效率分析［J］. 思想战线，2002（4）.
[9] 马建新，申世军. 中国经济增长质量问题的初步研究［J］. 财经问题研究，2007（3）.
[10] 齐亚伟. 碳排放约束下我国全要素生产率增长的测度与分解——基于 SBM 方向性距离函数和 GML 指数［J］. 工业技术经济，2013（5）.
[11] 任保平. 经济增长质量：理论阐释、基本命题与伦理原则［J］. 学术月刊，2012（2）.
[12] 任保平，李娟伟. 实现中国经济增长数量、质量和效益的统一［J］. 西北大学学报，2013（1）.
[13] 涂正革，刘磊珂. 考虑能源、环境因素的中国工业效率评价——基于 SBM 模型的省级数据分析［J］. 经济评论，2011（2）.

[14] 王兵，吴延瑞，颜鹏飞．中国区域环境效率与环境全要素生产率增长［J］．经济研究，2010（5）．

[15] 王兵，颜鹏飞．中国的生产率与效率：1952—2000——基于时间序列的 DEA 分析［J］．数量经济与技术经济研究，2006（8）．

[16] 王君磊，王兆凯，杨晓明．基于层次分析法的经济增长质量评价模型［J］．统计与决策，2007（6）．

[17] 王维国，范丹．中国区域全要素能源效率收敛性及影响因素分析——基于 Malmqulist-Luenberger 指数法［J］．资源科学，2012（10）．

[18] 王小鲁．中国经济增长的可持续性与制度变革［J］．经济研究，2000（7）．

[19] 王志刚，龚六堂，陈玉宇．地区间生产效率与全要素生产率增长率分解（1978—2003）［J］．中国社会科学，2006（2）．

[20] 颜鹏飞，王兵．技术效率、技术进步与生产率增长：基于 DEA 的实证分析［J］．经济研究，2004（12）．

[21] 易纲，樊纲，李岩．关于中国经济增长与全要素生产率的理论思考［J］．经济研究，2003（8）．

[22] 张军，施少华．中国经济全要素生产率变动：1952—1998［J］．世界经济文汇，2003（2）．

[23] 赵英才，张纯洪，刘海英．转轨以来中国经济增长质量的综合评价研究［J］．吉林大学社会科学学报，2006（3）．

[24] 郑京海，胡鞍钢．中国改革时期省际生产率增长变化的实证分析（1979—2001 年）［J］．经济学（季刊），2005（1）．

[25] 郑玉歆．全要素生产率的再认识——用 TFP 分析经济增长质量存在的若干局限．［J］．数量经济技术经济研究，2007（9）．

[26] 朱承亮，岳宏志，李婷．中国经济增长效率及其影响因素的实证研究：1985—2007 年［J］．数量经济与技术经济研究，2009（9）．

[27] 朱承亮，岳宏志，师萍．人力资本及其构成对中国技术效率影响的实证研究——基于 1985～2007 年省域面板数据的证据［J］．科学学研究，2010（11）．

[28] CHUNG Y H, FARE R, GROSSKOPF S. Productivity and Undesirable Outputs: A Directional Distance Function Approach [J]. Journal of Environmental Management, 1997, 51: 229 - 240.

[29] COOPER W W, SEIFORD L M, TONE K. Data Envelopment Analysis [M]. Sec-

ond Edition. Amsterdam: Kluwer Academic Publishers, 2007.

[30] FARE R, GROSSKOPF S, NORRIS M, et al. Productivity Growth, Technical Progress, and Efficiency Change in Industrialized Countries [J]. American Economic Review, 1994, 84: 66 -83.

[31] FARE R, GROSSKOPF S, MARGARITIS D. APEC and the Asian Economic Crisis, Early Signals from Productivity Trends [J]. Asian Economic Journal, 2001, 15: 325 -342.

[32] FUKUYAMA H, WILLIAM L, WEBER. A Directional Slacks-based Measure of Technical Inefficiency [J]. Socio Economic Planning Sciences, 2009 (4): 274 -287.

[33] GROSSKOPF S. Some Remarks on the Malmquist Productivity Index and Its Decomposition [J]. Journal of Productivity Analysis, 2003, 20: 459 -474.

[34] HAILU A, VEEMAN T S. Environmentally Sensitive Productivity Analysis of the Canadian Pulp and Paper Industry, 1959 - 1994, an Input Distance Function Approach [J]. Journal of Environmental Economics and Management, 2000, 40: 251 -274.

[35] KUMAR S. Environmentally Sensitive Productivity Growth, A Global Analysis Using Malmquist - Luenberger Index [J]. Ecological Economics, 2006, 56: 280 - 293.

[36] OH D H. A Global Malmquist - Luenberger Productivity Index [J]. Journal of Productivity Analysis, 2010, 34: 1345 -1355.

[37] ROMER P M. Increasing Returns and Long Run Growth [J]. Journal of Political Economy, 1986, 94: 1002 -1037.

[38] SHADBEGIAN R, GRAY W. Assessing Multi - dimensional Performance, Environmental and Economic Outcomes [J]. Journal of Productivity Analysis, Springer, 2005, 26: 213 -234.

[39] TASKIN F, ZAIM O. The Role of International Trade on Environmental Efficiency, a DEA Approach [J]. Economic Modeling, 2001, 18: 1 -17.

第三章　中国经济增长数量、质量和效益的一致性研究*

王　薇　任保平**

摘　要　通过对经济增长数量、质量和效益的理论阐释，明确三者的实质要义及形成机制。在内涵界定的基础上构建系统的评价指标体系，采用基于实数编码加速遗传算法的投影寻踪模型（PPM-RAGA）对1978—2016年中国经济增长数量、质量和效益的指数进行测度，并通过构建耦合模型对三者的一致性进行量化评估。研究表明：考察期内经济增长数量、质量和效益的一致性呈现阶段性的特征，其演进趋势总体上表现为从低发展度下的"低水平耦合"经历"虚假耦合"状态跃迁至高发展度下的"系统相悖"状态。三者的耦合状态是制度、要素及技术层面影响因素非线性叠加的结果。实现三者的协同发展，必须从创新驱动、人力资本积累、结构转化、福利分配、人与自然协调发展等多角度的机制入手，推动经济发展战略、经济体制、经济增长方式、经济增长动力及经济结构的多维转型。

关键词　经济增长；经济增长质量；效益；耦合；投影寻踪模型

一、引　言

改革开放以来，中国经济总量以年平均增长率超过9%的速度增长，中国成

* 本文受到国家社科基金重大项目"新常态下地方经济增长质量和效益的监测预警系统和政策支撑体系构建研究"（15ZDA012）、教育部哲学社会科学发展报告项目"中国经济增长质量发展报告"（13JBGP014）资助。

** 王薇，西安财经大学经济学院讲师，西北大学经济管理学院博士后，经济学博士；任保平，教育部人文社科重点研究基地——西北大学中国西部经济发展研究中心主任、西北大学研究生院院长，教育部长江学者特聘教授，教授、博士生导师，主要研究方向为中国经济增长质量与发展的政治经济学。

功实现了由贫穷的低收入国家向中等收入国家的跨越，其显著的增长成就被称为“中国奇迹”。然而遗憾的是，在中国经济数量增长的奇迹背后，埋藏着诸多隐忧，表现在国民经济结构、经济系统与生态环境系统、经济增长与社会利益分配之间的冲突日益加剧，产业结构、需求结构、城乡结构、区域结构的不协调不均衡成为一种“常态”，社会贫富差距拉大、能源资源短缺、生态环境恶化等一系列非经济性成本上升成为制约经济社会平稳持续发展的瓶颈。这些因素反映出中国经济增长中的突出问题是经济增长质量和效益提升与经济增长数量扩张的步伐不一致。现阶段，在世界经济发展格局深度调整和国内结构性矛盾日益突显的双重约束下，中国经济进入以供给侧结构性改革为主体的“新常态”发展时期，这一历史时期的核心命题就是通过增长动力转换和经济结构调整实现传统经济增长方式的转变，实现有效益、高质量、可持续的经济发展。

中国政府和学者很早就发现中国经济增长模式存在突出问题，早在20世纪60年代，学术界就在马克思主义政治经济学的框架下，从投入和产出角度探讨如何以最少的耗费产出最大的经济效果。政府的多次会议以及多项文件和重要规划中都明确提出要处理好速度、结构、质量和效益的关系，克服我国经济建设中长期存在而又远远没有克服的产品质量差、物质消耗高、经济效益低的痼疾。改革开放以来，中国经济的高速增长更是加强了各界对中国经济增长方式的关注，学者普遍认为中国的经济增长方式属于以投资驱动带动的规模扩张增长方式而非效率提高的质量提升增长方式（胡永泰，1998；蔡昉等，1999；高长春等，2001；李杨等，2005；郭庆旺等，2005；吴敬琏，2006；Jonathan，2006；邱晓华等，2006；张小雪等，2009；李治国等，2010）。在对经济增长方式广泛讨论的基础上，经济增长质量和效益的研究也自然兴起（卡马耶夫，1983；托马斯等，2001；Barro，2002；李京文，1996；王积业，2000；彭德芬，2002；赵英才，2006；刘树成，2007；李俊霖，2007；马建新等，2007；李延军等，2007；钞小静等，2011；叶初升，2014；何强，2014；曹立，2014；朱方明等，2014；颜鹏飞等，2014）。宏观经济分析课题组（1995）论述了经济速度、结构、效益的关系，认为三者是相互联系、相互作用的，速度是前提，结构是基础，效益是最终目标。洪银兴（1993）指出经济增长的效益在很大程度上寓于经济增长的速度。刘海英（2006）通过经济系统的投入产出效率、经济增长成本、资源消耗和环境保护等方面对经济增长质量进行评价，认为转轨以来虽然中国经济增长质量获得了一定程度的改善，但经济总量规模扩张与经济增长质量并未同比提高，两者的差距逐渐扩大。向书坚（2012）将经济增长模式转型和经济增长质量评价相结合，从动态演进的角度分析了20世纪90年代以来中国经济增长质量的变动趋势，发现循环经济、绿色经济的新经济发展模式对经济增长的作用力度较小，经济增长仍然保持原有的模式。任保平（2012）通过构建经济增长质量的概念框架，明确了经济增长数量和经济增长质量的辩证关系，认为经济增长数量考察的是经济增长的速度，而经济增长质量考察经济增长的优劣程度，两者的不一致性导致经济增长可能出现“有增长无发展”的局面。李凤瑞等（2013）认为提高经济增长质量和效益要处理好经济增长数量和质量的关系、当前发展和长远发展的关系、虚与实的关系。

学术界广泛深入的研究以及政府领域的强调和重申表明，中国经济的数量型增长如何向质量效益型增长转变仍然是现阶段核心的现实问题。前期学者的研究为我们研究经济增长质量和效益提供了丰富的视角，但是，这些研究仍然存在不足之处，表现在较多集中于对实践问题及政策层面的讨论而缺乏从深层次的内涵及实现机制方面进行理论研究，缺少对经济增长质量和效益进行系统的定量测度，同时也缺少对经济增长数量、质量和效益一致性的定量研究以及演变趋势的长期分析。因此，经济增长数量、质量和效益的一致性研究在建立完善的理论体系和开发系统的实证分析框架方面都具有相当大的拓展空间。

本文剩余部分的安排如下：第二部分对经济增长数量、质量和效益进行理论阐释，明确三者的内涵及形成机制；第三部分通过构建指标体系对经济增长数量、质量和效益进行测度；第四、五部分基于耦合模型对经济增长数量、质量和效益的一致性进行评价并进行理论解释；第六部分得出结论和相应的政策启示。

二、经济增长数量、质量和效益的理论阐释

（一）经济增长数量的内涵及形成机制

要界定经济增长数量的内涵，首先必须明确“经济增长”这一概念。从文献来看，不同学者对经济增长的内涵理解基本相同，即经济增长是指一个国家或地区产出水平（或人均产出水平）的持续增加。基于此，经济增长数量是指，将经济增长过程简化为“量”的范畴，代表了经济增长的数量化意义，可以理

解为单纯的、狭义的产出增长。在实践中，通过一个国家产品和劳务数量规模的扩张来粗略衡量，可以等同于 GDP 总量增加。

经济增长过程本质上是生产过程，即通过各种生产要素投入组合及相互作用实现产出增加。经济增长总量用生产函数表示为：

$$Q_U = F(A,K,L,E)$$

其中，Q_U 表示总产出数量，A 为技术进步要素，K 为资本要素，L 为劳动力要素，E 为土地、能源、资源等其他一系列自然生产要素。当生产要素的投入量都扩大 n 倍时，总产出变为：

$$n^{\theta}Q_U = F(nA,nK,nL,nE)$$

根据上述生产函数，经济数量增长产生于生产要素投入数量的倍增。在规模报酬不变、递减或递增的条件下，通过要素投入的倍增能够实现总产出以相同、较小或较大比例的增加。要素投入的倍增既体现在资本、劳动力、原材料等没有溢出效应或自我增强效应的简单要素上，也体现在人力资本积累、技术进步、组织创新等具有外溢效应的复杂要素上。但是，由于数量型经济增长通常以简单要素投入数量增加为主要手段，技术、创新等要素对经济增长数量的作用被忽略，在经济增长过程中呈现规模报酬不变或者递减效应，在要素投入规模扩张路径下可以实现总产出数量在短期内迅速增加。

（二）经济增长质量的内涵及形成机制

在具有明确的“经济增长”概念的基础上，界定经济增长质量的难点也就落在对“质量”如何定义上。在哲学中，“质量”是以“质”和“量”两个具有辩证统一关系的概念出现的。其中，“质”是一个事物区别于其他事物的规定性，与事物的存在具有同一性；而“量”是事物相对于其他事物可以用数值表示的规定性，与事物的存在并不是直接同一的。在此意义上，将“质”和“量”统一则表示事物的属性特征及对其度量。在物理学中，质量是指物体所含物质的数量，用以度量物体在同一地点重力势能和动能大小。在社会科学领域，“质量”被广泛用于衡量事物、产品优劣程度。

本文认为以哲学意义的质量内涵来界定增长质量体现了经济增长的本质特征，更具客观性。经济增长过程并不是单纯的要素积累和总量扩大的线性过程，而是伴随着效率改进、结构变化、周期波动的非均衡、非线性过程。因此，从增长过程的“质变”视角出发，经济增长质量应界定为：对经济增长过程中所产生的经济系统内部除经济总数量以外的其他属性的刻画及度量。这一定义意味着：①经济增长质量是对经济增长过程的动态、非均衡、非线性转变特征的多维度考察。②在划分经济增长质量的判断属性时要遵循简洁性和完备性，应全面考虑经济增长的静态及动态特征，同时要保证各判断属性之间不会交叉重复。需要指出，虽然经济增长过程也会引起政治、社会、生态环境、制度、文化等其他层面的质变，但这些因素不应纳入经济增长质量的研究范围内。一方面，如果将社会、政治、宗教、教育机会、自然环境等所有因素都直接纳入经济增长质量，我们将无法把握其真实意义（朱方明等，2014）；另一方面，将这些因素纳入也会导致难以对其进行量化分析。

根据经济增长过程的特征我们将经济增长质量的外延进一步划分为以下四个维度：衡量要素投入产出效率特征的经济效率；衡量资源配置和分布特征的经济结构；衡量增长过程周期波动特征的经济运行；衡量经济长期持续增长特征的经济潜力。由于这四个维度分别反映了增长过程的不同属性，其并不表现出完全一致的变动规律，因而缺少任意维度都不能全面衡量经济增长的优劣。

经济增长质量的函数可以表示为：

$$Q_A = F(E_{effi}, E_{stru}, E_{oper}, E_{pote})$$

其中，Q_A 表示经济增长质量，E_{effi} 表示经济效率，E_{stru} 表示经济结构，E_{oper} 表示经济运行，E_{pote} 表示经济潜力。假设函数满足对于所有的 $E_{effi} > 0$、$E_{stru} > 0$、$E_{oper} > 0$ 及 $E_{pote} > 0$，均有函数的一阶导数大于零，二阶导数小于零，即经济增长质量四个维度中的任一维度的改善均会带来函数值 Q_A 的提高。但这种效应具有边际递减性质，各维度对经济增长质量的正向作用的增加幅度会随着各维度值的增加而逐渐减小。

从微观视角来看，经济效率的改善会提高经济增长质量。根据新古典增长因素理论（多恩布什等，1997），经济增长可被划分为两部分：一部分是由资本、劳动力等要素积累产生的；另一部分是通过技术、组织管理改进等由要素生产效率提高产生的。要素生产率的提高必然导致要素投入保持恒定的条件下获得更多产出，或者在获得相同产出情况下需要更少的要素投入，资源的有效利用实现资源节约并提高经济增长质量。

从宏观视角来看，经济结构的优化协调会提高经济增长质量。经济结构是指国民经济各个部门和社会再生产各个方面的组成结构和比例关系，合理均衡的结构能够实现资源的有效配置，减少要素的中间投入损失，确保经济效率的发挥。同时，当较多的资源逐渐转移至高生产率部门时，经济系统内部良性自我调节机制保证经济系统稳定运行。

从动态视角来看，宏观经济运行的稳定性加强会提高经济增长质量。当经济处于稳定运行状态时，其保持在对均衡状态较小的偏离范围内，经济系统所具有的内在调节机制能够发挥作用。此时，经济系统内部结构稳定，供求关系协调，在稳定增长的基础上可以自发实现资源合理配置及要素生产效率提升。并且，价格稳定能够维持居民的福利水平，降低就业波动导致的失业风险，保证其获得收入的机会。

从长期视角来看，经济潜力提升会提高经济增长质量。一方面，技术进步的渗透作用使得要素使用效率得到提高，持续不断的技术创新推动新兴产业发展，形成新增长点并推进经济结构的全面转化。另一方面，合理有效的制度构建出良好的规范秩序，降低市场交易成本，为经济主体和社会组织提供适当的约束和激励机制，引导其行为向提高生产效率、增加社会产出的方向进行。

（三）经济增长效益的内涵及形成机制

“效益”从字面理解包含“效果”和“利益”的意思。经济增长效益是指，经济增长过程中，人与自然物质相互作用所引起的经济、社会、生态整体系统的成果与耗费之间的关系。这一定义意味着：①经济增长效益的内涵具有丰富性和复杂性，表现为效益要充分体现经济增长带来的产出与社会目的需要间的契合度。②经济增长效益不是微观的企业效益或单纯的经济效益，而是具有宏观视野的“大效益”。其建立在增长具有外部性效应的基础上，以经济、社会和生态环境系统为整体来考察经济活动的成本耗费和产出效果的关系。

经济增长效益可以通过以下函数表示：

$$Q_B = F(B_{ecm}, B_{soc}, B_{eco})$$

其中，Q_B 表示经济增长效益，B_{ecm}、B_{soc}、B_{eco}分别表示经济效益、社会效益及生态效益。进一步，假设 R_{GE}表示经济增长总收益，C_{GE}表示经济增长总成本，R_{ecm}、R_{soc}、R_{eco}分别表示经济收益、社会收益及生态收益，C_{ecm}、C_{soc}、C_{eco}分别表示经济成本、社会成本及生态成本，则公式可以进一步表示为：

$$\begin{aligned} Q_B &= B_{ecm} + B_{soc} + B_{eco} \\ &= R_{GE} - C_{GE} \end{aligned}$$

$$= (R_{ecm} + R_{soc} + R_{eco}) - (C_{ecm} + C_{soc} + C_{eco})$$

由以上公式可以看出，经济成本、社会成本和生态成本与负的经济收益、社会收益及生态收益具有对等性，两者之间是等价转换的。获得最大化的经济增长效益就是要使得经济增长效益函数取得最大值，即：

$$\max Q_B = \max\{R_{GE} - C_{GE}\}$$
$$= \max\{(R_{ecm} + R_{soc} + R_{eco}) - (C_{ecm} + C_{soc} + C_{eco})\}$$

经济增长效益函数最大化条件是：

$$MR_{GE} = MC_{GE}$$

即 $MR_{ecm} + MR_{soc} + MR_{eco} = MC_{ecm} + MC_{soc} + MC_{eco}$

经济增长效益达到最优状态时投入产出比最小化，即以最小投入或成本获得最大产出或收益。此时，经济增长的边际总收益与边际总成本相等。具体的，经济增长的收益指增长带来的经济系统内部的总产量扩大，以及与此相伴的社会、生态系统产生的一系列变化，诸如社会系统的贫困发生率、收入分配、教育、医疗、社会保障等方面的改善，以及生态系统的资源储量和环境状况的优化。经济增长的成本或负收益是指一个国家或地区获得总产出增长而支付的全部成本，既包括经济成本，也包括社会成本和生态成本。其中，经济成本是生产过程中消耗或转换的物质和服务的价值量，社会成本是经济活动对社会系统产生的负面影响，生态成本是指因生产和生活的消耗以及大自然自身侵蚀所导致的环境资源价值耗减。

三、经济增长数量、质量和效益的测度

（一）经济增长数量指数测度

从世界经济发展经验来看，后发国家要实现经济赶超，一般要经历四个阶段，即速度上赶超、总量上赶超、人均水平上赶超及生产要素使用效率上赶超。要全面衡量经济增长数量，必须对经济增长速度、GDP 总量及人均 GDP 均有所涉及。本文选择 GDP 总量、人均 GDP 及 GDP 增长率三个指标合成经济增长数量指数。由于指标较少，不需要进行降维简化。假设三个指标对经济增长数量具有等权重的影响作用，均赋权为 1/3，采用基础指标和权重合成总指数。由于三个基础指标的量纲量级不同，在测度时将其标准化，最终测度结果见第 44 页表 1。

表1 1978—2016年中国经济增长数量指数

年份	经济增长数量指数	年份	经济增长数量指数	年份	经济增长数量指数
1978	0.689	1991	0.970	2004	2.859
1979	0.351	1992	1.512	2005	3.250
1980	0.389	1993	1.612	2006	3.727
1981	0.177	1994	1.658	2007	4.306
1982	0.544	1995	1.582	2008	4.249
1983	0.738	1996	1.620	2009	4.574
1984	1.170	1997	1.678	2010	5.124
1985	1.079	1998	1.655	2011	5.465
1986	0.710	1999	1.750	2012	5.714
1987	1.013	2000	1.959	2013	6.133
1988	1.050	2001	2.092	2014	6.425
1989	0.444	2002	2.333	2015	6.684
1990	0.444	2003	2.624	2016	6.993

注：数据来源于《中国统计年鉴2017》，GDP按1978年不变价格指数计算。

1978—2016年，中国经济增长数量指数从0.689上升至6.993，总体增长10.1倍，年均增长率达6.3%。分阶段来看，1978—2000年数量指数的增长速度相对较低，平均为4.9%；而在2001年以后，数量指数的增长速度显著提高，年均增长率达8.9%。表明改革开放初期，经济数量增长相对不稳定，但进入21世纪以后，我国经济数量开始呈现指数型增长趋势。

（二）经济增长质量指数测度

1. 指标体系的构建

根据前文中定义的经济增长质量，将其具体划分为经济效率、经济结构、经济运行及经济潜力四个评判维度。第一，经济效率维度。该维度主要测度经济增长过程中的投入产出关系。现有宏观经济研究中通常将投入要素分为资本、劳动和全要素，本文也试图从这三方面测度经济效率。其中，资本生产率和劳动生产率用来衡量资本、劳动单要素投入与产出之间的比率关系，全要素生产率用来测算所有结合投入要素与产出之间的比率关系。

第二，经济结构维度。本文重点考察反映经济增长质量的宏观结构，包括产业结构、需求结构、收入分配结构。此外，由于中国不但面临着所有国家和地区都会出现的区域经济不均衡，而且正处于从传统农业社会向现代工业社会转型的阶段，具有典型的二元经济结构特征。因此，将城乡二元经济结构和区域结构也纳入考量。在产业结构中，本文借鉴干春晖等（2011）的研究方法，采用第三产业产值与第二产业产值之比度量产业结构高级化，采用产业结构泰尔指数度量产业结构合理化。在需求结构中，采用投资率、消费率、投资消费比及居民政府消费比表征内需结构，外贸依存度则用来测度外需结构。需要指出，投资率、消费率指标并非越大越好或越小越好，而是应该控制在一个合适范围（贺铿，2006）。根据现有研究结果，本文将投资率和消费率的适度值分别设定为35%和60%。收入分配结构衡量国民收入在资本和劳动力要素之间的配置，采用劳动报酬占GDP比重度量。城乡二元经济结构通常采用二元对比系数、二元反差指数度量，本文再加入城市化率指标。区域经济差距通常采用区域差异系数与锡尔系数指标衡量，考虑到这两个指标的测算结果相似，本文只选取其一。此外，加入东西部人均收入比指标直接反映我国的区域差异。

第三，经济运行维度。宏观经济运行包括经济周期波动和系统性金融风险两方面。文献中对宏观经济周期波动的度量主要包括产出波动、价格波动和就业波动（钞小静等，2009）。遗憾的是，现有的权威就业数据统计并不完善，很多劳动力并未登记在册，因而这一数据并未反映真实的就业状况。考虑到无法获得实际失业率数据，本文放弃对就业波动的考察，仅从产出和价格两方面表征经济周期波动。产出波动指标选取经济增长波动系数和产出缺口，价格波动指标选取通货膨胀率和CPI指数。经济增长波动系数指标利用实际增长率与邻近五年的移动平均增长率间偏离度表示。系统性金融风险是潜在的经济波动因素。根据金融理论，金融风险通常包括利率风险、货币风险、信用风险、政策风险及国际收支风险。由于国家政策性金融风险不好度量，本文暂不考虑这一因素，仅从利率、货币及国际收支角度测度金融风险。利率风险测度指标选取存贷比，货币风险指标选取M2增速，国际收支风险指标选取经常项目赤字/GDP、外债/GDP。

第四，经济潜力维度。经济潜力维度衡量经济增长的可持续性，创新作为技术进步的源泉，被认为是经济持续增长的动力。因此，经济潜力维度包含制度创新和技术创新两个分项指标。制度创新用市场化指数代替，技术创新指标选取 R&D 强度、专利申请量、高技术产品出口额占 GDP 比重及国家科技拨款占国家公共财政支出比重来测度。市场化指数数据借鉴樊纲等（2011）、董晓宇等（2010）的研究成果。R&D 强度指标缺失 1990 年以前的统计数据，考虑到长期以来政府财政科研支出是我国科研投入的主要形式，且通过将财政研发投入占 GDP 比重与 R&D 支出占 GDP 比重比较发现，两者的变动趋势相一致且数值相近，因此，1978—1990 年的 R&D 强度由政府财政研发投入占 GDP 比重替代。

2. 测度方法的选取

由于经济增长质量为多指标复合系统，因此，需要选择多指标综合评价方法将其合成为单一指数进行考察。多指标综合评价的核心在于指标权重的确定，赋权方法大体可分为主观赋权法（包括相对指数法、层次分析法等）和客观赋权法（包括熵值法、因子分析法、主成分分析法、投影寻踪模型等）两种。由于经济增长质量评价指标具有典型的高维、非线性特征，而传统多元分析方法建立在总体服从某种分布（如正态分布）的假定基础之上，实际中的数据往往不能满足该条件，因此需要用稳健的或非参数的方法解决，但“维数祸根”的存在使得非参数方法也很难奏效（李祚泳，1998）。

投影寻踪模型（Projection Pursuit Model，PPM），是由美国科学家 Kruskal 提出的一种用来分析和处理非线性非正态高维数据的新型数理统计方法，其基本思想是：将高维数据投影到低维子空间，寻找出能反映高维数据结构或特征的投影，在低维空间上对数据结构进行分析，以达到研究高维数据的目的。该方法的优点是对复杂高维数据变量的权重确定具有稳健性和客观合理性，能够克服传统多元统计分析方法基于正态分布的假设及处理高维数据稳健性差的缺陷。投影寻踪模型的构建思路是：通过建立以权重为优化变量的复杂非线性优化模型，将高维数据综合成以权重为投影方向的一维投影值（投影指标函数），在满足整体上投影点团之间尽可能分散而局部投影点尽可能密集的约束下，寻优获得目标函数最大化的最佳投影方向。投影寻踪模型成功的关键在于投影指标函数的优化，传统的优化方法是标准遗传算法（SGA）。但该算法在实际应用中存在早熟收敛、全局优化速度慢和解的精度差等缺点（金菊良等，2000）。基于实数编码的加速遗传算法（RAGA）在实现投影寻踪模型的过程中，克服了传统优化算法的弊端。因此，本文采用基于实数编码遗传算法的投影寻踪模型（PPM－RAGA）对 1978—2016 年中国经济增长质量进行测度。PPM－RAGA 模型的构建步骤如下：

第一，评价指标的归一化处理。设各指标值的样本集为 $\{x^*(i,j)\mid i=1\sim n,\ j=1\sim p\}$，其中，$x^*(i,j)$ 为第 i 个样本的第 j 个指标值，n 为样本个数，p 为指标个数。为消除各指标量纲效应，采用均值化方法对指标进行归一化处理：$x(i,j)=\dfrac{x^*(i,j)}{\tilde{x}}$，式中，$\tilde{x}$ 为第 j 个指标的平均值。

第二，投影目标函数 $f(a)$ 的构造。PP 方法就是将样本 i 的 p 维数据 $\{x^*(i,j)\mid j=1\sim p\}$ 综合成以 $a=\{a(1),a(2),a(3),\cdots,a(p)\}$ 为投影方向向量的一维投影值 $Z(i)$：

$$Z(i)=\sum_{i=1}^{p}a(j)x(i,j),(i=1,2,3,\cdots,n)$$

优化投影指标时，要求投影值 $Z(i)$ 尽可能多地提取 $x(i,j)$ 中的变异信息，即 $Z(i)$ 的标准差尽可能大，同时 $Z(i)$ 的局部密度达到最大。投影目标函数可设置为：$f(a)=S_Z D_Z$

式中，S_Z 为投影值 $Z(i)$ 的标准差，D_Z 为投影值 $Z(i)$ 的局部密度，即：

$$S_Z=\sqrt{\frac{\sum_{i=1}^{n}[Z(i)-E(z)]^2}{n-1}}$$

$$D_Z=\sum_{i=1}^{n}\sum_{j=1}^{n}[R-r(i,j)]\cdot u[R-r(i,j)]$$

式中，$E(z)$ 为序列 $Z(i)$ 的平均值，R 为局部密度的窗口半径，R 的值可以根据试验来确定，一般可取 $0.1S_Z$，$r(i,j)=|Z(i)-Z(j)|$ 表示样本之间的距离，符号函数 $u(R-r(i,j))$ 为单位阶跃函数，当 $R\geqslant r(i,j)$ 时函数值取 1，否则取 0。

第三，投影目标函数的优化。当各指标值的样本集给定时，投影目标函数 $f(a)$ 只随投影方向而变化，不同的投影方向反映不同的数据结构特征，最佳投影方向是最大可能暴露高维数据某类结构特征的投影方向，因此，可以通过投影目标函数的最优化求解来计算最佳投影方向，即：

$$\max f(a)=S_Z D_Z$$

$$\text{s.t.}\ \sum_{j=1}^{p}a^2(j)=1$$

由于传统的优化方法难以解决 $a(j)$ 为优化变量的复杂非线性优化问题，本文采用基于实数编码的加速遗传算法来实现高维全局寻优。

本文所采用的原始数据来源于《新中国六十年统计资料汇编》《中国统计年鉴》《中国科技统计年鉴》《中国国内生产总值历史核算资料（1952—2004）》《中国能源统计年鉴》《中国环境统计年鉴》及国家统计局网站数据库和世界银行数据库。基于 PPM-RAGA 模型确定的中国经济增长质量的基础指标及维度指数的权重见表 2。

表 2　经济增长质量指标体系

维度指数	分项指标		基础指标	指标单位	指标权重
经济效率（0.734）	要素使用效率	Y_1	全要素生产率	%	0.879
		Y_2	增量资本产出率	—	0.217
		Y_3	劳动生产率	元/人	0.425
经济结构（0.533）	产业结构	Y_4	产业结构高级化指数	—	0.357
		Y_5	产业结构合理化指数	—	0.237
	需求结构	Y_6	投资率	%	0.130
		Y_7	消费率	%	0.121
		Y_8	投资消费比	—	0.386
		Y_9	居民政府消费比	%	0.374
		Y_{10}	外贸依存度	%	0.349
	收入分配结构	Y_{11}	劳动者报酬占 GDP 比重	%	0.365
	城乡二元结构	Y_{12}	二元对比系数	—	0.144
		Y_{13}	二元反差指数	—	0.106
		Y_{14}	城市化率	%	0.063
	区域结构	Y_{15}	区域差距系数	—	0.116
		Y_{16}	东西部人均收入比	%	0.438
经济运行（0.223）	产出波动	Y_{17}	产出缺口	—	0.627
		Y_{18}	经济波动系数	—	0.229
	价格波动	Y_{19}	CPI 指数	%	0.292
		Y_{20}	通货膨胀率	—	0.226
	金融风险	Y_{21}	存贷比	%	0.104
		Y_{22}	M2 增速	%	0.630
		Y_{23}	经常项目差额/GDP	%	0.071
		Y_{24}	外债/GDP	%	0.071

续表

维度指数	分项指标		基础指标	指标单位	指标权重
经济潜力（0.357）	制度创新	Y_{25}	市场化指数	—	0.465
	技术创新	Y_{26}	R&D 支出占 GDP 比重	%	0.526
		Y_{27}	专利申请量	件	0.643
		Y_{28}	高技术产品出口额占 GDP 比重	%	0.154
		Y_{29}	国家科技拨款占国家公共财政支出的比重	%	0.265

由中国经济增长质量基础指标和维度权重可知，经济效率维度权重最高为 0.734，经济结构维度的权重次之，为 0.533。表明在 1978—2016 年间中国经济增长质量的变动更多体现在经济效率和经济结构两个维度变化上。经济运行和经济潜力维度权重相对较小，分别为 0.223 和 0.357，表明这两个维度对经济增长质量的贡献度相对较小。

3. 经济增长质量指数变动趋势

1978—2016 年中国经济增长质量指数变动趋势如图 1 所示。总体上，经济增长质量四个维度的变动趋势呈现较大差异，中国经济增长质量是在四个维度的复杂相互作用贡献下，由低级向高级不断波动演进的。1978 年以来中国经济增长质量总体呈波动上升态势，经济增长质量指数由 1978 年的 1.16 上升至 2016 年的 2.532，上升幅度接近 1.4。从具体维度来看，经济效率、经济运行和经济潜力均在波动中上升。其中，经济效率维度的波动幅度最大、上升幅度最小，

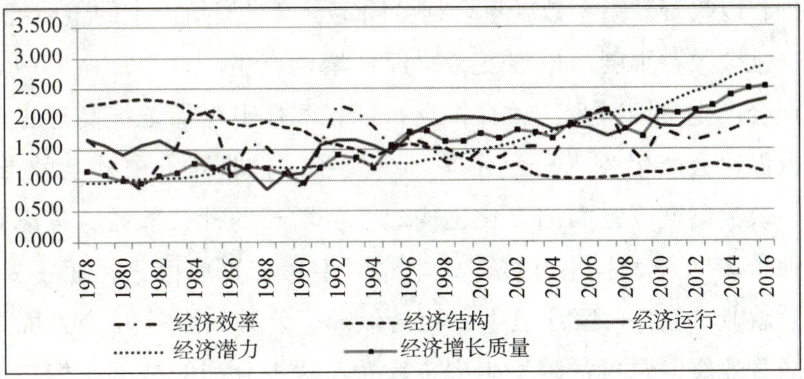

图 1 1978—2016 年中国经济增长质量各维度变动趋势

总指数仅从1978年的1.668上升至2016年的2.024，上升0.3左右。经济运行维度在经历小段时间的波动下降后便开始不断上升，1978年经济运行维度指数为1.674，1988年下降至最低点0.858，随后便一直波动上升至2016年的2.316。经济潜力维度指数呈稳步上升趋势，从1978年的0.97显著提高至2016年的2.859，上升幅度1.9为四个维度中增幅最大的。四个维度中只有经济结构维度指数呈波动下降态势，从1978年的2.247下降至2016年的1.15，下降幅度超过1.0。

（三）经济增长效益指数测度

1. 指标体系的构建

根据前文的经济增长效益的内涵，将其具体划分为经济效益、社会效益及生态效益三个维度。第一，经济效益维度。该维度衡量社会经济生产过程中经济成本耗费与产出效果的关系。考虑到现有统计数据的限制，我们无法获得以无形价值形态体现的生产利益和效果，而只能以社会总产值、国内生产总值、国民收入、净产值、利税等其他替代形式来衡量生产成果；而成本投入只能获得各种生产消耗，例如活劳动消耗、物化劳动消耗、成本、占用的生产资金等（纪玉荣，2009）。本文从宏观角度考察全社会整体经济效益，以克服文献中重点考察工业而忽略非工业部门经济效益的缺陷。由于工业、农业、服务业生产性质不同，其耗费的成本要素具有不同侧重。因此，应根据不同产业的要素投入特点对三次产业选取不同的测度指标。基于数据可得性，本文选取工业增加值率、工业企业资金利税率指标来度量工业经济效益；以单位耕地农业产出、人均农业产值指标来度量农业经济效益，以服务业人均增加值度量服务业经济效益。另外，以投资效果系数度量全社会固定资产投资所产生的整体经济效益。

第二，社会效益维度。该维度考察经济增长产生的社会成本和收益。经济增长一方面会产生贫困减少、教育机会扩展、医疗卫生保健提高等正向社会效益，另一方面也会产生收入分配不平等、失业、犯罪等负向社会效益。此外，思想文化、政治制度等方面的变化也构成经济增长的社会效益。考虑到这些因素受主观评价影响较大且不好度量，本文暂不考虑这些因素，而主要从减贫、收入分配、就业、教育、医疗卫生、社会保障、公共安全等几个方面选取指标来测度。减贫效应以农村贫困发生率来衡量；收入分配的基础指标选取基尼系数、城乡居民收入比、城乡居民消费比；就业方面以GDP增长就业弹性、城镇登记失业率指标衡量；教育指标选取每万人大学生数、平均受教育年限及国家财政性教育经费支出占 GDP 比例；医疗卫生指标选取每千人医疗卫生机构床位数、每千人卫生技术人员数及预期寿命；社会保障方面选取基本养老保险覆盖率指标；公共安全方面选取犯罪率指标衡量。

第三，生态效益维度。该维度是指经济系统在增长过程中与生态系统发生能量和物质交换而产生的效益。经济增长对生态环境的影响包括资源利用效应和环境污染效应两方面，同时产生两种生态负效益，即自然资源消耗和环境质量退化。自然资源消耗应包括水资源、矿产资源、森林资源、能源储量、耕地面积等的减少，环境质量退化应包括水污染、大气污染、固体和有害垃圾污染、土壤和森林退化以及生物多样性减少等。考虑到数据可得性，本文选取单位产出能源消耗、单位产出电耗、森林覆盖率及森林资源净损耗指标来衡量自然资源消耗，选取人均二氧化碳排放量、单位 GDP 废水排放量、单位 GDP 废气排放量及单位 GDP 固体废物排放量来测度环境质量退化。

2. 经济增长效益测度结果

采用 PPM－RAGA 模型来确定各基础指标在各维度的权重并合成维度指数，采用同样的方法获得各维度指数在总指数的权重并合成总指数。经济增长效益的基础指标权重及三个维度权重见表 3，1978—2016 年中国经济增长效益各维度变动趋势见第 52 页图 2。

表 3　经济增长效益指标体系

维度指数	分项指标		基础指标	指标单位	指标权重
经济效益（0.744）	工业效益	Z_1	工业增加值率	%	0.447
		Z_2	工业企业资金利税率	%	0.280
	农业效益	Z_3	单位耕地面积产值	元/亩	0.105
		Z_4	人均农业产值	元/人	0.510
	服务业效益	Z_5	服务业人均增加值	元/人	0.656
	整体投资效益	Z_6	投资效果系数	%	0.139
社会效益（0.536）	减贫效应	Z_7	农村贫困发生率	%	0.310
	收入均等化	Z_8	基尼系数	—	0.366
		Z_9	城乡居民收入比	—	0.072
		Z_{10}	城乡居民消费比	—	0.099

续表

维度指数	分项指标		基础指标	指标单位	指标权重
社会效益（0.536）	就业	Z_{11}	GDP 就业弹性	—	0.251
		Z_{12}	城镇登记失业率	%	0.070
	教育	Z_{13}	每万人大学生数	人	0.402
		Z_{14}	平均受教育年限	年	0.205
		Z_{15}	国家财政性教育经费支出/GDP	%	0.292
	医疗健康	Z_{16}	每千人医疗卫生机构床位数	张	0.306
		Z_{17}	每千人卫生技术人员数	人	0.413
		Z_{18}	预期寿命	年	0.156
	社会保障	Z_{19}	基本养老保险覆盖率	%	0.290
	公共安全	Z_{20}	犯罪率	起/十万人	0.159
生态效益（0.399）	资源利用	Z_{21}	单位生产总值能耗	吨标准煤/万元	0.451
		Z_{22}	单位生产总值电耗	吨标准煤/万元	0.277
		Z_{23}	森林覆盖率	%	0.108
		Z_{24}	森林资源净损耗	亿美元	0.258
	环境污染	Z_{25}	人均二氧化碳排放量	吨	0.307
		Z_{26}	单位 GDP 废水排放量	吨/万元	0.436
		Z_{27}	单位 GDP 废气排放量	吨/万元	0.418
		Z_{28}	单位 GDP 固体废物排放量	吨/万元	0.427

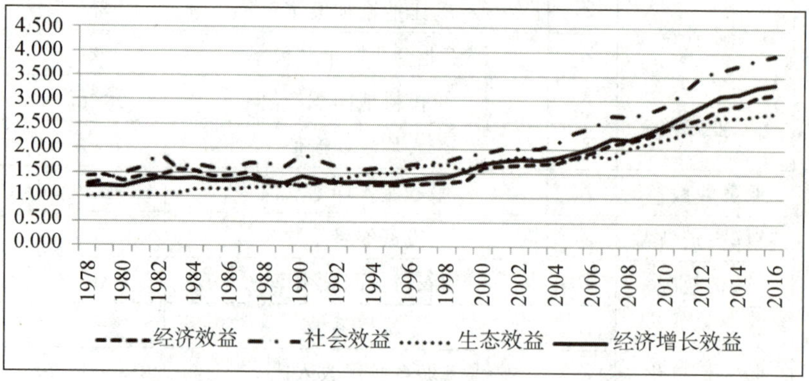

图 2　1978—2016 年中国经济增长效益各维度变动趋势

根据经济增长效益各维度基础指标权重和各维度指标权重可知，经济效益维度在四个维度中权重最高为 0.744，社会效益次之，为 0.536，生态效益维度的权重最小，为 0.399。表明 1978—2016 年间中国经济增长效益的变动更多体现在经济效益的变化上，社会效益和生态效益对其贡献相对较小。虽然三个维度的权重大小有差异，但最小权重也占到 0.4 左右，说明这三个维度对总体经济增长效益的影响均不可忽视。

从第 52 页图 2 测度结果可知，1978—2016 年中国经济增长效益总体上在小幅波动中呈稳定上升态势，经济增长效益指数从 1.201 上升至 3.35。具体来看，1978—1996 年间经济增长效益指数上升非常缓慢，仅从 1.201 上升至 1.366，1997 年以后上升速度明显加快，从 1.406 显著增加至 2016 年的 3.35。从各维度指数的变动趋势来看，经济效益、社会效益及生态效益维度指数均不同程度的增加。其中，经济效益维度指数在 1978—2016 年间从 1.419 增加至 3.156。社会效益维度指数从 1978 年的 1.271 显著上升至 2016 年的 3.945，增长幅度在三个维度中最大。生态效益维度指数从 1978 年的 1.017 上升至 2016 年的 2.758，上升幅度超过 1.7。以上结果表明，1978 年以来，我国经济增长的经济效益、社会效益及生态效益均获得一定程度的改善，总体效益的提高是三个维度不同程度正向作用的综合结果。

四、经济增长数量、质量和效益的一致性评价——基于耦合理论的分析

（一）经济增长数量、质量和效益耦合的机制

经济增长数量、质量和效益作为经济系统增长过程中产生的三个相互联系又相对独立的体系，分别从不同角度反映和刻画经济增长的特征。一方面，三者各自具有相对独立的演变规律和变动轨迹；另一方面，三者之间亦存在相互依赖、相互影响、相互协调的动态关联关系。这两个方面共同决定一个国家或地区的经济增长状态。由于经济增长数量、质量及效益的关系符合耦合原理所假定的状态，因此，我们借助耦合模型来阐释三者的协调一致性关系。

假设经济增长数量、经济增长质量和经济增长效益各自的发展水平分别由 $Q_U(X)$、$Q_A(Y)$、$Q_B(Z)$ 来表示，T 测度经济增长数量、质量和效益的整体发展度，C 测度经济增长数量、质量和效益的协调度，经济增长系统的耦合度函数可表示为 $D = f(Q_U, Q_A, Q_B)$，经济增长系统的演进是由 $Q_U(X)$、$Q_A(Y)$、$Q_B(Z)$ 三者共同决定

的,其边界条件为:① 若不考虑其他要素的影响,某个单一子系统本身与本身的耦合度最高且为1;② 若各子系统之间没有任何联系,则耦合度最低为0;③ 其他情况下的耦合度为0 ~ 1之间的数值。如图3所示,假设曲线 $g(Q_U)$、$g(Q_A)$、$g(Q_B)$ 分别代表 $Q_U(X)$、$Q_A(Y)$、$Q_B(Z)$ 的演化运动轨迹,且 $g(Q_U)$、$g(Q_A)$、$g(Q_B)$ 分别同时作用于 $Q_U(X)$、$Q_A(Y)$、$Q_B(Z)$ 轴,则作用在 $Q_U(X)$ 轴上的切点 $D_{(Q_A,Q_B)}$ 为 $g(Q_A)$、$g(Q_B)$ 的合力点,作用在 $Q_A(Y)$ 轴的切点 $D_{(Q_U,Q_B)}$ 为 $g(Q_U)$、$g(Q_B)$ 的合力点,作用在 $Q_B(Z)$ 轴上的切点 $D_{(Q_U,Q_A)}$ 为 $g(Q_U)$、$g(Q_A)$ 的合力点。基于此,经济增长演进的耦合路径存在于切点 $D_{(Q_U,Q_A,Q_B)}$。当 $Q_U(X)$、$Q_A(Y)$、$Q_B(Z)$ 发生变化时,$g(Q_U)$、$g(Q_A)$、$g(Q_B)$ 也将随之改变,引起 $D_{(Q_U,Q_A,Q_B)}$ 的动态演化,即经济增长数量、质量和效益复合系统耦合度的提高或降低,反映了经济增长进程的变动。而经济增长系统的最佳演化路径是经济增长数量、质量和效益的耦合度沿着 D 轴附近不断从低级（原点）向更高级阶段演化。

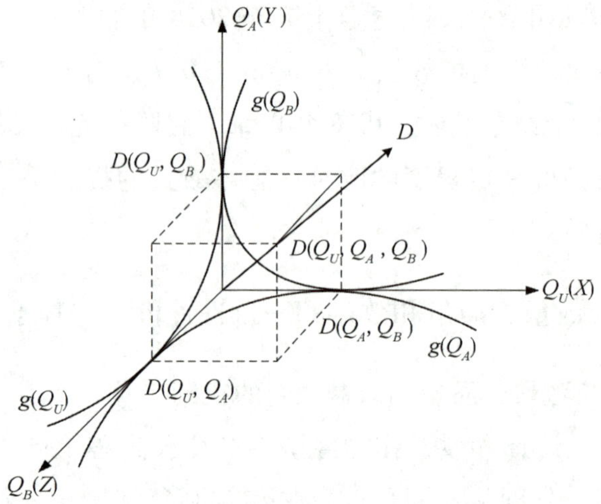

图3 经济增长数量、质量和效益耦合演进机制示意图

（二）经济增长数量、质量和效益的耦合测度

（1）耦合度测算方法

国内外研究中关于耦合的测度主要有基于指数综合加成的耦合测度法、基于功效系数的耦合测度法、基于空间变异的耦合测度法、基于序列动态变化的耦合测度法（弹性系数法）以及基于灰色关联理论的耦合测度法。考虑到变异系数法模型简单、原理清晰，在系统耦合测度问题上应用广泛，因此，本文也采用该方法来测度经济增长数量、质量和效益的耦合度。

假设经济增长数量、质量和效益各自的发展水平由综合指数 $Q_U(X)$、$Q_A(Y)$、$Q_B(Z)$ 分别表示。经济增长系统遵循 Cobb-Douglas 生产函数,即系统的总产出 T 由经济增长数量 $Q_U(X)$、经济增长质量 $Q_A(Y)$ 和经济增长效益 $Q_B(Z)$ 共同决定，用公式表示如下：

$$T = A[Q_U(X)]^{\alpha}[Q_A(Y)]^{\beta}[Q_B(Z)]^{\gamma}$$

其中，T 测度经济增长系统的发展度。A 为外生参数，α、β、γ 分别为经济增长数量、质量和效益的产出弹性。三者的协调度定义为：

$$C = \left\{\frac{Q_U(X) \cdot Q_A(Y) \cdot Q_B(Z)}{[(Q_U(X) + Q_A(Y))/2] \cdot [(Q_U(X) + Q_B(Z))/2] \cdot [(Q_A(Y) + Q_B(Z))/2]}\right\}^{1/3}$$

根据以上公式，经济增长数量、质量和效益的协调度 $C \in [0,1]$,当 $Q_U(X) = Q_A(Y) = Q_B(Z)$ 时,协调度取得最大值 1,即复合系统达到最优协调状态。C 值越小表示三者之间偏差越大,复合系统协调性越弱。

D 衡量经济增长系统的耦合度,由三者的发展度和协调度共同测度：

$$D = \sqrt{C \cdot T}$$

根据耦合测度模型可知，耦合程度由协调度和发展度共同决定，不同的协调度和发展度组合体现出不同的耦合状态，为了对耦合程度判断标准做出科学的划分，本文对耦合程度的判断标准设定如图 4 所示：

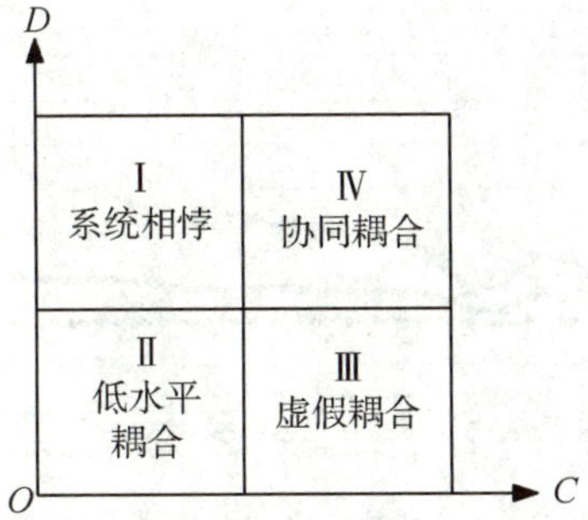

图 4 耦合程度划分标准示意图

在图 4 中，系统之间的协调度 C 分为高协调度和低协调度状态，发展度 D 分为高发展度和低发展度状态，不同的协调度和发展度组合衡量不同的耦合程度。本文划分出耦合程度的四种状态，即Ⅰ系统相悖、Ⅱ低水平耦合、Ⅲ虚假耦合以及Ⅳ协调耦合。具体说明如下：第一，当复合系统的耦合测度结果显示高发展度和低协调度时，表明其较高的发展度必然是某一系统的超前发展带动的，超前发展的系统与滞后发展的系统因显著的不一致趋势而使得整体复合系统出现相悖状态。第二，当复合系统的耦合测度结果显示低发展度和低协调度时，表明各系统都处于较低的发展水平，并且各系统之间的协同性也较差，体现出低发展水平系统间显著的无序性，因而其耦合程度处于低水平状态。第三，当复合系统的耦合测度结果显示低发展度和高协调度时，表明系统在较低发展水平下实现了协同效应。然而，系统处于低发展度下的良好协调状态本质上并不是真正的稳定耦合，因为系统要么会跃迁至较高的耦合状态，要么会锁定在低发展水平下的耦合陷阱中导致发展停滞。因此，在这一区间的耦合程度为虚假耦合。第四，当复合系统的耦合测度结果显示高发展度和高协调度时，表明各系统均处于较高的发展水平，并且相互之间具有良好的协同一致性，因而其耦合程度为协同耦合状态。

（三）经济增长数量、质量和效益的耦合度测算结果

基于前文建立的耦合度测算模型，对经济增长数量、质量和效益的演变趋势进行耦合分析，测度结果如图5 所示。总体上看，改革开放以后，中国经济增长数量、质量和效益的一致性处于较低的水平，在1978—2016 年的考察期内处于0. 38 ~ 0. 5 的范围变动。

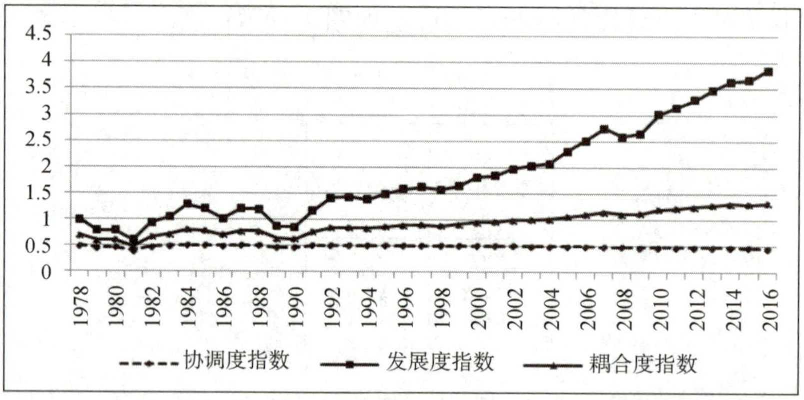

图5 1978—2016 年中国经济增长数量、质量和效益耦合度变动趋势

由于在改革开放之初的最初十多年内，经济增长数量呈现剧烈波动，经济增长质量的波动性也较大，虽然经济增长效益的变动趋势相对平稳，但经济增长效益并没有显著的提升，而是基本保持在较低的水平上。三者的综合作用导致经济增长数量、质量和效益的耦合度也处于频繁的波动中而未表现出增长的趋势，呈低水平耦合。具体的，在1981 和1989 年经济增长数量、质量和效益的

发展度达到区间内最低点，耦合度也相应地达到最低点。1978—1991 年这一阶段协调度较低，发展度及耦合度的较大波动性导致发展度及耦合度上升幅度并不明显，发展度指数仅从 1978 年的 0. 987 上升至 1991 年的 1. 162，上升幅度不足 0. 2。耦合度指数仅从 1978 年的 0. 694 上升至 1991 年的 0. 76，上升幅度不足 0. 1。1992 年至 2000 年，经济增长数量、质量和效益的协调度、发展度及耦合度的波动性明显降低，均呈现平稳的变动趋势。从具体指数来看，协调度指数一直保持在 0. 497 以上的相对较高位水平，发展度指数从 1992 年的 1. 41 缓慢上升至 1998 年的 1. 566，在发展度略微上升而协调度保持稳定的综合作用下，耦合度指数也从 1992 年的 0. 839 缓慢稳定上升至 2000 年的 0. 95。

21 世纪以来，经济增长数量、质量和效益的发展度、协调度及耦合度变动轨迹开始显著分化。发展度指数呈大幅度增长态势，从 2000 年的 1. 807 显著增加至 2016 年的 3. 861；协调度指数从 2000 年的 0. 499 下降至 2016 年的 0. 45；两者的共同作用致使耦合度指数处于缓慢增长状态，到 2016 年仅增长至 1. 3 的水平。从经济增长数量、质量和效益的变动轨迹来看，这一阶段经济增长数量开始呈现加速型指数增长趋势。经济增长质量仍然表现在较小波动中缓慢上升趋势。经济增长效益也呈现稳定的缓慢上升趋势。但是，经济增长数量的过快增长与经济增长质量和效益的缓慢增长不匹配，虽然整体发展度在经济数量增长的带动下仍然保持大幅上升趋势，但协调度的加速下滑导致耦合度增长基本停滞。因此，这一阶段的耦合效应是从前一期的虚假耦合状态跃迁至系统相悖状态，而未发生系统沿着协同耦合路径稳定发展的合意结果。

五、经济增长数量、质量和效益耦合的阶段性规律与理论解释

经济增长数量、质量和效益的耦合是一个历史演进过程。经济体在经济增长进程中，经济增长数量、质量和效益耦合的内在规律性通过经济增长的阶段性演变反映出来，并展现出不同的特征。由于经济增长数量、质量和效益的耦合状态是在复杂的影响因素作用下产生的，因而其耦合具有不确定性，可能会从低水平耦合逐渐演化至协同耦合的理想状态，也可能从低水平耦合跃迁至系统相悖状态，而无法出现协同耦合的合意结果。一般来说，经济增长的历史过程，首先表现为经济增长数量、质量和效益的低水平耦合阶段；其后则为较低发展度下的虚假耦合阶段；最后演进至高发展度下的协同耦合阶段，但也可能

出现高发展度下的系统相悖耦合阶段。而现实中经济增长数量、质量和效益的耦合向何种状态演化，取决于制度的激励方向以及技术水平所能支撑的增长动力方式。

中国经济增长数量、质量和效益的耦合在经历低水平耦合、虚假耦合后并未出现稳定的协同耦合，而是跃迁至系统相悖状态有其必然性。虽然改革开放以来中国所发生的制度变革产生了丰硕的成果，以放权让利为先导的激励机制，通过利益的引导极大地刺激了微观经济主体的生产积极性，但中国的制度变革本质上是对传统体制下利益关系的再调整。在最初的分配关系调整中，中央与地方的财政关系、企业内部劳动者之间的工资制度改革等都仅仅提供了经济主体关注经济收益的激励。随着改革的深入，这种利益调整逐渐深入到生产领域，生产要素之间的关系也发生了根本变化，这种变化是以确立资本产权为核心的改革实现的。资本的产权确定遏制了计划经济下严重浪费的现象，缓和了资本过度短缺的矛盾，但过于强调资本积累造成了物质资源、自然环境过度使用的代价。并且，虽然制度改革通过生产要素的重组释放了经济体内巨大的能量，但是制度变革并未从根本上改变技术落后的局面。制度激励对企业形成以技术引进实现投资少、见效快的增长效果。加之技术能力的缺乏，也使得大部分引进的技术都未真正成为创新源泉，初期引进的技术先进性随着引进设备和工艺的老化而逐渐丧失，外生技术进步没有转化为内生技术进步。虽然从短期来看，无论是技术创新还是技术引进和模仿，都能实现技术提升，增加经济产出。但从整个社会来看，技术进步的两种不同模式，对经济增长数量、质量和效益的耦合路径却形成了截然相反的结果。外生技术进步可以在短期内提高经济增速，但是经济增长的质量和效益却相对提升较慢，在长期的发展中必然导致数量和质量、效益不一致的后果；而内生技术进步在短期可能需要大量投资，且产出效果不确定，造成经济效率低、效益差，但从长期视角看，在攻克核心技术或关键技术以后，创新的收益将成倍增长，经济实现数量增加的同时也能够带动质量和效益提升。

总体上，中国经济增长数量、质量和效益的耦合虽然在短期内表现出协同效应，但却没有继续稳定地发展下去，而是发展成系统相悖的结果。原因在于制度激励仍然停留在追求经济效益的层面，制度的激励方向偏离了经济增长数量、质量和效益相耦合的目标。在制度的激励导向下，技术进步也被锁定在以实现短期收益最大化的模仿方式。在经济发展水平较低的时期，这些因素会产生正向作用刺激经济潜力释放、提升经济效率、推动社会福利水平提高等，促使经济增长数量、质量和效益产生阶段性耦合效应。但在长期中，这些激励的边际收益将迅速递减而边际成本迅速增加，负面的影响会导致系统内部的矛盾积累并促使原有的良性耦合效应瓦解，使得经济增长数量、质量和效益难以实现真正协同耦合的结果。正如诺斯指出，制度提供了一种经济的刺激结构，随着该结构的演进，他规划了经济朝着增长、停滞或衰退变化的方向（诺斯，1994）。

六、结论及政策建议

1978—2016 年，我国经济增长数量和质量、效益的一致性呈现阶段性的特征，其演进趋势总体上表现为从低发展度下的“低水平耦合”经历“虚假耦合”状态跃迁至高发展度下的“系统相悖”状态。虽然伴随着经济体制改革进程，我国经济增长的效率、稳定性、社会保障、教育、医疗等各个方面都取得了显著成绩，但是与经济数量扩张相伴的经济结构失衡、收入分配不平等、生态环境退化等深层次矛盾显著降低了经济增长的正向效应，导致经济增长质量和经济增长效益的提高受到严重限制。前期制度改革的收益逐渐递减，在现有的计划与市场体制相互叠加的制度格局下，经济增长数量、质量和效益的协同耦合出现退化，从计划向市场体制过渡中经济增长数量和质量、效益的不一致性日益扩大。

经济增长数量、质量和效益耦合效应的提升，取决于将制约经济增长数量、质量和效益协同的因素转化为促进因素，具体可以通过创新驱动、人力资本积累、产业结构转化、社会福利分配、人与自然协调发展等机制来实现。在具体的实施路径上，应当由赶超型向竞争型经济发展战略转型，由数量型向质量效益型经济体制转型、由要素驱动向创新驱动的经济增长动力转型、由成本外生化向成本内生化的经济增长方式转型、由多元化向高级化的经济结构转型。

参考文献

[1] 卡马耶夫B D. 经济增长的速度和质量［M］. 武汉：湖北人民出版社，

1983：35.

［2］BARRO R. Quantity and Quality of Economic Growth［J］. Journal Economia Chilena（The Chilean Economy），2002，5（2）：17－36.

［3］蔡昉，王德文．中国经济增长可持续性与劳动贡献［J］．经济研究，1999（10）：62－68.

［4］曹立．路径与机制：转变发展方式研究［M］．北京：新华出版社，2014：55.

［5］钞小静，惠康．中国经济增长质量的测度［J］．数量经济技术经济研究，2009（6）：75－86.

［6］钞小静，任保平．中国经济增长质量的时序变化与地区差异分析［J］．经济研究，2011（4）：26－40.

［7］诺斯 D C．经济史中的结构与变迁［M］．陈郁，罗华平，译．上海：上海人民出版社，1994：35.

［8］董晓宇，郝灵艳．中国市场化进程的定量研究：改革开放 30 年市场化指数的测度［J］．当代经济管理，2010（6）：8－13.

［9］樊纲，王小鲁，朱恒鹏．中国市场化指数：各地区市场化相对进程 2011 年报告［M］．北京：经济科学出版社，2011：263－275.

［10］干春晖，郑若谷，余典范．中国产业结构变迁对经济增长和波动的影响［J］．经济研究，2011（5）：4－16，31.

［11］高长春，李淑霞．经济增长：内生增长理论与中国人力资本投资［J］．学习与探索，2001（2）：57－62.

［12］郭庆旺，贾俊雪．中国全要素生产率的估算：1979—2004［J］．经济研究，2005（6）：51－60.

［13］何强．要素禀赋、内在约束与中国经济增长质量［J］．统计研究，2014（1）：70－77.

［14］贺铿．中国投资、消费比例与经济发展政策［J］．数量经济系数经济研究，2006（5）：3－10.

［15］宏观经济分析课题组．关于中国经济速度、结构、效益关系的研究（上）［J］．管理世界，1995（3）：60－67.

［16］宏观经济分析课题组．关于中国经济速度、结构、效益关系的研究（下）［J］．管理世界，1995（4）：42－51.

［17］洪银兴．论经济增长的速度、效益和波动［J］．社会科学战线，1993（6）：

34 - 36.
[18] 胡永泰. 中国全要素生产率：来自农业部门劳动力再配置的首要作用 [J]. 经济研究，1998 (03)：33 - 41.
[19] JONATHAN A. China' s True Growth：No Myth or Miracle [J]. Australasian Business Intelligence，2006.
[20] 纪玉荣. 宏观经济效益问题评价与分析的统计研究 [J]. 科技致富向导，2009 (10)：83
[21] 金菊良，杨晓华，丁晶. 基于实数编码的加速遗传算法 [J]. 四川大学学报（工程科学版），2000 (4)：20 - 24.
[22] 李凤瑞，魏丽华. 以提高经济增长质量和效益为中心促进经济持续健康发展 [J]. 领导之友，2013 (2)：47 - 48.
[23] 李京文. 关于经济增长方式的几个问题 [J]. 市场经济导报，1996 (7)：4 - 6.
[24] 李俊霖. 经济增长质量的内涵与评价 [J]. 生产力研究，2007 (15)：9 - 10，30.
[25] 李延军，金浩. 经济增长质量与效益评价研究 [J]. 工业技术经济，2007 (2)：73 - 76，98.
[26] 李扬，殷剑峰. 劳动力转移过程中的高储蓄、高投资和中国经济增长 [J]. 经济研究，2005 (2)：4 - 15，25.
[27] 李治国，张晓蓉，徐剑刚. 资本形成与货币扩张的互动关系：解析中国经济增长 [J]. 财经研究，2010，36 (6)：36 - 45，68.
[28] 李祚泳. 投影寻踪的理论及应用进展 [J]. 大自然探索，1998 (1)：47 - 50.
[29] 刘海英，张纯洪. 中国经济增长质量提高和规模扩张的非一致性实证研究 [J]. 经济科学，2006 (2)：13 - 22.
[30] 刘树成. 论又好又快发展 [J]. 经济研究，2007 (6)：4 - 13.
[31] 鲁迪格·多恩布什，斯坦利·费希尔. 宏观经济学 [M]，北京：中国人民大学出版社，1997：239.
[32] 马建新，申世军. 中国经济增长质量问题的初步研究 [J]. 财经问题研究，2007 (3)：18 - 22.
[33] 彭德芬. 经济增长质量的研究 [M]. 武汉：华中师范大学出版社，2002：3.
[34] 邱晓华，郑京平，万东华，等. 中国经济增长动力及前景分析 [J]. 经济研究，2006 (5)：4 - 12.

[35] 任保平. 经济增长质量：理论阐释、基本命题与伦理原则［J］. 学术月刊，2012（2）：63－70.

[36] 托马斯，等. 增长的质量［M］. 北京：中国财政经济出版社，2001：29。

[37] 王积业. 关于提高经济增长质量的宏观思考［J］. 宏观经济研究，2000（1）：11－17.

[38] 吴敬琏. 中国增长模式抉择［M］. 上海：上海远东出版社，2006：120.

[39] 向书坚，郑瑞坤. 增长质量、阶段特征与经济转型的关联度［J］. 改革，2012（1）：33－40.

[40] 颜鹏飞，李酣. 以人为本、内涵增长和世界发展——马克思主义关于经济发展质量的思想［J］. 宏观质量研究，2014（1）：39－45.

[41] 叶初升. 发展经济学视野中的经济增长质量［J］. 天津社会科学，2014（2）：96－101.

[42] 张小雪，陈万明. 要素积累、结构变动与中国经济增长研究［J］. 经济经纬，2009（6）：17－20.

[43] 赵英才，张纯洪，刘海英. 转轨以来中国经济增长质量的综合评价研究［J］. 吉林大学社会科学学报，2006（3）：27－35.

[44] 朱方明，贺立龙. 经济增长质量：一个新的诠释及中国现实考量［J］. 马克思主义研究，2014（1）：72－79.

第四章　财政偏向激励、地方政府行为和经济增长质量

魏　婕　许　璐　任保平*

摘　要　对于中国经济增长质量的拷问，本文从微观层面分析了地方政府官员行为影响经济增长质量的内生机制。我们认为，中国官员由于任期限制会在有限时间内对政治激励做出强烈的反应，基本手段是通过利用财政倾斜支出偏向来提高经济增长的数量，从短期和显性释放体现自身能力的信号以获取竞争优势，而对着眼于长期的经济增长质量缺乏兴趣，所以中国经济增长质量长期呈现不高的状态。为了验证上述逻辑，本文基于1998—2012年的省际面板数据进行了实证分析，结果证实了我们的研究结论。由此可见，在经济新常态下未来以追求经济增长质量为根本出发点，核心在于强调政府的归位，转变政府主导的增长机制；完善官员考核体系，特别是加大反映增长质量核心内容的考核指标；加强民主制度建设，使得地方官员重视"民意"，以民意为施政的方向。

关键词　经济增长质量；地方政府行为；官员任期

一、引　言

回顾过去三十年的经济增长轨迹，多年的高速增长总是被我们津津乐道。

* 魏婕，西北大学经济管理学院副教授，南京大学商学院博士后，经济学博士；许璐，南京大学商学院产业经济学博士生；任保平，教育部人文社科重点研究基地——西北大学中国西部经济发展研究中心主任、西北大学研究生院院长，教育部长江学者特聘教授，教授、博士生导师，主要研究方向为中国经济增长质量与发展的政治经济学。本文受到国家社科基金青年项目"新常态背景下中国经济增长潜力的测度及趋势分析研究"（15CTJ007）、中国特色社会主义经济建设协同创新中心、西安市社科基金重点项目（15J162）资助。

尽管中国在经济增长数量方面取得了举世瞩目的成就，但这种繁荣的背后近年来呈现出越来越多的“不和谐”因素。研究学者普遍认为我国的经济增长质量较为低下仍是一个不争的事实，中国的经济增长数量与质量表现出明显的不一致性（黄亚生，2008；任保平等，2012）。我们观察2000—2012年中国经济增长质量与数量表现出的不一致性（图1，2002年的不一致性系数最高，达到了56.09，2011年的不一致程度最低，仅为-0.60），中国经济的“高速度、低质量”特征十分显著。

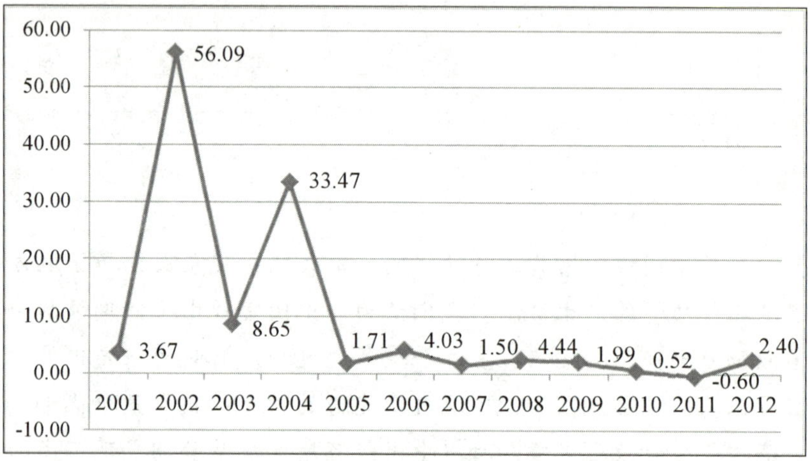

图1　中国经济增长质量与数量不一致系数①

对于理解中国在数量方面快速增长的一个重要视角即地方政府及官员的行为，“在中国经济以奇迹般速度增长的过程中，地方官员对当地经济发展所体现出的兴趣和热情在世界范围内可能也是不多见的”（周黎安等，2005），张军（2005）更是把其概括为中国地方官员“为增长而竞争”。地方官员推动增长的激励来自哪里，现存文献给出两种解释：一是财政激励。中国在政治上相对集权，但在财政方面是高度分权的。财政分权改革使得地方政府成为“剩余索取者”并有了追求地方税收最大化的积极性（Qian et al.，1993）。这种财政分权给地方政府提供了市场化激励，使地方政府产生“为增长而竞争”的动力，进而极大地推动了中国的经济增长（Qian et al.，1998）。实证研究的结果也给予这一结论巨大的支持（Lin et al.，2000；Jin et al.，2005；张晏等，2005；周业

① 经济增长的数量是指真实GDP，质量是指中国经济增长质量指数（QEGI），具体计算方法可以参考任保平等（2012），数量与质量不一致系数的计算方法来源于刘海英等（2006）。

安等，2008）。但同时对这逻辑质疑之声不绝于耳，诸多实证研究证明财政分权与中国经济增长呈现显著的负向关系（殷德生，2004），地方政府从“援助之手”变为“攫取之手”，对经济增长造成阻碍（陈抗等，2002）。所以仅仅从财政激励视角来解释地方政府及官员促进增长的机制略显不足，一些学者则将关注聚焦于中国特殊的政治体制：官员的晋升。二是政治激励。由于中央政府拥有奖惩地方政府官员的权力，给地方政府官员提供了政治激励，激励着地方政府去推动本地的经济发展（Blanchard et al.，2001；周黎安，2004）。这种政治锦标赛（周黎安，2004、2007）、为增长而竞争（张军，2005；张军等，2007）、经济增长市场论（徐现祥，2005）[①] 都证明在当前的考核机制下，地方政府官员为了政绩有竞争 GDP 增长率的激励，这也成为转型期中国经济高速增长的源泉。

综上所述，从地方政府和官员这一政治经济学视角来解释中国经济增长数量方面的“奇迹”非常充分，但当下的现实状况是中国经济增长质量与数量呈现出明显的不一致。地方政府和官员除了带来中国经济的高增长外，其对中国经济增长质量的影响又是怎样的？是否与中国经济增长数量与质量不一致有关系？地方政府和官员在制约我国经济增长质量提高方面又扮演了什么角色？这一系列问题，成为当下追求质量型增长要思索的问题。而现存的对于中国经济增长质量的研究，多侧重于宏观层面的分析（钞小静等，2011a、2011b；任保平，2012），更像是一种现象的描述，对中国经济增长质量微观机制更是鲜见，所以我们希望从地方政府和官员行为这一微观层面来重新审视中国经济增长质量问题构建有一个逻辑自洽的理论分析框架。

本文剩余部分的安排如下：第二部分分析地方政府和官员行为影响经济增长质量的内生机制，并提出相应的研究命题；第三部分进行实证检验，以验证我们的研究命题是否可信；第四部分得出结论和相应的政策性启示。

二、理论分析和假说

有关经济增长质量的定义，卡马耶夫（1977）认为：“在经济增长这个概念中，不仅应该包括生产资源的增加，生产量的增长，而且也应该包括产品质量

① 徐现祥等（2010）总结目前政治激励有三种表述：周黎安（2004、2007）称之为政治锦标赛；张军等（2005、2007）称之为为增长而竞争；徐现祥（2005）称之为经济增长市场论。三者表述其实内在逻辑是一致的。

的提高，生产资料效率的提高，消费品的消费效果的增长。”而 Barro（2002）则将这一概念理解为与经济增长紧密相关的社会、政治及宗教等方面的因素。基于这样的认识，国内研究经济增长质量，认为经济增长质量是经济数量增长到一定阶段时，经济增长的效率提高、结构优化、稳定性提高、福利分配改善、创新能力提高，从而使经济增长能够长期得以提高的结果。数量型增长反映的是经济增长的速度，而质量型增长反映的是经济增长的优劣程度（任保平，2012；钞小静等，2011）。由此可见，经济增长数量关注的是短期，而经济增长质量则是一种长期的视角。经济增长数量衡量较为单一，核心是 GDP（可是总量抑或是人均）增长率，而经济增长质量的衡量相对较难，是一个复杂的多维标准，既有投入产出效率方面的衡量，又要有结构合理化方面的考察，另外还需有资源环境代价等方面的度量。

中国特殊政体各级地方政府实行“首长负责制”，正如上述所示，现行的财政制度安排和人事制度形成了地方官员积极推动地方经济增长的主要激励基础（徐现祥等，2007）。特别是地方官员的政治激励核心的升迁标准变为经济绩效，在这样的政绩观下，官员为增长而竞争，一切“唯 GDP”，基本手段是短平快的基础设施投资，既能形成明显的外在的“政绩工程”，又能带来辖区内的经济增长，从而在地区竞争中占优。官员这种“急功近利”的心态源自两个方面：一是官员的任期。对于任期限制以及政府执行力的文献（Besley et al.，1995；Drazen，2000；Economides et al.，2003）都证明一个观点：有限的任期内官员的行为都会采取短期政策，不会考虑将当前政策负效用完全内部化。中国官员任期制度相较于西方更不稳定①，对于地方官员任期最新的规定：2014 年《党政领导干部选拔任用工作条例》指出地方党委和政府领导成员原则上应当任满一届，在同一职位上任职满十年的，必须交流；在同一职位连续任职达到两个任期的，不再推荐、提名或者任命担任同一职务。2004 年 10 月 27 日第十届全国人民代表大会常务委员会修改《中华人民共和国地方各级人民代表大会和地方

① 西方地方官员一般在选举制度的规定下有一定的任期限制，以便选民据法律规定的时间，重新挑选新的候选者，这个任职期限一般比较固定。而中国官方文件虽然对地方官员任期进行了规定和限制，但实际执行的任期制度则不稳定，往往在任期内被异地交流或者升迁到更高的职位（王贤彬等，2010）。光明日报（2014－05－23）报道称“有人曾做过调研：我国中部地区某省所辖数十个县的党政‘一把手’，干满一届5年的只有一半；西部地区某县最近8年间，变换了5名县委书记、4名县长，平均任职时间不到两年；南方有个省在某一时期，在90多个县中，只有1名县委书记在岗位上干满一届；东北某省的一个县级市，7年换了6次‘一把手’。”由此可见，中国地方官员的任期“缩水”，“官流”超速现象十分突出。

各级人民政府组织法》的第五十八条修改为：地方各级人民政府每届任期五年。所以改革开放后人事制度不断完善的中国政治体制中一般共识，地方官员的任期，特别是省委书记和省长的任期不会超过两届，共计十年。王贤彬等（2008）研究发现 1978—2005 年间，中国省长、省委书记任职时间长度从 1 年到 13 年不等，8 年或者以下所占比例达到92%。由此可以看出在这么短的时间任期内，官员为了在任期内最大化自己的效用（希望拔擢）只能从短期视角出发，经济增长数量的显著提高是最好的手段，而对着眼于长期的经济增长质量则缺乏兴趣。

二是"唯 GDP"的增长绩效的晋升激励机制。中央在考核地方官员的绩效时理性运用相对绩效评估的方法来减少绩效考核的误差，增加其可能的激励效果（周黎安，2007），则 GDP 指标来反映地方官员的政绩不仅数据明显且可比，这样地方官员的绩效就"异化"成（总量或人均）GDP 的增长，官员的升迁概率与省区 GDP 的增长率呈显著的正相关关系（Li et al.，2005）。作为地方官员可以充分利用的权力即财政的倾斜权力，由于经济增长质量难以衡量，许多经济增长质量的问题并不能反映在 GDP 总量的不断增加中，不以经济增长质量的内在要求为晋升衡量的指标，地方官员就很难有精力去关心和重视辖区内的经济增长质量，而是通过对财政支出的偏向刺激经济数量的提高，而不去关心有关经济增长质量的长期财政支出和偏向。

理论假说：在现行的官员管理体制下，中国官员由于任期限制会在有限时间内对政治激励做出强烈的反应，即通过利用财政倾斜"生产性支出"来提高经济增长的数量，从短期和显性释放体现自身能力的信号以获取竞争优势。而对需要财政"社会性支出"倾斜保障以及着眼于长期的经济增长质量缺乏兴趣，得不到激励去改善和提高经济增长质量，从而造成中国经济近些年经济增长数量与质量明显的不一致性。

对于理论假说 1 有三个方面的论据支撑：

支撑之一：经济结构偏差是中国地方政府行为带来的必然结果。

在经济增长理论的相当长时间内主要致力于解释经济增长的 Kaldor 事实，即寻求经济增长的源泉所在。随着经济的发展，生产要素在部门间的重新配置以及各部门产值变化的 Kuznets 事实成为被关注的热点之一。经济结构问题可以说是经济学中一个永恒的问题。对于结构变动与经济增长数量的探讨由来已久（Echevarria，1997；Foellmi et al.，2002；Baumol，1967；Ngai et al.，2005；陈体标，2007；徐朝阳，2010）。同样对于经济结构问题和增长质量的关系也不乏洞见，田江海（1985）认为经济增长质量的一个重要方面是经济结构合理化，而郭克莎（2001）则认为结构偏差使经济增长质量的提高受到阻碍。由此可见经济结构问题是经济增长质量的题中之义。

一是在产业结构层面。陈晔等（2005）认为中国地方官员推动产业发展的效用函数由两部分组成：财政收入和政治晋升收益。地方官员从自身利益最大化出发，必然要运用有限的资源最大化这两个收益，所以在经济激励和政治激励的双重激励下都使得官员有引领辖区内产业升级，提高产业高级化程度的动力，从而为自身的拔擢增加“筹码”（宋凌云等，2012；张尔升等，2013）。但产业结构升级的过程一般是一个长期的过程，且会带来一定时期的阵痛，短期内不会对经济发展有明显贡献（黄茂兴等，2009），而官员有限的任期，让其最大化自己的政治晋升收益时，不会选择长期性的经济变量来过多地“做文章”（傅利平等，2014）。同时，地方政府引领产业升级或是促进产业高级化，前提是地方政府是一个因势利导的政府（林毅夫，2010），其必须有充分的信息通过财政政策、金融信贷政策、外资引进等来影响产业变动，而初衷是辖区内的比较优势，现实状态是地方政府官员对引领产业的选择是建立在财政收入和政治晋升收益，而不是地区比较优势的基础之上，必然会造成产业趋同（陈晔等，2005；彭深，2011）、政绩形象工程和盲目增长（吴敬琏，2005）。所以官员在晋升激励和财政分权的大背景下，产业结构的失衡发展才是最终的结果（徐现祥等，2007；Yao et al.，2011）。

二是在收入分配结构层面。中国收入分配结构核心之一在于资本和劳动分配方面的不平等（罗长远等，2009；白重恩等，2009），20 世纪 90 年代以来收入分配向资本倾斜，劳动报酬在初次分配中的比重不断下降成为收入分配格局的最大特点。究其原因，也来自中国地方政府的行为，在以经济建设为中心但资本稀缺的约束下，为了获得财政收益和政治收益，地方官员可以运用财政分权所赋予的支出和收入自主来影响收入分配。同样在有限的晋升机会和较短任期的情况下，地方官员必然会通过财政偏向“生产性支出”的手段来“粗放式”

扩大投资[①]以促进经济增长，结果是获得了更大的政治晋升资本、更多的财政收入，同时，“副产品”是相对稀缺的资本获得了较高的边际报酬，劳动收入份额下降，初次分配差距增加；为了吸引更多的稀缺资本，地方官员会进一步改善基础设施，使得地方政府在生产性公共品花费更多，扭曲了财政支出结构，财政支出结构的偏向会导致对社会保障和对个人的转移性支出减少，初次分配形成的收入差距经过再分配环节之后依然较大，财政支出的收入调节功能基本丧失。由此可见，异化的分权激励是收入分配结构失衡的主因所在。

支撑之二：经济效率改进是地方政府行为的长期视角，短暂的任期带来的效率提升有限。

对于经济增长内涵的探讨，第一个层次即体现了经济系统的投入产出效率[②]。整个经济系统投入产出效率的高低，直接反映着经济增长质量的高低。所以效率的改进与否是经济增长质量是否提高的基本衡量（魏婕等，2009）。

传统财政联邦主义的观点认为权力下放给地方，会使地方政府拥有更多的自主权，从而改善经济效率和社会福利（Oates，1997、1999）。史宇鹏等（2007）也证明了权力的整体下放，有利于信息传递和地方政府准确做出快速决策，进一步提高了经济效率。可以说，在晋升激励作用下，财政分权带来的经济权力下放可以更好地被用来促进地方经济的发展。地方官员为了取得优势，提高经济效率来促进增长是最好的途径，所以地方官员是以提高效率为基本出发点的。但从客观实际来看，在地方官员有限的任期，标尺竞争可以带来经济效率的改善，但也多是劳动效率和要素效率，而其对长期作用的全要素生产率影响作用是有限的。但是一国的经济增长质量集中体现在全要素生产率，要素生产率作为经济增长的效率标准，是增长可持续的根本，所以这种着眼于短期的效率改善对经济增长质量影响的程度有限。另外还会带来产业同构、企业创新等方面的一系列负面影响（刘瑞明等，2010），也会降低整个经济体系的效率水平。同时地方拥有更多的权力，特别是投资审批权、对外贸易等经济权力下

---

① 政府支出的乘数效应。地方政府会选择增加基础设施建设等经济建设支出水平，并通过乘数效应可以倍增GDP，从而增加政治晋升的资本和筹码。而社会性支出投入大、见效慢，短期内难以促进地方政府的经济增长，所以不会是地方政府的首要选择。

② 王积业（2000）从多恩布什与费希尔对“经济增长过程是生产要素积累和资源利用的改进或要素生产率增加的结果”出发，认为“所谓资源利用的改进或要素生产率增加，指的是资本和劳动力的更加有效使用和科学技术在生产中的应用，它们构成经济增长质量的主要源泉”。

放，也会增加地方政府设租和寻租的空间，而这些都不会带来效率的提高。整体来看，基于提高效率来促进经济增长是地方政府想要实现的主观目标，但客观事实表明，地方官员有限的任期，其在财权的偏向以及相关权力的干预往往难以实现长期效率的持续提升，所以对经济增长质量的正向促进作用非常有限。

支撑之三：资源环境代价是地方政府多考核目标中必然被放弃的目标之一。

追求质量型经济增长的关键是合理利用自然资源和保护环境（任保平，2010）。资源环境代价主要是从经济增长成本的角度来考察经济增长质量的，包括两个方面的内容，一是资源利用的效率，二是生态环境的代价。资源利用效率不断提高且生态环境代价逐渐降低时，经济增长质量都将会得到提高，所以资源环境代价是经济增长质量的基本维度之一（钞小静等，2012）。

中国经济多年的高速增长令人称奇，但其背后的种种代价也不禁让人担忧，特别是牺牲性代价。中国经济取得的瞩目成绩背后是沉重的资源和环境代价，根据石敏俊等（2009）的估算，中国 GDP 的 13. 9% 是以资源消耗、环境污染和生态退化为代价获取的。而近年雾霾天气频发也在不断拷问着中国经济的增长方式，2013 年 74 个城市中，71 个城市存在不同程度超标现象，平均达标天数比例为 60. 5%，轻度污染占 22. 9%，中度污染占 8. 0%，重度及严重污染占 8. 6%，雾霾天气呈现频发性、全国性态势。[①] 深究这种中国式“悲惨增长”的原因，总是要追本溯源，追问中国的增长机制问题。晋升激励形成的“诸侯经济”是中国经济增长的基本机制，在这一框架下，中央政府对地方政府的考核目标经历了“经济建设为中心”到“两手都要抓，两手都要硬”的转变，从过去单一考核目标转向多重目标，是与中央政府要在经济发展、收入分配、充分就业、环境保护、社会稳定等多个方面获得发展相关联的。但是考核目标很多，有些容易量化、容易考核，有些不容易量化、短期内难以考核，所以在晋升激励下，地方官员往往只会关注容易被考核的指标，运用财政手段对短期指标进行“美化”。而资源和环境代价就属于难以被短期考核和具体量化的指标，同时保护资源环境往往又与 GDP 之间存在尖锐的冲突，在以“发展是硬道理”的导向下，必须通过对资源环境的损害来换取增长目标的实现。同时地方政府常常在环保事件的“利”的空间中存在贪腐等系列“寻租”行为，也成为资源环境

① 引自中国环保部发布的《环境保护部发布 2013 年重点区域和 74 个城市空气质量状况》中的数据。

难以真正实现可持续发展的根源所在。

综上所述，中国地方官员的行为深刻地影响着经济结构、经济效率和资源环境等经济增长质量的各个维度，地方官员的晋升压力、有限任期以及能够运用手中财政权力影响经济构成了制约我国经济增长质量提高缓慢的重要因素。

三、实证分析

根据第二部分的理论分析，本文采取中国的省际面板数据来验证上述研究命题。

（一）变量定义及数据选取

本文选取1998—2012年中国大陆地区除西藏外30个省、直辖市、自治区平衡面板数据为研究对象。所有原始数据都来源于《新中国六十年统计资料汇编》、各年《中国统计年鉴》、各省份历年《统计公报》《中华人民共和国职官志（2003）》以及人民网、新华网及百度百科公布的干部资料。

具体变量方面，被解释变量：一是经济结构，涉及两个方面内容：①产业结构，宋凌云等（2012）采用的是产业结构调整指数，张尔升等（2013）则选择第二产业占比来反映产业高级化程度，在此本文同样选择衡量产业高级化的指标来反映产业层次。干春晖等（2011）构造了产业合理化[①]和产业高级化的两个指标，吴敬琏（2008）认为经济结构的服务化即产业结构升级的一种重要特征，则选择第三产业产值与第二产业产值之比来反映产业高级化。②收入分配结构，本文主要考察的是劳动报酬份额的变化来解释收入分配向资本倾斜的事实，所以在此我们选择劳动报酬占比来衡量国民收入分配的扭曲。

二是经济效率，选择两个反映效率的基本指标（杨元泽等，2010）：①全要素生产率（*TFP*）。具体方法则采用DEA方法测算的Malmquist生产率指数作为全要素生产率（*TFP*）来衡量。其中以GDP作为产出指标，在此我们以1998年为基期，通过国内生产总值指数来折算得到剔除价格因素的真实GDP。以资本

① 对于产业合理化，干春晖等（2011）改造了泰尔指数的算法，即用 $TL=\sum_{i=1}^{3}\left(\frac{Y_i}{Y}\right)ln\left(\frac{Y_i}{L_i}/\frac{Y}{L}\right)$来衡量，其中 Y 表示产值，L 表示就业，i 表示产业，当产业结构合理时，即 $\frac{Y_i}{L_i}=\frac{Y}{L}$，则TL＝0，其意为产业结构合理，反之对均衡的偏离都是产业结构不合理，*TL* 越大则产业结构不合理程度越深。产业合理化指标反映产业结构合理与否，本文最主要的目的在于考察产业层次的高低程度，故未选择该指标。

和劳动作为投入指标，其中资本，我们选择目前普遍采用的永续盘存法来计算各地区物质存量[①]；劳动，则用各地区从业人数来衡量。②增量资产产出比（*ICOR*）。其具体计算公式为 $ICOR = I/\triangle Y$。其中，I 为当年投资，$\triangle Y$ 为产出增加量，其意义为新增总产出中用于投资的比例，其反映的是投资效率。

三是资源环境代价，参考钞小静等（2013）的研究：①环境代价，计算单位产出大气污染排放数、单位产出污水排放数和单位产出固体废弃物排放数的总和[②]来进行度量。②资源消耗，采用单位生产总值能耗和单位生产总值电耗之和[③]来反映。

解释变量：对于官员任期，采用张军等（2007）和张牧扬（2013）的方法，官员在任指官员在同一省份同一职位上从上任至离任的年数。假如一官员 1991 年初任职，那么 1991 年底，他的在任年数为 1 年，1992 年为 2 年，若 1995 年底离职，那么他的在任年数为 5 年。但将地方官员匹配至自然年度还应注意 4 点：①若一个省（区）当年没有发生过书记或者省长的更替，则不需要处理；②若一个省（区）当年发生官员更替，则选取当年在任时间超过 6 个月的官员作为在任官员，任期则计算给超过 6 个月的官员的在任年份；③如果一个省（区）当年多次发生官员更替，且没有任何一个官员任期超过 6 个月，则选取任期最长的那一名官员作为当年的在任官员；④在同一省份任省（区）长后任书记的官员，合并计算他的任职时间，特别是担任书记后的任职时间要加上其在本地任省（区）长的时间，因为对于担任省（区）长几年后再升任省（区）委书记的官员，其施政理念和政策导向相对具有较大的延续性（张军等，2007），所以需要合并计算。

对于官员晋升压力，采用钱先航等（2011）和傅利平等（2014）的方式，

---

① 资本存量的估算公式为：$K_{it} = K_{it-1}(1-\delta_{it}) + I_{it}$，其中 i 指第 i 个地区，t 指第 t 年。公式涉及四个变量，当年投资 I、投资品价格指数、经济折旧率 δ，以及基年资本存量 K。一般都采用固定资本形成总额来度量当年投资。并运用固定资本价格指数求得以 2000 年为基年的不变价格表示的真实固定资本形成总额。基期的资本存量我们按照国际常用方法计算：$K_0 = I_0/(g+\delta)$，其中，K_0 是基期资本存量，I_0 是基期投资额，g 是样本期真实投资的年平均增长率。经济折旧率我们采用张军等（2004）的研究成果，为 9.6%。

② 由于“三废”量纲的不同，故采用均值法（指标除以均值）去量纲后，将三者加总求得“三废”的排放量。

③ 同样的，由于单位生产总值电耗和单位生产总值能耗的量纲问题，采用均值法（指标除以均值）去量纲后，将两者加总可得单位生产总值能电耗。

从 GDP 增长率、财政盈余[①]及失业率 3 个方面来构造晋升竞争指数。在计算方法上，以各地 GDP 总量与该省 GDP 总量的比值为权重，计算上述 3 个变量的加权平均值，再将各地上述 3 个变量的数值分别与所在省份的加权平均值进行比较，GDP 增长率和财政盈余若小于当年加权均值，则赋值为 1，否则为 0；失业率若大于当年加权均值赋值为 1，否则为 0；再将得分相加就得到地方官员晋升竞争指数。这样就得到一个区间为［0，3］的变量，其数值越大，表明政府官员晋升竞争强度越大。

在控制变量方面，本文选择经济发展水平、城市化水平和开放程度作为控制变量。变量定义和计算方法具体如表 1 所示。

表 1　数据变量定义和计算方法

变量性质	变量名称	变量含义	具体计算方法
被解释变量	经济结构	产业高级化（*TS*）	地区第三产业产值/地区第二产业产值
		劳动报酬占比（*LAB*）	地区劳动者报酬/地区 GDP
	经济效率	全要素生产率（*TFP*）	Malmquist 指数（DEA 方法）
		增量资本产出率（*ICOR*）	地区当年投资增量/地区生产总值增加量
	资源环境代价	资源消耗（*Environ*）	单位地区生产总值能电耗
		环境代价（*Source*）	地区“三废”排放量
解释变量	官员任期	任职年份（*Tenure*）	—
	晋升压力	晋升竞争指数（*Competition*）	—
	财政支出结构	财政经济性支出（*Infra*）	地区财政基本建设支出/地区财政总支出
		财政社会性支出（*Socia*）	地区财政科教文卫支出/地区财政总支出
控制变量	经济发展水平	地区人均 GDP（*Regdp*）	人均 GDP 取对数
	城市化程度	城市化率（*Ubr*）	地区非农人口数/地区总人口数
	开放程度	开放度（*Open*）	地区进出口总额/地区生产总值

变量的描述性统计结果如第 74 页表 2所示：

① 财政盈余具体计算方法为：财政盈余 =（地方财政一般预算内收入—地方财政一般预算内支出）/地方财政一般预算内收入。

表 2 描述性统计结果

变量	均值	标准差	最小值	最大值
TS	0. 902	0. 425	0. 018	3. 368
LAB	0. 478	0. 082	0. 246	0. 726
TFP	0. 981	0. 041	0. 850	1. 112
ICOR	4. 415	5. 524	1. 908	113. 186
Environ	2. 985	1. 941	0. 000	9. 227
Source	1. 982	1. 079	0. 654	6. 305
Tenure-Secretory	4. 382	2. 873	1	15
Tenure-Governor	3. 087	1. 849	1	10
Competition	1. 876	0. 943	0	3
Infra	0. 105	0. 047	0. 033	0. 295
Socia	0. 331	0. 056	0. 204	0. 446
Regdp	20092. 52	17203. 71	2364	93173
Ubr	0. 448	0. 156	0. 176	0. 893
Open	0. 317	0. 401	0. 032	1. 722

（二）检验模型及方法

对于面板数据的估计，首先我们设估计方程如下所示：

$$y_{it} = C + \beta_i x_{it} + \sum_{i=1}^{n} \gamma_i Control_{it} + \alpha_i + \mu_{it} \tag{1}$$

其中，y_{it}为经济增长质量各维度，x_{it}为核心解释变量，$Control_{it}$为一系列控制变量，下标 i 和 t 分别表示第 i 个省份和第 t 年。α_i 为模型取固定效应时各地区不随时间变化的效应，μ_{it}为残差项。

对于模型估计，由于遗漏变量会存在内生性问题，对于内生性的解决，我们使用动态面板模型的两阶段系统广义矩阵（SYS-GMM）方法对实证模型加以估计。

（三）估计结果

现在根据上文的理论假说和计量模型，分别对经济结构、经济效率和资源环境代价进行数据的验证。

1. 对经济结构的检验结果

首先，我们分产业结构和收入分配结构两个维度，来验证任期、晋升压力和财政支出结果对经济结构的影响。

表 3　对经济结构影响的计量结果

	产业结构（*TS*）			收入分配结构（*LAB*）		
L. TS（*L. LAB*）	0.8569 *** (45.26)	0.8580 *** (46.28)	0.8580 *** (37.40)	0.6468 *** (31.89)	0.6456 *** (24.53)	0.6605 *** (48.42)
Tenure	0.0102 *** (5.04)	0.0143 *** (4.90)	0.0145 *** (4.45)	0.0031 *** (2.93)	0.0030 *** (3.19)	0.0040 *** (3.09)
Tenure2	−0.0040 *** (−3.06)	−0.0040 *** (−2.95)	−0.0040 ** (−2.10)	−0.0030 *** (−2.88)	−0.0030 *** (−3.17)	−0.0030 *** (−2.99)
Competition		−0.0143 ** (−2.11)	−0.0126 * (−1.98)		−0.0117 *** (−2.78)	−0.0136 *** (−3.88)
*Tenure * Infra*		−0.0376 *** (−2.90)			−0.0306 *** (−4.98)	
*Tenure * Socia*			−0.0122 *** (−2.85)			0.0222 *** (6.84)
Inregdp	−0.0518 *** (−9.23)	−0.0540 *** (−6.85)	−0.0470 *** (−6.36)	−0.0227 *** (−4.71)	−0.0217 *** (−3.71)	−0.0290 *** (−5.09)
Ubr	0.6721 *** (8.89)	0.6446 *** (7.53)	0.6455 *** (9.49)	0.1741 *** (3.62)	0.1582 *** (2.75)	0.1810 *** (3.01)
Open	−0.0605 ** (−2.38)	−0.0586 ** (−2.07)	−0.0645 ** (−2.46)	−0.0738 *** (−3.44)	−0.0780 *** (−3.44)	−0.0794 *** (−3.91)
Constant	0.3049 *** (8.13)	0.3412 *** (5.05)	0.2720 *** (3.96)	0.3216 *** (7.89)	0.3427 *** (6.30)	0.3979 *** (10.20)
时间固定效应	yes	yes	yes	yes	yes	yes
地区固定效应	yes	yes	yes	yes	yes	yes
Sargan (P-Value)	26.04 (1.00)	23.96 (1.00)	24.61 (1.00)	29.08 (1.00)	28.11 (1.00)	27.20 (1.00)
AR（2） (P-Value)	−0.81 (0.42)	−1.08 (0.28)	−0.70 (0.49)	0.65 (0.51)	0.66 (0.51)	0.12 (0.91)

注：***，**，* 分别代表 1%、5% 和 10% 的显著性水平。

通过第75页表3估计可以看出，Sargan检验说明模型的工具变量不存在过度识别问题，工具变量的选择是合适的。自相关检验AR（2）检验说明模型不存在二阶负自相关，从而也就说明了SYS-GMM的估计结果是较为可信的。从具体的回归结果来看：①晋升压力（*Competition*）不论对产业结构的提升还是对收入分配结构的改善都有显著的抑制作用（系数为负且通过了显著性检验），在现存的官员考核机制中，地方政府官员这种晋升之间的“唯增长”的竞争不会对结构调整有明显的促进作用。②地方官员的任期与经济结构之间的关系相对比较复杂，地方官员任期与产业升级和收入分配结构都呈现倒“U”型的关系，其中任期对结构调整的影响是任期平方对经济结构影响的1～2倍以上（*Tenure*是*Tenure*2，产业升级模型是2倍，收入分配模型是1倍），说明官员在初上任的1年左右时间会对结构调整产生正向的促进作用，但是拐点很快就会到来。因为在官员上任伊始，工作热情比较高涨，但随着任期的增加，其政治资本和整合资源的能力得到提升，会出现保守和固化的倾向，特别是在面对结构调整和其他短期见效工作之间进行较优抉择，更倾向于短期的政绩工程。另外从上文的统计均值可以看出，目前我国省委书记平均任职年份是4.382年，而省长则为3.087，任期都普遍较短，这进一步说明在短暂的不到1年时间的对结构调整的正向影响后，后续任期对长期结构调整的作用是有限的。③官员任期和财政经济性支出的交互项（*Tenure* * *Infra*），不论对产业结构升级还是收入分配结构改善，都是显著的负向影响，这与前文的理论阐释是一致的，官员在有限的任期内通过财政偏向的方式来较快地促进经济增长数量方面的增长，而忽视经济增长质量。而官员任期和财政社会性支出的交互项（*Tenure* * *Socia*）在对产业结构升级和收入分配结构改善呈现相反的效应，其中官员在有限任期内如果加大财政社会性支出，会显著改善收入分配的结构，但对产业结构升级的作用却很有限。由此可见，结构调整的成效核心在于官员任期，特别是地方官员任职期限的适当延长将有助于官员将视角定位在长期。

2. 对经济效率的检验结果

我们选择全要素生产率和增量资本产出率来代表经济效率，来分别验证任期、晋升压力和财政支出结果对经济效率两个层面的影响。

表 4　对经济效率影响的计量结果

	全要素生产率（*TFP*）			增量资本产出率（*ICOR*）		
L. TFP （*L. ICOR*）	0.4042 *** (8.37)	0.3655 *** (5.90)	0.3752 *** (5.99)	-0.0550 *** (-61.90)	-0.0555 *** (-69.29)	-0.0558 *** (-66.36)
Tenure	0.0033 *** (9.44)	0.0033 *** (6.58)	0.0040 ** (2.56)	-0.6651 *** (-11.43)	-0.6468 *** (-6.23)	-0.6559 *** (-5.48)
Tenure 2	-0.0003 *** (-6.97)	-0.0003 *** (-2.96)	-0.0003 *** (-4.50)	0.0745 *** (7.67)	0.0858 *** (5.88)	0.0785 *** (5.19)
Competition		-0.0041 *** (-2.66)	-0.0037 ** (-2.38)		0.1947 ** (2.13)	0.1233 (1.22)
*Tenure * Infra*		-0.0042 (-0.88)			-0.8087 * (-1.66)	
*Tenure * Socia*			-0.0035 (-0.81)			-0.0867 (-0.55)
lngdp	-0.0062 *** (-5.58)	-0.0068 *** (-3.36)	-0.0042 * (-1.72)	-0.2011 (-0.47)	-0.3236 ** (-1.93)	-0.2274 (-0.55)
Ubr	0.0317 *** (2.68)	0.0282 (1.46)	0.0191 ** (2.03)	8.3027 (1.54)	10.2087 *** (4.40)	9.0041 * (1.80)
Open	0.0260 *** (5.13)	0.0280 *** (3.93)	0.0255 *** (3.79)	-6.0975 *** (-9.56)	-6.6296 *** (-6.04)	-6.8677 *** (-7.68)
Constant	0.6160 *** (13.36)	0.6689 *** (10.30)	0.6385 *** (9.07)	5.9799 *** (3.22)	6.1363 *** (3.70)	5.8734 *** (2.88)
时间固定效应	yes	yes	yes	yes	yes	yes
地区固定效应	yes	yes	yes	yes	yes	yes
Sargan (P-Value)	28.32 (1.00)	28.62 (1.00)	26.93 (1.00)	28.03 (1.00)	27.71 (1.00)	27.65 (1.00)
AR (2) (P-Value)	0.59 (0.55)	0.64 (0.52)	0.59 (0.56)	-1.34 (0.17)	-1.36 (0.17)	-1.36 (0.18)

注：***，**，*分别代表 1%、5%和 10%的显著性水平。

通过表 4 估计可以看出：①对全要素生产率（*TFP*）的估计结果，晋升压力（*Competition*）的结果与上述机制一致，即晋升压力越大对 *TFP* 的提升越不利。而在增长资本产出率（*ICOR*）模型中，增量资本产出率越低，说明投资效率越高，此时晋升压力系数为正，即晋升压力越大，*ICOR* 越大，则投资效率越低，与对前文几个变量的影响效果一致。②在任期方面，官员任期与 TFP 呈现“倒 U 型”，而与 *ICOR* 呈现“正 U 型”，且拐点均为任期的 5 年左右，这说明在拐点之前，官员任期的适当延长会提升 *TFP*，降低 *ICOR*，这都会带来全要素生产率和投资效率的改善，地方官员在经济效率改善方面的任期最优均为 5 年左右，超过 5 年后则会产生相反的效果。③官员任期与财政经济性支出（*Tenure * Infra*），在对 *TFP* 的影响至今仍不明朗，但对增量资本产出率显著为负，说明在有限的任期内官员偏向经济性支出会显著地降低增量资本产出率，从而提高投资效率。这表明在财政偏向方向，由于基础设施和公共服务的改善，会带来整个社会特别是私人部门投资效率的改善。但官员任期与财政社会性支出的交互项（*Tenure * Socia*）均未通过显著性检验，财政支出结构偏向社会性支出在改善生产率方面的作用目前来说依然未完全实现发挥。

3. 对资源环境代价的检验结果

将资源环境代价区分为环境代价和资源消耗，同样来分别验证任期、晋升压力和财政支出结果对这两个层面的影响。

表 5　对资源环境代价影响的计量结果

	环境代价（*Environ*）			资源消耗（*Source*）		
L. Environ （*L. Source*）	0.5882 *** (15.95)	0.5943 *** (25.33)	0.6061 *** (27.01)	0.9494 *** (50.96)	0.9398 *** (29.98)	1.0018 *** (21.97)
Tenure	-0.0276 *** (-3.18)	-0.0330 *** (-3.36)	-0.0121 (-0.64)	-0.0185 *** (-5.50)	-0.0166 *** (-4.91)	-0.0143 *** (-8.68)
Tenure 2	-0.0019 (-0.23)	-0.0010 (-0.92)	-0.0005 (-0.47)	0.0009 *** (4.55)	0.0010 *** (4.76)	0.0007 *** (3.21)
Competition		0.0548 *** (3.30)	0.0453 *** (2.63)		0.0013 (0.22)	0.0152 *** (3.55)
*Tenure * Infra*		0.1300 ** (2.28)			0.0107 (0.68)	
*Tenure * Socia*			-0.0683 *** (-2.72)			-0.1827 *** (-11.23)
lngdp	-0.0435 (-0.77)	-0.1306 * (-1.70)	-0.2692 ** (-2.23)	0.0576 (1.13)	-0.0011 ** (-2.03)	-0.0007 * (-1.98)

续表

	环境代价（*Environ*）			资源消耗（*Source*）		
Ubr	0.5252 (1.04)	-1.0417 ** (-2.09)	-2.3691 ** (-2.15)	-1.4814 *** (-2.60)	-0.5142 * (-1.81)	-0.3720 (-0.76)
Open	0.0588 (0.65)	0.0561 (0.44)	-0.0818 (-0.62)	-0.0302 (-0.62)	-0.0324 (-0.57)	-0.0824 (-1.31)
Constant	1.0968 *** (3.45)	1.8168 *** (3.59)	2.5100 *** (3.55)	0.2651 (1.28)	0.3916 * (1.92)	0.8694 *** (3.02)
时间固定效应	yes	yes	yes	yes	yes	yes
地区固定效应	yes	yes	yes	yes	yes	yes
Sargan	21.52	20.71	18.57	20.04	13.41	21.95
AR2	0.53 (0.59)	0.54 (0.59)	0.73 (0.46)	0.30 (0.76)	-0.01 (0.99)	-0.69 (0.49)

注：***，**，*分别代表1%、5%和10%的显著性水平。

通过第78页表5的估计结果可以得出：①晋升压力（*Competition*）的系数是显著的正值，说明地方官员晋升压力越大，越不会去考虑非经济的因素，资源消耗和环境代价就越大。②在地方官员任期方面，官员任期与环境代价呈显著的负向影响，即官员任期的不断增加有助于环境代价的降低；而与资源消耗呈现“U型”关系，说明官员在拐点之前（任期约为10年），适当延长任期时间会降低资源消耗，但最优到10年界限非无限长，这与上文理论假说是一致的。③在相互项方面，官员任期和财政经济支出的交互项（*Tenure* * *Infra*）显著为正或是未通过显著性检验，这表明在官员任期内偏向的经济性支出会很大程度地抑制对环境保护和资源节约的认识，财政越是偏向此类支出，对资源环境越不利；而对官员任期和社会性支出的交互项（*Tenure* * *Socia*），在两个模型中该系数显著为负，也恰恰说明偏向的社会性财政支出有利于提高民众环境保护和资源节约的意识，以及增加对环境保护的支出，这一系列措施都会减少对环境的破坏和降低对资源的消耗。

在控制变量方面：①不论是经济结构还是经济效率抑或是资源环境代价，人均GDP水平（*Inregdp*）基本显著为负（个别系数没通过显著性检验），这说明经济总量的增加不必然带来经济质量的提高，经济增长数量不断增长对经济增长质量的正向作用是有限的。②从城市化来看，对经济结构和经济效率具有显著的正向影响，由此可见，城市化进程的推进对结构调整和效率改善的意义明显，但城市化对环境代价（系数显著为正）的负面影响也不得不令人警醒。③从开放程度来看，开放程度的提高仅仅对经济效率的改进有明显的正面意义，主要是开放程度提高，让中国更多参与国际竞争，促进资源更优的配置，进而促进经济效率的提升。但开放程度对产业结构、收入分配结构改善以及资源环境代价的降低呈现负向影响或是无影响，主要在于时至今日，出口导向的战略弊端凸显，国内低质的投资和低附加值的产品有了国外市场，通过出口来加以出清，而这恰恰固化了中国对经济增长数量而不是质量的追求。

（四）稳健性检验

为了考虑研究结果的稳健性，我们对以上结果做了如下的稳健性分析：在被解释变量方面，我们采用钞小静（2014）的研究成果，经济增长质量由多指标形成的复合指数来衡量，其中经济增长质量有三大维度：经济增长的条件，经济增长的结构，经济增长的结果。后两个维度是本文研究的需要，经济质量的结构主要是衡量经济结构的各个方面，而经济增长的结果则是衡量经济增长的效率和资源环境代价，所以在稳健性检验，选择这两大维度作为被解释变量，同时也选择最终的经济增长质量指数（QEGI）[①] 作为经济增长质量的具体的衡量。

结果如表6所示，可以看出各个系数基本符合预期，与上文研究的结果基本一致。

表6 经济增长质量（QEGI）的计量结果

	结构	结果	QEGI
L. *	0.5389 ***	0.7582 ***	0.8768 ***
	(40.31)	(66.41)	(60.47)
Competition	-0.0635 ***	-0.3516 ***	-0.5328 ***
	(-6.75)	(-14.45)	(-22.06)
Tenure	0.0957 ***	0.4472 ***	0.1637 ***
	(5.22)	(25.38)	(4.24)

① 本文所使用的经济增长质量指数（QEGI）是经济增长质量的后面两大维度，经济增长的结构和经济增长的结果的指数进行等权加总而得的。

续表

	结构	结果	QEGI
Tenure2	−0.0049 *** (−4.48)	−0.0234 *** (−10.92)	−0.0049 * (−1.80)
*Tenure * Infra*	0.5355 *** (4.39)	−0.2403 *** (−3.36)	−0.4534 *** (−4.52)
*Tenure * Socia*	−0.1622 *** (−7.43)	0.7197 *** (16.23)	0.3911 *** (4.21)
Constant	−0.0651 (−1.12)	1.8503 *** (24.80)	1.9165 *** (16.30)
时间固定效应	yes	yes	yes
地区固定效应	yes	yes	yes
Sargan (P-Value)	24.62 (1.00)	29.09 (1.00)	28.45 (1.00)
AR (2) (P-Value)	−0.16 (0.87)	−0.19 (0.85)	−0.33 (0.74)

四、结论性述评

回顾中国经济发展的历程，我们总是为高速增长的数字欢欣鼓舞，但时至今日，当我们审视中国经济增长质量时，不仅要拷问为什么经济增长的数量方面的奇迹并没有自然带来高的增长质量。传统文献总是从宏观角度对这一问题进行回答和解决，本文从微观层面，基于政府行为的视角，分析了地方官员面对晋升政治激励和财政激励而产生的“为增长数量而竞争”的行为，官员在较短的任期上最优的选择是不断地扩大经济增长的量，而非长期的经济增长的质，所以增长数量和质量的背离也就成为一种必然。同时，本文采用中国省际面板数据很好地验证了上述逻辑和我们的猜想，中国地方政府行为是我们理解中国经济增长质量问题的关键。

迈入新常态的中国经济，未来经济的最大着力点在于对于增长质量和效益的追求，所以纠偏政府行为就是矫正中国经济增长质量微观机制的核心所在。一是政府责任的限度。中国长期的增长机制在于政府的经济增长行为，所以对增长质量的追求，强调政府的归位，转变政府主导的增长机制，政府应该合理回归最基本的教育和健康服务以及最基本的社会保障中的支付责任，尽量少地参与具体经济活动，将基本经济活动归位市场，培育公平、竞争的市场环境，使市场自发作用成为增长核心机制。二是官员考核体系的完善。设计更为合理的官员政绩考核体系，取消“一票否决制”的指标，特别是加大增长质量各项核心内容的考核指标，促进各级政府官员更好地为社会经济发展服务。另外，要克服“自上而下”的内在弊端，要注意对官员考核的“自上而下”和“自下而上”之间的结合，多倾听所辖居民的呼声和诉求，加强民主制度建设，增进地方民众对于地方官员的约束力。因此，一个提高增长质量的合理和客观的思路应该是，将政府的“权力关进笼子”里，纠偏地方政府的行为，促进市场成长，形成以市场为基本机制的经济增长质量提高机制。

参考文献

[1] 黄亚生. 黄亚生：中国经济增长质量的南柯一梦［N］. 华尔街日报，2008-12-23 (8).

[2] 任保平，魏婕. 中国经济增长中数量与质量的不一致性及其理论解释［J］. 社会科学研究，2012 (3).

[3] 周黎安，李宏斌，陈烨. 相对绩效考核：中国地方官员晋升机制的一项经验研究［J］. 经济学报，2005，1 (1).

[4] QIAN Y Y, XU C G. Why China's Economic Reforms Differ: the M-form Hierarchy and Entry/ Expansion of the Non-State Sector [J]. The Economics of Transition, 1993, 1 (2): 135-170.

[5] QIAN Y, ROLAND G. Federalism and the Soft Budget Constraint [J]. American Economic Review, 1998 (88): 1143-1162.

[6] LIN J Y, LIU Z. Fiscal Decentralization and Economic Growth in China [J]. Economic Development and Cultural Change, 2000, 49 (1): 1-21.

[7] JIN H, QIAN Y, WEINGAST B. Regional Decentralization and Fiscal Incentive: Federalism, Chinese Style [J]. Journal of Public Economics. 2005, (89): 1719-1742.

[8] 张晏，龚六堂. 分税制改革、财政分权与中国经济增长［J］. 经济学季刊，2005 (1): 75-108.

[9] 周业安，章泉. 财政分权、经济增长和波动［J］. 管理世界，2008 (3): 6-15.

[10] 殷德生. 最优财政分权与经济增长［J］. 世界经济，2004 (11): 62-71.

[11] 陈抗，HILLMAN A L，顾清扬. 财政集权与地方政府行为变化——从援助之手到攫取之手［J］. 经济学（季刊），2002（3）.

[12] BLANCHARD O，SHLEIFER A. Federalism with and without Political Centralization：China versus Russia［J］. IMF Staff Papers，2001（48）：171－179.

[13] 周黎安. 晋升博弈中政府官员的激励与合作：兼论我国地方保护主义和重复建设问题长期存在的原因［J］. 经济研究，2004（6）：33－40.

[14] 周黎安. 中国地方官员的晋升锦标赛模式研究［J］. 经济研究，2001（7）.

[15] 张军. 中国经济发展：为增长而竞争［J］. 世界经济文汇，2005（4）.

[16] 张军，高远. 官员任期、异地交流与经济增长——来自省级经验的证据［J］. 经济研究，2007（11）：91－103.

[17] 徐现祥. 渐进改革经济中的最优增长［J］. 数量经济技术经济研究，2005（8）.

[18] 钞小静，任保平. 中国经济增长质量的时序变化与地区差异［J］. 经济研究，2011（4）.

[19] 钞小静，任保平. 中国经济增长结构与经济增长质量的实证分析［J］. 当代经济科学，2005（11）.

[20] 任保平. 经济增长质量：理论阐释、基本命题与伦理原则［J］. 学术月刊，2012（2）.

[21] 卡马耶夫. 经济增长的速度和质量［M］. 陈华山，左东官，何剑，等，译. 武汉：湖北人民出版社，1977.

[22] BARRO R J. Quantity and Quality of Economic Growth［R］. Working Papers from Central Bank of Chile，2002.

[23] 徐现祥，王贤彬，舒元. 地方官员与经济增长［J］. 经济研究，2007（9）.

[24] DRAZEN A. Political Economy in Macroeconomics［M］. Princeton：Princeton University Press，2000.

[25] ECONOMIDES G，PHILIPPOPOULOS A，PRICE S. How Elections Affect Fiscal Policy and Growth：Revising the Mechanism［J］. European Journal of Political Economy，2003（19）：777－792.

[26] 王贤彬. 徐现祥. 地方官员来源、任期、去向与经济增长［J］. 管理世界，2008（3）.

[27] LI H，ZHOU L. Political Turnover and Economic Performance：the Incentive Role of Personnel Control in China［J］. Journal of Public Economics，2005，89（9－10）：

1743－1762.

[28] ECHEVARRIA C. Changes in Sectorial Composition Associated with Economic Growth [J]. International Economic Review, 1997, 38 (2).

[29] FOELLMI R, ZWEIMULLER J. Structural Change and Kaldor's Facts of Economic Growth [C]. CEPR Discussion Paper, 2002, No. 3300.

[30] BAUMOL W. Macroeconomics of Balanced Growth: The Anatomy of Urban Crisis [J]. American Economic Reviews, 1967, 57 (3): 415－426.

[31] NGAI L, PISSARIDES C. Structural Change in a Multi－Sector Model of Growth [J]. American Economic Review, 2005, 97 (1): 429－443.

[32] 陈体标. 经济结构变化与经济增长 [J]. 经济学（季刊），2007 (4).

[33] 徐朝阳. 工业化与后工业化："倒U形"产业结构变迁 [J]. 世界经济，2010 (12).

[34] 田江海. 变"数量型"经济为"质量型"经济 [J]. 经济研究，1985 (9).

[35] 宋凌云，王贤彬，徐现祥. 地方官员引领产业结构变动 [J]. 经济学（季刊），2012 (11).

[36] 张尔升，胡国柳. 地方官员的个人特征与区域产业结构高级化——基于中国省委书记、省长的分析视角 [J]. 中国软科学，2013 (6).

[37] 黄茂兴，李军军. 技术选择、产业结构升级与经济增长 [J]. 经济研究，2009 (7).

[38] 傅利平，李永辉. 地方政府官员晋升竞争、个人特征与区域产业结构升级——基于我国地级市面板数据的实证分析 [J]. 经济体制改革，2014 (3).

[39] 林毅夫. 新结构经济学 [J]. 经济学（季刊），2010 (1).

[40] 陈晔，刘志彪. 地方官员行为与产业结构趋同 [J]. 经济学家，2005 (6).

[41] 彭深. 基于锦标赛模型的区域产业结构趋同的研究 [D]. 暨南大学博士学位论文，2011.

[42] 吴敬琏. 中国增长模式抉择 [M]. 上海：远东出版社，2005.

[43] 罗长远，张军. 经济发展中的劳动收入占比：基于中国产业数据的实证研究 [J]. 中国社会科学，2009 (4).

[44] 白重恩，钱震杰. 谁在挤占居民的收入——中国国民收入分配格局分析 [J]. 中国社会科学，2009 (5).

[45] 魏婕，任保平. 要素生产率和经济增长质量的理论与实证分析——基于

1952—2007 年的数据［J］. 山西财经大学学报，2009（11）.

［46］OATES W. On the Welfare Gains from Fiscal Decentralization［J］. Journal of Public Finance and Public Choice, 1997（2-3）：83-92.

［47］OATES W. An Essay on Fiscal Federalism［J］. Journal of Economic Literature, 1999, 37（3）：1120-1149.

［48］史宇鹏，周黎安. 地区放权与经济效率：以计划单列为例［J］. 经济研究，2007（1）.

［49］刘瑞明，白永秀. 晋升激励与经济发展［J］. 南方经济，2010（1）.

［50］任保平. 以质量看待增长——对新中国经济增长质量的评价与反思［M］. 北京：中国经济出版社，2010.

［51］钞小静，任保平. 资源环境约束下的中国经济增长质量研究［J］. 中国人口·资源与环境，2012（4）.

［52］石敏俊，马国霞. 中国经济增长的资源环境代价：关于绿色国民储蓄的实证分析［M］. 北京：科学出版社，2009.

第五章　城乡收入差距、劳动力质量与中国经济增长*

钞小静　沈坤荣**

摘　要　本文从劳动力供给视角出发，将二元经济结构特征引入跨期模型来揭示城乡收入差距通过劳动力质量影响经济增长的内在机理，并运用中国1995—2012年间的省级面板数据，采用三阶段最小二乘法对城乡收入差距、劳动力质量与经济增长的关系进行经验检验。研究结果表明，城乡收入差距过大会导致初始财富水平较低的农村居民无法进行人力资本投资，从而制约劳动力质量的提高。由于现代部门与传统部门具有不同的生产效率，较低质量的劳动力只能在传统部门从事生产，这不仅不利于传统部门自身生产效率的提升，而且也降低了进入现代部门从事生产的劳动力数量，城乡收入差距通过劳动力质量影响了中国的长期经济增长。

关键词　城乡收入差距；劳动力质量；经济增长

一、引　言

改革开放四十年来，中国经济总体上保持了长期的高速增长，形成了世界关注的中国模式。但在我国国民经济快速增长的过程中，也积累了不少结构性的矛盾。随着产业结构由工业向服务业的转变以及廉价资源的终结，中国经济

* 本文的研究得到了国家社科基金重大项目（11&ZD001）、教育部新世纪优秀人才支持计划（NCET－13－0952）、国家社科基金青年项目（13CJL012）、国家自然科学基金项目（71073076）和中国博士后科学基金面上资助项目（2012M521027）的资助。

** 钞小静，西北大学经济管理学院，南京大学经济学院；沈坤荣，南京大学经济学院。

正在逐渐步入“结构性减速”的新阶段，增长下移、总量下行使得分配、就业、税收、金融等方面的隐性矛盾不断显性化。尤其是，随着经济下行压力的不断增大和“人口红利”的逐渐消失，缩小城乡收入差距、提高劳动力质量成为当前中国经济增长的迫切需要。

大量实证研究表明，中国收入差距在很大程度上表现为城乡收入差距，20世纪90年代以来，中国的收入差距，尤其是城乡收入差距正在不断扩大（Wu et al.，2004；Benjamin et al.，2004；Wan et al.，2006；Sicular et al.，2007；林毅夫等，1998；陈斌开等，2010）。关于收入差距对经济增长影响的文献，主要有四种观点：第一种观点从积累激励视角，认为收入差距会限制穷人的投资机会、降低积累财富的激励，从而不利于经济增长（Banerjee et al.，1993；Aghion et al.，1997）。第二种观点从劳动分工的视角，认为低技能者更倾向于选择不分工，平等的收入分配会通过促进分工协作而影响经济增长（Fishman et al.，2002；陆铭等，2007）。第三种观点从消费需求的角度，认为收入差距会降低居民消费需求，从而在相当程度上制约经济增长（Murphy et al.，1989；权衡等，2002；杨汝岱等，2007；沈凌等，2009）。第四种观点从政治经济的视角，认为收入差距通过政府税收、社会冲突影响了经济增长（Persson et al.，1994；Alesina et al.，1994；Li et al.，1998；Cagetti et al.，2007；Benhabib et al.，1996；Alesina et al.，1996；Aghion et al.，1997；尹恒等，2005）。

解决短期的增长和波动问题需要依靠需求因素或外部因素，而解决长期增长问题则需要依靠供给因素。在讨论收入分配对经济增长影响的过程中，供给因素越来越受到关注。随着劳动力无限供给时代的结束和人口红利的逐渐消退，从总量来看，我国适龄劳动人口规模正在下降、人口抚养比不断上升，劳动力成本逐步提高。从结构来看，低端劳动力无法实现自由就业，而高端劳动力却相对短缺。中国在长期享受“人口红利”之后，许多专家预期这一经济增长源泉即将于2013年前后，随着“人口抚养比”的停止下降而消失。应对人口红利消失问题的关键，是要依靠劳动力质量的提高（蔡昉，2011）。但是收入差距影响劳动力质量，进而对经济增长产生影响的作用机制在现有研究中并没有得到充分的重视。

人力资本是一个国家经济能否持续增长的一个基本要素，也是一国财富状况的最终决定因素之一。Galor et al.（1993）首次提出收入不平等通过人力资本积累进而阻碍经济增长的观点，认为在资本市场不完善和人力资本投资不可分的情况下，收入分配不平等会限制穷人拥有受教育的机会，降低其对物质资本和人力资本的投资，进而阻碍经济增长。而 Benabou（1996）、Aghion（1998）进一步研究了再分配通过人力资本积累机制对经济增长产生的影响，也得出了相似的结论。De La Croix et al.（2004）从生育决策和教育决策的相互影响入手，认为穷人倾向于多生孩子并较少投资于教育，收入差距扩大降低了平均受教育水平，从而阻碍了经济增长。

与其他经济体相比，中国的经济问题具有很大的特殊性，其经济发展路径的“异质性”是内生锁定且长期存在的。在中国城市和农村之间资源约束对个人接受教育、提高劳动力质量的影响是不同的，出生地的差别在很大程度上影响了中国人接受教育、获取技能的机会，从而导致严重的城乡差异。现有从劳动力质量视角研究我国城乡收入差距与经济增长的文献主要集中在经验检验层面。杨俊等（2008）通过构建联立方程组模型对中国教育不平等与收入分配的作用方向进行实证检验，采用三阶段最小二乘法估计的结果表明教育投入对收入差距会产生重要影响，同时收入差距也将会对教育的获得产生影响。黄燕萍等（2013）放松了不同层级人力资本具有完全替代性的假设，运用面板数据分析方法研究了不同层级教育对中国地区经济增长差异的影响，结果表明我国初级教育和高级教育均促进了经济增长，但初级教育对经济增长的作用大于高级教育。进一步，陆铭等（2005）把教育和投资作为内生变量引入联立方程模型，以 1987—2001 年间中国省级面板数据为样本采用三阶段最小二乘法实证检验了收入分配不平等与投资、教育和经济增长的相互影响，结果表明收入差距对于经济增长的间接影响主要来自投资渠道，而教育的间接影响相对较弱。

上述研究对中国收入差距与经济增长问题进行了卓有成效的探索，本文在以下方面对现有研究进行扩展：第一，现有文献大多是从积累激励、劳动分工、消费需求或政治经济的视角来研究收入分配差距对经济增长的影响，而我们选择要素供给视角来进行讨论。第二，现有文献主要在经验分析层面对中国的收入差距、教育投入与经济增长问题进行了计量检验，而我们从中国二元经济结构的基本特征出发，首先在 Galor et al.（1993）研究的跨期模型中引入规模报酬不变的现代部门与规模报酬递减的传统部门，由此来阐释城乡收入差距、劳动力质量与经济增长的作用机理，然后在理论分析的基础上构建联立方程模型对其进行经验检验。

本文其他部分的结构安排如下：第二部分进行城乡收入差距通过劳动力质量影响经济增长的理论分析，第三部分构建联立方程模型并基于中国省级面板数据进行经验检验，第四部分是本文的主要结论。

二、理论分析

Galor et al.（1993）的研究在一个规模报酬不变的生产函数假设基础上，阐明了资本市场不完善时收入分配与人力资本投资之间的相互作用。本文依据中国经济发展的异质性，放弃 Galor et al.（1993）一个规模报酬不变的生产部门的前提假设，引入规模报酬不变的现代部门与规模报酬递减的传统部门并存的二元经济假设来进一步扩展跨期模型，重点阐释城乡收入差距通过劳动力质量对经济增长的影响。

（一）基本假设

我们考虑一个由传统生产部门与现代生产部门共同构成的二元经济，其中传统生产部门使用低技能的非熟练劳动力，而现代部门使用高技能的熟练劳动力，劳动力质量的提高通过进行人力资本投资来实现。本模型假设劳动力市场由两个相互隔离的完全竞争市场构成，其中非熟练劳动力的工资水平为 TL，熟练劳动力工资水平为 Y。

假定经济中只有一种产品，该产品既可用于消费也可用于投资，其价格标准化为1，并且这种产品是被凝结在熟练劳动力身上的人力资本和物质资本或非熟练劳动力和土地两种方法生产出来的。每个人具有相同的潜力和偏好，只是从父母处获得的遗产有所不同。

假设熟练劳动力从事生产的现代部门的产出为：

$$Y_t^s = F(K_t, H_t) \tag{1}$$

其中，Y_i^2、K_t、H_t 分别表示该部门第 t 期的产出、物质资本及人力资本，F 表示一个规模报酬不变的凹的生产函数。采用一个呈现出对物质资本和人力资本不变报酬的科布—道格拉斯生产函数来表示，则有：

$$Y_t^s = A_1 K_t^{\alpha} H_t^{1-\alpha} \quad (0 \leqslant \alpha \leqslant 1) \tag{2}$$

A_1 是外生给定的技术水平，我们可以把人力资本 H_t 理解为是第 t 期的熟练劳动力数量 L_t^s 乘以其劳动力质量水平（即人力资本投资水平 h），当劳动力质量提高或劳动力数量增加时，现代部门的产出会增加。假定人力资本投资和物质资本投资均是提前一期的，且不存在投资调整成本和资本贬值。则熟练劳动力从事生产的现代部门产出为：

$$Y_t^s = A_1 K_t^\alpha (hL_t^s) 1 - \alpha \quad (0 \leqslant \alpha \leqslant 1) \tag{3}$$

假设非熟练劳动力从事生产的传统生产部门的产出可表示为：

$$Y_t^n = G(L_t^n, N) \tag{4}$$

其中，Y_t^n、L_t^n、N 分别表示该部门第 t 期的产出、非熟练劳动力数量和土地投入。我们假定土地数量是固定不变的，则生产函数关于非熟练劳动力投入就具有递减收益，即 $G' > 0$，$G'' < 0$，则有：

$$Y_t^n = G(L_t^n, \bar{N}) \tag{5}$$

进一步设非熟练劳动力从事生产的传统部门产出为规模报酬递减的生产函数：

$$Y_t^n = A_2 (L_t^n)^\beta \quad (\beta < 1) \tag{6}$$

A_2 表示外生给定的技术水平。进一步，总产出可表示为传统生产部门与现代生产部门的产出之和，我们用 Y_t 表示第 t 期的总产出，则有：$Y_t = Y_t^s + Y_t^n$。

由此可见，在不考虑物质资本约束条件下，在规模报酬递减的传统农业部门与规模报酬不变的现代部门同时并存的国民经济中，一单位的劳动投入在现代部门的产出要远高于传统农业部门的产出，而劳动力从传统部门向现代部门的转移要以进行人力资本投资、提高劳动力质量为条件。在发展中国家，传统农业部门存在过剩的非熟练劳动力，这部分过剩的非熟练劳动力从传统农业部门向现代部门转移可以促进总产出的增长，这也就意味着非熟练劳动力通过进行人力资本投资，提高劳动力质量变为熟练劳动力后在现代部门从事生产可以有效地推动经济的增长。

假定作为经济主体的每个人只生活两期，在第一期个人可以选择是否进行人力资本投资，即是进行人力资本投资还是作为非熟练劳动力从事生产，在第二期时进行人力资本投资的作为熟练劳动力从事生产，而没有进行人力资本投资的还是以非熟练劳动力进行生产，人力资本投资为 $h > 0$。为了简化，我们不考虑人口增长，即假定每个人只有一对父母和一个孩子，人口数量不变。个人只在第二期进行消费并给子女留下遗产，则经济主体的效用函数为：

$$u = \lambda \lg c + (1 - \lambda) \lg b \tag{7}$$

其中，c 表示第二期的消费，b 表示遗产，且有 $0<\lambda<1$。这里 u（c，b）取决于个体在第二期的消费以及从父母处继承的遗产数量。

（二）城乡收入差距与人力资本投资决策

基于上述假设，我们来讨论在短期城乡收入差距与劳动力质量、经济增长的关系。假定资本市场的利率为 r，一个代表性个体在第一期继承了数量 x 的遗产，此时他将面临两种选择：一是不进行人力资本投资，不管在第一期还是第二期都作为非熟练劳动力参与生产；二是在第一期进行人力资本投资，在第二期作为熟练劳动力参与生产，此时如果个体所继承的遗产数额小于人力资本投资所需的数额，就需要通过在资本市场借款来完成人力资本投资。这里，是否进行人力资本投资的决策取决于各种情况下所带来效用大小的比较。

如果个体选择不进行人力资本投资，而直接作为非熟练劳动力来进行工作，其效用函数为：

$$U_n(x) = \lg[(x + w_n)(1 + r) + w_n] + \varepsilon \tag{8}$$

根据式（7），该个体留下的遗产额为：

$$b_n(x) = (1 - \lambda)[(x + w_n)(1 + r) + w_n] \tag{9}$$

如果个体在第一期继承数量为 x 的遗产，且有 $x \geqslant h$，则其选择进行人力资本投资时效用函数就为：

$$U_s(x) = \lg[(x - h)(1 + r) + w_s] + \varepsilon \tag{10}$$

该个体留下的遗产额为：

$$b_s(x) = (1 - \lambda)[(x - h)(1 + r) + w_s] \tag{11}$$

如果代表性个体在第一期继承遗产数量为 x，且有 $x<h$，这时要选择进行人力资本投资就必须通过借款来完成。我们假定该个体进行人力资本投资借款数额为 d，借款支付的总成本为 c，且总成本 c 由借款利息 dr 和额外成本 p 两部分组成。需要说明的是，额外成本 p 存在的原因主要有两个：①教育是人力资本投资的主要途径，教育资源在城市与农村之间的分布是不均等的，而借款个体一般是初始财富水平较低的农村居民，为了获得同样单位的教育投入，农村居民付出的成本往往要高于城镇居民。②当个体在第一期选择进行人力资本投资，就无法在传统部门从事生产来获得工资收入，并且相同数额的人力资本投资在农村居民的初始财富中所占比重大于其在城镇居民初始财富中的占比，借款进行人力资本投资个体所付出的时间、生活等机会成本将高于不借款个体。因此，

借款个体支付的总成本为 $c = dr + p$，单位成本为：

$$i = \frac{c}{d} = r + \frac{p}{d} \tag{12}$$

此时有 $i > r(p > 0)$。则借款进行人力资本投资个体的效用函数为：

$$U_s^d(x) = \lg[(x - h)(1 + i) + w_s] + \varepsilon \tag{13}$$

根据式（7），该人留下的遗产额为：

$$b_s(x) = (1 - \lambda)[(x - h)(1 + i) + w_s] \tag{14}$$

显然，对于任何理性个体如果作为非熟练劳动力从事生产的效用大于进行人力资本投资的效用，那么所有人都会选择作为非熟练劳动力进行工作。当 $U_n(x) > U_s(x)$ 时，所有个体都不会进行人力资本投资，均作为非熟练劳动力从事生产。根据式（8）与式（10），我们有 $w_s - h(1 + r) < w_n(2 + r)$ 时，

$$L_t^s = 0 \tag{15}$$

$$L_t^n = L_t \tag{16}$$

总产出就是非熟练劳动力部门的产出，即

$$Y_t = Y_t^n = A_2 (L_t)^\beta \tag{17}$$

在此，我们施加一个约束条件，$w_s - h(1 + r) \geq w_n(2 + r)$

当人力资本投资的回报高于非熟练劳动力时，经济主体更倾向于进行人力资本投资，即当 $U_s^d(x) \geq U_n(x)$ 时，经济主体才会选择进行人力资本投资。根据式（8）和式（13），个体是否进行人力资本投资的决策将取决于初始财富水平的高低，当个体所继承的遗产 $x \geq f$ 时选择进行人力资本投资，而当个人继承的遗产小于 f 时则会选择作为非熟练劳动力进行工作：

$$f = \frac{1}{i - r}[w_n(2 + r) + h(1 + i) - w_s] \tag{18}$$

基于此，个体在第一期继承的遗产额决定了其是进行人力资本投资还是以非熟练劳动力进行工作，也决定了他未来的消费和所留下的遗产。初始财富水平较高的个体比初始财富水平较低的个体更容易获得人力资本投资。

理论假说 1：具有较高初始财富水平的城镇居民更倾向于进行人力资本投资以提高劳动力质量，而财富水平相对较低的农村居民更倾向于直接以非熟练劳动力参与生产。

（三）城乡收入差距、人力资本投资决策与经济增长

令 D_t 为每个人在第 t 期的财富分布，则该分布满足：

$$\int_0^{\infty} \mathrm{d}D_t(x_t) = L_t \tag{19}$$

D_t 决定了第 t 期的经济表现，由此决定了熟练劳动力和非熟练劳动力的数量分别为：

$$L_t^s = \int_f^{\infty} \mathrm{d}D_t(x_t) \tag{20}$$

$$L_t^n = \int_0^{f} \mathrm{d}D_t(x_t) \tag{21}$$

则总产出为：

$$Y_t = A_1 K_t^{\alpha} \ (hL_t^s)1 - \alpha + A_2 \ (L_t^n)^{\beta}$$

进而有：

$$Y_t = A_1 K_t^{\alpha} \left(h \int_f^{\infty} \mathrm{d}D_t(x_t)\right)^{1-\alpha} + A_2 \left(\int_0^{f} \mathrm{d}D_t(x_t)\right)^{\beta} \tag{22}$$

由此可见，财富的分配状况决定了选择进行人力资本投资后成为熟练劳动力的数量和不进行人力资本投资作为非熟练劳动力的数量，进一步决定了劳动力质量的高低，而这又是影响总产出的重要变量，收入分配通过劳动力质量影响了国民经济的总产出。

理论假说 2：城乡收入差距过大会导致非熟练劳动力无法顺利向高质量的劳动力转化，熟练劳动力的总数量受到限制，进而制约整体经济的产出增长。

在其他条件保持不变时，一单位劳动参与规模报酬不变现代部门的产出要大于规模报酬递减传统部门的产出，而传统生产部门使用低技能的非熟练劳动力，现代部门使用高技能的熟练劳动力，因此，在总劳动力数量保持不变的条件下，非熟练劳动力通过人力资本投资转化为熟练劳动力的数量越多，则整体经济的产出越高。

当一个经济体中城乡收入差距过大时，具有较高初始财富水平的城镇居民选择进行人力资本投资，作为熟练劳动力在规模报酬不变的现代部门从事劳动，而财富水平相对较低的农村居民则会选择不进行人力资本投资，作为非熟练劳动力在规模报酬递减的传统部门从事劳动。城乡收入差距通过阻碍非熟练劳动力向熟练劳动力转化影响了整体经济的产出。

理论推论 1：如果财富水平较低的农村居民愿意进行人力资本投资以提高劳动力质量，则随着劳动力从传统部门向现代部门的流入，整体经济产出将获得增长。

如果城乡收入差距相对比较小时，财富水平较低的农村居民就可以通过进行人力资本投资，从传统部门向现代部门转移，由于传统部门规模报酬是递减的，而现代部门规模报酬是不变的，这种转移能促进整个经济总产出的增长。

理论推论2：如果财富水平较低的农村居民愿意进行人力资本投资以提高劳动力质量，则规模报酬递减的传统生产部门的生产效率将得到提高，整体经济产出将获得增长。

舒尔茨（1987）认为并不存在使任何一个国家的传统部门不能对经济增长做出重大贡献的原因，传统部门不能成为经济增长新的源泉是因为其生产效率太低。如果从事传统部门生产的劳动力质量能够获得提高，则传统部门的生产函数将会被改变。也就是说，如果城乡收入差距相对比较小时，财富水平较低的农村居民就可以通过进行人力资本投资转化为熟练劳动力，当其继续参与传统部门生产时可以提高其生产效率，整体经济的产出同样可以获得增长。

（四）收入差距、劳动力质量与经济增长的动态变化

在以上分析的基础上，我们按照收入水平的高低把经济主体分为高收入阶层、中等收入阶层和低收入阶层三个群体，以 x_1 和 x_2 为分界点（$x_1=h$，$x_2=f$），即收入高于 x_1 的为高收入阶层，收入介于 x_1 与 x_2 间的为中等收入阶层，收入低于 x_2 的为低收入阶层。收入分配不仅决定了第 t 期的均衡，而且也决定了下一期的财富分布 D_{t+1}：

$$x_{t+1}=\begin{cases} b_n(x_t)=(1-\lambda)[(x_t+w_n)(1+r)+w_n] & \text{当 } x_t<x_2 \\ b_s(x_t)=(1-\lambda)[(x_t-h)(1+i)+w_s] & \text{当 } x_2\leqslant x_t<x_1 \\ b_s(x_t)=(1-\lambda)[(x_t-h)(1+r)+w_s] & \text{当 } x_1\leqslant x_t \end{cases} \quad (23)$$

所继承遗产小于 x_2 的低收入阶层会选择作为非熟练劳动力进行工作，他们的后代也是如此，在长期他们的财富将收敛于均衡水平 $\bar{x}_n$：

$$\bar{x}_n=\frac{1-\lambda}{1-(1-\lambda)(1+r)}w_n(2+r) \quad (24)$$

所继承遗产大于 x_2 的人会选择进行人力资本投资，但他们的后代并不都会作为熟练劳动力来进行工作，其中的关键点为 g：

$$g=\frac{(1-\lambda)[w_s-h(1+i)]}{1-(1+i)(1-\lambda)} \quad (25)$$

在第t期所继承遗产小于 g 的人或许会进行人力资本投资，但是在若干年后他们的后代就会变成非熟练劳动力，而他们的财富将会向 $\bar{x}_n$ 趋近；在第 t 期所继承遗产大于 g 的人会进行人力资本投资，他们的后代也会如此，最终他们的

财富将会收敛于 $\bar{x}_s$：

$$\bar{x}_s = \frac{1-\lambda}{1-(1-\lambda)(1+r)}[w_s - h(1+r)] \tag{26}$$

为了保证长期遗产 $\bar{x}_s$、$\bar{x}_n$ 在代与代之间是稳定的，在式（24）、式（25）、式（26）基础上需假设（1 - λ）（1 + r）<1。

则在长期熟练劳动力和非熟练劳动力的数量分别为：

$$L^s = \int_g^{\infty} \mathrm{d}D(x) \tag{27}$$

$$L^n = \int_0^{g} \mathrm{d}D(x) \tag{28}$$

此时，长期的总产出就为：

$$Y = A_1 K^{\alpha}(h\int_g^{\infty} \mathrm{d}D(x))^{1-\alpha} + A_2(\int_0^{g} \mathrm{d}D(x))^{\beta} \tag{29}$$

由此可见，收入分配不平等时，长期来看整个经济就会分化为两个阶层，高收入阶层将一代一代进行人力资本投资，而低收入阶层只能一代一代作为非熟练劳动力从事生产活动，由于在长期非熟练劳动力将不再能向熟练劳动力转变，劳动力质量提高受到限制，从而影响到总产出。

理论假说 3：从长期来看，城乡收入差距过大会使财富水平较高的城镇居民一代一代不断进行人力资本投资以提高劳动力质量，而财富水平较低的农村居民则不愿意进行人力资本投资、劳动力质量相对较低，由于现代部门与传统部门具有不同的生产效率，较低质量的劳动力只能在传统部门从事生产，这不仅不利于传统部门自身生产效率的提升，而且也降低了进入现代部门从事生产的劳动力数量，城乡收入差距通过劳动力质量影响了长期的经济增长。

（五）外生冲击与工资水平的决定

上述几个理论假说以及推论都是基于工资水平是外生给定的，为了进一步说明均衡水平工资变动对长期经济增长的影响，我们进一步放松该假设，认为在完全竞争市场条件下，劳动力的工资水平等于劳动的边际产出，根据式（3）和式（6），非熟练劳动力的工资水平 w^n，熟练劳动力的工资水平 w^s 分别为：

$$w_t^n = \frac{\partial\ Y_t^n}{\partial\ L_t^n} = \beta A_2\ (L_t^n)\beta - 1 \tag{30}$$

$$w_t^s = \frac{\partial\ Y_t^s}{\partial\ L_t^s} = (1-\alpha)A_1 K_t^{\alpha} h^{1-\alpha}\ (L_t^s) - \alpha \tag{31}$$

$w_t^n = e_1(A_2, L_t^n)$，$w_t^s = e_2(A_1, K_t, h, L_t^s)$。也就是说，非熟练劳动力的工资水平是传统部门技术水平与非熟练劳动力数量的函数，而熟练劳动力的工资水平是现代部门技术水平、资本供给总量、人力资本投资和熟练劳动力数量的函数。

式（30）与式（31）分别刻画了传统部门对非熟练劳动力的需求和现代部门对熟练劳动力的需求，让我们再来观察一下他们的供给情况，非熟练劳动力的供给取决于不愿进行人力资本投资的人数，而熟练劳动力的供给取决于愿意进行人力资本投资的人数，此时非熟练劳动力的供给 S_t^n 与熟练劳动力的供给 S_t^s 分别为：

$$S_t^n = \int_0^{f(w_n)} \mathrm{d}D_t(x_t) \tag{32}$$

$$S_t^s = \int_{f(w_s)}^{\infty} \mathrm{d}D_t(x_t) \tag{33}$$

D_t（x_t）作为分布函数其具体形式在研究过程中是难以显化的，但是根据积分函数性质可知供给 S_t^n、S_t^s 在函数 D_t（x_t）上是单调不减的，如图 1 所示。

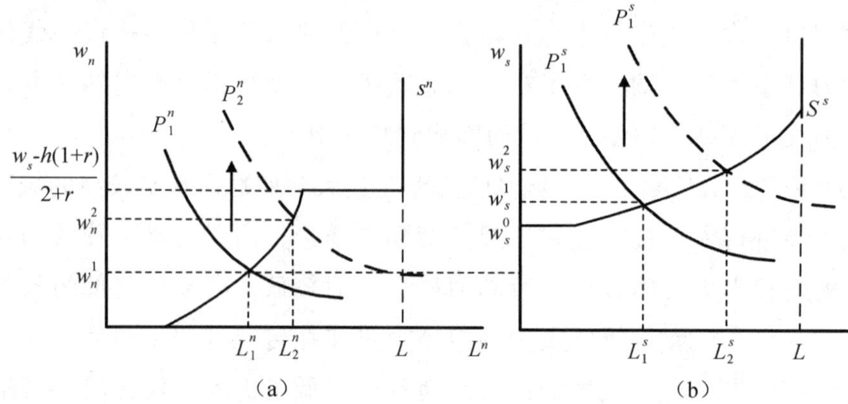

图 1　传统部门与现代部门工资水平的决定

具体而言，在图 1（a）中 S^n 刻画了非熟练劳动力部门的供给，根据前文的约束条件 $w_s - h$（$1 + r$）$< w_n$（$2 + r$），当 $w_n = \frac{w_s - h(1 + r)}{2 + r}$时，个体选择无论是作为非熟练劳动力还是熟练劳动力进行生产，其所带来的效用是相等的，此时供给曲线为一水平线，而当 $w_n > \frac{w_s - h(1 + r)}{2 + r}$时，所有个体都会选择作为非熟练劳动来进行生产，此时 $L_t^n = L_t$，供给曲线为垂直于横轴的一条线。

在图 1（b）中 S^s 刻画了熟练劳动力部门的供给，当 $w_s = w_s^0 = w_n$（$2 + r$）$+ h$（$1 + r$）时，个体选择作为非熟练劳动力还是熟练劳动力进行生产是无差异的，此时供给曲线为一水平线，而当 $w_s > w_n$（$2+r$）$+h$（$1+r$）时，个体将根据所继承遗产数量与式（18）中 f 临界值之间的比较来决定是否作为熟练劳动力进行生产。正如之前理论分析所论证的那样，个体是否进行人力资本投资的决策取决于在第一期所继承的遗产数额能否超过临界点 f，根据式（18），f 与 Y 呈反向变化，随着 Y 的上升临界点 f 在下降，这意味着能够选择进行人力资本投资的人数会增加，此时供给曲线向右上方倾斜，当 $L_t^s = L_t$ 时，供给曲线成为垂直于横轴的一条线。

根据式（30）与式（31），我们设 P_1^n，P_1^s 分别为非熟练劳动力与熟练劳动力的需求，供给与需求相等时决定了均衡的工资水平与劳动力数量，其中传统部门均衡的工资水平与劳动力数量为 w_n^1、L_1^n，现代部门为 w_s^1、L_1^s。由式（30）可知，w_n 是传统部门技术水平与非熟练劳动力数量的函数，当技术水平 A_2 获得提高时，需求曲线向上平移至 P_2^n，均衡的工资水平与劳动力数量都会上升。由式（31）可知，Y 是现代部门技术水平 A_1、资本供给总量 K_t、人力资本投资 h 和熟练劳动力数量 L_1^s 的函数，当其技术水平、资本供给总量或劳动力质量提高时，需求曲线向上平移，均衡的工资水平与劳动力数量也都会上升。由此可见，技术水平、资本总量等外生变量的冲击会影响传统部门和现代部门均衡工资水平的变化，而均衡工资水平的变化又会进一步影响个体是否进行人力资本投资的决策，遗产数量的临界点 f 改变，此时非熟练劳动力与熟练劳动力的人数将发生改变，劳动力的供给随之变化。由式（22）我们知道，传统部门与现代部门劳动力人数的变化会对最终的经济增长产生影响。

三、实证分析

在上述理论模型分析的基础上，本文利用 1995—2012 年我国大陆地区 30 个省市自治区的（西藏除外）面板数据，构建同时包含经济增长方程、投资方程、劳动力质量方程与城乡收入差距方程的联立方程模型，进一步对我国城乡收入差距、劳动力质量与经济增长之间的作用关系进行实证检验。

（一）联立方程模型的构建

城乡收入差距、劳动力质量与经济增长的关系非常复杂，很多因素都是相互影响、相互联系的，如果采用单方程模型很难完整有效地把经济系统各经济变量之间的相互作用关系表达出来，而采用联立方程模型则能较好地解决这一问题。我们将经济增长、投资、劳动力质量和城乡收入差距视为内生变量，构建完备的结构式联立方程模型来检验城乡收入差距通过投资与劳动力质量机制对经济增长所产生的影响，基本计量方程设计如下：

$$gdp_{it} = \alpha_0 + \alpha_1 inv_{it} + \alpha_2 edu_{it} + \sum_{j=3}^{9} \alpha_j \cdot X_{jit} + \varepsilon_{Git} \tag{34}$$

$$inv_{it} = \beta_0 + \beta_1 ine_{it} + \sum_{j=2}^{6} \beta_j \cdot Y_{jit} + \varepsilon_{Iit} \tag{35}$$

$$edu_{it} = \gamma_0 + \gamma_1 ine_{it} + \sum_{j=2}^{4} \gamma_j \cdot Z_{jit} + \varepsilon_{Eit} \tag{36}$$

$$ine_{it} = \theta_0 + \theta_1 gdp_{it} + \sum_{j=2}^{6} \theta_j \cdot C_{jit} + \varepsilon_{Nit} \tag{37}$$

本文的联立方程模型包括四个基本方程，其中式（34）为经济增长方程，式（35）为投资方程，式（36）为劳动力质量方程，式（37）为城乡收入差距方程。在模型中，下标 i 为各省市区的标识（$i=1，2，…，30$），下标 t 是各年份（$t=1995，1996，…，2012$）的标识；εG_{it}、εI_{it}、εE_{it}、εN_{it} 为随机误差项，服从独立同分布。

增长方程式（34）研究投资、劳动力质量与经济增长的关系，我们用各省人均实际 GDP 表示经济增长 *gdp*，用投资占 GDP 的比重表示物质资本投资 *inv*，用平均受教育年限度量劳动力质量 *edu*。另外，因为还有很多其他因素可能会影响经济增长，还需要控制一些可能的影响因素。*X* 为控制变量集合，我们遵循经济增长文献控制了政府支出规模 *gov*、人口红利约束 *popde*、产业结构合理化 *indra*、二元经济结构 *stru*、非国有化程度 *private*、城市化水平 *urban* 以及经济开放度 *open*（陆铭等，2005；干春晖等，2011）。需要说明的是，作为世界上最大的发展中国家，中国具有典型的二元经济结构特征，一方面存在着以城市工业为代表的现代经济部门，另一方面是还存在着以手工劳动为特征的传统农业部门，Lewis（1954）、Fei et al.（1957）的理论研究认为经济增长的基本路径就是促使二元经济结构转化，且钱纳里等（1988）的实证研究也证实了他们的结论，二元经济结构的转化具有显著的增长效应。因此，在控制变量的选择中除了考虑产业结构之外，我们还讨论了二元结构的转化问题。物质资本投资在推动我国经济增长中一直扮演着重要角色，在投资方程式（35）中我们研究物质资本投资与城乡收入差距的关系，用城乡收入比来度量城乡收入差距 *ine*，*Y* 为控制变量集合，我们分别控制了 *gov*、*ser* 来看政府支出规模和一般公共服务支出对于投资的影响。进一步，我们控制了非国有化 *private*、城市化 *urban*、经济开放 *open* 三个结构性变量。劳动力质量是我们关注的重点内容，在劳动力质量方程式（36）中我们研究城乡收入差距 *ine* 对劳动力质量 *edu* 的影响，*Z* 为控制变量集合，我们分别控制了二元经济结构 *stru*、城市化水平 *urban* 和教育支出占财政支出比重 *eduex* 三个变量。城乡收入差距方程式（37）关注经济增长 *gdp* 对城乡收入差距大小 *ine* 的影响，*C* 为控制变量集合。根据发展经济学的基本理论与中国经济发展的基本特征，大多研究认为传统的二元经济结构是决定我国城乡收入差距的重要因素，所以我们将二元对比系数引入城乡收入差距方程，除此之外我们还控制了社会保障支出占财政支出比重 *ins*、城市化 *urban*、非国有化 *private* 和经济开放 *open* 这 4 个变量。

（二）变量设计与数据说明

本文联立方程模型所使用的变量及其定义如表 1 所示：

表 1　变量定义与说明

变量符号	变量名称	变量说明
gdp	人均实际 GDP	首先根据国内生产总值指数（上年 = 100）来计算环比 GDP 平减指数，然后将各个时期环比指数的连乘之积来求得以 1995 年为基年的定基指数，通过名义 GDP 除以 GDP 平减指数（1995 = 100）得到各地区实际 GDP，最后将其除以人口数
inv	物质资本投资	实际固定资本形成额与实际 GDP 的比重
edu	劳动力质量	用平均受教育年限度量，由各学历层次年限乘以其所占总人口比重加总而得，其中设定文盲为 0 年、小学为 6 年、初中为 9 年、高中和中专为 12 年、大专及以上文化程度为 16 年
ine	城乡收入差距	城镇人均可支配收入与农村人均纯收入之比
gov	政府支出规模	政府支出占 GDP 比重
popde	人口红利约束	少年儿童与老年人口的总抚养比
indra	产业结构偏离	用结构偏离度表示，具体计算公式如下所示。其中，*TL* 表示结构偏离度，*Y* 表示产值，*L* 表示就业，*i* 表示产业，*n* 表示产业部门数，这里取为 3：$TL = \sum_{i=1}^{n}\left(\frac{Y_i}{Y}\right)\ln\left(\frac{Y_i}{L_i}/\frac{Y}{L}\right)$
stru	二元经济结构	用二元对比系数表示，是第一产业比较劳动生产率与第二、三产业比较劳动生产率的比率
private	非国有化程度	地区非国有经济固定资产投资额占地区经济固定资产投资额比重

续表

变量符号	变量名称	变量说明
urban	城市化水平	非农业人口占总人口比重
open	经济开放度	进出口之和占 GDP 比重
ser	公共服务支出	一般公共服务支出占公共财政预算支出比重
eduex	教育支出	教育支出占公共财政预算支出比重
ins	社会保障支出	社会保障支出占公共财政预算支出比重

本文选择以 1995—2012 年作为样本区间，原因主要有：①虽然改革开放已经 40 年了，但自 20 世纪 90 年代中后期以来，中国的城乡收入差距才呈现迅速扩大的趋势。②作为本文重要变量的平均受教育年限数据，《中国人口年鉴》报告了 1987 年以来的受教育人口结构，但 1989 年、1991 年和 1992 年数据缺失，1987 年与 1988 年的数据未包含文盲人口，1994 年的数据没有包含 15 岁以下的人口，这些年份与其他年份的数据不具可比性。因此，考虑到数据的可得性以及统计口径的一致性，本文选择以 1995—2012 年作为样本区间。此外，由于西藏数据质量非常低，所以本文基于中国大陆地区除西藏外的 30 个省市自治区的面板数据进行实证检验。

本文所采用的数据均来源于历年《中国统计年鉴》《新中国 60 年统计资料汇编》《中国国内生产总值核算历史资料（1952—1996）》《中国国内生产总值核算历史资料（1952—2004）》以及《中国人口年鉴》。因为大部分地区 GDP 的历史数据从 1993 年开始修订，所以 1995—2004 年的相关数据我们采用《中国国内生产总值核算历史资料（1952—2004）》中修订后的数据，而其他年份则采用历年《中国统计年鉴》中的数据。

（三）实证分析结果

根据联立方程模型识别的阶条件与秩条件我们可以知道，本文所构建的联立方程模型是过度识别的。对这类联立方程模型的传统估计方法有二阶段最小二乘法（2SLS）和三阶段最小二乘法（3SLS）。在扰动项满足条件同方差时，3SLS 是最优的 GMM 估计量，而 2SLS 只有在某些特殊情形下才等价于 3SLS，3SLS 要优于 2SLS。因此，本文选择 3SLS 对联立方程模型进行估计。根据通常的做法，我们使用所有外生变量的线性组合作为内生解释变量的工具变量，采用三阶段最小二乘法进行回归，结果如第 101 页表 2 所示。

表2　城乡收入差距、劳动力质量与经济增长(3SLS)

解释变量	以城乡收入比度量城乡收入差距				以人口加权城乡收入比度量城乡收入差距			
	被解释变量				被解释变量			
	gdp	*inv*	*edu*	*ine*	*gdp*	*inv*	*edu*	*ine*
gdp				-6.49e-05 *** (6.84e-06)				-2.77e-04 *** (1.07e-04)
inv	235.82 *** (76.39)				515.22 *** (87.51)			
edu	452.85 *** (138.67)				3992.42 *** (1517.64)			
ine		9.44 *** (1.41)	-1.66 *** (0.11)			0.97 ** (0.42)	-0.08 *** (0.02)	
gov	478.05 *** (151.41)	2.68 *** (0.45)			1229.46 *** (411.83)	2.93 *** (0.47)		
popde	-466.93 *** (84.55)				-581.24 *** (94.04)			
indra	-24316 *** (3555.75)				-23959 *** (4047.84)			
stru	21141 *** (4702.69)		6.56 *** (0.64)	-4.71 *** (0.31)	-3944.62 (5271.86)		2.72 *** (0.83)	-43.50 *** (7.83)
private	50.62 * (26.84)	0.42 *** (0.04)		0.0072 *** (0.0018)	13.79 (29.49)	0.68 *** (0.07)		0.17 *** (0.04)

续表

解释变量	以城乡收入比度量城乡收入差距				以人口加权城乡收入比度量城乡收入差距			
	被解释变量				被解释变量			
	gdp	*inv*	*edu*	*ine*	*gdp*	*inv*	*edu*	*ine*
urban	25.65 (21.32)	0.29 *** (0.04)	0.02 *** (0.003)	0.0076 *** (0.0022)	56.46 *** (21.89)	0.35 ** (0.17)	0.0115 (0.0079)	0.15 ** (0.06)
open	7029.2 *** (1536.43)	-7.27 *** (1.81)		0.25 *** (0.10)	13019.5 *** (1697.10)	2.62 (3.47)		-4.14 * (2.27)
ser		-0.56 *** (0.17)				-0.10 *** (0.01)		
eduex			-0.09 *** (0.008)				-0.07 *** (0.008)	
ins				-0.03 *** (0.006)				-0.43 *** (0.11)
截距项	22744 * (12441.69)	-10.39 ** (4.78)	15.30 *** (0.58)	3.68 *** (0.13)	45266.6 *** (13843.49)	-21.44 * (12.09)	10.52 *** (0.79)	40.05 *** (3.35)
R^2	0.7530	0.3102	0.3722	0.2946	0.5458	0.2800	0.4917	0.3810

注：*、**、*** 分别表示在 10%、5% 和 1% 显著性水平下显著；回归系数括号内为对应的参数标准差值。

在第101页表2中，我们发现在中国经济发展中确实存在城乡收入差距通过劳动力质量影响经济增长的机制。劳动力质量方程的估计结果显示，在1%的显著性水平上，城乡收入差距对劳动力质量的效应显著为负。中国所处的发展阶段正是教育费用相对于人均收入较高的阶段，当城乡收入差距扩大时，其限制低收入家庭受教育的作用超过了促进高收入家庭受教育的作用，这时，会有更多的低收入家庭面临时间与资金的约束，从而降低各级教育的入学率，并最终降低全社会的毕业率和人均受教育水平。这初步验证了本文的理论假说1，即城乡收入差距过大不利于劳动力质量的提高。物质资本投资方程表明，在1%的显著性水平上，城乡收入差距扩大会对投资产生正面影响，这可能主要是因为城乡收入差距的扩大有利于激励城镇居民的物质资本积累。进一步，从经济增长方程来看，计量结果表明，在1%的显著性水平上，物质资本投资增加与劳动力质量提高均会显著地促进经济的增长。根据劳动力质量方程和经济增长方程中的回归系数，我们可以计算出城乡收入差距扩大通过劳动力质量渠道对经济增长的影响，如果城乡收入差距扩大1个单位，经济增长将下降751.73个单位。这与本文理论模型中所阐释的城乡收入差距通过劳动力质量对经济增长的作用方向是一致的。

除此之外，我们的实证研究还发现了其他影响经济增长、物质资本投资、劳动力质量和城乡收入差距的因素。①在经济增长方程中，政府支出规模对经济增长的影响表现出较强的正相关的关系，这与Barro（2000）、Clarke（1995）、陆铭等（2005）的发现是一致的。在具有中国经济特征的控制变量中，人口红利约束与产业结构偏离都不利于经济增长，而二元结构优化、非国有化程度增加、城市化与经济开放则对经济增长有正的影响。这一结果与现有大多研究经济增长文献的结果是相一致的。②在投资方程中，政府支出规模对投资有显著的正的影响，陆铭等（2005）认为这与中国的地方投资具有明显的政府推动特点有关。非国有程度、城市化都有推动投资的作用，而一般公共服务支出与经济开放对于投资的作用则为负，这与大多研究文献当中的结果也是一致的。其中，经济开放的负向影响可能与其对国内投资产生的挤出效应密切相关。③在劳动力质量方程中，教育支出的增加并没有促进劳动力质量的提高，这似乎与直觉相反，但也可以从中国公共支出利用效率低的问题上去解释。二元经济结构的优化与城市化被发现对劳动力质量提高有显著的推动作用。④在城乡收入差距方程中，经济增长、社会保障支出的增加、二元经济结构的优化对于缩小城乡收入差距具有积极作用，而城市化、非国有程度增加与经济开放却显示出扩大城乡收入差距的作用。

为了进一步检验回归结果的稳健性，我们使用经城乡人口权重调整之后的城乡收入比作为劳动力质量的度量指标，具体计算公式为：

$$popine_{it} = \sum_{i=1}^{2}\left(\frac{p_{it}}{p_t}\right)\ln\left(\frac{p_{it}}{p_t}\Big/\frac{z_{it}}{z_t}\right)$$

其中，$popine$ 表示城乡人口加权的城乡收入比，$i=1$，2 分别表示城镇和农村地区，z_{it}表示 t 时期城镇或农村的人口数量，z_t 表示 t 时期的总人口，p_{it}表示城镇和农村的总收入（用相应的人口和人均收入之积表示），p_t 表示 t 时期的总收入。使用所有未包含在方程中的外生变量的线性组合作为内生解释变量的工具变量，采用三阶段最小二乘法进行回归，结果如第 101 页表 2 所示，我们发现研究结论与以城乡收入比为衡量指标的结果是一致的，这也进一步验证了本文的理论假说 3，即城乡收入差距通过劳动力质量会影响经济增长。

四、结 论

当前，我国已经进入全面建成小康社会的决定性阶段，深化收入分配制度改革是我国加快转变经济发展方式的迫切需要。《关于深化收入分配制度改革的若干意见》明确指出，优化收入分配结构、充分发挥再分配调节功能是深化收入分配制度改革的总体要求。

本文在一个完整的实证分析框架下，从劳动力供给视角入手对城乡收入差距通过劳动力质量影响经济增长进行了理论分析，并利用中国 1995—2012 年间的省级面板数据进行了经验检验。理论分析说明，在规模报酬递减的传统农业部门与规模报酬不变的现代部门同时并存的二元经济中，一单位的劳动投入在现代部门的产出要远高于传统农业部门的产出，劳动力从传统农业部门向现代部门转移可以促进总产出的增长，这也就意味着劳动力质量的提高，从非熟练劳动力进行人力资本投资变为熟练劳动力在现代部门从事生产可以推动经济的增长，反之则会抑制经济的增长。从短期来看，在初始财富分配不平等时，各收入阶层根据自身财富状况以及人力资本投资后的效用大小来选择是否在第一期进行人力资本投资。当人力资本投资的回报高于非熟练劳动力时，拥有较高财富的个体将选择进行人力资本投资，而拥有较少财富的个体将无法进行人力资本投资，从而影响到劳动力质量提高，阻碍经济的增长。从长期来看，财富分配影响个体的收入水平，也决定了其留给子女遗产的数量，而这又是其子女选择能否进行人力资本投资的决定性因素之一，最终经济中就会分化为高收入与低收入两个阶层，劳动力质量受到限制，总产出受到影响。

通过对我国1995—2012年间省级面板数据的实证分析，我们发现在当前经济发展水平下城乡收入差距与经济增长之间存在非常明显的负相关关系，“效率”与“公平”之间并不是绝对对立的，城乡收入差距的持续上升，不仅不利于全民分享经济发展的成果，而且也通过劳动力质量机制抑制了经济的增长。我国曾经的计划生育政策的实施使得生育率水平下降，依靠劳动力投入的规模扩张来推动经济增长的方式在长期将会受到人口增长减缓的约束，提高劳动力质量才是驱动经济长期增长的主要因素。随着我国工业化、城市化、市场化和国际化的深入推进，人力资本投资对经济发展的影响越来越大，而城乡收入差距对劳动力质量提升的制约作用也越来越明显。因此，从长期来看，我们应该在初次分配与二次分配中都注重收入分配的平等程度，重视由利益冲突向利益和谐的转化，这将有利于传统农业部门的非熟练劳动力进行人力资本投资后向现代生产部门转移，推动我国经济长期持续的增长。

参考文献

[1] 陈斌开，张鹏飞，杨汝岱. 政府教育投入、人力资本投资与中国城乡收入差距[J]. 管理世界，2010（1）：36-43.

[2] 陈彦斌，陈伟泽，陈军，等. 中国通货膨胀对财产不平等的影响［J］. 经济研究，2013（8）：4-15.

[3] 干春晖，郑若谷，余典范. 中国产业结构变迁对经济增长和波动的影响［J］. 经济研究，2011（5）：4-16.

[4] 黄燕萍，刘榆，吴一群，等. 中国地区经济增长差异：基于分级教育的效应［J］. 经济研究，2013（4）：94-105.

[5] 黄新飞，舒元，徐裕敏. 制度距离与跨国收入差距［J］. 经济研究，2013（9）：4-16.

[6] 林毅夫，蔡昉，李周. 中国经济转型时期的地区差距分析［J］. 经济研究，

1998（6）：3－10.
［7］陆铭，陈钊，万广华. 因患寡，而患不均——中国的收入差距、投资、教育和增长的相互影响［J］. 经济研究，2005（12）：4－14.
［8］陆铭，陈钊，杨真真. 平等与增长携手并进——收益递增、策略性行为和分工的效率损失［J］. 经济学（季刊），2007，6（2）.
［9］权衡，徐琤. 收入分配差距的增长效应分析：转型期中国经验［J］. 管理世界，2002（5）：47－54.
［10］钱纳里，塞尔昆. 发展的型式 1950—1970［M］. 北京：经济科学出版社，1988.
［11］舒尔茨. 改造传统农业［M］. 北京：商务印书馆，1987.
［12］沈凌，田国强. 贫富差别、城市化与经济增长——一个基于需求因素的经济学分析［J］. 经济研究，2009（1）：17－29.
［13］田新民，王少国，杨永恒. 城乡收入差距变动及其对经济效率的影响［J］. 经济研究，2009（7）：107－118.
［14］王少平，欧阳志刚. 我国城乡收入差距的度量及其对经济增长的效应［J］. 经济研究，2007（10）：44－55.
［15］万广华. 城镇化与不均等：分析方法和中国案例［J］. 经济研究，2013（5）：73－86.
［16］万海远，李实. 户籍歧视对城乡收入差距的影响［J］. 经济研究，2013（9）：43－55.
［17］徐舒. 技术进步、教育收益与收入不平等［J］. 经济研究，2010（9）：79－92.
［18］邢春冰，贾淑艳，李实. 教育回报率的地区差异及其对劳动力流动的影响［J］. 经济研究，2013（11）：114－126.
［19］尹恒，龚六堂，邹恒甫. 收入分配不平等与经济增长：回到库兹涅茨假说［J］. 经济研究，2005（4）：17－22.
［20］杨俊，李雪松. 教育不平等、人力资本积累与经济增长：基于中国的实证研究［J］. 数量经济技术经济研究，2007，24（2）：37－45.
［21］杨俊，黄潇，李晓羽. 教育不平等与收入分配差距：中国的实证分析［J］. 管理世界，2009（3）：38－47.
［22］杨汝岱，朱诗娥. 公平与效率不可兼得吗？—基于居民边际消费倾向的研究

［J］．经济研究，2007（12）：46－58.

［23］ANGRIST J，EVANS W．Children and Their Parents' Labor Supply：Evidence from Exogenous Variation in Family Size［J］．American Economic Review，1998，88（3）：450－477.

［24］AGHION P，BOLTON P．A Trickle-Down Theory of Growth and Development with Debt Overhang［J］．Review of Economic Studies，1997，64（2）：151－62.

［25］AGHION P，CAROLI E，CARCIA-PENALOSA C．Inequality and Economic Growth：The Perspective of the New Growth Theories［J］．Journal of Economic Literature，1999，37（12）：1615－1660.

［26］ALESINA，ALBERTO，DANI，et al．Distributive Politics and Economic Growth［J］．Quarterly Journal of Economics，1994，109（2）：465－490.

［27］BARRO R J．Inequality and Growth in a Panel of Countries［J］．Journal of Economic Growth，2000，5（1）：5－32.

［28］BANERJEE A，NEWMAN A．Occupational Choice and the Process of Development［J］．Journal of Political Economy，1993，101：274－299.

［29］BENJAMIN D，BRANDT L，GILES J．The Dynamics of Inequality and Growth in Rural China：Does Higher Inequality Impede Growth？［R］．Working Paper，University of Toronto，2004.

［30］BENABOU P．Inequality and Growth［M］．in BEMANKE B S，POTEMBERG J J eds．NBER Macroeconomics Annual．Cambridge，MA：MIT Press，1996：11－74.

［31］BLOOM D E，CANNING D，FINK G，et al．Fertility，Female Labor Force Participation，and the Demographic Dividend［J］．Journal of Economic Growth，2009，14（2）：79－101.

［32］AIMIN C．Urbanization and Disparities in China：Challenges of Growth and Development［J］．China Economic Review，2002：13.

［33］BRAUW A D，ROZELLE S．Reconciling the Returns to Education in Off-Farm Wage Employment in Rural China［J］．Review of Development Economics，2008，12（1）：57－71.

［34］FBI J C H，RANIS G．Development of the Labor Surplus Economy：Theory and Policy［J］．Economic Journal，1964，77（306）：480－482.

[35] FISHMAN A, SIMBON A. The Division of Labor, Inequality and Growth [J]. Journal of Economic Growth, 2002 (7): 17 - 136.

[36] FORBES K J. A Reassessment of the Relationship between Inequality and Growth [J]. American Economic Review, 2000, 90 (4): 869 - 887.

[37] ODED G, ZEIRA J. Income Distribution and Macroeconomics [J]. Review of Economic Studies, 1993, 60: 35 - 52.

[38] JIA N, DONG X Y. Economic Transition and the Motherhood Wage Penalty in Urban China: Investigation Using Panel Data [R]. Departmental Working Papers 2011 - 02, The University of Winnipeg, Department of Economics, 2011.

[39] LEWIS W A. Economic Development with Unlimited Supply of Labor [J]. The Manchester School of Economics and Social Studies, 1954, 22: 139 - 191.

[40] LU D. Rural-Urban Income Disparity: Impact of Growth, Allocative Efficiency and Local Growth Welfare [J]. China Economic Review, 2002, 13 (4): 419 - 429.

[41] MURPHY K, SHLEIFER A, VISHNY R. Income Distribution, Market Size and Industrialization [J]. Quarterly Journal of Economics, 1989, 104: 537 - 64.

[42] PANIZZA U. Income Inequality and Economic Growth: Evidence from American Data [J]. Journal of Economic Growth, 2002, 7: 25 - 41.

[43] PATRIDGE M D. Is Inequality Harmful for Growth? [J]. American Economic Review, 1997, 87: 1019 - 1032.

[44] PERSSON T, TABELLINI G. Is Inequality Harmful for Growth? Theory and Evidence [J]. American Economic Review, 1994, 84: 600 - 621.

[45] PIKETTY T. The Dynamics of the Wealth Distribution and the Interest Rate with Credit Rationing [J]. Review of Economic Studies, 1997, 64 (2): 173 - 90.

[46] WAN G, LU M, CHEN Z. The Inequality-Growth Nexus in the Short and Long Runs: Empirical Evidence from China [J]. Journal of Comparative Economics, 2006, 34 (4): 654 - 667.

[47] WU X, PERLOFF J M. China's Income Distribution over Time: Reasons for Rising Inequality [J]. Institute for Research on Labor & Employment Working Paper, 2004 (11611): 763 - 775.

第六章　新常态下中国经济增长质量提升的模式构建和战略选择

师　博

摘　要　本文采用共同边界DEA方法，以综合径向和非径向特点的EBM方向性距离函数为基础，测度了2000—2014年中国增长质量指数，并考察市场结构、研发投入等因素对其影响效果。研究发现，前沿面追赶效应推动了增长质量指数整体上升；全样本回归显示，市场竞争和研发投入能够直接提升增长质量但市场竞争会产生抑制研发投入、降低增长质量的间接效应。基于实证结果，本文提出了新常态下中国经济增长质量提升的两种模式：市场竞争促进型模式和研发投入推进型模式。

关键词　增长质量指数；MML；市场竞争；研发投入

一、引　言

1997年亚洲金融危机以来，在需求管理政策的刺激下，投资需求扩张驱动了中国经济快速增长。但也引发了产能过剩、环境污染、增长动能衰退以及创新乏力等一系列经济社会问题，并且随着中国人口红利的逐渐衰退以及全球性金融危机的冲击，中国经济增长速度已降至7%以下。中国经济正式进入“经济发展速度换挡期、结构调整阵痛期、前期刺激政策消化期”三期叠加的经济新常态。为了应对新常态的挑战，中国经济首先需要重塑增长动力使宏观经济能够在换挡期保持稳定，其次调整经济结构、大力发展高端技术制造业和生产者服务业，最后平衡投资和消费的结构、以缓解和消化需求管理政策刺激的后遗症。而这一系列举措的核心是中国经济需要从供给侧发力以创新重塑经济增长动力、全面提升经济增长质量，而供给侧对经济增长的推动力可以归结为全要素生产率（洪银兴，2016），而全要素生产率的高低则是经济增长质量的集中体现。

制造业作为国民经济的主体，“制造 2025”也成为政府实施制造强国战略的行动纲领，提升制造业全要素生产率将决定中国经济增长潜力以及在全球化竞争格局中的地位。经过改革开放四十年的发展，中国成为全球第二大经济体的同时也付出了巨大的资源环境代价，为此 2015 年在《气候变化国际框架公约》下中国向联合国提交“国家自主决定贡献”：二氧化碳排放 2030 年左右达到峰值、单位国内生产总值的二氧化碳排放比 2005 年下降 60% ~65%。二氧化碳排放主要来自能源消费尤其是煤炭，而制造业则是能源消耗的主要部门。2014 年制造业能源消费量占中国能源消费总量的 57.55%，其中制造业煤炭消费占比达 42.75%，因此实现国家碳减排和 2025 年迈入制造强国的双重目标，提升制造业以增长质量为核心的经济增长质量是必然选择。

自 Solow（1957）基于经济增长核算框架提出以全要素生产率表征技术进步以来，TFP 就成为经济学者关注的焦点和分析经济增长趋势的核心指标。TFP 的测算思想和方法经历了早期以 C－D 生产函数通过增长核算分解索洛余值（Solow，1962），发展至随机前沿生产函数估算法（Jondrow et al.，1992），进而由摆脱生产函数限制的非参数 DEA 方法（Fare et al.，1994）演进到利用方向性距离函数技术测度具有“非期望产出”的 TFP（Chung et al.，1997）。借助不同的 TFP 测算技术，围绕中国制造业 TFP 的研究逐渐得以丰富和深入，并从多维视角阐释了制造业 TFP 的演变规律。余森杰（2010）、邱斌等（2008）以及张杰等（2008）从开放性视角分别探讨贸易自由化、FDI 和出口对制造业 TFP 的影响及作用机制。杨汝岱（2015）、罗德明等（2012）和简泽（2011）侧重研究资源配置与制造业 TFP 的关系。毛其淋等（2013）、盖庆恩（2015）和靳来群等（2015）基于市场结构理论分析企业规模、要素市场扭曲以及行政垄断与制造业 TFP 的变动特征。制造业在生产的过程中不可避免地排放污染，而上述研究在测度技术上并未考虑非期望产出的问题。部分学者（陈诗一，2010；庞瑞芝等，2011；王兵等，2013；杨翔等，2015）使用方向性距离函数的 DEA 模型测算了以碳排放为“非期望产出”的行业效率。

围绕中国制造业 TFP 测度和分析的研究较为丰富，并取得了有益的见解，但也存在不足。首先，上述使用 DEA 测度 TFP 的研究均假定所有的评价单位都具有相同技术水平，事实上行业间异质性广泛存在，直接测算差异化技术水平的评价单位的生产率会导致有偏的结果。其次，现有研究多使用 SBM 方向性距离函数测度包含非期望产出的 TFP，然而 SBM 存在损失原始信息的缺点。最后，行业间技术差异是影响市场结构的主要因素之一，而从技术异质性的视角研究制造业 TFP 影响因素和作用机理的研究较少。

本文尝试从以下三个方面对现有研究进行拓展：第一，采用共同边界（Meta Frontier）DEA 方法通过组群分类，以克服同时评价异质性制造业行业生产效率的不足；第二，使用综合径向和非径向特点的 EBM 方向性距离函，从而更为精准地捕捉经济增长质量的信息；第三，在行业技术异质性的基础上，使用动态面板回归方法探讨市场结构、研发投入和经济增长质量的非线性关系和作用机理，进而针对不同技术水平的制造业行业提出差异化的政策建议，勾勒出增长质量提升的模式构建和战略选择。

二、测算方法

1. 经济增长质量的测算方法

（1）EBM 模型。为了求解包增长质量，首先构造 DEA 模型框架：

$$T^t(x^t) = \{(y^t, b^t): \sum_{k=1}^{K} z_k^t y_{km}^t \geqslant y_{km}^t, \forall m; \sum_{k=1}^{K} z_k^t b_{ki}^t = b_{ki}^t \forall i; \sum_{k=1}^{K} z_k^t x_{kn}^t \leqslant x_{kn}^t \forall n;$$
$$\sum_{k=1}^{K} z_k^t = 1, z_k^t \geqslant 0, \forall k\} \tag{1}$$

其中 x、y、b 和 z 分别为投入要素、期望产出、非期望产出和评价单位的权重，t 和 k 代表时间和评价单位，n、m 和 i 是投入要素、期望产出和非期望产出的种类。从测算方法来看，经典的 DEA 模型可以分为两类，第一类以径向测算（Radial Measure）为基础的 CCR 模型为代表，第二类以非径向测算（Non-Radial Measure,）为基础的 SBM 模型（Slack-Based Measure）。测度包含非期望产出的生产效率，依据 Fukuyama et al.（2009），定义以碳排放为非期望产出的规模报酬可变的 SBM 方向性距离函数：

$$\vec{S}_V^t(x_{k'}^t, y_{k'}^t, b_{k'}^t, g^x, g^y, g^b) = \max_{S^x, S^y S^b} \frac{\frac{1}{N}\sum_{n=1}^{N}\frac{s_n^x}{g_n^x} + \frac{1}{M+I}\left[\sum_{m=1}^{M}\frac{s_m^y}{g_m^y} + \sum_{i=1}^{I}\frac{s_i^b}{g_i^b}\right]}{2}$$

$$s.t.\ \sum_{k=1}^{K} z_k^t x_{kn}^t + s_n^x = x_{k'n}^t, \forall n; \sum_{k=1}^{K} z_k^t y_{km}^t - s_m^y = y_{k'm}^t, \forall m;$$

$$\sum_{k=1}^{K} z_k^t b_{ki}^t - s_i^b = b_{k'i}^t, \forall i; \tag{2}$$

$$\sum_{k=1}^{K} z_k^t = 1, z_k^t \geqslant 0; \forall k; s_n^x \geqslant 0, \forall n; s_m^y \geqslant 0, \forall m; s_i^b \geqslant 0, \forall i$$

$(x^{t,k'}, y^{t,k'}, b^{t,k'})$ 是 t 期制造业行业 k' 的投入和产出向量，$(g^x,\ g^y,\ g^b)$ 表征期望产出扩张、非期望产出碳排放量和投入要素缩减取值为正的方向向量，$(s_n^x,\ s_m^y,\ s_i^b)$ 为投入和产出松弛的向量。$(s_n^x,\ s_m^y,\ s_i^b)$ 均大于零时，表示要素过度投入、污染过度排放以及期望产出不足。

值得注意的是，无论 CCR 模型还是 SBM 模型都存在一定不足。径向的 CCR 模型假定在保持产出不变的前提下测度产出导向的效率分值，但是由于假设条件过于严格导致所有产出均要以相同的比例扩张，与现实经济产生背离。而 SBM 模型的效率测算包含了非径向的松弛变量，从而规避产出同比例扩张的假设条件。但这一优化是以损失效率前沿投影值的原始比例信息为代价。并且在线性规划求解过程中，SBM 模型暴露出不足，即取零值和正值的最优松弛具有显著的差别。

为了解决 CCR 模型和 SBM 模型测算效率分值存在的问题，借鉴 Tone（2010）的思想，本文构建了一个综合径向和非径向特点的 EBM（Epsilon - Based Measure）方向性距离函数：

$$\vec{E}_V^t(x_{k'}^t, y_{k'}^t, b_{k'}^t, g^x, g^y, g^b) = \max_{S^x, S^y S^b} \frac{\frac{\varepsilon}{N}\sum_{n=1}^{N}\frac{w^x s_n^x}{g_n^x} + \frac{1}{M+I}\left[\sum_{m=1}^{M}\frac{w^y s_m^y}{g_m^y} + \sum_{i=1}^{I}\frac{w^b s_i^b}{g_i^b}\right]}{2}$$

$$s.t.\ \sum_{k=1}^{K} z_k^t x_{kn}^t + w_n^x s_n^x = x_{k'n}^t, \forall n; \sum_{k=1}^{K} z_k^t y_{km}^t - w_m^y s_m^y = y_{k'm}^t, \forall m;$$

$$\sum_{k=1}^{K} z_k^t b_{ki}^t - w_i^b s_i^b = b_{k'i}^t, \forall i; \tag{3}$$

$$\sum_{k=1}^{K} z_k^t = 1, z_k^t \geq 0; \forall k; s_n^x \geq 0, \forall n; s_m^y \geq 0, \forall m; s_i^b \geq 0, \forall i;$$

$$\sum w^x = N, \sum w^y = M, \sum w^b = I$$

$$\varepsilon = \frac{N - \rho^*}{N - 1} \tag{4}$$

ε 是将径向的效率分值和非径向松弛相融合的关键参数，$\rho *$ 为投入产出向量在前沿面投影值矩阵的最大特征值。当 $N=1$ 时，即仅有 1 种投入要素，$\varepsilon=0$。wx、wy 和 wb 为投入产出松弛向量的权重，用以表征各投入要素和产出松弛的重要程度。权重 w 是以投入和产出向量在 SBM 模型中前沿面投影值的特征值和特征向量测算获得。EBM 模型借助参数 ε 设定和引入松弛向量权重，使得方向性距离函数能够综合径向和非径向 DEA 的特点，从而更为精准地捕获经济增长质量的信息。

（2）共同边界生产率指数（Metafrontier Malmquist-Luenberger，MML）。传统 DEA 方法测度效率问题往往忽略了不同评价单位的异质性，用相同的前沿面测算差异化单位的效率，必然使得评价结果失真。为弥补传统方法的不足，共同边界方法通过组群分类，首先构建组群边界（Group Frontier）计算组群内部效率，其次在组群边界的基础上构造共同边界并评价其效率，两组效率相比得到 MML 生产率指数。共同边界表示评价单位的潜在技术水平，组群边界则表征实际的技术水平。

首先引入跨期动态概念，对于第 k' 个制造业行业本文定义 $t-1$ 期至 t 期基于乘除结构和相邻参比的 EBM 方向性距离函数的 TFP 指数（Malmquist-Luenberger）：

$$
\begin{aligned}
& M^{t}(x_{k'}^{t},y_{k'}^{t},b_{k'}^{t};x_{k'}^{t-1},y_{k'}^{t-1},b_{k'}^{t-1}) \\
&= \left[\frac{\vec{E}_{v}^{t-1}(x_{k'}^{t},y_{k'}^{t},b_{k'}^{t})}{\vec{E}_{v}^{t-1}(x_{k'}^{t-1},y_{k'}^{t-1},b_{k'}^{t-1})} \times \frac{\vec{E}_{v}^{t}(x_{k'}^{t},y_{k'}^{t},bk_{k'}^{t})}{\vec{E}_{v}^{t}(x_{k'}^{t-1},y_{k'}^{t-1},b_{k'}^{t-1})}\right]^{1/2} \\
&= \frac{\vec{E}_{v}^{t}(x_{k'}^{t},y_{k'}^{t},b_{k'}^{t})}{\vec{E}_{v}^{t-1}(x_{k'}^{t-1},y_{k'}^{t-1},b_{k'}^{t-1})} \times \left[\frac{\vec{E}_{v}^{t-1}(x_{k'}^{t},y_{k'}^{t},b_{k'}^{t})}{\vec{E}_{v}^{t}(x_{k'}^{t},y_{k'}^{t},b_{k'}^{t})} \times \frac{\vec{E}_{v}^{t-1}(x_{k'}^{t-1},y_{k'}^{t-1},b_{k'}^{t-1})}{\vec{E}_{v}^{t}(x_{k'}^{t-1},y_{k'}^{t-1},b_{k'}^{t-1})}\right]^{1/2} \\
&= EC^{t}(x_{k'}^{t},y_{k'}^{t},b_{k'}^{t};x_{k'}^{t-1},y_{k'}^{t-1},b_{k'}^{t-1}) \times TC^{t}(x_{k'}^{t},y_{k'}^{t},b_{k'}^{t};x_{k'}^{t-1},y_{k'}^{t-1},b_{k'}^{t-1})
\end{aligned}
\tag{5}
$$

其中，EC 是效率变化，衡量 t 期到 $t+1$ 期实际生产点向技术前沿面的逼近；TC 代表技术进步，表征前沿面向外扩张的动态变化。

其次，我们设定生产可能性集，将技术水平差异的评价单位分为 J 个具有不同边界的组群，其中第 j 组处于相同技术水平的集合为：

$$G(x_{k}^{t},y_{k}^{t},b_{k}^{t}) = \{(x_{k}^{t},y_{k}^{t},b_{k}^{t}):x_{k}^{t}\text{ 可生产出 }(y_{k}^{t},b_{k}^{t})\} \tag{6}$$

$$T_{j}^{t}(x_{k}^{t},y_{k}^{t},b_{k}^{t}) = \{(x_{k}^{t},y_{k}^{t},b_{k}^{t}):(x_{k}^{t},y_{k}^{t},b_{k}^{t}) \in G_{j}^{t}\} \tag{7}$$

式（7）集合上界则为组群边界，代表在既定技术水平下组群内评价单位追求利润最大化的技术边界。对于 J 个不同的技术集合 G_j^t，且 $j=1$，…，J，那么共同边界下的技术边界为：

$$H^t=(x^t,y^t,b^t)=\{(x^t,y^t,b^t):x^t\text{可生产出}(y^t,b^t)\},\text{其中}H^t=\{G_1\cup G_2\cup\cdots\cup G_j\} \tag{8}$$

相应的，生产集合可表示为：

$$T^t=\{(x^t,y^t,b^t):(x^t,y^t,b^t)\in H^t\} \tag{9}$$

集合的上界即为共同边界，表征全部评价单位在相同的潜在技术水平下追求利润最大化。这里借助共同边界和组群边界效率测算结果，可得技术落差比率（TGR，Technology Gap Ration）、效率变化率（ECR，Efficiency Change Ration）、技术变化率（TCR，Technological Change Ration）和全要素生产率（MML）：

$$TGR^t=\frac{\overrightarrow{E}_v^t(x^t,y^t,b^t)}{\overrightarrow{E}_{vj}^t(x_k^t,y_k^t,b_k^t)} \tag{10}$$

其中，$\overrightarrow{E}_v^t(x^t,y^t,b^t)$ 为共同边界下的效率值，$\overrightarrow{E}_{vj}^t(x_k^t,y_k^t,b_k^t)$ 代表组群边界下的效率值。

$$ECR^t=\frac{\overrightarrow{E}_v^t(x^t,y^t,b^t)/\overrightarrow{E}_v^{t-1}(x^{t-1},y^{t-1},b^{t-1})}{\overrightarrow{E}_{vj}^t(x_k^t,y_k^t,b_k^t)/\overrightarrow{E}_{vj}^{t-1}(x_k^{t-1},y_k^{t-1},b_k^{t-1})}=\frac{TGR^t}{TGR^{t-1}} \tag{11}$$

$$TCR^t=\left[\frac{\overrightarrow{E}_v^{t-1}(x_{k'}^t,y_{k'}^t,b_{k'}^t)}{\overrightarrow{E}_v^t(x_{k'}^t,y_{k'}^t,b_{k'}^t)}\times\frac{\overrightarrow{E}_v^{t-1}(x_{k'}^{t-1},y_{k'}^{t-1},b_{k'}^{t-1})}{\overrightarrow{E}_v^t(x_{k'}^{t-1},y_{k'}^{t-1},b_{k'}^{t-1})}\right]^{1/2}\Big/$$
$$\left[\frac{\overrightarrow{E}_{vj}^t(x_{k'}^t,y_{k'}^t,b_{k'}^t)}{\overrightarrow{E}_{vj}^t(x_k^t,y_{k'}^t,b_{k'}^t)}\times\frac{\overrightarrow{E}_{vj}^t(x_{k'}^{t-1},y_{k'}^{t-1},b_{k'}^{t-1})}{\overrightarrow{E}_{vj}^{t-1}(x_{k'}^{t-1},y_{k'}^{t-1},b_{k'}^{t-1})}\right]^{1/2} \tag{12}$$

$$MML^t=\frac{M^t(x^t,y^t,b^t;x^{t-1},y^{t-1},b^{t-1})}{M_j^t(x_k^t,y_{k'}^t,b_k^t;x_k^{t-1},y_k^{t-1},b_k^{t-1})}=ECR^t\times TCR^t \tag{13}$$

TGR 是共同边界效率与组群边界效率的比值，用以表征不同组群技术水平下评价单位对其潜在技术前沿的偏离程度。由式（11）、式（12）和式（13）可知，MML 生产率可以分解为 ECR 和 TCR。ECR 是共同边界效率变化与组群效率变化的比值，也称为纯粹技术追赶（PTCU，Pure Technological Catch-up），PTCU 大于 1 意味着行业技术差距缩小。TCR 是共同边界技术变化与组群技术变化的比值，也被称为前沿面追赶（FCU，Frontier Catch-up），FCU 大于 1 表征共同边界改进超过了组群边界。

利用共同边界 DEA 方法测算 MML 生产率指数，首先需要对评价单位分类。王兵等（2011）以所有权性质将中国银行业分为国有商业银行、股份制商业银行和城市商业银行，测算其 MML 生产率。张志辉（2015）从地域视角评价中国东、中、西部共同边界能源效率。邹涛等（2015）按原煤产量将全国各省分为 4 个组群，分析省级煤炭行业 MML 生产率。

一般可以借助统计学的聚类法对评价单位分组，但由于缺乏经济内涵，理论支撑不足。全要素生产率的核心在于技术进步，从技术层面区分制造业的群组具有重要意义。杨翔等（2015）参考联合国《国际标准产业分类（ISIC，3.0）》将制造业行业分为高技术类行业和中低技术类行业，Martin（2009）和李小平等（2015）依据 OECD 技术分类标准认为制造业行业由高端技术、中端技术和低端技术三类产业组成。二者关于高端技术产业分类的涵盖行业范围一致，而杨翔（2015）的中低技术类行业中既有劳动密集型也有资本密集型产业，两类行业间的技术差异较为显著，本文按照 Martin（2009）和李小平等（2015）的方式将 27 个制造业行业分为三类组群：高端技术制造业、中端技术制造业和低端技术制造业，测度其增长质量——即 MML-EBM 生产率指数。

表 1　27 个制造业行业组群分类

高端技术制造业（1）	中端技术制造业（2）	低端技术制造业（3）
化学原料和化学制品制造业（I13）；医药制造业（I14）；通用设备制造业（I22）；专用设备制造业（I23）；交通运输设备制造业（I24）；电气机械和器材制造业（I25）；计算机、通信和其他电子设备制造业（I26）；仪器仪表制造业（I27）	石油加工、炼焦和核燃料加工业（I12）；化学纤维制造业（I15）；橡胶制品业（I16）；塑料制品业（I17）；非金属矿物制品业（I18）；黑色金属冶炼压延和加工业（I19）；有色金属冶炼和压延加工业（I20）；金属制品业（I21）	食品加工和制造业（I1）；饮料制造业（I2）；烟草加工业（I3）；纺织业（I4）；服装制造业（I5）；皮革毛皮羽绒及其制造业（I6）；木材加工及竹藤棕草制造业（I7）；家具制造业（I8）；造纸和纸制品业（I9）；印刷和记录媒介复制业（I10）；文教体育用品制造业（I11）

2. 数据及来源

（1）期望产出本文选择制造业行业实际增加值。名义工业增加值以分行业工业生产者出厂价格指数平减为1999年不变价格的实际工业增加值，由于部分数据缺失，参考王兵等（2013）的做法。2004年工业增加值用线性插值法估算，并根据国家统计局公布的历年末工业分大类行业增加值累计增长速度与前一年的增加值数据获得2008—2014年工业增加值。

（2）非期望产出用CO_2排放量表征。杨翔等（2015）将制造业行业消耗的八种化石燃料碳排放量加总获得个行业CO_2排放，需要指出的是制造业行业能源消耗除化石能源外还包括电力，我国电力供应80%来自火电，火电生产通过燃煤也释放了大量CO_2。本文将制造业行业八种化石燃料碳排放量和火电消耗碳排放量加总，得到非期望产出CO_2排放量，具体计算公式如下：

$$CO_2 = \sum_{i=1}^{9} CO_{2,i} = (\sum_{i=1}^{8} E_i + EE_i \times RFF_i \times CEFF) \times NCV_i \times CEF_i \times COF_i \times \frac{44}{12} \tag{14}$$

其中，E_i表示制造业各行业原煤、焦炭、原油、汽油、柴油、燃料油、煤油和天然气等八类化石燃料的消费量；EE_i为电力消耗量，RFF_i是电力消耗中火电比重，$CEFF$是火电厂供电煤耗①。由于各行业电力消耗中火电比重无法统计，我们用全国火电发电量占总发电量的比重替代，因此$EE_i \times RFF_i \times CEFF$可将各行业电力消耗转换为标准煤；$NCV_i$代表各类能源的地位各类发热量，$CEF_i$为IPCC（2006）提供的各类能源含碳量，$COF_i$表征各类能源碳氧化因子，$NCV_i \times CEF_i \times COF_i$即为各类能源的碳排放系数②；44和12分别为二氧化碳和碳的分子量。

（3）投入要素。本文在测算增长质量设计三类投入要素：资本、劳动和能源。劳动投入选择各制造业行业历年全部从业人员平均人数。能源投入使用历年制造业行业能源消费量数据。1999—2008年资本选择用陈诗一（2011）估算的工业分行业资本存量，2009—2014年各行业资本存量按照陈诗一所使用的永续盘存法进行测算补充，并用固定资产投资价格指数全部平减至1999年不变价

① 电力在传输过程中会有损耗，火电厂供电煤耗大于火电厂发电煤耗，故这里采用火电厂供电煤耗，其单位为gce/kW·h（克标准煤/千瓦时）。

② 能源碳排放系数分别为：原煤0.5394、焦炭0.8303、原油0.8363、汽油0.814、柴油0.8616、燃料油0.8823、煤油0.8399、天然气0.5956、标准煤0.69。天然气碳排放系数单位kgC/m^3（千克碳/立方米），其余能源碳排放系数单位均为tC/t（吨碳/吨）。

格，以与工业增加值保持统一口径。

表 2　增长质量测算的投入产出指标描述性统计情况

变量	单位	样本	均值	标准差	最小值	最大值
工业增加值	亿元	432	3555.8310	4572.8860	77.9600	33170.260
CO_2排放量	万吨	432	20047.0683	43415.9959	216.0808	251369.109
资本投入	亿元	432	5440.8420	10025.2100	80.5650	89013.900
劳动投入	万人	432	239.3197	181.9839	18.6100	906.590
能源投入	万吨标准煤	432	6238.3520	11942.2200	91.5700	69324.420

上述数据中，各行业工业增加值、劳动投入和测算资本存量数据均来自历年《中国工业统计年鉴》；各行业能源投入数据及测度取自历年《中国能源统计年鉴》；历年固定资产投资价格指数和分行业工业生产者出厂价格指数来源于《中国统计年鉴》；历年末工业分大类行业增加值累计增长速度取自国家统计局数据库。

三、行业增长质量的测算与分析

1. 行业间 TGR 分析

TGR 是刻画共同边界效率与组群边界效率差异的核心指标。首先分析三类组群 TGR 的演进趋势，由第 118 页图 1 不难发现，1999—2014 年低端技术制造业 TGR 在三类产业中出乎意料地保持在最高水平，整体波动较少。说明中国低端技术制造业实际生产率更接近潜在生产率，实际生产率平均达潜在生产率的 99.6%，其技术水平在整个样本期内表现更为稳健。高端技术制造业的 TGR 低于低端技术组群，行业技术优势并未在实际生产率中凸显，其共同边界效率平均为组群效率的 78.4%，行业效率上升空间较大。高端技术制造业的 TGR 呈现出“倒 U 型”变动特征，1999—2002 年高端技术制造业 TGR 处于上升阶段，2002 年达到顶峰后持续下降偏离了潜在技术前沿面。2014 年高端技术制造业工业增加值占制造业总工业增加值比重达 53.2%，从提升中国制造业整体效率来看，高端技术制造业应是最佳切入点。中端技术制造业在三类组群中 TGR 最低，其实际生产率平均仅为潜在生产率的 44.6%。除 2001—2002 年外，中端技术制造业 TGR 表现出持续下降态势，组群 TGR 由 1999 年的 55% 下降至 2014 年的 44.5%。中端技术制造业和高端技术制造业 TGR 变动趋势大致相同，2002 年后与低端技术制造业的效率差距不断拉大。需要指出的是，中端技术制造业大多数为高耗能产业①，提升其行业效率重点于节能减排。

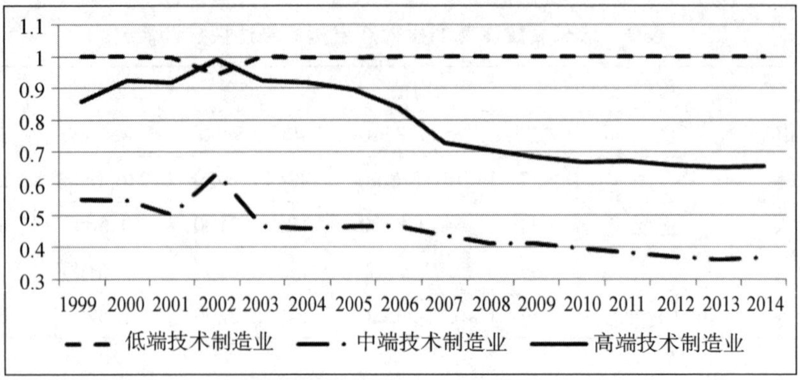

图 1　制造业三类组群技术落差率

其次从具体行业 TGR 来看，低端技术制造业中烟草制品业、皮革毛皮羽绒及其制造业、家具制造业、印刷和记录媒介复制业以及高端技术制造业中计算机、通信和其他电子设备制造业，在整个样本期实际生产率均达到潜在生产率水平。中端技术制造业中化学纤维制造业和橡胶制品业在制造业中 TGR 最低，两个行业实际生产率平均分别为潜在生产率水平的 40. 5% 和 45. 9% 。值得注意的是，医药制造业作为高端技术制造业 TGR 相对较低仅为 68. 7% ，是需要重点提升生产率的行业。

2. 行业间增长质量分析

已有研究多使用非径向 SMB 模型测算包含“非期望产出”的 Malmquist-Luenberger（ML-SBM）和 Global Malmquist-Luenberger（GML）生产率指数，本文采用综合径向和非径向特点的 EBM 模型测度 Meta Frontier Malmquist-Luenberger（MML-EBM）增长质量。我们分别检测 MML-EBM、ML-SBM 和 GML 增长质量指数的 Wilcoxon 带符号秩检验，以分析其异同性。第 119 页表 3 的 Z 值和渐进性显著性概率表明，MML-EBM 分别与 ML-SBM、GML 增长质量指数具有显著的差异性，而不能拒绝 ML-SBM 和 GML 增长质量指数的差异性。从演进趋势来看，MML-EBM 增长质量指数低于 ML-SBM 和 GM 增长质量指数（第 119 页图 2），其

① 《2010 年国民经济和社会发展统计报告》中六大高耗能行业分别为：化学原料及化学制品制造业、非金属矿物制品业、黑色金属冶炼及压延加工业、有色金属冶炼及压延加工业、石油加工炼焦及核燃料加工业、电力热力的生产和供应业，除化学原料及化学制品制造业和、电力热力的生产和供应业外，其余四个行业均为中端技术制造业。

变动规律大致相似。从离散程度来看，MML-EBM、ML-SBM 和 GML 增长质量指数的变异系数分别为 0.030、0.082 和 0.074，ML-SBM 和 GML 增长质量指数波动性较大，而 MML-EBM 更为平滑稳定。2000—2010 年中国宏观经济运行整体平稳、并未大幅度波动，因此相较于 ML-SBM 和 GML，我们认为 MML-EBM 增长质量指数对现实经济更具解释力。

表 3　三种增长质量指数的差异性检验

	MML-EBM 与 ML-SBM	MML-EBM 与 GML	ML-SBM 与 GML
Z 值	-3.010	-3.408	-0.909
渐进显著性概率	0.003	0.001	0.363

2000—2014 年以 MML-EBM 生产率衡量的制造业增长质量指数呈现出先下降、后上升、再下降的“倒 N 型”变动，并最终保持相对稳定的演进态势。2002—2003 年制造业增长质量指数波动幅度较大，2006 年后保持了整体平稳发展的趋势。结合 TGR 的分析，本文认为 2002 年中国加入 WTO 导致 2002—2003 年增长质量指数出现显著波动。“入世”一方面给中国经济造成正向外部冲击，制造业的增长质量指数出现了暂时性上升；另一方面，中国经济更全面地融入全球经济一体化，低端技术制造业的廉价劳动力优势造就了“世界工厂”，而中高端技术制造业的技术效率改进乏善可陈、国际市场竞争力不足，导致中高端技术制造业与低端技术制造业效率差距不断拉大。

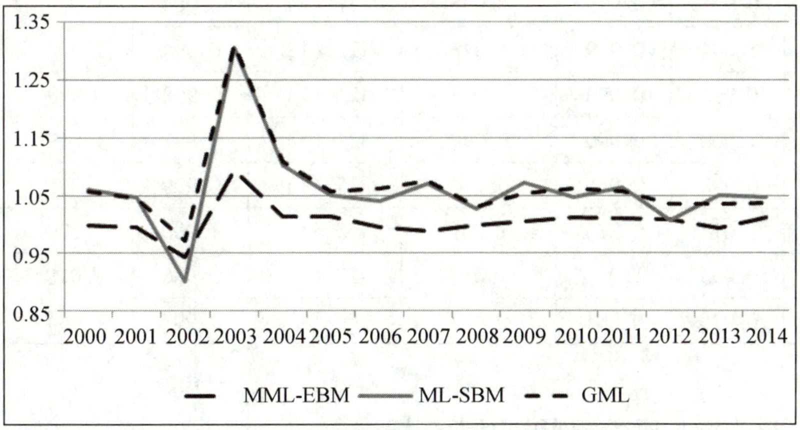

图 2　2000—2014 年制造业三种生产率指数演进趋势

2000—2014 年 27 个行业平均增长质量指数为 1.04，反映出中国制造业增长质量整体呈上升趋势。从全要素增长质量指数分解来看，行业平均效率变化率小于1，而技术变化率大于1，表明前沿面追赶效应是推动增长质量增加的主因，而纯粹技术追赶效应则成为拖累因素。分行业看，15个制造业行业增长质量实现增长，11个行业增长质量出现下滑，仅烟草加工业生产率未发生变化。高端技术制造业中除医药制造业、通用设备和专用设备制造业外，其余5个行业增长质量上升，且都由TCR引发。8个中端技术制造业增长质量指数均实现增长，其中6个行业生产率上升也主要由TCR决定。11个低端技术制造业中仅食品加工和制造业与造纸和纸制品业增长质量指数得以提升。低端技术制造业多为劳动密集型产业，凭借劳动力无限供给的优势，中国低端技术制造业已处于效率前沿面，因此其生产率提升潜力有限。结合三类制造业组群TGR分析，增长质量的改进应着力通过改革和转型，增强中高端技术制造业的技术和效率，尤其是高端技术制造业的技术水平。

表4　2000—2014年制造业增长质量及分解

行业	ECR	TCR	MML-EBM	行业	ECR	TCR	MML-EBM
I1（3）	0.985	1.022	1.006	I15（2）	0.997	1.044	1.041
I2（3）	0.985	0.967	0.953	I16（2）	0.985	1.046	1.030
I3（3）	1.000	1.000	1.000	I17（2）	0.976	1.047	1.022
I4（3）	0.989	0.982	0.971	I18（2）	0.991	1.036	1.027
I5（3）	0.990	0.980	0.970	I19（2）	1.007	1.075	1.084
I6（3）	1.000	0.997	0.997	I20（2）	1.008	0.996	1.004
I7（3）	0.996	0.999	0.995	I21（2）	0.984	1.079	1.062
I8（3）	1.044	0.979	1.023	I22（1）	0.994	1.005	0.999
I9（3）	0.993	0.993	0.985	I23（1）	0.998	0.998	0.997
I10（3）	1.000	0.999	0.999	I24（1）	0.997	1.019	1.017
I11（3）	0.998	0.966	0.966	I25（1）	0.999	1.015	1.014
I12（2）	1.018	0.983	1.001	I26（1）	1.000	1.009	1.009
I13（1）	0.995	1.020	1.014	I27（1）	0.988	1.018	1.005
I14（1）	0.990	0.981	0.972	行业平均	0.997	1.044	1.040

四、行业增长质量的影响因素分析

1. 计量模型及数据来源

福利经济学第一定理表明，竞争性均衡必然是帕累托最优，换言之市场竞争程度越高、资源配置越有效，增长质量越高。本文尝试从市场结构的视角分析制造业行业增长质量的影响因素，并构建如下计量模型：

$$GTFP_{i,t} = \alpha_0 + \alpha_1 MS_{i,t} + \sum \alpha_i X_{i,t} + \varepsilon_{i,t} \tag{15}$$

其中，*GTFP* 为制造业增长质量，即为上文所测算的 MML - EBM 增长质量指数。*MS* 是市场结构的代理变量，*X* 是一组控制变量。

市场结构 *MS* 反映了市场竞争程度，现有研究在勒纳指数的基础上多使用 PCM（Price Cost Margin）表征市场结构。PCM 表示企业产品价格和边际成本之间的距离，然而测算 PCM 的难点在于无法从资产负债表中获得边际成本的信息。Aghion et al.（2005）和 Nickell（1996）使用净折旧和财务费用之和与销售产值的比值测度勒纳指数。Tybout（2003）建议用原材料和劳动力工资成本之和作为边际成本的近似替代，测算 PCM：

$$PCM_{i,t} \approx \frac{Sales_{i,t} - VariableCost_{i,t}}{Sales_{i,t}} = \frac{(p \times q)_{i,t} - (c \times q)_{i,t}}{(p \times q)_{i,t}} = \frac{p_{i,t} - c_{i,t}}{p_{i,t}} \tag{16}$$

式中 *Sales* 代表销售产值，*Variable Cost* 为可变成本，相应地 *c* 是边际成本。然而由于无法获得分行业原材料等中间投入的统计数据，我们借鉴杨振兵（2016）的做法使用工业增加值与工资总额的差值替代销售产值与边际成本的差额，推出市场结构的测算方程：

$$PCM \approx \frac{\text{工业增加值} - \text{工资总额}}{\text{工业销售产值}}, MS_{i,t} = \frac{1}{PCM_{i,t}} \tag{17}$$

由式（17）可知 *PCM* 越高，市场结构指数越低，相应地竞争程度越低、市场势力越大，反之亦然。本文基于 *PCM* 测算了 2000—2014 年 27 个制造业行业的平均市场结构指数（第 122 页图 3），烟草加工业的市场结构指数最低为 1.4637，文教体育用品制造业的市场结构指数最高达 13.3203，测算结果与对中国制造业行业市场竞争程度的基本判断相符合。

控制变量包括：①研发投入（R&D），技术进步是 TFP 的核心，而研发投入又是推动技术进步的主要力量，用科技活动经费内部支出占工业增加值的比重衡量；②环境治理（ER）一方面通过降低污染排放促进 GTFP 上升，另一方面能够激励节能减排技术推动增长质量攀升，借鉴林伯强等（2015）的做法，以制造业行业废水和废气治理运行费用之和与工业增加值之比表征；③本土市场规模（HMS），Krugman（1980）指出本土市场规模的扩大能够激励技术创新从

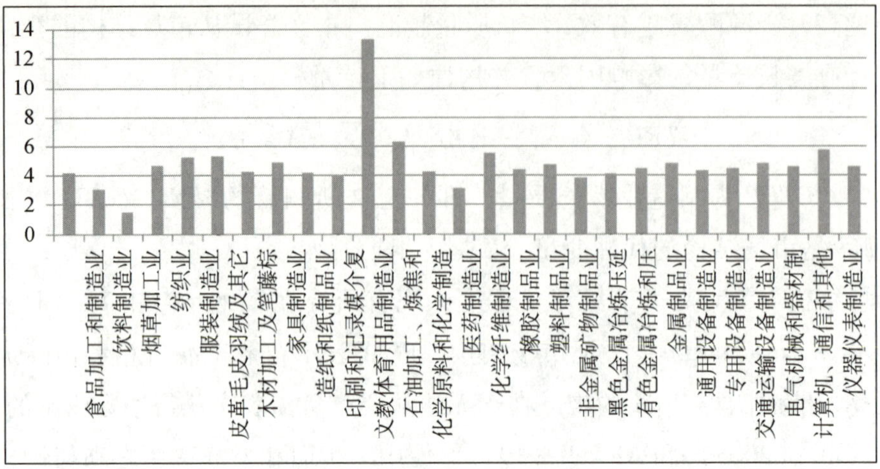

图 3　2000—2014 年制造业行业平均市场结构指数

而提高增长质量，参考陈丰龙等（2012）的处理方式，采用行业销售产值与出口交货值差值的自然对数测算；④国有资产占比（SOC），一般认为国有企业的僵硬体制导致了低效率、低增长质量，这里表示为实收资本中国家资本的占比；⑤人力资本（HR），人力资本水平越高、创新能力越强、增长质量更高，本文采用 Cole et al.（2005）的做法，以行业职工平均工资与 27 个制造业平均工资的比值衡量；⑥外贸参与度（ZTR），行业国际竞争能力越强、行业技术水平更先进，借鉴李小平等（2015），以行业出口交货值占 27 个制造业总出口交货值的比重表示。

各变量的数据来源：科技活动经费内部支出取自历年《中国科技统计年鉴》；废水和废气治理运行费用来自隔年《中国环境统计年鉴》和《中国环境年鉴》；其余数据均采集于历年《中国工业统计年鉴》。

2. 计量结果分析

表 5　各自变量相关性检验

	MS	*RD*	*ER*	*HMS*	*SOE*	*ZTR*	*HR*
MS	1.0000						
RD	0.1029	1.0000					
ER	-0.0285	0.0163	1.0000				
HMS	0.0089	0.1707	0.0648	1.0000			
SOE	-0.1381	0.0616	0.2126	-0.1155	1.0000		
ZTR	0.0907	0.2131	-0.1566	0.1879	-0.1651	1.0000	
HR	-0.1555	0.1476	-0.0321	0.1322	0.2504	0.0702	1.0000

首先检验样本中各自变量的多重共线性问题，我们分别测算了变量间的相关系数和膨胀因子 VIF 值。第 122 页表 5 和表 6 的结果显示，变量间相关系数的绝对值均低于 0.3，且各膨胀因子值均小于 10，可以排除各自变量存在多重共线性。为了检验结果的稳健性本文采用了逐步回归的思想，对是否加入控制变量和非线性因素分别进行了回归。考虑到可能出现的内生性问题，行业市场结构会影响增长质量，反过来，行业内企业增长质量上升会强化其市场势力。行业市场结构和增长质量的相互影响可能会导致有偏估计结果。同时，行业增长质量往往具有一定的动态惯性特征，这里采用动态面板的系统广义矩阵法（SYS-GMM）对模型展开回归分析。

表 6　各自变量的膨胀因子 VIF 值

变量	*SOE*	*HR*	*ZTR*	*ER*	*RD*	*HMS*	*MS*	*VIF* 均值
VIF 值	2.16	1.94	1.32	1.27	1.26	1.16	1.05	1.45

表 7　变量的描述性统计情况

变量	变量含义	样本	均值	标准差	最小值	最大值
GTFP	增长质量	405	1.0049	0.0906	0.6135	1.6567
ECR	效率变化率	405	0.9949	0.1330	0.3585	2.77662
TCR	技术变化率	405	1.0101	0.1467	0.3789	2.8150
MS	市场结构	405	4.7803	3.5991	1.3439	52.7354
R&D	研发投入	405	0.3157	0.2241	0.0267	1.0092
ER	环境治理	405	0.7197	0.9306	0.0266	6.1702
HMS	本土市场规模	405	8.7194	1.3151	5.1870	11.2841
SOC	国有资本占比	405	0.1490	0.1552	0.0016	0.9516
HR	人力资本	405	1	0.3360	0.6017	2.5685
ZTR	外贸参与度	405	0.0370	0.0656	0.0003	0.4019

第 124 页表 8 模型（1）是仅纳入市场结构变量的基准回归，出乎意料的是市场结构与增长质量显著负相关，并通过了自相关（AR）检验和过度识别（Sargan）检验。市场竞争越激烈，GTFP 反而越低，与理论有悖。然而福利经济学理论是建立在最大选择自由的假设基础之上，不同行业进入和退出壁垒不同、无法满足自由选择，市场结构与不同类别制造业行业必然具有差异化的作用机

制。我们在模型（2）中加入市场结构的二次项，以考察二者间的非线性关系，结果表明市场结构与增长质量呈“倒 U 型”变动特征，但均未通过显著性检验。GTFP 随市场竞争程度先上升后下降，可能的原因在于行业间的特质。高端技术制造业的核心竞争力体现为创新能力，企业需要通过专利保护获取超额垄断利润，激励其创新投入；由于技术和知识具有非竞争性，过度竞争会导致技术模仿和溢出，从企业利润最大化来看创新成果的市场价值无法实现，从而抑制研发投入。低端制造业主要依靠成本和价格竞争，对技术水平的依赖相对较低，竞争的市场结构更能促进其生产率的提升。

表 8　基本估计结果

解释变量	（1）	（2）	（3）	（4）	（5）	（6）
L. GTFP	-0.3042 *** (-8.01)	-0.3025 *** (-7.97)	-0.3229 *** (-8.08)	-0.3151 *** (-7.80)		
L. ECR					-0.3565 *** (-9.09)	
L. TCR						-0.4919 *** (-10.99)
MS	-0.0048 *** (-3.24)	0.0041 (0.42)	0.0015 (0.12)	0.0008 (0.07)	0.0169 (0.88)	-0.0076 (-0.36)
MS2		-0.0002 (-0.92)				
MS × R&D			-0.0128 *** (-4.10)	-0.0115 *** (-3.87)	-0.0377 (-1.06)	0.0055 (0.14)
R&D			0.0459 (0.38)	0.0318 (0.26)	-0.0740 (-0.40)	0.4941 ** (2.44)
ER			-3.5880 *** (-2.84)	-8.3637 ** (-2.26)	-3.5764 (-0.68)	18.7467 *** (3.41)
ER2				105.2785 (1.37)	69.9479 (0.62)	-106.5995 (-0.85)
HMS			-0.0172 * (-1.89)	0.0181 ** (1.98)	0.0185 (1.24)	-0.0331 ** (-2.24)
SOE			-0.0870 (-0.80)	-0.0675 (-0.62)	0.4593 *** (2.61)	-0.6317 *** (-3.30)

续表

解释变量	(1)	(2)	(3)	(4)	(5)	(6)
ZTR			1.3107 * (1.86)	1.1542 (1.61)	1.1819 (1.18)	−1.9279 (−1.55)
HR			−0.3586 (−0.57)	−3.14 (−0.51)	−0.3136 ** (−2.23)	0.2716 (1.43)
CONS	1.3393 *** (33.31)	1.3005 **** (22.57)	1.8333 *** (16.37)	1.8448 *** (16.42)	1.4222 *** (7.78)	1.4503 *** (6.23)
Wald χ^2	68.54 ***	69.16 ***	137.28 ***	139.12 ***	120.51 ***	182.19 ***
AR（1）P 值	0.0152	0.0175	0.0163	0.0158	0.0510	0.0201
AR（2）P 值	0.8042	0.7489	0.4439	0.6441	0.1828	0.0283
Sargan P 值	1.0000	1.0000	1.0000	1.0000	1.0000	1.0000
观测值	378	378	378	378	378	378

注：括号内为 t 值；*、** 和 *** 分别表示 10%、5% 和 1% 的显著性水平。

为验证我们的观点，在模型（3）中加入市场结构与研发投入的交互项以及其他控制变量。从直接效应看市场竞争和 R&D 均能促进 GTFP，但作用都不显著，二者的交互项显著为负，间接效应表明市场竞争程度降低了 R&D 对 GTFP 提升效果。R&D 越高的行业、技术水平越先进①，市场竞争降低了高新技术企业的创新回报率，通过抑制研发投入阻碍了 GTFP 的上升。本土市场规模降低了 GTFP，并通过了 10% 的显著性检验，外贸参与度却能显著提升 GTFP，我们认为相较于本土市场而言海外市场对产品的环境性能要求更高造成这一结果。国有资本占比和人力资本都会降低 GTFP，但影响均不显著。环境治理则会显著降低 GTFP，与预期不一致，模型（4）在模型（3）的基础上增加环境治理的二次项。除外贸参与度影响不显著外，模型（4）中其他变量的作用方向和显著性均未发生变化。环境治理与 GTFP 呈“U 型”作用关系，随环境治理力度的加大，GTFP 先下降后上升。环境治理力度加大的初期会挤出生产和研发投入，导致 GTFP 下降；当环境治理力度进一步上升，非期望产出 CO_2 排放量得以抑制，另一方面节能减排技术进步都为提高 GTFP 产生积极影响。值得注意的是，模型（1）~（4）中 GTFP 的滞后项系数均显著为负，表明制造业增长质量具有收敛性

① 根据测算结果，2000—2014 年高端、中端和低端技术制造业平均研发投入占比分别为 0.5608、0.2758 和 0.1415。

特征。

模型（5）和模型(6）在模型（4）的基础上，考察制造业行业效率变化率和技术变化率的影响因素。市场竞争能够提升效率变化率，降低技术变化率，二者的影响均未通过显著性检验。R&D 无助于纯粹技术的追赶，然而却能推动技术前沿面。市场结构与 R&D 交互项的间接效应显示，市场竞争程度会强化 R&D 对技术变化率和效率变化率的正负影响，但作用并不显著。环境治理分别与 ECR 和 TCR 呈“正 U 型”和“倒 U 型”变动特征，初期环境治理能够助推前沿面追赶但却会抑制纯粹技术进步，从长期看则更有利于纯粹技术进步。本土市场规模越大、国有资本占比越高以及外贸参与度越广泛，会对纯粹技术进步发挥正向效应，但会制约前沿面的移动，人力资本则发挥相反的作用。从滞后项的影响看，ECR 和 TCR 均有显著的收敛性特征。

表 9　分组群估计结果

解释变量	(7) 高端技术制造业	(8) 高端技术制造业	(9) 中端技术制造业	(10) 中端技术制造业	(11) 低端技术制造业	(12) 低端技术制造业
L. GTFP	-0.1119 (-1.42)	-0.0842 (-1.01)	-0.3308 *** (-4.64)	-0.3407 *** (-4.62)	-0.4536 *** (-7.87)	-0.4406 *** (-7.34)
MS	-0.0099 (-0.70)	-0.0284 * (1.81)	-0.0283 (-0.71)	0.0256 (0.57)	0.0042 *** (3.41)	0.0040 *** (2.88)
R&D	0.0718 * (1.82)	0.0360 * (1.78)	-0.0786 (-0.53)	-0.2844 * (-1.75)	-0.0639 (-0.62)	-0.0673 (-0.63)
ER	1.2339 (0.25)	1.0077 (0.18)	-17.6162 ** (-2.53)	-1.8019 (-0.20)	-2.9554 (-1.24)	-7.2005 ** (-2.22)
ER2	-181.1790 (-0.99)	-86.9121 (-0.44)	283.9341 * (1.71)	9.1057 (0.05)	60.7065 (1.20)	123.2421 * (1.94)
HMS		-0.0017 (-0.20)		-0.0257 (-1.13)		0.0011 (0.16)
SOE		0.0638 (0.49)		-0.0127 (-0.04)		-0.1763 ** (-2.30)
ZTR		0.6570 * (1.96)		3.9538 (1.09)		0.2559 (0.38)

续表

解释变量	(7) 高端技术制造业	(8) 高端技术制造业	(9) 中端技术制造业	(10) 中端技术制造业	(11) 低端技术制造业	(12) 低端技术制造业
HR		0.2182 ** (2.53)		-0.4627 ** (-2.29)		-0.0007 (-0.01)
CONS	1.1239 *** (11.03)	0.9162 *** (4.95)	1.7006 *** (8.04)	2.0211 *** (5.83)	1.4796 *** (24.24)	1.4492 *** (14.81)
Wald χ^2	6.70	15.53 *	36.53 ***	53.12 ***	70.73 ***	76.91 ***
AR（1）P值	0.02513	0.07411	0.0687	0.0148	0.0786	0.0280
AR（2）P值	0.7871	0.1936	0.8926	0.8111	0.9432	0.5130
Sargan P值	1.0000	1.0000	1.0000	1.0000	1.0000	1.0000
观测值	112	112	112	112	154	154

注：括号内为 t 值；*、** 和 *** 分别表示 10%、5% 和 1% 的显著性水平。

为了进一步讨论行业间特质性与绿色全要素的关系，我们经验分析分组群增长质量的影响因素。全样本中市场结构对不同技术水平行业 GTFP 具有非线性作用机制，考虑到同组群行业间技术差距缩小，在分组群估计中剔除了市场结构与 R&D 的交互项。如第 126 页表 9 所示，模型（7）、模型（9）和模型（11）仅考察市场结构、R&D 和环境治理对分组群制造业的作用。市场竞争能显著促进低端制造业 GTFP，但不利于中高端技术制造业 GTFP。R&D 会提升高端技术制造业 GTFP，不会对中低端技术制造业 GTFP 发挥积极作用。环境治理与高端技术制造业和中低端技术制造业分别具有“倒 U 型”和“正 U 型”作用关系。进而在模型（8）、模型（10）和模型（12）中加入控制变量，除市场结构对中端技术制造业 GTFP 的影响由负转为正外，市场结构、R&D 和环境治理对三个组群制造业 GTFP 的系数符号均未发生变化。高端技术制造业应强化专利保护、给予企业更大的市场势力，激励研发投入、促进 GTFP 提升，中低端技术制造业需要培育竞争性市场环境推动 GTFP。高端技术制造业本身具备低耗能、低排放的特征，环境治理投入在短期内能够刺激技术进步，但长期过高的环境治理投入必然挤占研发投入，最终不利于提升 GTFP。中低端技术制造业则应加大环境治理力度，突破拐点后环境治理将会促进 GTFP。本土市场规模越大有利于低端技术制造业 GTFP，但会对中高端技术制造业 GTFP 产生反向作用，而外贸参与度对全部制造业行业均会产生积极影响。国有资本占比和人力资本能提升高端技术制造业 GTFP，降低中低端技术制造业 GTFP。高端技术制造业更依赖 R&D 提升 GTFP，然而研发投入具有不确定性，国有资本规模更大在抵御研发风险方面更具优势。人力资本带来了技术进步能够促进高端技术制造业 GTFP，然而中低端技术制造业的技术水平较低，人力资本增加意味资源配置的浪费造成 GTFP 下降。滞后项的系数显示，中低端技术制造业 GTFP 具有明显的收敛性，而高端技术制造业 GTFP 收敛性却没有通过显著性检验。

为了保证实证结果的可靠性性，本文借鉴孙早等（2012）的方式采用工业总产值与利税总额和利息支出之和的比值作为度量市场结构的代理变量，并使用行业技术开发人员占从业人员比重作为 R&D 替代变量作稳健性检验（表 10）。模型（13）是基于全样本的估计，各变量的作用系数方向与模型（4）保持一致。模型（14）、模型（15）和模型（16）是分组群稳健性检验，除市场结构对中高端技术制造业以及国有资本占比对低端技术制造业 GTFP 的作用方向改变外，其余变量对行业 GTFP 的影响均未发生变化，并且 GTFP 的收敛性特征也与之前估计结果相同，表明我们的计量分析总体是稳健可靠的。

表 10 稳健性检验

解释变量	(13)	(14)	(15)	(16)
	全样本	高端技术制造业	中端技术制造业	低端技术制造业
L. GTFP	-0.2213 *** (-5.08)	-0.0957 (-1.17)	-0.2429 *** (-3.08)	-0.1940 *** (-3.05)
MS	-0.0001 (-0.03)	0.0003 (0.15)	-0.0066 (-0.42)	0.0026 (1.29)
MS × RD	-0.1956 * (-1.81)			
R&D	1.2155 (1.04)	0.7337 * (1.70)	-0.8403 ** (-2.32)	-0.9302 (0.88)
ER	-7.1062 * (-1.80)	2.4575 (0.44)	-1.2745 (-0.14)	-5.5821 ** (-2.25)
ER2	88.0952 (1.09)	-158.4428 (-0.81)	5.8417 (0.03)	91.9912 * (1.93)
HMS	-0.0225 ** (-2.41)	-0.0085 (-0.85)	-0.0230 (-1.02)	0.0088 (1.52)

续表

解释变量	(13)	(14)	(15)	(16)
	全样本	高端技术制造业	中端技术制造业	低端技术制造业
SOE	-0.0740 (-0.66)	0.0271 (0.22)	-0.1450 (-0.51)	0.0148 (0.24)
ZTR	0.9829 (1.35)	0.4377 (1.09)	2.5762 (0.72)	0.0685 (0.15)
HR	-0.2264 ** (-2.48)	0.1660 * (1.77)	-0.2624 (-1.32)	-0.0403 (-0.70)
CONS	1.6916 *** (13.34)	0.8387 *** (4.79)	1.9305 *** (7.20)	1.3422 *** (12.59)
Wald χ^2	140.49 ***	18.56 **	53.17 ***	21.56
AR（1）P 值	0.0206	0.0454	0.0573	0.4784
AR（2）P 值	0.8827	0.2769	0.8524	0.7579
Sargan P 值	1.0000	1.0000	1.0000	1.0000
观测值	378	112	112	154

注：括号内为 *t* 值；*、** 和 *** 分别表示 10%、5% 和 1% 的显著性水平。

五、地方增长质量的提升模式构建和战略选择

1. 地方增长质量提升的模式构建

通过采用基于共同边界的 EBM 方向性距离函数，本文测度 2000—2014 年中国 27 个制造业行业增长质量。在此基础上，从市场结构的视角分析制造业增长质量的影响因素和作用机制。实证结果表明：①中国制造业增长质量指数整体呈上升趋势，并主要由前沿面追赶效应引发，纯粹技术进步效应则成为制约因素。②低端制造业生产效率高于中高端技术制造业，提升制造业增长质量的重点应在高端技术制造业，尤其是医药制造业、通用和专用设备制造业。③全样本分析显示，从直接效应来看市场竞争和研发投入能够提升增长质量，但市场竞争程度增强会产生抑制研发投入的间接效应而降低增长质量。④分组群估计表明，市场竞争会降低高端技术制造业增长质量，但在中低端技术制造业具有积极作用，研发投入的影响与市场竞争截然相反。环境治理与高端技术制造业和中低端技术制造业增长质量分别呈“倒 U 型”和“正 U 型”变动特征。本土市场规模有利于低端技术制造业增长质量，而在中高端技术制造业产生消极作

用，外贸参与度对制造业全行业具有正面影响。国有资本占比和人力资本能提升高端技术制造业增长质量，无助于中低端技术制造业增长质量改进。⑤制造业行业增长质量指数整体上表现出收敛特征。从分组群看，中低端技术制造业增长质量出现显著收敛特征，而高端技术制造业增长质量收敛性并不明显。

基于前文的实证结果，结合中高低端技术制造业在我国不同省区的分布状况，可以构建中国地方经济增长质量提升的模式和战略选择。针对不同行业以及不同地区的经济发展状况、技术水平、市场环境以及外向型程度，新常态下中国地方经济增长质量提升的模式可以分为两大类：

第一，市场竞争促进型模式。强化和完善市场机制，通过竞争性的价格机制引导要素在不同行业和地区间自由流通，以提升资源配置效率改进增长质量。对于中低端技术制造业密集的地区，培育竞争性市场环境是提升经济增长质量的关键。对于这类地区而言，一方面建立完善的产品和要素市场定价机制，使价格能够充分反映市场供求状况和资源稀缺程度。另一方面，逐步放开中低端技术制造业的市场准入门槛以及落后企业的淘汰和退出机制。借助进入退出机制的完善和构建，通过优胜劣汰使得效率更高的企业竞争力不断凸显，也使得僵尸企业能够被制度性清退。在降低交易成本的同时，整体提升中低端技术制造业效率和增长质量。

中低端技术制造业密集的省区——即中西部省区，改进增长质量在选在市场机制主导的同时，也需要强化政府的监督机制。完善的市场机制并不意味着政府干预的完全退出，反而需要在厂商和消费者信息不对称、外部性等市场失灵的领域发挥政府的监督职能。近年来随着 GDP 的攀升，中国居民收入水平显著提高，然而居民的国内消费支出并未成为拉动经济增长的力量，而中国居民的境外旅游消费正逐渐成为欧美和日韩等发达国家的消费支柱。中国居民消费外溢的原因是由多重因素导致的，其中不可忽视的是居民对国产商品质量的低信心，进而长期来看不利于中低端技术制造业企业发展和壮大。政府应强化监督职能，切实提升国内企业产品的质量，逐渐增强国内以及全球市场对中国制造产品质量的信心，并借助消费需求的攀升，消化前期刺激政策的不利影响。我们在实证分析过程中也发现，中端技术制造业增长质量较低的一个原因在于，中端技术制造业大多数均为高耗能产业，能耗大、污染排放重是这类行业的特征，而提升其增长质量的关键在于技能减排。由于环境属于公共产品具有外部性，因此政府对中端技术制造业应加大环保监督力度，促使其加大污染治理力度进而提升增长质量。

值得注意的是，中低端技术制造业增长质量表现出显著的收敛性特征，政府在产业政策设计上应有选择、有倾向地组织各中低端技术制造业行业间技术和制度学习，通过技术外溢带动增长质量的加速收敛，进而提升整体经济增长质量。

第二，研发投入推进型模式。完善和强化知识产权保护体系，通过给予和保护创新型企业知识产权专利，以超额垄断利润激励高端技术制造业的研发投入。前文的实证结果显示，高端技术制造业的增长质量提升更为依赖研发投入，竞争型市场环境反而因知识和技术的外溢抑制企业研发投入。对于高端技术产业密集的省区——即东部省区，应向发达国家学习，构建完善的知识产权保护体系。以专利保护构筑垄断性市场结构，防止低端抄袭、模仿，扰乱市场秩序和违反法律的行为。

高端技术制造业没有出现明显的增长质量收敛性特征。要保证高端技术制造业整体增长质量的提升，政府需要加大研发投入。一方面，东部地区政府对于高端技术制造业应加大研发补贴力度，最大程度上弱化知识和技术外溢对于企业的外部性，保证高端技术制造业整体增长质量的提升。另一方面，东部地区强化对高端技术制造业人才培育投入，通过高端技术人才开发，带动产业技术水平升级、增长质量提升。同时，中央政府统筹考虑给予中西部地区一定的财政转移支付，弥补中西部人力资本向东部地区流动损失。第三方面，针对战略性的新型产业如装备制造业、计算机、通信和其他电子设备制造业以及医药制造业等，政府应通过国有资本的方式，增加注资力度。以政府的力量加大研发投入，弥补民营企业因不确定性而减少的研发投入，带动产业发展和增长质量的提升。

2. 地方增长质量提升的战略选择

在经济新常态与供给侧结构性改革的背景下，提升增长质量是中国经济借助创新和转型实现稳定增长的核心，针对不同技术水平的制造业改进增长质量，需要制定差异化的战略选择：一是，完善高端技术制造业的知识产权保护制度，以超额垄断利润激励高端技术制造业的研发投入。加大高端技术制造业的研发补贴，弥补外部性对企业创新投入的损失，在保证研发企业个体利益的同时，通过技术外溢带动全行业增长质量实现帕累托最优。培育中低端技术制造业的市场竞争环境，弱化市场势力尤其是行政性垄断，以产品和要素的市场价格引导资源合理配置、减少不必要的政府干预。二是，高端技术制造业的环境治理强度不宜过高，避免对研发投入产生挤出效应。中低端技术制造业则要增强环境治理和监督力度，并提升其产品的强制性环保标准，急速突破环境治理对增长质量的拐点。三是，鼓励制造业积极参与国际竞争，以发达国家高技术标准倒逼企业提升创新能力和环境性能。强化低端技术制造业流通领域建设，削弱国内市场分割的藩篱、拓展本土市场规模。国有资本应向高端技术制造业倾斜尤其是战略性新兴技术产业，降低其对中低端技术制造业的控制。

参考文献

[1] CHUNG Y H, FARE R, GROSSKOPF S. Productivity and Undesirable Outputs: A Directional Distance Function Approach [J]. Journal of Environmental Management, 1997, 51: 229 -240.

[2] COLE A, ROBERT J, SHIMAMOTO K. Why the Grace Is not always Greener: the Competing Effects of Environmental Regulations and Factor Intensities on US Specialization [J]. Ecological Economics, 2005, 54: 95 -109.

[3] FARE R, GROSSKOPF S, NORRIS M, et al. Productivity Growth, Technical Progress, and Efficiency Change in Industrialized Countries [J]. American Economic Review, 1994, 84: 66 -83.

[4] FUKUYAMA H, WILLIAM L W. A Directional Slacks-based Measure of Technical Inefficiency [J]. Socio-Economic Planning Sciences, 2009 , 43 (4): 274 -287.

[5] JAMES J, LOVELL C A K, MATEROV I S, et al. On the Estimation of Technical Inefficiency in the Stochastic Frontier Production Function Model [J]. Journal of Econometrics , 1982, 19: 233 -239.

[6] KRUGMAN P. Scale Economies Product Differentiation and Pattern of Trade [J]. America Economic Review, 1980, 70: 950 -959.

[10] MARTIN S. Measuring China' s Innovation System National Specialties and International Comparisons [R]. OECD Working Paper, 2009.

[11] SOLOW R W. Technical Change and the Aggregate Production Function [J]. Re-

view of Economics and Statistics, 1957, 29: 312 - 320.

[12] SOLOW R W. Technical Progress, Capital Formation, and Economic Growth [J]. American Economic Review, 1962, 52: 76 - 86.

[13] TONE K, TSUTSUI M. An Epsilon-based Measure of Efficiency in DEA-A Third Pole of Technical Efficiency [J]. European Journal of Operational Research, 2010, 207: 1554 - 1563.

[14] TYBOUT J. Plant-and Firm-level Evidence on the New Trade Theories [M]. in CHOI E K, HARRIGAN J. Handbook of International Trade. Oxford: Basil-Blackwell, 2003.

[15] 陈丰龙，徐康宁. 本土市场规模与中国制造业全要素生产率 [J]. 中国工业经济，2012（5）.

[16] 陈诗一. 中国的绿色工业革命：基于环境全要素生产率视角的解释（1980—2008）[J]. 经济研究，2010（11）.

[17] 陈诗一. 中国工业分行业统计数据估算：1980—2008 [J]. 经济学（季刊），2011（4）.

[18] 盖庆恩，朱喜，程明望，等. 要素市场扭曲、垄断势力与全要素生产率 [J]. 经济研究，2015（5）.

[19] 洪银兴. 准确认识供给侧结构性改革的目标和任务 [J]. 中国工业经济，2016（6）.

[20] 靳来群，林金忠，丁诗诗. 行政垄断对所有制差异所致资源错配的影响 [J]. 中国工业经济，2015（4）.

[21] 简泽. 市场扭曲、跨企业的资源配置与制造业部门的生产率 [J]. 中国工业经济，2011（1）.

[22] 李小平，周记顺，王树柏. 中国制造业出口复杂度的提升和制造业增长 [J]. 世界经济，2015（2）.

[23] 林伯强，刘泓汛. 对外贸易是否有利于提高能源环境效率 [J]. 经济研究，2015（9）.

[24] 罗德明，李晔，史晋川. 要素市场扭曲、资源错置与生产率 [J]. 经济研究，2012（3）.

[25] 毛其淋，盛斌. 中国制造业企业的进入退出与生产率动态演化 [J]. 经济研究，2013（4）.

[26] 庞瑞芝，李鹏，路永刚. 转型期间我国新型工业化增长绩效及影响因素研究——基于“新型工业化”的视角 [J]. 中国工业经济，2011 (4).

[27] 邱斌，杨帅，辛培江. FDI 技术溢出渠道与中国制造业生产率增长研究：基于面板数据的分析 [J]. 世界经济，2008 (8).

[28] 孙早，宋炜. 企业 R&D 投入对产业创新绩效的影响——来自中国制造业的经验证据 [J]. 数量经济技术经济研究，2012 (4).

[29] 王兵，朱宁. 不良贷款约束下的中国银行业全要素生产率增长研究 [J]. 经济研究，2011 (5).

[30] 王兵，於露瑾，杨雨石. 碳排放约束下中国工业行业能源效率的测度与分解 [J]. 金融研究，2013 (10).

[31] 杨汝岱. 中国制造业企业全要素生产率研究 [J]. 经济研究，2015 (2).

[32] 杨翔，李小平，周大川. 中国制造业碳生产率的差异与收敛性研究 [J]. 数量经济技术经济研究，2015 (12).

[33] 余淼杰. 中国的贸易自由化与制造业企业生产率 [J]. 经济研究，2010 (12).

[34] 张杰，李勇，刘志彪. 出口与中国本土企业生产率——基于江苏制造业企业的实证分析 [J]. 管理世界，2008 (11).

[35] 张志辉. 中国区域能源效率演变及其影响因素 [J]. 数量经济技术经济研究，2015 (8).

[36] 邹涛，肖兴志，李沙沙. 煤炭安全规制对煤炭行业生产率影响的实证研究 [J]. 中国工业经济，2015 (10).

第二编

经济增长率转化研究

第七章　结构变动、要素产出弹性与中国潜在经济增长率*

郭　晗　任保平**

摘　要　本文构建了一个结构型时变弹性生产函数，将劳动投入结构、资本投入结构和人力资本结构纳入经济增长分析框架，运用1997—2012的省级面板数据估计了这一时期要素产出弹性的动态特征，并进一步估算出中国潜在经济增长率的变化。研究结果表明：劳动产出弹性和资本产出弹性受到结构变动影响较小，出现微幅下降，人力资本产出弹性受到结构变动影响较大，出现明显上升。潜在增长率既受到要素产出变化的影响，也受到结构变化和要素产出弹性变动的影响，近年来潜在增长率的下降，主要是由于资本存量增速下降所导致的，同时人力资本结构升级在一定程度上减缓了潜在增长率下降的趋势。研究结果还表明，近十年来实际增长率的变化主要是由潜在增长率变化引起的，尤其是2010年以来的经济增速减缓，主要是由于潜在增长率下降导致，未来的政策重心应当从需求管理过渡到供给管理，着力开发未来经济增长的潜力，保证经济增长的可持续性。

关键词　结构型时变弹性生产函数；潜在经济增长率；要素产出弹性

一、引　言

自改革开放以来，中国经济保持了连续40年的高速增长，被称为“中国奇

* 本文受到全国统计科学研究项目“新常态下中国潜在经济增速的测算及趋势分析”（2017LY80）、陕西省软科学研究计划项目“新常态下陕西经济增长质量的监测预警研究”（2017KRM115）的资助。

** 郭晗，经济学博士，西北大学经济管理学院副教授，主要研究方向为中国经济增长。任保平，教育部人文社科重点研究基地——西北大学中国西部经济发展研究中心主任、西北大学研究生院院长，教育部长江学者特聘教授，教授、博士生导师，主要研究方向为中国经济增长质量与发展的政治经济学。

迹”。但是，自 2010 年一季度以来，我国的经济增速出现持续下滑，2010 年至 2013 年全年经济增长率分别为 10.4%、9.3%、7.8%、7.7%。这一现象引发了学界的广泛讨论，有学者认为这一现象是周期性的，如在 2014 年 4 月亚洲博鳌论坛上，林毅夫提出本轮经济增速减缓的原因主要是外部因素，即金融危机的影响还未使经济走出低谷；但有更多学者认为这一现象是结构性的，他们分别从增长阶段转换、产业结构转型和人口红利变化等内部原因对经济增速减缓进行解释，并认为当前增速的减缓是具有长期性的（刘世锦，2011；袁富华，2012；蔡昉，2013；沈坤荣，2013）。那么，本轮经济增速减缓是否意味着中国的高速增长时代已经结束？中国应当如何应对当前经济增速下降的趋势？

这一问题的实质是研究中国经济增速下滑的根本原因。如果将实际增长划分为潜在增长与增长缺口的组合，我们需要深入研究，当前增速减缓是由于增长缺口变化导致的，还是由于潜在增长率变化所引起的。如果是增长缺口变化带来的，那么应采取需求管理导向的扩张政策；如果是潜在增长率变化所引起的，那么就必须以供给管理为导向实施结构性改革。目前的文献还较少从结构变化与潜在增长率关系的角度来进行研究。本文通过构建一个结构型时变弹性生产函数，将要素变化与结构变化结合起来，以研究中国要素产出弹性的变化，并估算潜在增长率的变化趋势。

二、文献综述

关于潜在经济增长率的研究最早可以追溯到 Harrod（1939）和 Domar（1946），他们认为经济增长率分为三种：合意增长率、实际增长率以及自然增长率，Samuelson（1960）认为潜在经济增长率就是在人口和技术都在充分利用的条件下经济系统所能够实现的经济增长率。估算潜在产出的关键点在于判断产出的变化是周期因素引起的产出的暂时变化还是由趋势变化引起的产出的持久变化（Orphanides，1999）。这一点对宏观经济政策的制定非常重要，如果产出的变化是由趋势的持久变化引起的，那么在这种情况下无须采取扩张性的货币政策或财政政策。

普遍认为，估计潜在经济增长率的方法有三种（Camba-Mendez et al.，2003；郭庆旺等，2004；杨旭等，2007；中国人民银行营业管理部课题组，2011）：第一种方法是滤波法，该方法认为时间序列数据中本身包含长期趋势成分和波动成分，并以提取的实际 GDP 增长率波动中的趋势成分作为潜在经济增长率，认为只有存在外生冲击时，实际增长率才会围绕潜在增长率上下波动（杨旭等，2007）。虽然 HP 滤波方法简单易行，但其存在两方面的不足：第一，缺乏经济理论的支持（Van Norden，1995），第二，滤波法在处理样本尾部的数据时不准确（Baxton et al.，1995）。第二种方法是菲利普斯曲线法，试图通过估计通货膨胀率、失业率与潜在经济增长率之间的关系进行估计（Kuttner，1994；Zhang et al.，2011；杨旭等，2007；安立仁等，2011），由此派生出的具体方法包括结构方程模型（Cerra et al.，2000；Dupasquier et al.，1999）和结构向量自回归模型（SVAR）（郭红兵等，2010）。但菲利普斯曲线法存在的问题在于其过多强调需求冲击的影响，而较少考虑潜在增长率的供给方影响因素，因此估计出的从本质上说其实是对实际增长率的预测。第三种方法是生产函数法，主要是通过经济数据估算一国生产函数，再结合要素投入变化和要素产出弹性得到潜在产出增长率的估计（Richards，2000；Proietti et al.，2002；沈丽生，1999；中国人民银行营业管理部课题组，2011）。这种方法的优点在于有经济理论的支持，但也存在一定问题：第一，其估算出的要素产出弹性是固定的，这意味着估计结果只是经济发展某一时期内的平均产出弹性，难以得出随时序变化的产出弹性来估算潜在增长率；第二，使用生产函数法估计尽管有经济理论的支持，但是模型的函数形式过于简单，这使得估计出的潜在增长率不能更好地反映经济状况的变化，特别地，当期估计的对象是一个大经济体时，结构因素显得尤为重要，而传统的生产函数法则只是从总量意义上对潜在增长率进行估计，忽视了结构变化带来的影响。

虽然目前从结构变化的角度来研究潜在增长率的文献相对较少，但研究结构转化与经济增长的文献则汗牛充栋：其一，从要素投入结构转化角度探讨其与经济增长的关系（张军等，2002；姚战琪，2009；徐朝阳等，2009；文东伟，2011；蔡昉，2013；董敏杰等，2013），认为技术和制度等与生产率直接相关的因素能够影响长期增长，而劳动和资本等外生要素对增长的贡献将逐渐减小，因此，在经济发展和工业化中后期，应当加速从要素驱动型发展转向生产率驱动型发展。其二，从产业结构转化角度探讨其与经济增长之间关系（余江等，2008；孙早等，2002），认为产业结构转化对经济增长的影响主要体现在资源配置效率的提升，特别是制造业资源配置效率的改善（李小平等，2007；曾先锋等，2011），同时，近年来也有学者从产业结构变迁的角度探讨中国在工业化中后期所面临的“结构性减速”问题（袁富华，2012；吕健，2012；张平，2012），认为在当前中国工业向服务业的转型过程中会由于生产率的部门差异出现经济增长速度减缓。其三，分析人口结构转化与经济增长之间关系（Bloom et al.，1998；Modigliani et al.，2004；李杏等，2012；巴曙松等，2011），结论显示人口结构变化带动了储蓄率的变化，高储蓄率有利于形成高投资，从而推动经济快速增长，但在人口转变后期，人口老龄化加速将使人口抚养比上升，适龄劳动人口比重下降，从而降低潜在产出水平。其四，分析城乡二元结构转化对经济增长的影响，陈宗胜等（2004）、高帆（2005，2007）、邵宜航等（2007）分别从劳动力流动、分工、劳动力成本等角度在理论上分析了城乡二元结构转化对经济增长的影响。

综上，目前研究文献在潜在增长率估计以及结构转化与经济增长之间关系做了比较全面的研究，但存在以下问题：一是缺乏从结构性因素视角对测算潜在增长率的探讨；二是集中于对潜在经济增长率的估算，而对潜在经济增长与实际经济增长之间的动态关系没有给予足够重视；三是集中于从单一结构考虑对经济增长的影响，但没有从更加全面的角度考虑结构转化与潜在经济增长率之间的关系。

与已有文献相比，本文可能的边际贡献在于：第一，对测算潜在增长率的生产函数法进行了改进，把结构变化纳入分析框架，从而将固定弹性生产函数扩展为时变弹性生产函数，分析在结构变化背景下潜在增长率的变化趋势；第二，着重于潜在增长与实际增长之间的动态关系，从而能对当前经济形势变化的原因进行解释；第三，考虑了技术进步、人力资本以及人力资本结构对增长的影响，从而对科布道格拉斯式的增长模型进行了扩展，从而能够更为全面和准确地测算潜在增长率。本文余下部分分别是：第三部分通过文献引证的方式提出机制并构建理论框架，设计用于估计的模型，并给出相关的数据说明；第四部分是经验分析，首先通过估计模型得出相应参数，进而计算各要素产出弹性的变化与潜在增长率的变化趋势，在此基础上对潜在增长率的趋势进行区域分解；第五部分是结语与建议。

三、模型构建与数据说明

（一）模型构建

要素内部投入结构的改变能够改变要素配置效率，当一种要素从低效率部门转移到高效率部门时，能够在要素总量不变的情况下，提高要素的单位产出。这意味着要素内部投入结构的改变能够影响要素的产出弹性，从而对增长产生影响。如果要素是可以自由流动的，从资本投入结构来说，资本能够在长期利润信号的驱使下在各产业部门之间流动，从低成长产业转移到高成长产业，在社会资本总量不发生变动的情况下，提高投资效益和要素生产率，进而推动经济增长的集约化（Wurgler，2000）。从劳动投入结构来说，在劳动力将会从低生产率部门转移到高生产率部门，从而提升总的劳动生产率（Maddison，2006）。从人力资本结构来说，人力资本结构的变化也会影响经济增长（Birdsalll et al.，1997）。基于已有文献研究，我们设定模型为如下形式：

$$Y = AK^{\alpha(t)} L^{\beta(t)} H^{\delta(t)} e^{u} \tag{1}$$

在式（1）中，Y 代表总产出，A 代表技术水平，$\alpha(t)$ 代表资本边际产出弹性，$\beta(t)$ 代表劳动边际产出弹性，$\delta(t)$ 代表人力资本的边际产出弹性。为了反映结构变动对弹性的影响，我们将边际弹性定义为结构的线性关系式，从而将结构内生于生产函数中，进一步将生产函数扩展为如下形式：

$$Y = A^{\lambda} K^{\sum_{i=1}^{n} \alpha_i k_i} L^{\sum_{j=1}^{n} \beta_j l_j} H^{\sum_{q=1}^{m} \delta_q h_q} e^{u} \tag{2}$$

在式（2）中，α_i 代表在 i 产业中的资本产出弹性，k_i 代表 i 产业资本占全部产业资本的比重，β_j 代表在 j 产业中的资本产出弹性，l_j 代表 j 产业劳动力占全部产业劳动力的比重，δ_q 代表 q 类人力资本的产出弹性，h_q 代表 q 类人力资本占全部人力资本的比重。n 和 m 分别代表产业类别和人力资本类别，产业的部门的划分遵循一般的三次产业划分法，人力资本类别 m 的设定我们采取两种划分方式，一是将人是否受过大学教育为标准划分为高级人力资本与一般人力资本，二是根据具体的受教育层次，将劳动力具体划分为大专以上、高中、初中、小学和文盲五种类别。据此可根据 m 的不同设定方法将式（2）写为如下公式：

$$Y = A^{\lambda} K^{\alpha_1 k_1 + \alpha_2 k_2 + \alpha_3 k_3} L^{\beta_1 l_1 + \beta_2 l_2 + \beta_3 l_3} H^{\delta_1 h_1 + \delta_2 h_2} e^{u} \tag{3}$$

$$Y = A^{\lambda} K^{\alpha_1 k_1 + \alpha_2 k_2 + \alpha_3 k_3} L^{\beta_1 l_1 + \beta_2 l_2 + \beta_3 l_3} H^{\delta_1 h_1 + \delta_2 h_2 + \delta_3 h_3 + \delta_4 h_4 + \delta_5 h_5} e^{u} \tag{4}$$

以上式（3）和式（4）中，k_1、k_2、k_3 分别代表三次产业的资本投入比重，l_1、l_2、l_3 分别代表三次产业的劳动投入比重；同时，式（3）中的 h_1、h_2 分别代表高级人力资本和一般人力资本的比重，式（4）中的 h_1、h_2、h_3、h_4、h_5 代表劳动力中大专以上、高中、初中、小学和文盲的比重。对式（3）和式（4）分别求导，即得可用于估计的函数关系式：

$$\log Y = \lambda \log A + \sum_{i=1}^{3} \alpha_i k_i \log K + \sum_{j=1}^{3} \beta_j l_j \log L + \sum_{q=1}^{2} \delta_q h_q \log H + u \qquad (5)$$

$$\log Y = \lambda \log A + \sum_{i=1}^{3} \alpha_i k_i \log K + \sum_{j=1}^{3} \beta_j l_j \log L + \sum_{q=1}^{5} \delta_q h_q \log H + u \qquad (6)$$

（二）数据说明

实际 GDP。对于真实 GDP 的计算，我们首先根据《中国统计年鉴》中公布的国内生产总值指数（上年 = 100）来计算 GDP 平减指数，国内生产总值指数（上年 = 100）的定义为：$\mathrm{GDPI_t} = \dfrac{\frac{\mathrm{GDP_t}}{\mathrm{GDPD_t}}}{\mathrm{GDP_{t-1}}}$，其中，GDPI 为国内生产总值指数，GDP 为名义国内生产总值，GDPD 是国内生产总值的平减指数，t 表示时间。根据 GDP 增长指数的定义，我们求得 GDP 平减指数的环比指数公式为：$\mathrm{GDPD_t} = \dfrac{\mathrm{GDP_t}}{\mathrm{GDP_{t-1}} \cdot \mathrm{GDPI_t}}$。在此基础上，我们计算各个时期环比指数的连乘之积来求得以 1997 年为基年的定基指数。通过名义 GDP 除以 GDP 平减指数（1997 年 = 100）得到真实 GDP。

实际资本存量。选择目前普遍采用的永续盘存法来计算各地区的物质资本存量，资本存量的估算公式为：$K_{it} = K_{it-1}(1-\delta_{it}) + I_{it}$（其中 i 指第 i 个地区，t 指第 t 年。一共涉及四个变量，当年投资 I、投资品价格指数、经济折旧率 δ，以及基年资本存量 K。近期研究一般都采用资本形成总额或固定资本形成总额来度量当年投资，我们选择固定资本形成总额。对于固定资本价格指数，我们直接采用《中国统计年鉴》中公布的数据，在此基础上求得以 1997 年为基年的不变价格表示的真实固定资本形成总额。基期的资本存量我们按照国际常用方法计算：$K_0 = I_0/(g+\delta)$。其中，K_0 是基期资本存量，I_0 是基期投资额，g 是样本期真实投资的年平均增长率。经济折旧率我们采用张军等（2004）的研究成果，为 9.6%。

资本投入结构。资本存量的结构缺乏直接数据，因此我们代用固定资产投资结构作为替代指标，具体选取各地区按行业分全社会固定资产投资的结构情况，按照国家统计局关于三次产业的划分标准，计算出 1997—2012 年各地区三次产业固定资产投资占全社会固定资产投资比重 k_1、k_2、k_3。

就业人数与劳动投入结构。各省的统计年鉴提供了各地区就业人数以及三次产业的就业结构 l_1、l_2、l_3，对于个别省份和年份的缺失数据采用插值法进行处理。

人力资本存量。人均受教育年限法，即将大专及以上、高中、初中、小学和文盲的教育年限分别设定为16、12、9、6、0年，再根据各地区就业人口受教育程度的构成情况，分别以各教育层次人口占总人口比例作为权重，加权计算出各地区就业人口的平均受教育年限。

人力资本结构。根据模型的两种不同设定方式，人力资本结构也有两种不同的设定模式，一是以是否接受过大学教育，将人力资本结构分为两类，所占比重各为 h_1 和 h_6；二是按照不同的学历层次，将人力资本结构分为5类，所占比重各为 h_1、h_2、h_3、h_4、h_5。

技术水平。选取各地区不变价格的技术市场成交额来反映。之所以选取这个指标，是考虑到技术对增长的作用，不仅仅是通过研发，还必须通过市场加以推广才能实现。因此各地区的技术水平以1997年各地不变物价水平为基准的技术市场成交额来反映。

各样本数据的统计性描述见表1：

表1　样本数据的统计性描述

变量	样本量	均值	标准差	最小值	最大值
$\log Y$	480	8.312	1.039	5.312	10.65
$\log A$	480	2.832	1.685	−2.813	7.807
$k_1\log K$	480	0.312	0.186	0.0155	1.197
$k_2\log K$	480	3.412	1.144	0.855	6.149
$k_3\log K$	480	5.022	1.057	2.249	8.677
$l_1\log L$	480	3.321	1.251	0.237	6.247
$l_2\log L$	480	1.809	0.772	0.396	4.186
$l_3\log L$	480	2.361	0.635	0.892	5.301
$h_1\log H$	480	0.150	0.126	0.0165	0.923
$h_2\log H$	480	0.286	0.110	0.0694	0.673
$h_3\log H$	480	0.779	0.156	0.283	1.097
$h_4\log H$	480	0.677	0.142	0.244	0.990
$h_5\log H$	480	0.187	0.0919	0.0408	0.637
$h_6\log H$	480	1.929	0.0781	1.514	2.044

四、经验分析

（一）面板数据回归

我们对式（5）和式（6）分别运用面板固定效应模型（FE）和随机效应模型（RE）进行回归，并通过 Hausman 检验来判断具体使用哪个模型。同时，考虑到在最终产出可能会存在一定的效率损失，我们进一步采用面板随机边界模型（SFA）来进行分析，具体的回归结果如下：

表 2　模型回归结果

	模型 1			模型 2		
	FE	RE	SFA	FE	RE	SFA
$\log A$	0.0258 *** (0.00593)	0.0353 *** (0.00614)	0.0299 *** (0.00586)	0.0292 *** (0.00574)	0.0384 *** (0.00591)	0.0334 *** (0.00569)
$k_1\log K$	0.382 *** (0.0335)	0.354 *** (0.0352)	0.375 *** (0.0331)	0.369 *** (0.0325)	0.347 *** (0.0337)	0.364 *** (0.0320)
$k_2\log K$	0.404 *** (0.00904)	0.381 *** (0.00896)	0.397 *** (0.00899)	0.385 *** (0.0102)	0.369 *** (0.00991)	0.382 *** (0.00998)
$k_3\log K$	0.414 *** (0.0122)	0.391 *** (0.0125)	0.409 *** (0.0121)	0.390 *** (0.0134)	0.375 *** (0.0133)	0.388 *** (0.0131)
$l_1\log L$	0.460 *** (0.0628)	0.590 *** (0.0300)	0.558 *** (0.0485)	0.384 *** (0.0619)	0.561 *** (0.0311)	0.511 *** (0.0471)
$l_2\log L$	0.424 *** (0.0610)	0.593 *** (0.0315)	0.531 *** (0.0489)	0.369 *** (0.0596)	0.572 *** (0.0320)	0.502 *** (0.0475)
$l_3\log L$	0.414 *** (0.0601)	0.571 *** (0.0356)	0.513 *** (0.0491)	0.345 *** (0.0591)	0.533 *** (0.0357)	0.468 *** (0.0481)
$h_1\log H$	1.271 *** (0.124)	1.199 *** (0.120)	1.193 *** (0.118)	0.475 ** (0.239)	0.258 (0.248)	0.344 (0.237)
$h_2\log H$				−0.691 *** (0.212)	−0.649 *** (0.224)	−0.664 *** (0.210)
$h_3\log H$				−0.554 ** (0.274)	−0.567 ** (0.287)	−0.563 ** (0.271)
$h_4\log H$				−1.049 *** (0.292)	−1.064 *** (0.307)	−1.028 *** (0.289)

续表

	模型 1			模型 2		
	FE	RE	SFA	FE	RE	SFA
$h_5 \log H$				-1.802 *** (0.491)	-1.891 *** (0.516)	-1.821 *** (0.486)
$h_6 \log H$	0.336 *** (0.107)	0.465 *** (0.112)	0.373 *** (0.106)			
常数项	0.548 (0.492)	-0.621 ** (0.299)	0.299 (0.449)	3.687 *** (0.764)	2.461 *** (0.663)	3.296 *** (0.704)
lnsigma2			-2.367 *** (-6.77)			-2.471 *** (-7.37)
ilgtgama			2.847 *** (7.55)			2.822 *** (7.74)
mu			0.486 *** (4.61)			0.516 *** (5.45)
变量	480	480	480	480	480	480
R^2	0.983			0.984		
Hausman	0.0000			0.0000		

注：Standard errors in parentheses：*** $p<0.01$，** $p<0.05$，* $p<0.1$。

通过 Hausman 检验的 P 值看出，两个模型都适合采用固定效应模型来进行估计，而两个模型的组内 R^2 分别达到了 0.983 和 0.984，同时，各变量系数均显著，说明两个模型的拟合效果很好。同时，从 SFA 模型估计结果来看，两个模型的估计结果与采用固定效应模型时的估计结果类似，进一步证明了模型的稳健性。

从模型 1 和模型 2 的估计结果来看，可得出以下结论：第一，代表技术水平的 logA 系数虽然为正，但其产出弹性明显小于其他要素，这表明技术提升对增长的贡献明显小于要素贡献。第二，所有结构变化对要素产出弹性的影响都显著为正，但在劳动投入结构中，第三产业就业比重提升对劳动产出弹性的正向影响最大，而第三产业就业比重提升对劳动产出弹性的正向影响最小；在资本投入结构中，第一产业资本投入比重提升对资本产出弹性的正向影响最大，而第三产业资本投入比重对资本产出弹性的正向影响最小；在人力资本结构中，模型 1 得出的结论是，高级人力资本比重提升对人力资本产出弹性的正向影响要远大于一般人力资本比重提升对人力资本产出弹性的正向影响，模型 2 得出的结论是，随着受教育层次从高到低，各层次所占比例对人力资本产出弹性的积极影响依次递减，并且从高中往下呈现出负向影响，这主要是因为各教育层次比重变化呈现递增性，处于中间教育层次的比重变化具有一定随机性，很难判断其对人力资本产出弹性的真实作用。基于此，我们在后来的要素产出弹性和潜在增长率估算过程中将主要考虑使用模型 1 来进行估计。

（二）要素产出弹性变化与增长因素分析

通过估计的系数结果，我们将其与各要素结构比重相乘，从而得出 1997—2012 年的各要素产出弹性变化程度。计算出的结果如下：

表 3　各类要素产出弹性变化趋势

年份	FE 模型			SFA 模型		
	资本产出弹性	劳动产出弹性	人力资本弹性	资本产出弹性	劳动产出弹性	人力资本弹性
1997	0. 40898	0. 44034	0. 36163	0. 40313	0. 54075	0. 39548
1998	0. 40942	0. 44029	0. 36215	0. 40365	0. 54060	0. 39594
1999	0. 40953	0. 44028	0. 36495	0. 40379	0. 54053	0. 39839
2000	0. 40942	0. 44002	0. 37357	0. 40366	0. 54028	0. 40595
2001	0. 40960	0. 43982	0. 37827	0. 40387	0. 54005	0. 41007
2002	0. 40946	0. 43927	0. 38012	0. 40370	0. 53953	0. 41170
2003	0. 40917	0. 43863	0. 38740	0. 40334	0. 53902	0. 41808
2004	0. 40901	0. 43781	0. 39003	0. 40313	0. 53827	0. 42039
2005	0. 40873	0. 43707	0. 38810	0. 40280	0. 53762	0. 41869
2006	0. 40874	0. 43641	0. 39425	0. 40280	0. 53702	0. 42408
2007	0. 40869	0. 43575	0. 39742	0. 40273	0. 53646	0. 42686
2008	0. 40853	0. 43532	0. 39878	0. 40256	0. 53606	0. 42806
2009	0. 40863	0. 43473	0. 40426	0. 40269	0. 53556	0. 43286
2010	0. 40874	0. 43420	0. 41705	0. 40282	0. 53511	0. 44408
2011	0. 40878	0. 43377	0. 43015	0. 40286	0. 53473	0. 45557
2012	0. 40878	0. 43325	0. 43517	0. 40286	0. 53424	0. 45997

从表 3 中可看出，由于估计系数的差别，SFA 模型中的劳动产出弹性要高于 FE 模型中的劳动产出弹性，而人力资本产出弹性要低于 FE 模型中的人力资本

产出弹性。但两个模型在1997—2012年这一阶段都体现出基本相同的趋势：第一，资本产出弹性和劳动产出弹性呈现出下降趋势，而人力资本产出弹性则呈现出上升趋势，且人力资本产出弹性的上升速度要快于资本和劳动产出弹性的下降速度，这主要是因为人力资本内部的弹性差异要大于产业结构内部的弹性差异；第二，整体来看，三类要素产出弹性总体相差不大，劳动产出弹性最高，人力资本产出弹性在初期最低，随后超过资本产出弹性，在FE模型估计结果中，2012年人力资本产出弹性已经超过了劳动产出弹性。

得出要素产出弹性的变化程度后，结合各要素的增长率就可以分析得出中国经济增长的特征。将各地的资本存量和劳动力相加得出全国总量，并计算出增长率，对于人力资本存量则将各省区人均受教育年限与当年就业人数的乘积加总，以计算出人力资本存量的增长率。通过图1可以看出，自1998年以来的资本存量增长率在15%到40%之间，而劳动力增长率和人力资本存量增长率基本处于5%以下。考虑到要素产出弹性之间的差别远远小于这一绝对量的差别，基本可以断定，中国十几年来的增长，仍然是资本驱动型的。

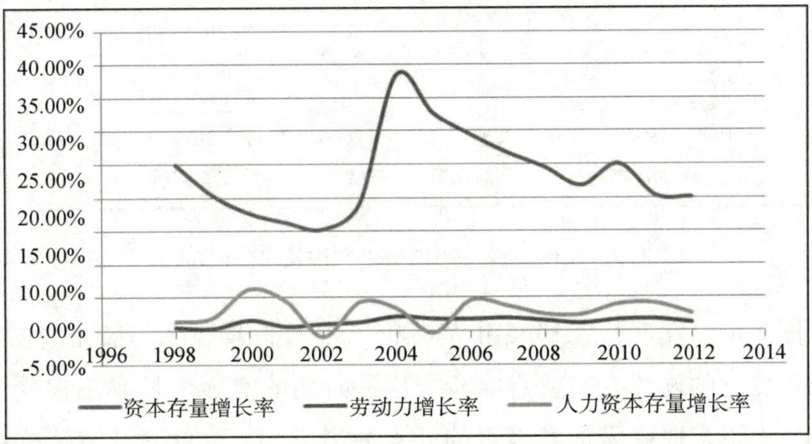

图1 中国1998—2012年各要素增长率的变化趋势

从变化趋势来看，资本存量增速自2004年起开始出现持续下降的趋势，从38%回落至20%。劳动力增速则基本维持在2%以下的低位徘徊，人力资本存量则以高于劳动力增速的速度保持了比较平稳的增长。这可能意味着一个事实，即人口年龄结构变动（人口红利）的劳动力供给效应是非常有限的。从经验上来分析，这主要是因为教育水平的提高提升了初次就业年龄，从而使得实际就业人口比重并没有出现与劳动年龄人口比重一样高的增长速度，事实上，十几年来中国的劳动参与率一直是下降的。人口因素对增长的真正贡献，并不在于年龄结构变化所带来的劳动力绝对数量的增长，而是在人口就业结构和人口质量两个方面：第一，劳动力从农业向非农产业的结构转型从配置效率角度提升了生产率；第二，教育水平的提高提升了人力资本存量，而人力资本结构升级又使人力资本产出弹性不断提升，从而极大地促进了增长。

（三）中国潜在增长率的估计

我们根据模型的估计结果和产出弹性进一步估计出经济的潜在产出，并将各地潜在产出加总得到全国总潜在产出，进一步计算得出 1998 至 2012 年的潜在经济增长率，采用 FE 模型和 SFA 模型估计出的潜在增长率结果基本一致，从而保证了估计结果的稳健性。

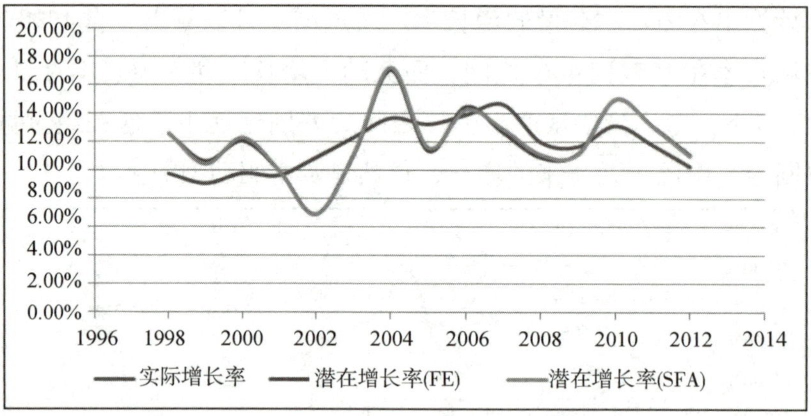

图 2　中国 1998—2012 年潜在增长率变化趋势

根据图 2 可以发现，从 1996 年至 2006 年，实际增长率与潜在增长率并没有呈现出同步变化的规律，这就意味着，这一时期的实际增长率不仅受潜在增长率的影响，也更多地受需求方因素的外生冲击影响，这就意味着，这一阶段以周期性的需求管理政策来熨平经济周期是合适的。而自 2006 年以来，实际增长率的周期变化与潜在增长率的周期变化呈现相同的变化规律。特别是自 2010 年以来，潜在增长率呈现下降趋势，而实际增长率也逐渐下滑，由此可以判定，这一阶段潜在增长率变化主要取决于潜在增长率变化，这也意味着，自 2010 年以来的增长率下降正是由于潜在增长率的下滑所导致的。

结合潜在增长率、要素及要素弹性的变化趋势综合分析，可知潜在增长率自 2004 年最高点后已经出现了下降趋势，这种下降趋势无疑是由于资本存量增速的下降所导致的，但潜在增长率的下降没有出现资本存量增长率那样大的下降趋势，除了由于资本产出弹性并不是很高的原因外，主要还是因为人力资本存量的平稳增长以及人力资本结构的升级在一定程度上减缓了资本存量增速对增长的负向影响。

（四）潜在增长率的区域分解

将30个省区按照《中国区域统计年鉴》上的划分方法，分别考察东、中、西部的潜在增长率变化情况。我们希望了解两个问题：第一，潜在增长率下降是区域现象还是普遍现象？第二，各区域实际增长率变化都是由于潜在增长率下降，抑或部分区域更多地受到外生冲击影响？具体如下图所示[①]：

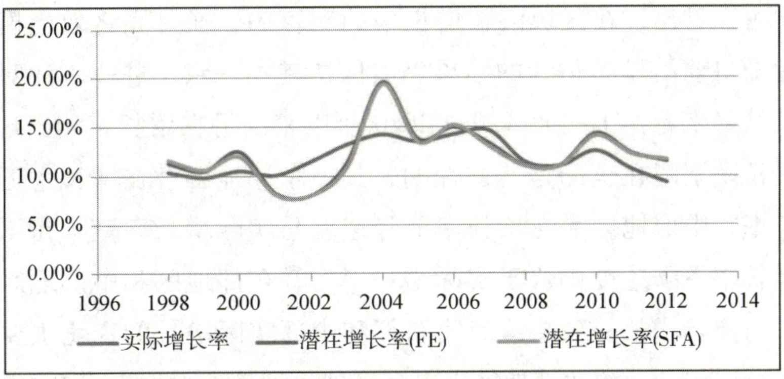

图3　东部地区1998—2012年潜在增长率变化趋势

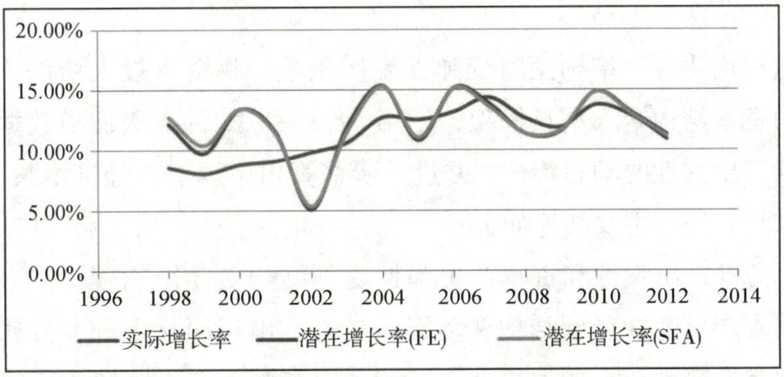

图4　中部地区1998—2012年潜在增长率变化趋势

① 这一部分计算中的实际增长率要高于统计年鉴中中国的实际增长率，主要是由于我们在计量估计和计算中用的是省级数据，加权加总后的增长率水平实际数据会高于全国水平。但是，因为我们考虑的是增长率的相对变化趋势，因此并不影响最终结论的判断。

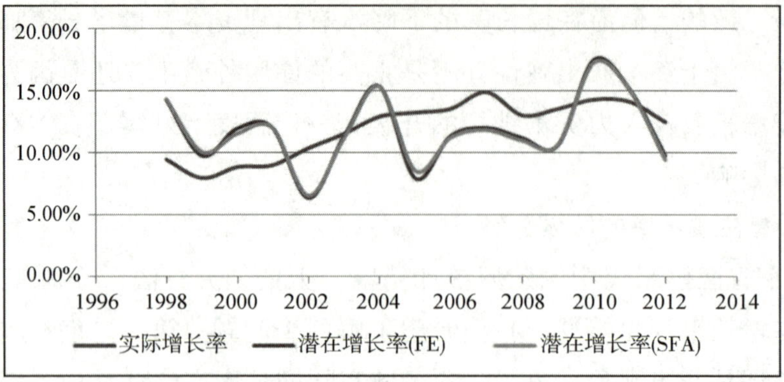

图5　西部地区1998—2012年潜在增长率变化趋势

从图中可以看出，在区域潜在增长率的测算中，通过固定效应模型估计的结果和通过随机前沿模型估计的结果仍然保持基本一致，进一步证明了结果的稳健性。从结果来看：①三大区域自2010年以来的潜在增长率均出现下降，这表明潜在增长率下降在全国是普遍性的，其中东部地区潜在增长率下降速度慢于实际增长率，中部地区潜在增长率下降速度与实际增长率基本持平，而西部地区潜在增长率下降速度则快于实际增长率；②东部地区和中部地区近十年来的潜在增长与实际增长一致，这表明东部和中部实际增长的变化主要是由于潜在增长变化所引起的，而西部地区则更多受到政策等外生冲击因素的影响。

五、结　语

本文通过构建一个结构型时变弹性生产函数，将资本投入结构、劳动投入结构和人力资本结构纳入增长框架，运用1997—2012的省级面板数据估计了这一时期要素产出弹性的动态特征，并进一步估算出中国潜在经济增长率的变化。根据估算结果，得出主要结论如下：

第一，劳动产出弹性和资本产出弹性受到结构变动影响较小，出现微幅下降，人力资本产出弹性受到结构变动影响较大，出现明显上升。劳动产出弹性和资本产出弹性变动较小的原因在于，劳动力和资本在不同产业部门之间比重的变化对劳动和资本产出弹性的影响相差不大，而高级人力资本比重提升对人力资本产出弹性的影响则远远高于一般人力资本比重提升的影响。这也意味着，由于产业结构的转型，劳动产出弹性和资本产出弹性发生的变化将使中国的经济增长逐渐面临要素报酬递减的状况，而人力资本结构的升级将使增长逐渐走向报酬递增。产业结构的转型是不可逆的，但鉴于目前未来高级人力资本比重仅占 10.6%，因此可以预测，未来中国经济增长的潜力主要在于人力资本结构的升级，未来应当进一步加大教育投资，特别是高等教育投资和科技人才培育，充分开发未来经济增长的潜力。

第二，潜在增长率既受到要素产出变化的影响，也受到结构变化和要素产出弹性变动的影响，近年来潜在增长率的下降，主要是由于资本存量增速下降所导致的，同时人力资本结构升级在一定程度上减缓了潜在增长率下降的趋势。根据估算结果和各要素增长率的变化趋势，在各要素产出弹性相差不大，同时劳动力增速和人力资本存量增速保持基本稳定的背景下，中国近十年以来的潜在增长率出现下降，主要是由于资本存量增速从 38% 高位回落至 20%，但同时人力资本结构的升级和要素产出弹性的提升延缓了这一趋势。这实际上意味着，中国目前正处于从资本驱动型外生增长模式过渡到内生增长模式的阶段，应当正确看待潜在增长率的变化，加快结构调整，努力从资本驱动型增长转型到创新驱动型增长。

第三，近十年来实际增长率的变化主要是由潜在增长率变化引起的，尤其是 2010 年以来的经济增速减缓，主要是由于潜在增长率下降导致。由增长缺口变化导致的增速减缓可以通过短期需求政策来应对，以熨平经济周期，而由潜在增长率所导致的经济增速减缓必须通过供给层面的结构性改革。因此未来的政策取向应从需求管理过渡到供给管理，尤其应当避免大规模的短期刺激政策，而应当充分释放改革红利，通过深化改革促进体制机制的转型，从而开发人力资本、创新驱动和制度供给层面的经济增长潜力。

第四，从潜在增长率区域分解来看，东部地区和中部地区的实际增长受潜在增长率变化影响更大，而西部地区受外生冲击因素较大。这表明，在应对增长速度下滑趋势时，政策取向应当考虑到一定的区域差异性。东部地区和中部地区不能采取需求层面的经济刺激政策，应以供给管理为主实施结构性改革，进一步释放增长潜力，提升潜在增长率；而西部地区则应将需求管理与供给管理并重，既通过适宜政策实现当前经济的平稳增长，又要注意提升经济潜在增长率，保证经济的长期可持续性。

参考文献

[1] BAXTON M, KING R G. Measuring Business Cycles: Approximate Band-Pass Filters for Economic Time Series [R]. NBER Working Paper, No. 5022, 1995.

[2] BIRDSALL N, LONDONNO J L. Asset Inequality Matters: An Assessment of World Bank's Approach to Poverty Reduction [J]. American Economic Review, 1997, 82 (7): 32-37.

[3] CAMBA-MENDEZ G, RODRIGUEZ-PALENZUELA D. Assessment Criteria for Output Gap Estimates [J]. Economic Modelling, 2003 (3): 529-562.

[4] DOMAR EVSEY D. Capital Expansion, Rate of Growth, and Employment [J]. Econometrica, 1946, 14 (2): 137-147.

[5] DUPASQUIER C, GUAY A, ST-AMANT P. A Survey of Alternative Methodologies for Estimating Potential Output and the Output Gap [J]. Journal of Macroeconomics, 1999 (3): 577-595.

[6] HARROD R F. An Essay in Dynamic Theory [J]. The Economic Journal, 1939 (49): 14-33.

[7] WURGLER J. Financial Market and the Allocation of Capital. Journal of Financial Economics, 2000, 58.

[8] KUTTNER K N. Estimating Potential Output As a Latent Variable [J]. Journal of Business & Economic Statistics, 1994 (12): 361-368.

[9] MADDISON A. The World Economy (Volume1, Volume2) [M]. OECD Publishing, 2006.

[10] ORPHANIDES A. The Quest for Prosperity Without Inflation [R]. Sveriges Riksbank Working Paper Series 93, 1999.

[11] SAMUELSON P A, SOLOW R. Analytical Aspects of Anti-Inflationary Policy [J]. American Economic Review, 1960 (1): 177-94.

[12] VAN NORDEN S. Why Is so Hard to Measure the Current Output Gap? [R]. Bank of Canada Working Paper, provided by Econ WPA in its series Macroeconomics with Number 9506001, 1995.

[13] 巴曙松，杨现领. 城市化与潜在增长率：基于长期视角的增长效应评估 [J]. 财贸经济，2011 (3)：96-101，137.

[14] 蔡昉，陆旸．中国经济的潜在增长率［J］．经济研究参考，2013（4）．
[15] 蔡昉，王德文．中国经济增长可持续性与劳动贡献［J］．经济研究，1999（10）：62－68．
[16] 蔡昉．中国经济增长如何转向全要素生产率驱动型［J］．中国社会科学，2013（1）：56－71．
[17] 曾先锋，李国平．资源再配置与中国工业增长：1985—2007年［J］．数量经济技术经济研究，2011（9）：3－18．
[18] 陈宗胜，黎德福．内生农业技术进步的二元经济增长模型——对“东亚奇迹”和中国经济的再解释［J］．经济研究，2004（11）：16－27．
[19] 董敏杰，梁咏梅．1978—2010年的中国经济增长来源：一个非参数分解框架［J］．经济研究，2013（5）：17－32．
[20] 高帆．论二元经济结构的转化趋向［J］．经济研究，2005（9）：91－102．
[21] 高帆．中国各省区二元经济结构转化的同步性：一个实证研究——兼论地区经济结构转变与经济增长差距的关联性［J］．管理世界，2007（9）：27－36．
[22] 郭红兵，陈平．基于SVAR模型的中国产出缺口估计及评价［J］．数量经济技术经济研究，2010（5）：116－127．
[23] 郭庆旺，贾俊雪．中国潜在产出与产出缺口的估算［J］．经济研究，2004（5）：31－39．
[24] 李小平，卢现祥．中国制造业的结构变动和生产率增长［J］．世界经济，2007（5）：52－64．
[25] 李杏，CHAN M W L．基于SYS－GMM的中国人口结构变化与经济增长关系研究［J］．统计研究，2012（4）：81－85．
[26] 刘世锦．增长速度下台阶与发展方式转变［J］．经济学动态，2011（5）．
[27] 吕健．产业结构调整、结构性减速与经济增长分化［J］．中国工业经济，2012（9）：31－43．
[28] 乔根平．经济增长与结构转化——一个三元经济模型的理论框架［J］．教学与研究，2002（10）：29－33．
[29] 邵宜航，刘雅南．二元经济的结构转变与增长分析［J］．数量经济技术经济研究，2007（10）：3－13．
[30] 沈坤荣．中国经济增速趋缓的成因与对策［J］．学术月刊，2013（6）．
[31] 沈利生．我国潜在经济增长率变动趋势估计［J］．数量经济技术经济研究，

1999（12）：3-6.

[32] 孙早，鲁政委，李晓玲. 产业结构转化、市场制度变迁与西部地区经济增长：对陕西的案例分析［J］. 世界经济，2002（12）：68-74，80.

[33] 文东伟. 经济规模、技术创新与垂直专业化分工［J］. 数量经济技术经济研究，2011（8）：3-20.

[34] 徐朝阳，林毅夫. 发展战略与经济增长［J］. 中国社会科学，2010（3）：94-108.

[35] 杨旭，李隽，王哲昊. 对我国潜在经济增长率的测算——基于二元结构奥肯定律的实证分析［J］. 数量经济技术经济研究，2007（10）：14-23.

[36] 姚战琪. 生产率增长与要素再配置效应：中国的经验研究［J］. 经济研究，2009（11）：130-143.

[37] 余江，叶林. 资源约束、结构变动与经济增长——基于新古典经济增长模型的分析［J］. 经济评论，2008（2）：22-52.

[38] 袁富华. 长期增长过程的“结构性加速”与“结构性减速”：一种解释［J］. 经济研究，2012（3）：127-140.

[39] 张平. “结构性”减速下的中国宏观政策和制度机制选择［J］. 经济学动态，2012（10）：3-9.

附录：（全国、东、中、西部潜在增长率具体值和要素增长率）

1. 全国潜在增长率趋势

年份	实际增长率	FE 模型		SFA 模型	
		潜在增长率	增长率缺口	潜在增长率	增长率缺口
1998	9.75%	12.56%	-2.81%	12.59%	-2.84%
1999	9.06%	10.62%	-1.55%	10.43%	-1.37%
2000	9.79%	12.05%	-2.26%	12.28%	-2.48%
2001	9.64%	9.98%	-0.34%	9.98%	-0.34%
2002	10.88%	6.89%	4.00%	6.86%	4.02%
2003	12.30%	11.05%	1.25%	11.14%	1.16%
2004	13.66%	17.03%	-3.38%	17.20%	-3.54%
2005	13.24%	11.37%	1.86%	11.58%	1.65%
2006	13.89%	14.46%	-0.57%	14.25%	-0.37%
2007	14.62%	12.66%	1.96%	12.90%	1.72%
2008	11.98%	10.91%	1.07%	11.11%	0.87%
2009	11.67%	11.17%	0.51%	11.11%	0.57%
2010	13.14%	14.97%	-1.84%	15.01%	-1.87%
2011	11.79%	13.12%	-1.33%	13.08%	-1.29%
2012	10.27%	11.09%	-0.82%	11.00%	-0.73%

2. 东部潜在增长率趋势

年份	实际增长率	FE 模型		SFA 模型	
		潜在增长率	增长率缺口	潜在增长率	增长率缺口
1998	10.38%	11.30%	-0.92%	11.63%	-1.24%
1999	9.86%	10.50%	-0.64%	10.63%	-0.78%
2000	10.52%	12.49%	-1.97%	11.97%	-1.45%
2001	10.08%	8.26%	1.82%	8.09%	1.99%
2002	11.49%	8.03%	3.46%	8.02%	3.47%
2003	13.22%	11.32%	1.91%	10.88%	2.34%
2004	14.25%	19.61%	-5.36%	19.37%	-5.12%

续表

年份	实际增长率	FE 模型		SFA 模型	
		潜在增长率	增长率缺口	潜在增长率	增长率缺口
2005	13.52%	13.78%	-0.26%	13.45%	0.07%
2006	14.27%	15.00%	-0.73%	15.21%	-0.94%
2007	14.65%	13.34%	1.31%	13.01%	1.64%
2008	11.42%	11.05%	0.36%	11.01%	0.41%
2009	11.03%	11.08%	-0.05%	11.02%	0.01%
2010	12.55%	14.32%	-1.77%	14.09%	-1.54%
2011	10.65%	12.31%	-1.66%	12.21%	-1.55%
2012	9.32%	11.49%	-2.17%	11.66%	-2.34%

3. 中部潜在增长率趋势

年份	实际增长率	FE 模型		SFA 模型	
		潜在增长率	增长率缺口	潜在增长率	增长率缺口
1998	8.56%	12.17%	-3.60%	12.75%	-4.19%
1999	8.06%	9.77%	-1.71%	10.42%	-2.36%
2000	8.81%	13.41%	-4.60%	13.43%	-4.62%
2001	9.11%	11.54%	-2.43%	11.39%	-2.28%
2002	9.84%	5.08%	4.75%	5.35%	4.49%
2003	10.65%	11.95%	-1.30%	11.55%	-0.90%
2004	12.75%	15.37%	-2.62%	15.30%	-2.54%
2005	12.54%	10.84%	1.70%	11.07%	1.47%
2006	13.20%	15.20%	-2.00%	15.17%	-1.98%
2007	14.37%	13.85%	0.52%	13.60%	0.77%
2008	12.66%	11.38%	1.28%	11.41%	1.25%
2009	11.92%	11.57%	0.35%	11.65%	0.27%
2010	13.76%	14.87%	-1.11%	14.85%	-1.09%
2011	12.85%	13.11%	-0.26%	12.99%	-0.14%
2012	10.92%	11.32%	-0.40%	11.20%	-0.28%

4. 西部潜在增长率趋势

年份	实际增长率	FE 模型		SFA 模型	
		潜在增长率	增长率缺口	潜在增长率	增长率缺口
1998	9.43%	14.26%	-4.83%	14.30%	-4.86%
1999	7.94%	9.74%	-1.80%	10.04%	-2.10%
2000	8.83%	11.94%	-3.12%	11.51%	-2.68%
2001	8.97%	12.01%	-3.04%	11.99%	-3.03%
2002	10.33%	6.32%	4.01%	6.51%	3.82%
2003	11.49%	11.30%	0.19%	11.14%	0.34%
2004	12.89%	15.34%	-2.44%	15.31%	-2.41%
2005	13.22%	7.91%	5.32%	8.52%	4.71%
2006	13.52%	11.31%	2.21%	11.17%	2.35%
2007	14.87%	11.98%	2.89%	11.79%	3.08%
2008	13.00%	11.16%	1.84%	10.94%	2.06%
2009	13.52%	10.54%	2.98%	10.59%	2.93%
2010	14.27%	17.44%	-3.17%	17.22%	-2.95%
2011	14.10%	15.11%	-1.01%	15.05%	-0.95%
2012	12.47%	9.74%	2.73%	9.41%	3.06%

5. 全国要素增长率趋势

	资本存量增长率	劳动力增长率	人力资本存量增长率
1998	24.95%	0.54%	1.42%
1999	20.39%	0.35%	1.96%
2000	17.67%	1.62%	6.29%
2001	16.27%	0.67%	4.44%
2002	15.26%	1.04%	-0.89%
2003	19.14%	1.29%	4.32%
2004	38.44%	2.16%	3.36%
2005	32.69%	1.83%	-0.30%
2006	29.46%	1.79%	4.60%
2007	26.72%	1.94%	3.74%
2008	24.53%	1.56%	2.52%
2009	21.83%	1.16%	2.42%
2010	25.05%	1.69%	4.01%
2011	20.30%	1.77%	4.11%
2012	20.08%	1.25%	2.63%

第八章　产业结构转换对我国潜在产出的影响分析

韩　璐　任保平*

摘　要　本文从经济增长效率、稳定性及国民福利和资源代价四个维度对产业结构转换影响潜在产出的内在机理进行了阐释。并在利用 DEA 方法对于我国 1992—2011 年间潜在产出及潜在增长率进行估算的基础上，利用产业结构合理化 TL 指数和产业结构高级化 TR 指数对产业结构的转换进行度量。通过实证分析得到我国潜在产出与国内产业结构转换之间具有长期稳定的均衡关系，二者之间存在着双向因果关系。产业结构转换升级是影响潜在产出的重要因素，结构转换升级将是未来中国经济增长的主要动力。潜在产出的提高将通过产业结构转换升级所创造的新增长红利空间来实现。

关键词　产业结构转换；潜在产出；潜在增长率

一、引　言

改革开放以来，随着我国经济体制的改革和科学技术的进步，产业间结构和比例随着经济增速的变动而调整，产业结构重心在逐步走向高度化。传统的经济增长理论认为在完全竞争市场结构中经济制度能够灵活地维持均衡价格，

* 韩璐，女，1990 年 10 月，汉，陕西西安人，西北大学经济管理学院西方经济学硕士研究生，主要从事经济增长质量研究；任保平，教育部人文社科重点研究基地——西北大学中国西部经济发展研究中心主任、西北大学研究生院院长，教育部长江学者特聘教授，教授、博士生导师，主要研究方向为中国经济增长质量与发展的政治经济学。

资源能够在长期范围内实现有效配置，因此产业结构的转换完全不能增加总产出。而事实上，市场和政府都无法做到完全的均衡调整，产业结构转换便自然地列入经济增长的源泉，是产业各部门之间的差异性造成了投入要素的产业间流动，从而带来“结构红利”维持了经济的高速增长（Peneder，2002）。在发展中国家中存在着诸多阻碍要素自由流动的因素，也只有通过产业结构的不断转换和升级来推进要素向高生产率的部门转移，才能实现经济的高速增长。产业结构对于经济增长的重要性在很多发展经济学家的研究中都有论述（Grossman et al.，1991；Barro，1991；Lucas，1993；Nelson et al.，1999）。

学者在研究我国产业结构转换对经济增长的影响贡献时，通常采用全国或各省市的GDP数据作为衡量经济增长的指标，分别采用了灰色关联理论（崔玉泉，2000；邓小艳，2003）、偏离—份额分析法（郭文理，2001；陈海明，2000）以及刘伟（2000）所建立的数理模型。而本文则采用了潜在产出作为衡量经济增长的指标。潜在产出是基于潜在产出的宏观经济学概念，潜在产出一般是指“如果经济有效地利用资源，那么将能够生产多少产量”。具体说来，根据不同的理论假设和观点，学界关于这个问题的认识基本可以分为两派。一派是以凯恩斯的理论为基础认为当经济达到“非自愿失业率”并且各种投入要素都充分利用时的最大产出水平即为潜在产出，因此发达国家的潜在产出常用就业率来估算。以新古典理论为基础的一派则认为潜在产出是在不引起通货膨胀改变的条件下经济所能实现的产出。潜在增长率则是在潜在产出水平上的经济增长率，能够衡量经济体中所有生产要素最优配置情况下能达到的最大增长率。目前学界估算经济潜在产出的主要方法可分为参数方法和非参数方法两大类。其中参数方法主要有滤波法、生产函数法和状态空间法等，而非参数方法则主要是指基于数据包络分析（DEA）的估算方法。

本文力图通过对我国产业结构转换度量和对我国经济潜在产出的估算来分析二者之间的相互关系，来说明产业结构转换对于中国潜在产出提升的重要意义。文章在现有研究的基础上，首先从中国转型经济的特征出发，采用非参数数据包络分析方法（DEA）估算出的潜在产出作为衡量我国经济增长与发展的最终指标，并且相较于已有文献在更长的时间跨度上估算我国经济的潜在产出。其次，文章对产业结构转换的度量也没有使用单一的三产产值数据，而是从产业结构转换合理化和高级化两个维度展开分析。最后，文章没有将潜在产出和产业结构转换的研究割裂开来，而是通过经济数据研究了二者间的相互影响关系。

二、产业结构转换影响潜在产出的内在机理分析

一国经济的发展在国民生产总值增长的同时产业结构必然也在不断地转换升级之中，总量与结构之间是紧密相连、相互作用的。合理的产业结构能够不断促进资源在部门和产业之间的有效配置和转移，提高资源的使用效率，不断促进潜在产出的提升。当经济发展到一定程度，以往的产业结构不再适应现有的经济发展模式时，产业结构就有转换的动力来适应经济发展的需要。

要实现在经济增长中提高各种资源的利用效率，使经济能够有质量、有效益的增长，“调结构”可以说是要解决的最根本的、核心的问题。产业结构转换影响潜在产出是通过不断调整不同产业的占比，又由于不同产业的生产率不用，而导致整体的生产率发生变化。它不但能够影响经济增长的数量，而且对于整个经济增长的结构和稳定性、国民福利及资源生态多个方面都会有巨大的影响（任保平，2010）。我国产业结构的优化和转换影响潜在产出的内在机理主要表现在：

第一，产业结构的转换有利于改善资源的配置状况，降低经济运行的无谓消耗，从而提高经济增长的效率，促进了潜在产出的提高。产业结构的变动必定伴随着生产要素的流动和产业的转移，因此产业转换能够有效防止整个经济运行的效率被占据着过多资源的低效部门或产业拉低。随着产业结构的变动转换，资源配置结构也会相应地发生变化。吕铁等（1999）认为不同产业的生产流程水平和生产增长率各不相同，当资源在产业之间进行再配置时就会产生资源再配置效应，从而构成总生产率增长的一个组成部分，进而成为影响潜在产出的一个重要因素。特别是产业结构的转换对于资本、人力等资源也进行了很大程度上的优化配置，从而加大其对经济增长的贡献，可以有效提高潜在产出。

第二，产业结构的转换有利于调整结构偏差，减少总需求不足对经济增长的制约，通过改善供给结构影响潜在产出。我国现今的产业结构的特征主要是工业比重过高和第三产业比重偏低，整体社会资源配置偏重于工业品的生产，而长久以来的市场需求饱和使得由工业增长支撑的经济增长难以得到有质量的提升。另外，我国第三产业中消费性服务行业的规模和质量也不能很好地满足居民消费水平的提高和结构的变化，进一步阻碍了消费需求的扩大，进而对潜

在产出的提升有很大的制约作用。只有通过改善失衡的产业结构来调整偏差，才能够通过协调的三产间关系缓解总需求不足的问题，满足人民日益升级的需求结构，使所有生产要素都最大化地发挥作用，从根本上影响潜在产出。

第三，产业结构的转换和优化有助于抑制经济增长的波动，维持经济增长的稳定性，从而为潜在产出的提升提供保障。产业结构的均衡很大程度上决定着整个国民经济的均衡发展，三次产业的发展不均衡将使得工农业资源要素和产值配比严重失衡，进而引发供求总量方面的矛盾。1978 年改革开放以来，经济年均增速虽然很快，但年际间的增长差异即经济增长的波动也很大，这其中很重要的因素就是经济运行中缺乏产业结构的自动调节机制。经济运行之中通常需要第三产业来起到稳定作用，因而经济增长出现较大的波动大多是由于较高的工业比重造成的。只有随着产业结构的不断优化升级，各生产要素之间的发展相互协调，三大产业协调发展，经济波动才将会被进一步弱化，经济增长的稳定性加强，从而为潜在产出的提升提供保障。

第四，产业结构的转换有利于增进居民福利，改善经济成果分配结构，并且在很大程度上提升自然资源利用效率，从而提升潜在产出。二元经济结构作为我国经济发展过程中最大的现实，改革开放以来城乡收入分配差距不断扩大，农民生活水平较低、医疗保障缺乏等一系列问题逐渐凸显，占我国人口绝大部分的农民并没有充分享受到改革的成果。而通过产业转换和升级，第一产业将不再是单纯为工业和服务业提供基础保障的低技术含量的产业，传统的农业部门将更有效地与现代部门的技术和资本相结合，实现农民收入水平的提高和福利水平的改善。同时，产业转换将大规模引进高新技术，使得经济发展进一步由粗放向集约型转变，进而通过提升自然资源的利用效率，来提升潜在产出。

三、基于 DEA 方法的中国潜在产出估算

（一）现有“潜在增长率”估算研究的述评

从现有的文献可以看到，我国目前关于潜在增长率的估算都主要从供给角度利用生产函数进行分析。沈利生（1999）利用生产函数方法预测了 21 世纪前 10 年的平均潜在增长率为 9%。王小鲁等（2000）认为 2001—2020 年中国潜在经济增长低于 7%；林毅夫等（2003）则得出 2004—2014 年为 8.5%，2014—2024 年为 7.1%。高铁梅等（2005）分别使用可比价格、HP 滤波法、生产函数

法和平均模型四种方法测算了潜在增长率，在忽略差异的基础上得到的数据均在8.5%到10.5%之间。张连城等（2009）利用HP滤波法并结合中国潜在经济增长路径波动较大这一实际特征，测算出了1982—2007年间的潜在增长率。刘世锦等（2011）认为中国经济潜在增长率很有可能在2015年前后降至6.5%至7.3%之间。蔡昉等（2012）则指出中国GDP潜在增长率将逐渐降至2011至2015年的7.19%和2016至2020年的6.08%。但在Farrell于1957年提出数据包络方法后利用非参数方法DEA对我国潜在增长率进行测算的学者并不多见。倪晓宁（2004，2010）利用DEA的BC2模型估算了中国1998—2007年间的宏观经济投资效率和潜在GDP，认为我国潜在生产能力平均利用率在82%左右。

本文使用非参数DEA方法测算我国1991—2011年间的潜在产出和潜在增长率，克服了传统测算方法需要事先设定函数形式的缺陷，更大程度上适应了我国现有经济制度、结构和技术水平下生产函数的具体形式并不确定这一现实。其次，在DEA方法度量效率时选用固定资产投入作为单投入指标，便于进行测度和宏观调控，只需在计算时符合凸分析的相关相求即可，很大程度上避免了不可信估算数据的引入，保证了测算的科学性和准确性。

（二）潜在产出DEA估算方法

本文在利用DEA方法测算我国潜在产出时，借鉴了魏权龄（1998）所介绍的BC2模型。BC2模型的投入最小化形式是：

$$
\begin{aligned}
&\textit{Minimize} \quad \theta \\
&\textit{Subject to} \quad \sum_{i=1}^{n} X_i\lambda_i \leqslant \theta X_j \\
&\qquad \sum_{i=1}^{n} Y_i\lambda_i \geqslant Y_j \\
&\qquad \sum_{i=1}^{n} \lambda_i = 1 \\
&(\lambda_i \geqslant 0, i = 1,2,\cdots,n)
\end{aligned}
$$

模型中描述的生产可能性集是通过一系列相同部门的X、Y观测值形成的，描述了在现有经济制度结构和产业技术水平下，输入一定的投入要素来观察模型所输出的最优值。当模型最优值小于1时，即可以用比现有更少的投入要素获得当前产出，因而生产活动未达到帕累托最优，缺乏效率；当模型最优值等于1时，即现有投入得到的产出已是最大产出，生产是有效率的。所有有效观测点形成的包络就是生产前沿面。

在我国，虽然全国范围内政治体制和经济制度是统一的，但不能避免现实中存在的地区差异，各地区特异的社会经济制度、产业结构和各地区的文化传统等都会影响经济产出，使其与潜在国内生产总值之间存在一个差额。各个地区之间相同的投入由于实际生产效率不同而拥有不同的产出，因此全国所统计到的国内生产总值并不能体现出潜在最有效率的国内生产总值。这些差异的大小不仅衡量了经济增长潜力的发挥程度，也反映了在统一制度下政策未及的程度。使用DEA方法估算潜在产出的基本思路是，利用效率判断模型BC2找到一段时期内各年生产相对有效率的省区，以这些省区的生产有效点为标准，认为当年该省区中的生产要素都已完全发挥潜力，进而以其拟合出的生产前沿面为标准，测算其他省区当年产出，加总所得即为当年国内潜在产出。

（三）中国潜在产出的DEA估算

1. 数据说明及调整

本文在估算过程中采用单投入单产出的BC2模型，单投入要素选择了数据可得性较高的固定资产投入，单产出则为国内生产总值（GDP）。由于两组指标均符合公理体系所要求的三大性质，因此可以根据实际情况来灵活运用计算。利用1991—2011年的国内及地区生产总值和固定资产投入数据，使用Deap 2.1软件处理数据及输出结果。

在数据调整时，首先针对文中所使用的国内生产总值和地区国内生产总值的加总值不相等这一问题。对地区国内生产总值做一调整。令地区国内生产总值调整系数=全国国内生产总值/地区国内生产总值总和；调整后地区国内生产总值=地区国内生产总值调整系数×地区国内生产总值。其次，在固定资产投入部分，统一使用《中国统计年鉴2012》中对固定资产投入的统计新口径数值（其中调整了1996年和2010年的相应数据）。最后，计算得到的1991—2011年全国潜在国内生产总值和固定资产投入数据都应按照1990年价格折算整理。

2. 估算结果

本文潜在产出估算的数据处理使用Deap 2.1软件。利用BC2模型计算各地区各年生产效率，遴选出生产相对最有效率的地区，汇总生产有效点并拟合出生产前沿面。例如，对1993年的数据进行分析，以固定资产投入从小到大排列，位于生产前沿面上的西藏、贵州、湖南、河南、广东和山东六省份共同构成了该年的生产前沿面（图 1）。之后将各省份固定资产投入数据代入前沿面，按最有效率的方式计算其他生产相对无效率的省区本应得到的产出，最终加总得到该年潜在产出。

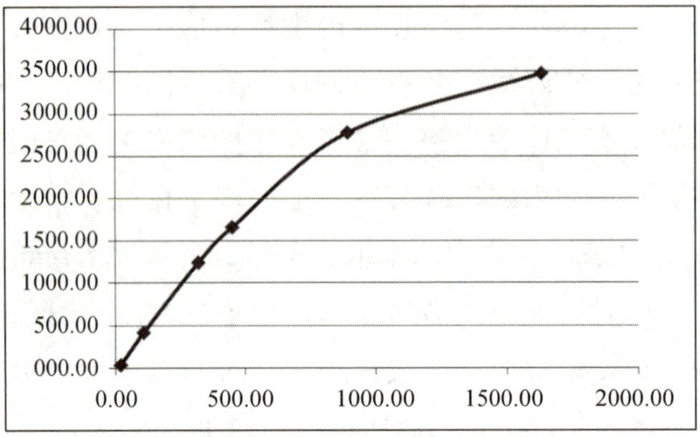

图 1　中国 1993 年地区生产前沿面（单位：亿元）

重复上述运算过程，得出在 1992—2011 年这 21 年间的生产有效点分布，并且估算出各年潜在产出和经济潜在增长率的变化趋势见图 2。

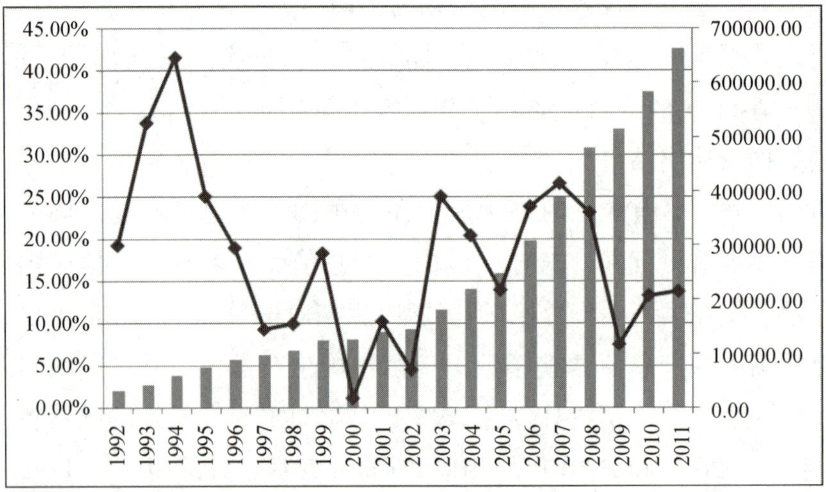

图 2　中国 1992—2011 年潜在产出与潜在增长率

四、我国产业结构现状及转换的度量

（一）关于产业结构对经济增长影响研究的述评

关于现代经济增长的本质，库兹涅茨等分别从总量和结构两个不同侧面反映了产业结构转换对于经济增长的重要作用，库兹涅茨认为在经济不断增长的过程中产业结构将有序而渐进地升级变动，罗斯托则更强调结构变动对于总量增长的促进作用。钱纳里等（1989）在“多国模型”的统计分析结论基础上也提出：经济增长有赖于结构的转换，结构因素对于经济增长有显著的贡献。在结合我国的实际情况进行考察时萨克斯（1996）认为，中国的二元经济结构为产业转换提供了很多的空间，因而产业结构转换成为经济增长的源泉。

国内学者对经济结构和经济增长的关系所进行的大量规范和实证研究也都基本上肯定了产业结构转换对于经济增长的积极作用，且二者在长期内具有协同互动的关系。周振华（1990）从产业结构角度，认为在现代经济增长中要素投入的增加和技术的进步只有通过产业结构的变动才能影响经济增长。刘伟（2002）采用了不同产业结构对生产影响的函数，对全国各地区从 1992—2000 年的产业结构与经济增长之间的关系进行了实证研究。干春晖等（2011）从产业结构合理化和高级化两个方面来考察产业结构变迁，利用固定效应模型分析，认为产业结构变迁通过影响不可预测的周期性波动来影响经济体。

（二）我国三次产业结构的变动趋势

1. 三次产业占 GDP 比重的变动

1978 年改革开放至今，从三大产业各自在 GDP 中的占比（第 166 页图 3）可以看到，中国的三次产业间的产出结构也经历了很大的变化。

首先，第一产业产值占 GDP 比重明显在不断下降。1978 年至 1984 年间，第一产业在全国 GDP 中的占比约为 30%，但改革开放以来则一直呈现下降趋势，直到 2011 年其产值占 GDP 比例仅为 10% 左右。特别是，在 1985 年之前第一产业占比有一个小幅度上升，这与当时推广的家庭联产承包责任制极大地释放了农业生产力有很大关系。

其次，第二产业产值占 GDP 比重在改革开放的 40 年间在 40% 至 50% 间有所起伏，但整体并没有发生太大幅度的变化。相较第一产业和第三产业，始终保持着高水平的 GDP 占比，在 GDP 的构成中占据中坚力量。

最后，第三产业产值占 GDP 比重提升较快，从 1978 年的不到 25% 升至 2011 年与第二产业占比基本相同的 45%。第三产业比重的迅速提升在 1982 年之后，并且于 1985 年超过了第一产业。从现在的情况看，第三产业占 GDP 比重在 2008 年之后维持了一个稳定的高水平贡献值，并且仅低于第二产业一到两个百分点。

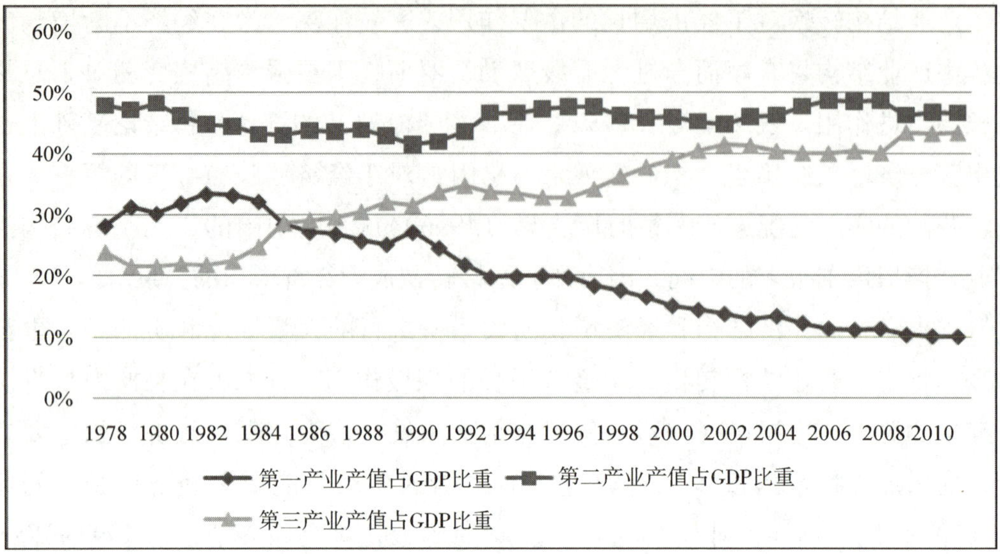

图 3　1978—2011 年中国三次产业占 GDP 比重变动趋势

（数据来源：《中国统计年鉴 2012》《新中国 60 年统计资料汇编》）

2. 三次产业劳动生产率的变动

在提倡经济效率的当今社会，全社会的劳动生产率从 1978 年的 907.85 元/人增加为 2011 年的 61879.29 元/人。三次产业的劳动生产率也都有了全面性的提升，并且三者之间的差异也有了逐渐扩大的趋势（图 4）。

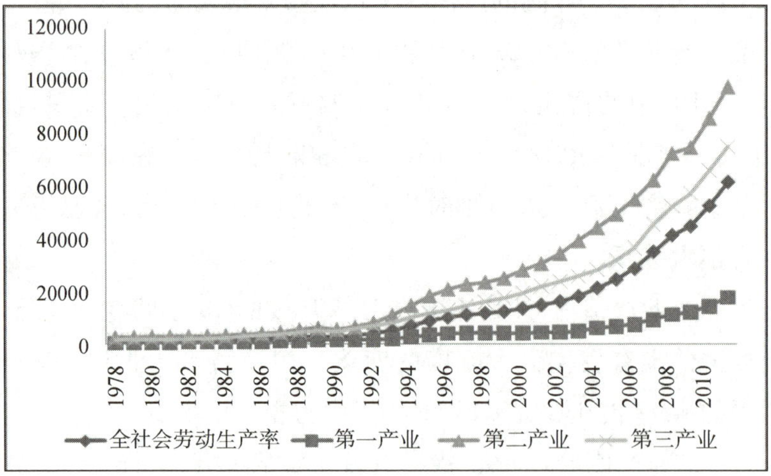

图 4　1978—2011 年中国三次产业劳动生产率变动趋势

（数据来源：《中国统计年鉴 2012》）

可以看到，无论是全社会劳动生产率还是三次产业的劳动生产率都保持着不断上升的趋势。在1990年之前，三次产业劳动生产率间的差距都还不明显。但在1990年之后，三次产业间的劳动生产率呈现出了不同的发展趋势。第一产业的劳动生产率只保持了缓慢的增长，而第二和第三产业的劳动生产率则快速增长并且逐渐超过了全社会劳动生产率的平均水平。可以说是第二和第三产业，特别是第二产业的高劳动生产率拉动了整个全社会的劳动生产率；同时，第一产业中由于技术创新不足、新机器设备引入率低等原因造成了劳动生产率无法显著地提升，在面对整个经济增长和发展的大局时，无法创造新的增长点，反而制约了整个社会的生产效率的提高。

从总的变动趋势上来看，三次产业中对于经济增长的贡献率最大的仍是第二产业，而第一产业的贡献率正在逐年下降；经济增长越来越多地依赖于第二和第三产业的贡献率。从劳动生产率的统计数据上分析，产业间的劳动生产率的差距扩大也促进了高质量人力资本向第二和第三产业的转移，产业结构的优化升级很大程度上保障了经济既有数量又保质量的增长。

（三）产业结构转换的度量

根据干春晖等人（2011）的研究，在分析了我国三次产业发展变动的基本趋势之后，我们可以利用两个维度来衡量产业结构的转换，即产业结构的合理化和产业结构的高级化来定量地测度我国三次产业结构转换程度。

1. 产业结构合理化指数

产业结构合理化是指不同产业间协调的聚合质量，它不仅是对三次产业之间转换协调程度的反映，也体现了当前资源优化配置和有效利用的程度，有效衡量了要素投入产出结构的耦合程度。文献中一般采用产业结构偏离度来度量产业合理化，计算公式为：

$$E = \sum_{i=1}^{n} \left| \frac{Y_i/L_i}{Y/L} - 1 \right|$$

其中，E表示产业结构偏离度，Y表示某产业部门产值，L表示就业，i表示产业，n表示产业部门数；则Y/L表示生产率。均衡状态时，各产业的生产率等于社会总体生产率，资源实现了最优配置，从而$E=0$。但是由于在现实经济生活中并不存在绝对的均衡状态，各产业生产率与总体生产率总会有偏差，各个产业的偏差加总就使总体产业结构偏离。E值越大，就表示经济对均衡状态的偏离程度越大，产业结构越不合理。但在衡量产业偏离度时并没有对三大不同产业的重要性赋予不同的权重，没有将其对整个经济产值的不同贡献程度考虑在内。借鉴干春晖（2011）所定义的衡量产业结构合理化的泰尔指数，其计算公式为：

$$TL = \sum_{i=1}^{n}\left(\frac{Y_i}{Y}\right)\ln\left(\frac{Y_i}{L_i}\Big/\frac{Y}{L}\right)$$

新构建的泰尔指数加入了不同产业部门在经济总产值中的占比，无须通过绝对值的方法计算偏离度。当经济处于均衡状态时，$\frac{Y_i}{L_i}=\frac{Y}{L}$，$TL=0$。因而在泰尔指数不为0时，表明产业结构偏离了均衡状态，当前产业结构并不合理。

通过对1992—2011年间产业数据的计算（表1），可以看到衡量产业偏离的泰尔指数始终保持在0.20左右，说明我国现今的产业结构并不是完全合理的均衡状态；但整个指数有下降的趋势，说明我国产业结构正在逐渐向好。

表1 1992—2011年中国产业结构合理化的泰尔指数变动表

年份	1992	1993	1994	1995	1996	1997	1998	1999	2000	2001
TL 指数	0.28	0.29	0.26	0.24	0.23	0.24	0.24	0.26	0.28	0.29
年份	2002	2003	2004	2005	2006	2007	2008	2009	2010	2011
TL 指数	0.31	0.32	0.28	0.27	0.26	0.23	0.22	0.21	0.19	0.17

2. 产业结构高级化指数

产业结构高级化一般是指产业结构从低端向高端转化的过程，一般文献根据配第克拉克定理采用非农业产值比重作为产业结构升级的度量。本文中采用非农产业产值（即第三产业产值与第二产业产值之和）与三大产业总产值之比来度量产业结构的高级化，记为TR。这一指标可以明确地表达出产业结构是否朝着工业化和服务化的方向发展。

通过对1992—2011年间产业数据的计算（第169页图5），可以看到衡量产业结构高级化的TR指数在20年间一直保持着上升的趋势，从1992年的78.21%一直稳步上升至2011年的89.96%。这说明我国产业结构一直拥有比较健康良好的发展势头，非农产业产值已经逐步占有了整个产值的90%以上，产业结构高级化趋势较为明显。

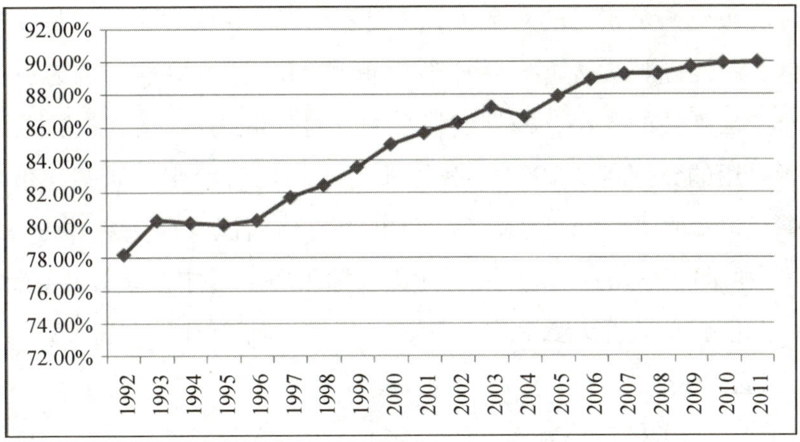

图5 1992—2011年中国产业结构TR指数变动趋势图

五、产业结构转换对潜在产出影响的实证分析

继哈罗德和多马之后，索罗将技术进步纳入经济增长模型中，并明确资本、劳动力和技术进步引致的经济增长将永远在一定的框架内产生作用。这个框架，即是产业结构。前文阐述了产业结构转换影响潜在产出的内在机理，下面我们将针对这一命题进行实证检验。

（一）模型设定及数据处理

新古典经济增长理论研究要素投入对产出的影响，一般采用 $Y=AF(K, L)$ 这一基本形式，其中 Y 代表产出水平，A、K、L 代表技术、资本和劳动力三种生产要素，具体函数形式通常采用柯布—道格拉斯生产函数，即 $Y=AK^{\alpha}L^{\beta}$。而在实际经济运行中，生产函数并不是固定不变的，而是随着产业结构的不断调整来改变形式，来达到最适合经济发展需求和能够最大程度上利用资源的发展方式。刘伟（2002）等多位学者都利用柯布—道格拉斯函数作为基础，构建了产业结构对经济增长贡献的分析模型，其中将三大产业部门的实际产值加总，并将经济制度变迁影响纳入，共同考察其对总产出的影响程度。

本文为分析产业结构转换对潜在产出的影响，利用上文提到的产业结构合理化 TL 与产业结构高级化 TR 指标替代传统模型中的实际产业部门产值作为产业转换程度的度量，来衡量产业结构转换对潜在产出的影响。将模型设定如下：

$$\ln Y = \beta_0 + \beta_1 \ln TL + \beta_2 \ln TR + \varepsilon_i$$

其中 Y 表示我国潜在国民生产总值，$\ln TL$ 和 $\ln TR$ 分别表示产业结构合理化和产业结构高级化衡量指标的对数值，ε_i 则表示 C－D 函数中技术进步对于总产出的贡献值，ε_i 为随机误差项。为消除时间序列的异方差性，也为更方便地求出两指标对产出弹性的大小，模型变量采用了对数形式。

本文所采用的数据是从 1992 年我国实行市场经济以来，研究在市场这一有效的资源配置方式的调控下我国潜在产出的变动情况。研究样本从 1992 年到 2011 年，*TL* 和 *TR* 指标的计算所用数据均来源于历年《中国统计年鉴》，涉及历年国内生产总值、总就业人数和第一、二、三产业的产值及从业人数。

（二）实证分析

1. 时间序列的平稳性检验

首先对时间序列变量在回归检验前进行平稳性检验，以确定变量之间的同阶单整关系。这里我们采用 ADF 方法对变量进行单位根检验，涉及指标变量包括 *Y*、*TL* 和 *TR*。由表 2 可以看到，变量 ln*Y*、ln*TL* 和 ln*TR* 二阶差分后所得到的 ADF 值都小于临界值，具有平稳的特征。因此可以认为所有变量均是属于二阶单整平稳序列，三者间存在着协整关系。

表 2　单位根 ADF 检验结果

变量	ADF 统计值	1% 临界值	5% 临界值	10% 临界值	结论
ln*Y*	－2.5653	－4.5326	－3.6736	－3.2774	不平稳
ln*TL*	－1.5137	－4.6679	－3.7332	－3.3103	不平稳
ln*TR*	－1.4848	－4.5326	－3.6736	－3.2774	不平稳
Δ^2ln*Y*	－5.8204	－3.0522	－3.0522	－2.6666	平稳
Δ^2ln*TL*	－5.8236	－4.6162	－3.7105	－3.2978	平稳
Δ^2ln*TR*	－5.1453	－4.6679	－3.7332	－3.3103	平稳

2. 时间序列的协整检验

应用 E-G 两步法首先对上述模型进行协整分析，第一步采用普通最小二乘法（OLS）对模型进行估计，并且为了说明产业结构转换对于潜在产出的长期影响，也为了将经济活动的连续性和滞后性考虑到模型之内，建立带残差项自回归方程，回归结果见第 171 页表 3。模型数据表明产业结构的合理化和高级化转换对于潜在产出有着很强的整体解释意义。

表 3　回归结果

变量	参数值	标准差	*t* - 统计量	*p* - 值
OLS：被解释变量 ln*y*				
c	12.4258	0.2374	52.3487	0.0000
ln*TL*	-1.5889	0.1425	-11.1534	0.0000
ln*TR*	16.1826	0.4824	33.5458	0.0000
拟合优度 R^2	0.9902	D-W 统计量	1.1685	
F-统计量	862.2713	Prob（F-statistic）	0.0000	
带残差项自回归：被解释变量 ln*y*				
c	12.4066	0.8945	13.8693	0.0000
ln*TL*	-1.1225	0.3409	-3.29239	0.0049
ln*TR*	4.1134	2.9969	1.3726	0.0190
AR（1）	0.9239	0.0312	29.6046	0.0000
拟合优度 R^2	0.9949	D-W 统计量	2.1434	
F-统计量	983.5002	Prob（F-statistic）	0.0000	

再进一步对回归模型残差进行单位根检验，残差平稳性检验结果见表 4，结果显示残差是平稳时间序列，即模型表示的协整关系成立。

表 4　残差序列单位根 ADF 检验结果

变量	ADF 统计值	1% 临界值	5% 临界值	10% 临界值	结论
RESID	-2.9355	-2.6924	-1.9602	-1.6071	平稳

结合以上得出的协整检验拟合优度等各项指标的检验，可以认为 ln*Y*、ln*TL* 和 ln*TR* 之间存在协整关系，即我国潜在产出与国内产业结构转换的合理化和高级化的对数形式之间确实具有长期稳定的均衡关系。

从以上分析可以看到，我国产业结构的转换除对现期的潜在产出有影响外，还对未来一期的潜在产出产生影响，由于 *AR*（*l*）的系数是 0.92，可以看出我国潜在经济增长能力具有很强的延续性，恰恰也证明了此前提到的经济活动的连续性和滞后性，意味着做好当期产业结构转换的布置与规划对长远经济增长有极大的影响。同时也说明，当期的潜在产出不仅受到当期产业结构的影响，还受到滞后一期产业结构的影响。

根据最终得到的模型参数，产业结构合理化指数每降低一个百分点会导致潜在国内生产总产值增长 1.122%，即产业结构愈趋于合理化，即 *TL* 指数越小，越能够促进潜在产出的增长；而产业结构高级化指数则每增加一个百分点会导致潜在产出增加 4.113%。并且在产业结构转换的这两个维度之中，产业结构高级化对于潜在产出的拉动效应在数值上体现得更为明显。

3. 格兰杰检验

从上述回归方程来看，我国潜在产出与国内产业结构转换的合理化和高级化之间具有显著的协整关系，即变量之间有长期稳定的均衡关系。但长期的均衡关系还不能从完全意义上说明变量之间存在的因果关系，因此还需要进一步进行格兰杰因果检验，从而判定它们之间相互的因果关系，最优滞后阶数由 AIC 准则确定。

表 5　格兰杰因果关系检验结果

Null Hypothesis：	F – Statistic	Probability
ln*TR* does not Granger Cause ln*Y*	2.37986	0.0316
ln*Y* does not Granger Cause ln*TR*	3.91980	0.0465
ln*TL* does not Granger Cause ln*Y*	3.68625	0.0208
ln*Y* does not Granger Cause ln*TL*	4.23787	0.0383
ln*TL* does not Granger Cause ln*TR*	1.20520	0.3310
ln*TR* does not Granger Cause ln*TL*	3.83724	0.0490

从格兰杰因果检验可以看出，ln*Y* 与 ln*TR*、ln*Y* 与 ln*TL* 间都构成了双向的格兰杰因果关系。即，不仅是产业结构的高级化和合理化转换促进着我国潜在产出的提升，经济的不断发展，潜在产出的增长也在有效地反作用于产业结构的不断优化和升级。另外，ln*TL* 和 ln*TR* 之间构成的是单向格兰杰因果关系，这体现了在产业结构转换中高级化趋势，即第二和第三产业产值和所占比例的不断提升是国内经济不断发展过程中三大产业协调程度和聚合质量合理化趋势的重要原因和拉动因素。

六、结论与政策建议

本文研究表明，我国潜在产出与国内产业结构转换的合理化和高级化的对数形式之间确实具有长期稳定的均衡关系，并且产业结构转换能够通过影响本期潜在产出进一步地影响后一期的潜在产出，显示了产业结构转换对我国潜在产出的影响；其中产业结构高级化对于潜在产出的拉动效应在数值上体现得更为明显。并且潜在产出与产业结构转换的高级化和合理化之间都存在双向的因果关系，不仅是产业结构的高级化和合理化转换促进着我国潜在产出的提升，潜在产出的增长也在有效地反作用于产业结构的不断优化和升级；并且，产业结构转换的高级化也是产业结构合理化趋势的重要拉动因素。

我国经济经过30多年的快速增长，如今更多地面临着下行压力，传统的人口红利、资源红利、外资红利都在逐渐消退。对于中国未来经济增长来说——“差距就是潜力”，因此结构转换红利才是关键，未来中国经济增长必须要通过结构转换创造出新的红利空间来提升潜在产出。在提升潜在产出的政策工具之中，产业结构转换政策将成为重中之重。政府应该在对经济发展总量增长的关注之外，更多地给予结构调整更大的运作空间。首先，依照国内经济的实际发展状况进行有效的产业结构调整对于保证潜在产出的提升是非常必要的。一方面，传统产业要向高科技含量、高附加值产业转型，使传统产业真正融入新型产业链之中；另一方面要发展战略性新型产业，带动产业结构体系升级。其次，保证产业结构转换过程中的合理性，立足于全球产业转移和升级来提升产业层次和技术水平，特别是第二、三产业的发展应互相支持促进，在加快淘汰落后产能的同时积极开发尖端技术、发展高科技产业，提升自身的专业化和高级化程度，维持经济增长的可持续性。最后，由于产业结构高级化对于潜在产出的拉动效应在数值上体现得更为明显，因此表明我国现阶段的发展重心仍应集中在第二产业和第三产业，围绕着优势支柱产业大力发展生产型服务业的同时利用现代管理和经营理念发展生活型服务业，着力消除经济制度和固有体制的限制和障碍，实现以产业高级化来带动产业结构合理化调整，最终实现潜在产出的提升。

参考文献

[1] 蔡昉，陆旸. 人口转变如何影响中国的潜在增长率［R］. 工作论文，2012.

[2] 干春晖，郑若谷，余典范. 中国产业结构变迁对经济增长和波动的影响研究［J］. 经济研究，2011（5）.

[3] 高铁梅，梁云芳. 论中国增长型经济周期波动及适度增长区间［J］. 经济学动态，2005（8）：37 –43.

[4] 钱纳里，鲁宾逊，赛尔奎因. 工业化和经济增长的比较研究［M］. 吴奇，王

松宝等，译. 上海：上海三联书店，1995.
[5] 林毅夫，郭国栋，等. 中国经济的长期增长与展望. 北京大学中国经济研究中心讨论稿，2003.
[6] 刘世锦，张军扩，等. 陷阱还是高墙：中国经济面临的真实挑战与战略选择 [J]. 比较，2011，54.
[7] 刘伟，李绍荣. 产业结构与经济增长 [J]. 中国工业经济，2002 (5)：14 -21.
[8] 吕铁，周叔莲. 中国的产业结构升级与经济增长方式转变 [J]. 管理世界，1999 (1)：113 -125.
[9] 倪晓宁. 基于 DEA 的潜在国内生产总值估算方法及其在中国的应用 [J]. 统计研究，2004 (5)：12 -17.
[10] 任保平. 以质量看待增长：对新中国经济增长质量的评价与反思 [M]. 北京：中国经济出版社，2010.
[11] 沈利生. 我国潜在经济增长率变动趋势估计 [J]. 数量经济技术经济研究，1999：12.
[12] 王小鲁，樊纲. 中国经济增长的可持续性 [M]. 北京：经济科学出版社，2000.
[13] 魏权龄. 评价相对有效性的 DEA 方法——运筹学的新领域 [M]. 北京：中国人民大学出版社，1988.
[14] 张连城，韩蓓. 中国潜在经济增长率分析——HP 滤波平滑参数的选择及应用 [J]. 经济与管理研究，2009 (3)：22 -28，86.
[15] 周振华. 论现代经济增长与产业结构优化 [J]. 财经研究，1990 (6)：14 -19，64.
[16] PENEDER M. Structural Change and Aggregate Growth [R]. WIFO Working paper, Austrian Institute of Economic Research, 2002.
[17] GROSSMAN G M, ELHANAN H. Quality Ladders in the Theory of Growth [J]. Review of Economic Studies, 1991, 58: 43 -61.
[18] BARRO R J. Economic Growth in a Cross Section of Countries [J]. Quarterly Journal of Economics, 1991, 106: 407 -443.
[19] LUCAS R E J. Making a Miracle [J]. Econometric, 1993, 61: 251 -271.
[20] NELSON RR, PACK H. The Asian Miracle and Modern Growth Theory [J]. Econometrica, 1999.

第九章　考虑空间异质性背景下中国经济潜在增长率的测算与前景分析

——基于面板变系数模型的 SUR 估计*

郭　晗　任保平**

摘　要　本文从理论上分析了空间异质性在潜在经济增长率测算中的影响，基于面板变系数模型测算了我国各地区的要素产出弹性和增长动力特征，并在此基础上测算出我国 1998 年至 2015 年的潜在增长率变化趋势。研究发现：资本存量增长率下滑是导致近年来潜在经济增长率下滑的重要原因。在区域结构上，大部分省份仍然是资本驱动型增长模式，北京、上海等地区表现出物质资本与人力资本双轮驱动的特征，未来增长潜力的开发在于弥补省份间的禀赋结构差距，实现增长动力转换。

关键词　空间异质性；面板 SUR 模型；潜在经济增长率；前景分析

一、引　言

自 2010 年以来，中国经济增速持续下降，从 2010 年的 10.4% 下降到 2015 年的 6.9%。国内学者分别从增长阶段转换、产业结构转型和人口红利变化等原因对经济增速减缓进行解释，并认为当前增速的减缓是具有长期性的（刘世锦，

* 本文受到全国统计科学研究项目“新常态下中国潜在经济增速的测算及趋势分析”（2017LY80）、陕西省软科学研究计划项目“新常态下陕西经济增长质量的监测预警研究”（2017KRM115）的资助。

** 郭晗，经济学博士，西北大学经济管理学院副教授，主要研究方向为中国经济增长；任保平，教育部人文社科重点研究基地——西北大学中国西部经济发展研究中心主任、西北大学研究生院院长，教育部长江学者特聘教授，教授、博士生导师，主要研究方向为中国经济增长质量与发展的政治经济学。

2011；袁富华，2012；蔡昉，2013；沈坤荣，2013）。从高速增长向中高速增长的转变，已经成为中国经济增长的一种“新常态”。在这样的背景下，对中国潜在经济增长率的测度和趋势分析就成为当前理论界研究的热点问题（邵伏军等，2014；陆旸等，2014；郭豫媚等，2015）。

目前的研究大多认为，中国当前的供给面已经发生了变化，潜在增长率出现了下滑，基于这样的判断，中央提出要加强供给侧结构性改革，提高供给体系质量和效率，增强经济持续增长动力。因此，对潜在经济增长率的科学判断，成为供给侧结构性改革实施的重要理论支撑和依据。从目前的研究来看，对潜在经济增长率的研究，大多是从总量层面的评估，在潜在经济增长率的估算中较少考虑区域的结构问题，这对于中国这样一个发展中大国来说显然有失偏颇。中国作为一个发展中大国，相对于发达经济体和小经济体而言，其特点就是具备大国特征。大国特征主要体现为两方面：一是总量意义上，人口数量很多，土地疆域庞大，这决定了中国国民经济体系的完整性与独立性；二是结构意义上，空间上体现为区域非均质，资源与要素分布不均，阶段上体现为各区域发展不同步，经济社会发展不平衡。这种结构上的非均质意味着各个地区的经济发展阶段和资源禀赋结构都是不同的，而这正是在计算经济增长潜力时无法忽视的重要特征。因此，本文旨在考虑各个地区空间异质性的基础上，从我国省区层面的数据测算中国潜在经济增长率的变化情况，从而为当前供给侧结构性改革的推进提供相应的理论依据和政策目标。

二、文献综述

对潜在经济增长率的理论研究最早可以追溯到 Harrod（1939）和 Domar（1946），他们认为经济增长率分为三种：实际增长率、合意增长率以及自然增长率。当实际增长率等于合意增长率时，才能实现经济均衡增长，否则经济将处于波动，当合意增长率等于自然增长率时，才能在既定技术水平下实现充分就业。由此可见，合意增长率代表经济的一种趋势水平，而自然增长率代表经济增长的最大可能性。因此，对潜在经济增长率的研究有两种思路：一是沿着合意增长率的思路，将潜在经济增长率看成通胀稳定和经济处于均衡状态下的增长率（Phelps，1962；Gibbs，1995；Miskin，2007；Frederic，2007）；二是沿着自然增长率的思路，将潜在经济增长率看成资源充分利用条件下可能实现的最大增长率（Samuelson，1948；Stiglitz，1997；Masi；1997；Blanchard，2000），认为潜在经济增长率由供给面的要素和全要素生产率决定。考虑到当前中国进入新常态的背景，要素供给条件发生了变化，本文主要采取第二种思路，分析中国潜在经济增长率的变化情况。我们主要从两个层面对中国潜在经济增长率测算的相关研究进行综述。

从现有的文献研究来看，对潜在经济增长率的测算主要有如下方法：一是滤波法，主要提取实际增长率波动中的趋势成分作为潜在经济增长率，具体包括 HP 滤波、BK 滤波、卡尔曼滤波等（Conway et al.，1997；郭庆旺等，2004；高铁梅等，2005；陈亮等，2012）。二是生产函数法，通过经济数据估算一国生产函数，再结合全要素生产率以及要素投入估计出潜在产出（Richards，2000；Proietti et al.，2002；沈丽生，1999；沈坤荣等，2010）。该方法相比滤波法的优势在于有理论支撑，特别是考虑了潜在经济增长率的供给面特征。但目前大部分使用该方法的文献，基本上是在估计一段时间内的平均的整体产出弹性，既不能反映时间上要素份额和结构的变化，也无法解决由空间异质性造成的估计偏差，对于中国这样一个转型中的大国，该方法的适用性有限。三是宏观变量关联分析法，主要是以菲利普斯曲线和奥肯定律为基础，通过估计通货膨胀、失业率与潜在经济增长之间的关系（赵留彦，2006；赵昕东，2008；杨旭等，2007；Zhang et al.，2011），进而估算潜在产出，这种方法的问题在于源自西方的菲利普斯曲线和奥肯定律在中国未必适用。四是投入产出模拟预测法，主要基于投入产出分析，通过可计算一般均衡模型或随机动态一般均衡模型来模拟经济运行，进而估算中国潜在产出和潜在经济增长率（李善同等，2001；Adolfson，2008；马文涛等，2011）。该方法考虑经济结构等多方面问题，但受统计数据的限制仍无法避免不足。除上述估计方法外，还有结构向量自回归模型（Mendez，2003；赵昕东，2008；郭红兵等，2010）、数据包络分析法（倪晓宁，2004）、不可观测成分模型（周晓艳，2012）等。

基于不同的研究方法，学者们对中国潜在经济增长率的变化进行了测算和预测。其中，Wang（2007）基于卢卡斯增长模型，预测中国经济增长在 2011—2020 年会下降到 5.9%，但如果通过政府改革提高效率，那么 2011—2020 年期间增长率可保持在 9%。Perkins et al.（2008）在传统生产函数上增加生产率时间趋势项，预测在 2006—2015 年中国经济增长率在 6% ~ 8%。张延群等

（2009）利用索洛增长模型预测 2008—2020 年中国经济增速，认为在乐观条件下可达 7% ~8%，较差情况下只能达到 5% ~6%。Fogel（2007）预测中国在 2001—2040 年年均增长率为 8.4%。Lee et al.（2010）运用增长核算模型，估计中国 2011—2030 年的中位值为年均 6.1%。Wilson（2007）估计认为中国 2008—2030 年的年均增长率为 5.8%。Maddison（2007）预测 2004—2030 年中国年均增长率仅有 5%。Eichenggreen（2012）预测 2012—2020 年中国增长率为 6.1% ~7%，2020—2030 年为 5% ~6.2%。陆旸等（2014）在考虑人口结构变化背景下，估算出 2016—2020 年中国潜在经济增长率将降至 6.7%。邵伏军等（2014）基于生产函数法分析了淘汰落后产能和人口政策变化等不同情境下中国潜在增长率的变化趋势。郭豫媚等（2015）使用附加人力资本的增长核算模型，估算认为 2015—2020 年中国潜在经济增长率将下滑至 6.3%。郭晗等（2014）将结构变化纳入经济增长核算框架，采用一个时变弹性生产函数测算了 1997—2012 年中国的潜在经济增长率，研究认为近年来经济增长速度下滑主要是由于潜在经济增长率下降导致，其中资本存量增长率的下降是潜在经济增长率下降的主要原因，而人力资本结构的升级缓解了这一趋势。

从现有研究的现状来看，已经有一些学者从变系数模型的角度进行了探索，特别是已经从时变弹性的角度进行了增长核算和估算增长潜力，但大多都是从总量角度进行的研究。还比较缺乏从空间异质性的角度对潜在经济增长率的研究。尽管目前的文献已经有一些采用了面板模型，但这些模型普遍忽视了省份作为个体的异质性，由于具有相同的斜率和截距项，就暗含着各个省份的要素禀赋、经济结构和技术结构都保持在相同或近似水平的假设，这显然与中国作为发展中大国的非均质、非平衡特征并不相符。中国的发展不平衡，东中西部之间差异巨大，这种差距不仅仅体现在收入水平上，也体现在深层次的要素禀赋和发展动力上，因此，本文的目的在于充分考虑中国发展中大国非均质特征背景下，研究中国各个区域发展动力，并在此基础上测算中国的潜在增长率，从而探索以空间要素配置提升经济增长潜力的路径。

三、空间异质性影响潜在经济增长率的理论机制

社会科学研究中进行因果推论和回归分析时面临的最大挑战在于样本异质性所带来的选择偏差（Selection Bias），这一问题使得即使在样本趋于无穷大的

时候，回归分析的结果也不会趋于真实。由于中国各区域发展水平不同所造成的空间异质性，即使采用省级面板数据进行增长核算能够从增大样本量的角度提升估计效率，但也无法回避我国各个省区之间存在的区域差异问题。因此，我国省区之间的空间异质性使得基于省级数据做出的核算结果和政策含义应当谨慎对待，这些异质性广泛地存在于地理区位和基础设施、人口资源禀赋、技术水平和制度特征等多个方面。

区域的空间异质性将会使得一个大经济体内部各地区的生产函数呈现出不同的结构特征，而这种结构特征最终会反映在生产函数中的要素产出弹性和全要素生产率上，我们不能简单地假设它们属于固定效应。因此，空间异质性意味着对于每一个省区而言，其每种要素的产出弹性与其他地区都会有所不同，而这对一个国家潜在经济增长率的测算无疑具有不能被忽视的影响。具体而言，这种影响可以体现在如下方面：

（一）空间异质性影响潜在经济增长率的结构转变机制

对于一个大的经济体而言，内部各区域经济发展阶段的不均衡是比较明显的。这种发展阶段的不平衡体现主要在经济结构的差异上，特别是产业结构的差异，以及由产业结构差异所引致的要素内部投入结构差异。要素内部投入结构指各种要素在不同产业中的投入比例。要素内部投入结构的改变能影响要素配置效率，在要素总量不变的情况下提高要素的单位产出，这种效率提升的作用在大多数文献中被归于对全要素生产率的影响，而对要素产出弹性的影响却常常被忽略。以资本要素为例，根据弹性的定义，可将资本产出弹性分解为资本边际产出与资本生产率之比，这两个值本身是高度相关的，资本生产率的变化一定意味着资本边际产出的变化。如果一个地区资本边际产出提升快于资本生产率提升，那么就会出现资本产出弹性的上升，反之则会下降。这就表明，如果要素内部投入结构变化能够影响一个地区的要素生产率，那就意味着一定影响到该地区的要素产出弹性。而要素投入结构对生产率的影响已经被大量的文献所证实。假如要素是可以自由流动的，从资本投入结构来说，资本能够在长期利润信号的驱使下在各产业部门之间流动，从低成长产业转移到高成长产业，在社会资本总量不发生变动的情况下，提高投资效益和要素生产率，进而推动经济增长的集约化，提升资本生产率（Jeffrey，2000）。从劳动投入结构来说，劳动力会从低生产率部门转移到高生产率部门，从而提升总的劳动生产率

（Maddison，2006）。要素产出弹性随着地区要素内部投入结构的不同而有所差异，要素内部投入结构决定于产业结构，产业结构则决定于地区的经济发展阶段。不同地区经济发展的阶段不同，因此经济结构有所差异，从而也就面临着不同的要素产出弹性。如果忽视了由于结构原因造成的要素产出弹性差异，就会造成潜在经济增长率测算的偏差，这就形成了空间异质性影响潜在经济增长率的结构转换机制。

（二）空间异质性影响潜在经济增长率的要素流动机制

要素流动指资本、劳动力等要素实现空间上的转移。对于一个大经济体而言，除去地区经济发展不平衡造成的结构差异外，另一个比较普遍的特征就是要素在不同区域间进行流动。要素在区域间的流动同样源于地区发展的要素禀赋结构存在空间异质性，一方面，如果地区经济发展是同质的，那么每一个地区的劳动生产率和资本生产率将会趋同，从而也就不会发生要素流动，因此要素流动本身就意味着地区禀赋结构的差异；另一方面，要素在区域间的流动又会造成区域要素产出弹性发生变化，从而影响各地禀赋结构和潜在经济增长率。从资本要素来说，Romer（1986）和 Hove（1999）等都将资本流动作为内生变量引入增长，并提出资本要素在区域间流动造成的经济增长效应。但学者们对资本要素跨区域流动的增长效应研究往往是针对资本流入地，而对于资本流出地往往分析较少。一个地区资本要素流出后，基于要素边际产出递减的规律，该地区资本要素的价格和收益率可能上升，而流出的资本在流入地的利用效率高于在流出地的利用效率。因此，就流出地区的所有原有资本而言，其要素收益相对于资本流动前都会有所提升。在这一过程中，资本流入地和资本流出地的资本存量会发生变化，资本边际产出会因此发生变化，从而导致要素的产出弹性变化。从对潜在经济增长率的影响而言，资本流入地会由于资本存量提升改善供给面，而资本流出地会由于资本使用效率提升改善供给面，这都会影响到潜在经济增长率。从劳动要素来说，与资本流动的增长效应机制是类似的，对于劳动流入地而言，能够增加劳动要素的总量，从而改善经济供给面，提升潜在增长；对于流出地而言，则是劳动力效率得到提升。当然，理论上而言，要素流动会导致区域发展中要素产出弹性的趋同。但只要空间异质性导致的要素流动存在，那就意味着各地要素产出弹性存在不平衡。因此，由于地区间要素流动的存在，意味着各地区要素的边际产出存在差异，从而也就面临着不同的要素产出弹性。如果忽视了这一因素，就会造成潜在经济增长率测算的偏差，这形成了空间异质性影响潜在经济增长率的要素流动机制。

（三）空间异质性影响潜在经济增长率的技术扩散机制

新增长理论已经有很多关于技术要素扩散促进潜在经济增长的内在逻辑机理的研究。对于地区而言，技术水平决定了经济的长期均衡增长路径。对于一个大经济体而言，经济发展不平衡的另一个重要表现就是地区间的技术差距，以及技术发达地区向技术落后地区的技术溢出效应。这种技术溢出效应体现在以下方面：第一，发达地区往往具备前沿的技术和高级的经济结构，但其面临的问题是市场饱和或产业生命周期进入衰退阶段，这就会导致企业利润率下降，会出现向其他地区的产业转移和技术扩散；第二，即使发达地区向落后地区的产业转移没有发生，但是落后地区依然可以通过对与发达地区的技术进行引进或者模仿创新，从而实现技术扩散；第三，在一个经济体内部存在着广泛的人力资本流动，这种流动既包含人力资本的有形转移，也包括人力资本的无形转移，有形转移指通过人员的流动而发生的技术溢出，无形转移指并不需要人员的流动，而只需借助于信息的非自愿流动，就能够发生技术溢出。在一个大国内部，这种技术溢出会比国家之间的技术溢出更为频繁。技术差距的存在，本身意味着各地区生产率会存在一定的差异，通常表现为发达地区对落后地区的生产率优势，而技术扩散则意味着落后地区的生产率增长率将会高于发达地区。这些因素会同时对各地区的要素产出弹性和全要素增长率造成影响，如果忽视了这一影响，就会造成潜在经济增长率测算的偏差，这形成了空间异质性影响潜在经济增长率的技术扩散机制。

三、测算方法与数据说明

（一）测算方法

根据前文分析，对于一个发展中大国存在的内部不平衡，会出现地区结构差异、要素流动和技术扩散等经济现象。这些经济现象都表明各地的要素产出弹性和全要素生产率存在差异，而在测算潜在经济增长率时不能忽视这种区域差异。因此，我们必须针对各地禀赋结构的不同，分别估算各地的要素产出弹性和全要素生产率。然后，根据模型的估计结果和要素产出弹性，代入估算出的各地潜在就业、资本存量和人力资本存量，估计出经济的潜在产出，并将各地潜在产出加总得到全国总潜在产出，进一步计算得出潜在经济增长率。

为了测算分析的方便，本文采取的测算模型仍然以附加人力资本的索洛模型为基础，首先设定测算模型为如下形式：

$$Y = AK^{\alpha}L^{\beta}H^{\gamma} \tag{1}$$

在式（1）中，Y代表总产出，A代表全要素生产率，在增长核算中表现为索洛余值，α代表资本边际产出弹性，β代表劳动边际产出弹性，γ代表人力资本的边际产出弹性。为了反映空间异质性对潜在经济增长率的影响，我们将要素边际产出弹性和全要素增长率定义为反映区域个体特征的函数式，从而将区域结构内生于生产函数中，进一步将生产函数扩展为如下形式：

$$Y_i = A_i K_i^{\alpha(i)} L_i^{\beta(i)} H_i^{\gamma(i)} \tag{2}$$

对上式两边取自然对数后可得到：

$$\ln Y_i = \ln A_i + \alpha(i)\ln K_i + \beta(i)\ln L_i + \gamma(i)\ln H_i \tag{3}$$

对于上式而言，可以采取的估计方式有两种：一是基于各个地区的数据进行单独估计，从而得到各个省区的各要素产出弹性，但这种方式显然将各个省区作为独立的经济体，忽略了省区之间扰动项相关的可能性。考虑到政府在1994年分税制后在经济上集权的特征，各省区接受政府宏观调控的力度逐渐加大，这种估计方式欠妥。而仅仅从数据上来看，对每一个省区进行单独回归也会由于样本过少而损失估计的准确性。另一种估计方法是采取面板SUR方法对模型进行系统估计，这种方法考虑了不同省份可能面临相同的宏观政策等因素，也就是考虑了各个估计个体的干扰项可能相关的情况，也就更为适合用于本文对于潜在经济增长率的核算。

（二）数据说明

我们选取了1997—2014年全国30个省区（不包括西藏和港澳台地区）的面板数据进行估计，具体各指标的数据来源与处理方法如下：

实际产出水平。根据《中国统计年鉴》中公布的国内生产总值指数（上年=100）计算出GDP平减指数，进一步通过当年的名义GDP除以GDP平减指数（1997年=100）得到当年实际GDP，作为衡量产出水平的变量。

实际资本存量。采用永续盘存法来计算实际资本存量，具体方法为选取固定资本形成总额衡量当年投资，并根据统计年鉴中的固定资本价格指数求得实际固定资本形成总额（以1997年为基年），折旧率采用张军等（2004）的成果，为9.6%。根据基期投资额I_0和样本期实际投资的年平均增长率g，运用国际通行的做法，采取公式$K_0=I_0/(g+\delta)$计算出基年的实际资本存量，并进一步根据公式$K_{it}=K_{it-1}(1-\delta_{it})+I_{it}$计算出每年的实际资本存量。

就业人数。《新中国60年统计资料汇编》和各省区统计年鉴提供了各地区就业人数。

人力资本存量。《新中国60年统计资料汇编》和各省区统计年鉴提供了每十万人口中各类受教育程度的人口抽样调查数据。我们采用人均受教育年限法，即将大专及以上、高中、初中、小学和文盲的教育年限分别设定为16、12、9、6、0年，再根据各地区就业人口受教育程度情况，分别以各教育层次人口占总人口比例作为权重，加权计算出各地区就业人口的平均受教育年限。

通过Stata14.0最终整理的各样本数据的统计性描述见表1：

表1 样本数据的统计性描述

变量	样本量	均值	标准差	最小值	最大值
ln*Y*	540	8.423	1.070	5.312	10.81
ln*K*	540	8.942	1.334	5.604	11.77
ln*L*	540	7.509	0.832	5.541	8.824
ln*H*	540	2.093	0.132	1.545	2.487

四、中国潜在经济增长率的估算与趋势分析

（一）增长核算与各地区发展特征分析

根据前文论述，虽然不同的省份都有自己的系数（含截距项与斜率），但不同个体的扰动项却可能相关，故应使用SUR进行系统估计。但是，由于面板变系数SUR模型的一个重要特征是适用于“大T小N”型数据，这一数据特征要求较为严格。同时，考虑到东中西部经济发展存在的不平衡性更大，因此，我们按照区域将30个省份分为三组，其中第一组为东部12省区，第二组为中部7省区，第三组为西部11省区，这样就构成了三组面板数据。我们分别对三组面板数据进SUR回归，从而得到最终的估计结果。由于省份众多，考虑到篇幅问题，我们将每个省份的估计结果简化为产出弹性的形式表现，并在表中给出计算得出的各省份1998至2014年各要素年均增长率。最终呈现出的分析结果如第184页表2所示：

表 2　样本数据的统计性描述

省区	资本弹性	劳动弹性	人力资本弹性	R^2	资本年均增长率	劳动力年均增长率	人力资本年均增长率	发展驱动模式
北京	0.336 *** (0.0733)	0.439 *** (0.149)	3.137 *** (0.529)	0.990	13.68%	3.43%	1.31%	资本驱动 人力资本驱动
天津	0.646 *** (0.0302)	-0.0063 (0.0918)	0.35 (0.222)	0.999	21.79%	3.20%	1.34%	资本驱动
河北	0.453 *** (0.0139)	0.0995 (0.195)	0.728 *** (0.119)	0.999	21.74%	1.36%	1.25%	资本驱动
辽宁	0.364 *** (0.0139)	0.850 *** (0.201)	1.001 *** (0.196)	0.999	23.91%	1.42%	1.19%	资本驱动
上海	0.824 *** (0.0517)	0.0476 (0.168)	1.766 *** (0.23)	0.996	9.72%	1.91%	1.16%	资本驱动 人力资本驱动
江苏	0.362 *** (0.00882)	3.710 *** (0.255)	0.313 *** (0.0593)	0.998	25.05%	0.62%	1.79%	资本驱动
浙江	0.334 *** (0.0224)	1.081 *** (0.165)	0.582 *** (0.121)	0.998	22.71%	2.30%	1.69%	资本驱动
福建	0.340 *** (0.0142)	0.937 *** (0.0885)	0.0745 (0.0959)	0.998	25.64%	3.09%	1.58%	资本驱动
山东	0.218 *** (0.0135)	3.748 *** (0.201)	0.128 *** (0.049)	0.999	26.26%	1.52%	1.92%	资本驱动 劳动力驱动
广东	0.457 *** (0.0245)	0.730 *** (0.107)	0.463 *** (0.162)	0.998	19.00%	3.13%	1.26%	资本驱动
海南	0.684 *** (0.0287)	-0.119 (0.163)	0.248 (0.163)	0.996	16.56%	2.31%	1.38%	资本驱动
山西	0.485 *** (0.024)	0.608 *** (0.155)	0.0936 (0.315)	0.997	21.73%	1.49%	1.13%	资本驱动
吉林	0.435 *** (0.0158)	0.582 *** (0.203)	0.399 (0.328)	0.997	25.62%	0.66%	0.92%	资本驱动
黑龙江	0.484 *** (0.0351)	0.121 (0.218)	0.407 (0.419)	0.995	20.45%	1.41%	1.03%	资本驱动
安徽	0.136 *** (0.0131)	4.305 *** (0.236)	0.264 *** (0.0861)	0.999	26.71%	1.61%	1.70%	资本驱动 劳动力驱动

续表

省区	资本弹性	劳动弹性	人力资本弹性	R^2	资本年均增长率	劳动力年均增长率	人力资本年均增长率	发展驱动模式
江西	0.264 *** (0.0267)	1.915 *** (0.367)	0.724 *** (0.196)	0.994	27.32%	1.32%	1.37%	资本驱动
河南	0.449 *** (0.0060)	0.147 (0.104)	0.199 ** (0.0943)	0.999	24.65%	1.72%	1.40%	资本驱动
湖北	0.942 *** (0.0439)	-1.58 *** (1.111)	0.0551 (0.173)	0.997	21.27%	0.67%	1.38%	资本驱动
湖南	0.334 *** (0.0602)	2.572 ** (1.225)	0.675 (0.45)	0.990	25.47%	0.83%	1.31%	资本驱动
内蒙古	0.522 *** (0.0111)	0.348 *** (0.102)	0.173 (0.193)	0.998	28.21%	1.32%	1.33%	资本驱动
广西	0.498 *** (0.0149)	-0.278 (0.265)	-0.368 ** (0.157)	0.996	25.90%	1.04%	1.66%	资本驱动
重庆	0.493 *** (0.0101)	1.547 *** (0.086)	0.112 (0.103)	0.995	26.46%	-0.15%	1.81%	资本驱动
四川	0.257 *** (0.011)	2.42 *** (1.037)	0.129 ** (0.0565)	0.999	23.03%	0.23%	1.42%	资本驱动
贵州	0.525 *** (0.0138)	-0.493 *** (0.0423)	-0.0346 (0.131)	0.995	23.06%	0.26%	1.93%	资本驱动
云南	0.348 *** (0.0372)	1.421 *** (0.377)	0.231 * (0.122)	0.996	20.55%	1.80%	1.76%	资本驱动
陕西	0.599 *** (0.0138)	-0.599 *** (0.169)	-0.502 *** (0.106)	0.996	24.99%	0.88%	1.53%	资本驱动
甘肃	0.600 *** (0.0113)	0.466 *** (0.0845)	-0.462 *** (0.0928)	0.997	20.21%	-0.07%	1.82%	资本驱动
青海	0.628 *** (0.0335)	1.817 ** (0.819)	-0.561 *** (0.0936)	0.996	20.54%	0.96%	3.22%	资本驱动
宁夏	0.554 *** (0.0294)	0.101 (0.221)	0.11 (0.16)	0.996	21.01%	1.89%	1.67%	资本驱动
新疆	0.555 *** (0.0106)	0.427 *** (0.0446)	-0.0122 (0.0718)	1.000	17.21%	2.15%	1.19%	资本驱动

注：Standard errors in parentheses *** $p<0.01$，** $p<0.05$，* $p<0.1$。

根据第184页表2呈现出的分析结果发现，绝大多数省份的各要素产出弹性系数是显著的。同时，各个省份的回归拟合优度都非常高，这表明了模型的估计效率是可以接受的。同时，在Stata14.0的分析结果中还显示了三组回归方程中Breusch-Pagan LM的检验结果，检验结果强烈拒绝无同期相关的原假设，这也表明，SUR估计比单一方程OLS更有效率，因而使用SUR估计更有效率。

从各省区的要素产出弹性系数中可以发现，各地区要素产出弹性系数之间存在巨大的差异。由于中国发展中大国的结构性特征，30个省区的要素禀赋条件和禀赋结构差异较大，经济发展的不平衡性和不协调性较为突出。因此，这30个省区各自的资本产出弹性、劳动产出弹性和人力资本产出弹性也会有所不同。具体分析可以发现几个比较明显的特征：（1）各省区的资本产出弹性都显著为正，且具体弹性值相对比较稳定。（2）各省劳动产出弹性差异较大，其中山东、安徽、湖南劳动产出弹性明显高于其他地区，而贵州、湖北、陕西三个省份的劳动产出弹性出现负值，个别地区劳动产出弹性项不显著，其余大部分省区均显著为正。（3）各省区人力资本产出弹性差异较大，其中北京和上海人力资本产出弹性明显高于其他地区。根据弹性的理论含义可以得出，北京和上海等地人力资本边际产出的提升快于其人力资本生产率的提升，这意味着北京和上海等地区人力资本效率提升得更快。

根据计算出的每个省区从1997年到2014年资本存量、劳动力和人力资本存量的年均增长率，可以发现如下特征：（1）总体来看，资本存量增长率要远远高于劳动力增长率和人力资本存量增长率，这也表明中国这种“高储蓄、高投资”式的增长模式仍在继续。（2）北京、上海、天津、广东等发达地区劳动力流入效应较明显，劳动力增加相对较快。（3）从人力资本存量增长率来看，西部地区的存量增长要快于中部和西部，这主要是由于中西部平均受教育年限的基数低下，而近二十年来全国义务教育实现了全面普及，就使得西部人力资本存量水平相对东部和中部而言有了一个较快的提升。

结合各要素产出弹性和各个要素1997—2014年的年均增长率可以发现：我国大部分省区仍然处于资本驱动型的发展阶段，资本存量的不断提升仍然是经济增长的最主要因素。同时，在山东、安徽等省份，由于劳动产出弹性较高，使得劳动要素对增长的贡献较大，出现了资本与劳动共同驱动经济增长的特征。在30个省份中，只有北京和上海人力资本产出弹性较高，实现了资本与人力资本共同驱动经济增长的特征，特别是北京，经过增长核算后的人力资本贡献已经与资本贡献持平。由于中国各省份间存在的差异，也进一步表明，测算中国经济增长潜力不能忽视各个地区的资源禀赋和发展动力特征。

（二）中国潜在经济增长率的估算与影响因素分析

在测算出各个地区的要素产出弹性之后，我们估算了各省的潜在就业，估算方法参照郭庆旺和贾俊雪（2004），将经HP滤波后的劳动参与率与经济活动人口相乘，从而得到潜在就业。进一步，我们根据模型的估计结果和产出弹性，代入潜在就业以及资本和人力资本存量，估计出经济的潜在产出，并将各地潜在产出加总得到全国总潜在产出，从而计算得出中国1998—2014年的潜在经济增长率。

为了便于比较，我们同时在不考虑各地区空间异质性的背景下，采用面板固定效应模型（FE）估算出1997—2014年各要素的产出弹性，并采用同样的方法测算出中国1998—2014年的潜在经济增长率，具体如下表所示：

表3 中国1998—2014年潜在经济增长率变化趋势①

年份	实际经济增长率	FE模型		SUR模型	
		潜在增长率	增长率缺口	潜在增长率	增长率缺口
1998	9.75%	12.56%	-2.81%	12.43%	-2.68%
1999	9.06%	10.62%	-1.55%	11.32%	-2.25%
2000	9.79%	12.05%	-2.26%	9.80%	-0.01%
2001	9.64%	9.98%	-0.34%	10.79%	-1.14%
2002	10.88%	6.89%	4.00%	9.85%	1.03%
2003	12.30%	11.05%	1.25%	12.85%	-0.56%
2004	13.66%	17.03%	-3.38%	16.70%	-3.04%
2005	13.24%	11.37%	1.86%	14.19%	-0.95%
2006	13.89%	14.46%	-0.57%	13.72%	0.17%
2007	14.62%	12.66%	1.96%	13.99%	0.63%
2008	11.98%	10.91%	1.07%	11.06%	0.92%
2009	11.67%	11.17%	0.51%	11.94%	-0.26%

① 这一部分计算中的实际经济增长率要高于统计年鉴中中国的实际经济增长率，主要是由于我们在计量估计和计算中用的是省级数据，加权加总后的增长率水平实际数据会高于全国水平。但是，因为我们考虑的是增长率的相对变化趋势，因此并不影响最终结论的判断。

续表

年份	实际经济增长率	FE 模型		SUR 模型	
		潜在增长率	增长率缺口	潜在增长率	增长率缺口
2010	13. 14%	14. 97%	-1. 84%	12. 47%	0. 67%
2011	11. 79%	13. 12%	-1. 33%	11. 12%	0. 66%
2012	10. 27%	11. 09%	-0. 82%	10. 59%	-0. 32%
2013	9. 45%	10. 02%	-0. 57%	9. 86%	-0. 41%
2014	8. 25%	8. 96%	-0. 71%	8. 69%	-0. 44%

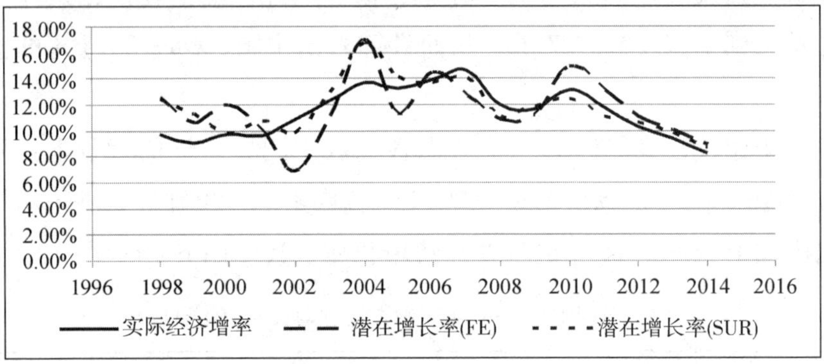

图 1　中国 1998—2014 年潜在经济增长率变化趋势

根据图 1 可以发现，1998—2014 年，用两种方法估计出的潜在经济增长率保持了大体一致的趋势性特征，但在很多年份又存在比较明显的差异。

从一致性来看，无论是固定效应模型还是 SUR 模型估计，测算的大体趋势相同，1997—2006 年中，两种方法计算出的潜在经济增长率和实际经济增长率之间都存在比较大的偏离，表明这一时期的实际经济增长率不仅受潜在经济增长率的影响，也受需求方因素的外生冲击影响，这说明这一阶段以周期性的需求管理政策来熨平经济周期是合适的。但在 2007—2014 年这一阶段，潜在经济增长率的周期变化则与实际经济增长率的周期变化呈现出相同的变化规律。由于自 2007 年以来，我国潜在经济增长率实际上已经处于一个下降阶段，因此可以认为，我国近年来的实际经济增长率下降主要是由于潜在经济增长率下滑所引起，如果要实现长期可持续增长，必须改善经济的供给面。

从差异性来看，通过 SUR 模型估计出的潜在经济增长率，其波动幅度相对于固定效应模型而言更小，更少出现潜在经济增长率的大起大落，同时与实际经济增长率之间的缺口更小。这意味着在考虑了空间异质性的背景下，潜在经济增长率对实际经济增长率趋势变化的决定作用更加明显。在 2002 年、2005 年和 2010 年三个年份上，固定效应模型估计出的潜在经济增长率与实际经济增长率出现很大的偏离，而这并不能够被经济中的现实原因所解释。特别是 2009 年在需求刺激的作用下，2010 年潜在经济增长率出现了明显回升，甚至高过实际经济增长率。由于需求冲击更多的是造成增长缺口的变化，而非潜在经济增长率的变化，因此这一结论显然与理论相悖。而基于 SUR 模型估计出的潜在经济增长率则比较好的反映了现实经济的变化情况，即潜在经济增长率与实际经济增长率都在 2010 年出现向下的拐点，但这两年间实际经济增长率高于潜在经济增长率。这实际上反映了 2009 年到 2010 年需求刺激政策所造成的结果，而此时仅采用总需求管理的政策已经不再能够进行有效的宏观调控，因此必须将需求扩张与供给改善结合起来，推进供给侧结构性改革，在适度扩大总需求的同时，着力提升供给体系的质量与效率。

当然，仅仅给出潜在经济增长率的变化趋势，还并不能够解释我国潜在经济增长率变化的原因，也就不能从根本上解释我国当前经济增速下滑的根源。因此，我们在潜在经济增长率趋势分析的基础上，又进一步计算了全国层面的各要素增长率的变化情况，具体如下：

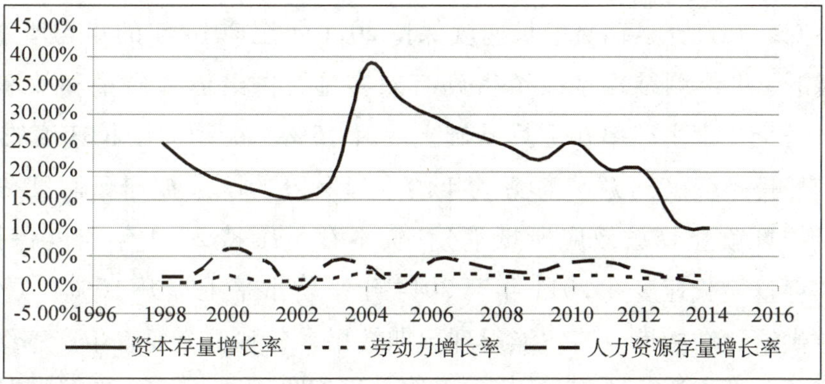

图 2　中国 1998—2014 年各要素增长率变化趋势

根据图 2 显示的各要素增长率变化趋势可以发现，资本存量增长率处于高位，变动幅度也最为剧烈，从 2004 年最高位的约 38% 降低到 2014 年的约 10%，这体现出投资扩张性经济增长模式的不可持续性。劳动力增长率比较平稳，增长率基本在 2% 以内。人力资本存量增长率则在 6% 以内呈现出一定的波动趋势，近年来出现了一定程度的下降，这主要是由于在九年义务教育已经全面普及的背景下，人力资本存量的增长出现了暂时的放缓，未来随着义务教育年限的增长和高等教育的进一步普及，人力资本存量将保持持续增长。

结合潜在经济增长率、要素及要素弹性的变化趋势综合分析可知，潜在经济增长率达到最高点后出现了下降趋势，这种下降是资本存量增速的下降所导致的，特别是近几年来潜在经济增长率的持续下降，与资本存量增长率的迅速下降相符，同时，人力资本存量增长率的放缓也在一定程度上影响了潜在经济增长率的提升。

（三）中国潜在经济增长率的预测与经济发展前景分析

基于面板 SUR 的模型估计考虑了空间异质性，但与传统的生产函数法相类似的是，不考虑要素产出弹性随时间的变化。这也就意味着我们可以采用估算出的要素产出弹性来对未来的潜在增长率进行预测和前景分析①。我们在对中国过去近二十年来的潜在经济增长率进行测算的基础上，进一步设定了经济发展中的不同情境，来预测未来潜在经济增长率的变化。

具体测算的设定如下：（1）基准情境下，供给侧结构性改革得以实施，各省份全要素生产率在测算结果基础上提升 5%，劳动力增长速度收到劳动年龄人口下降因素的影响，相比 2014 年水平下降 10%，资本存量增长速度保持 2014 年速度不变；人力资本存量增长速度保持 2011 年至 2014 年的年均增速；（2）乐观情境下，供给侧结构性改革得到有效实施，供给体系质量和效率明显提升，各省份全要素生产率在测算基础上提升 15%，劳动力增长速度维持 2014 年的增速保持不变（这意味着劳动年龄人口下降的因素被户籍制度等改革所带来的结构性就业释放效应所抵消），资本存量维持 2014 年速度保持不变，人力资本存量增长速度在 2011 年至 2014 年平均水平上提升 10%；（3）悲观情境下，供给侧结构性改革不能得到预期效果，各省份全要素生产率维持测算基础不变，劳动力增长速度相比 2014 年水平下降 10%，资本存量增长率相比 2014 年水平下降 10%，人力资本存量增长速度保持 2011 年至 2014 年平均水平不变。

对三种不同情境下我国各要素增长率进行设定后，我们将数据带入增长核

---

① 这一设定与传统生产函数法类似，仍然是存在缺陷。为了弥补这一缺陷，我们将在潜在经济增长率预测中做出设定，即供给侧改革的有效实施能够促使各省份全要素生产率增长，而不影响各省分要素的产出弹性。

算模型，就得出了2015—2020年我国年均潜在经济增长率。具体如下表所示：

表4　中国2015—2020年潜在经济增长率的预测

增长率	1997—2001	2002—2006	2007—2010	2011—2014	2015—2020		
					基准	悲观	乐观
潜在GDP	11.08%	14.36%	11.82%	9.71%	8.33%	7.65%	9.17%
资本	19.77%	29.74%	23.80%	13.50%	10.02%	9.02%	10.02%
劳动力	0.79%	1.77%	1.47%	1.52%	1.43%	1.43%	1.59%
人力资本	3.51%	2.98%	2.98%	1.22%	1.22%	1.34%	1.22%

根据表4可以发现，无论在哪种情景下，我国潜在经济增长率在短期内都难以回到过去的高位水平，这主要是受限于要素增长率的迅速下滑，而全要素生产率在短期内难以迅速提升。这一特征，也正是“新常态”的具体表现。但是，相对于测算2014年8.69%的潜在经济增长率而言，在乐观情境下，将可以实现约0.5个百分点的潜在经济增长率提升，这意味着，如果供给侧结构性改革得到有效实施，供给体系的质量和效率得到提升，那么潜在经济增长率将维持现有水平并实现小幅提升，意味着在未来中国仍然可以保持中高速的增长，这是新常态背景下能够实现的理想效果。但如果供给侧结构性改革不能实现预期效果，那么，在悲观情况下，计算结果相较于2014年潜在经济增长率还要低约1个百分点，这意味着未来潜在经济增长率将进一步下滑。因此，能否在新常态背景下实现经济的中高速增长，取决于供给侧结构性改革能够切实有效的改进供给体系的质量和效率。

五、结　论

本文从理论上分析了空间异质性在潜在经济增长率测算中的影响，并在考虑地区空间异质性的背景下基于面板变系数的SUR估计实证测算了我国各地区的要素产出弹性，并结合各地区要素增长率分析了各地区的增长动力特征。在此基础上，本文测算了我国1998—2014年的潜在增长率变化趋势，并进一步在考虑不同情境下对我国2015—2020年潜在增长率的前景进行了分析。具体得出结论和相应的对策建议如下：

首先，资本存量的增长是支撑我国过去潜在增长的最重要因素，近年来潜在增长率的下降趋势，主要是由于物质资本存量增长率的迅速下降所引起的。

从区域结构上来看，我国大部分省区仍然处于物质资本驱动型的发展阶段，山东、安徽、湖南等省份处于物质资本与劳动力共同驱动增长的发展阶段，而北京和上海由于较高的人力资本效率，已经实现了物质资本与人力资本共同驱动经济增长的特征。中国各省份间存在的发展阶段差异也表明，未来增长潜力的开发在于缩小中西部地区与北京、上海之间的禀赋结构差距，具体而言，就是在这些地区充分开发人力资本的增长潜力，在投资驱动式微背景下实现增长动力的转换。

其次，我国近年来经济增长速度的放缓，这主要是由潜在经济增长率的放缓所引起的。在考虑空间异质性背景下潜在经济增长率的测算结果也反映出，虽然 2009 年的需求刺激政策促进了 2010 年实际经济增长率的回升，但对潜在经济增长率的作用有限。这也表明，针对 2010 年以来的经济增长速度放缓，仅采用总需求管理的政策已经不再能够进行有效的宏观调控必须将需求扩张与供给改善结合起来，推进供给侧结构性改革，在适度扩大总需求的同时，改善经济增长的供给面，着力提升经济增长的潜力。

最后，针对我国经济的前景分析表明，受限于要素增长率的迅速下滑，我国潜在经济增长率在短期内难以回到过去的高位水平。但如果供给侧结构性改革能够得到有效实施，那么未来一段时期内仍然能够在当前的水平实现稳中有升，这意味着在新常态背景下，仍然能够实现稳定持续的中高速经济增长。而如果供给侧结构性改革不能实现预期效果，那么，未来我国潜在经济增长率还将进一步出现下滑。因此，能否在新常态背景下实现经济的中高速增长，取决于供给侧结构性改革能够切实有效的改进供给体系的质量和效率。

参考文献

[1] 刘世锦. 从增长阶段理解发展方式转型 [J]. 经济研究，2011（10）：14－16.

[2] 袁富华. 长期增长的“结构性加速”与“结构性减速”：一种解释 [J]. 经济研究，2012（3）：127－140.

[3] 蔡昉. 中国经济增长如何转向全要素生产率驱动型 [J]. 中国社会科学，2013（1）：56－71.

[4] 沈坤荣，滕永乐. “结构性”减速下的中国经济增长 [J]. 经济学家，2013

(8)：29－38.
[5] 邵伏军，苟文均，匡桦. 中国潜在经济增长率：变化趋势与政策响应 [J]. 金融研究，2014 (12)：39－54.
[6] 陆旸，蔡昉. 人口结构变化对潜在增长率的影响：中国和日本的比较 [J]. 世界经济，2014 (1)：3－29.
[7] 郭豫媚，陈彦斌. 中国潜在经济增长率的估算及其政策含义：1979—2020 [J]. 经济学动态，2015 (2)：12－18.
[8] HARROD R F. An Essay in Dynamic Theory [J]. The Economic Journal, 1939, 49：14－33.
[9] DOMAR EVSEY D. Capital Expansion, Rate of Growth, and Employment [J]. Econometrica, 1946, 14 (2)：137－147.
[10] PHELPS E S. The New View of Investment：A Neoclassical Analysis [J]. Quarterly Journal of Economics, 1962, 76 (4)：548－567.
[11] MISHKIN F. Housing and the Monetary Transmission Mechanism [C] // Economic Policy Symposium-Jackson Hole, 2007.
[12] SAMUELSON P A. Economics：an Introductory Analysis [J]. Economica, 1948, 19 (3)：161－162.
[13] STIGLITZ J. Reflections on the Natural Rate Hypothesis [J]. Journal of Economic Perspectives, 1997, 11 (1)：3－10.
[14] BLANCHARD O. What Do We Know About Macroeconomics that Fisher and Wicksell Did not? [J]. Nber Working Papers, 2000, 148 (5)：571－601.
[15] 郭庆旺，贾俊雪. 中国潜在产出与产出缺口的估算 [J]. 经济研究，2004 (5)：31－39.
[16] 高铁梅，梁云芳. 论中国增长型经济周期波动及适度增长区间 [J]. 经济学动态，2005 (8)：37－43.
[17] 沈利生. 我国潜在经济增长率变动趋势估计 [J]. 数量经济技术经济研究，1999 (12)：3－6.
[18] 沈坤荣，李猛. 中国潜在产出和产出缺口的测算：1952～2008 [J]. 首都经济贸易大学学报，2010 (5)：5－10.
[19] 赵留彦. 中国核心通胀率与产出缺口经验分析 [J]. 经济学季刊，2006，5 (3)：1197－1218.

[20] 赵昕东. 基于菲利普斯曲线的中国产出缺口估计 [J]. 世界经济, 2008, 31 (1): 57 -64.

[21] 杨旭, 李隽, 王哲昊. 对我国潜在经济增长率的测算——基于二元结构奥肯定律的实证分析 [J]. 数量经济技术经济研究, 2007, 24 (10): 14 -23.

[22] ADOFSON M, RIKSBANK S, LAS · EN S, et al. Evaluating an Estimated New Keynesian Small Open Economy Model [J]. Journal of Economic Dynamics & Control, 2008, 32 (8): 2690 -2721.

[23] 马文涛, 魏福成. 基于新凯恩斯动态随机一般均衡模型的季度产出缺口测度 [J]. 管理世界, 2011 (5): 39 -65.

[24] 郭红兵, 陈平. 基于 SVAR 模型的中国产出缺口估计及评价 [J]. 数量经济技术经济研究, 2010 (5): 116 -128.

[25] 周晓艳, 张杰, 李鹏飞. 中国季度潜在产出与产出缺口的再估算——基于不可观测成分模型的贝叶斯方法 [J]. 数量经济技术经济研究, 2012 (10): 3 -19.

[26] PERKINS A D H, RAWSKI T G. CT Forecasting China' s Economic Growth to 2025 [J]. China Business Review, 2008: 207 -239.

[27] 张延群, 娄峰. 中国经济中长期增长潜力分析与预测: 2008—2020 年 [J]. 数量经济技术经济研究, 2009 (12): 137 -145.

[28] FOGELR W. Why China is Likely to Achieve Its Growth Objectives [J]. Social Science Electronic Publishing, 2006: 3 -18.

[29] LEE J W, HONG K. Economic Growth in Asia: Determinants and Prospects [J]. Japan & the World Economy, 2012, 24 (2): 101 -113.

[30] MADDISON A. Contours of the World Economy: 1 -2030, AD. Oxford: Oxford University Press, 2007.

[31] EICHENGREEN B J, PARK D, SHIN K. When Fast Growing Economies Slow down: International Evidence and Implications for China [C]. National Bureau of Economic Research, Inc, 2012: 42 -87.

[32] 郭晗, 任保平. 结构变动、要素产出弹性与中国潜在经济增长率 [J]. 数量经济技术经济研究, 2014 (12): 72 -84.

[33] 张军, 吴桂英, 张吉鹏. 中国省际物质资本存量估算: 1952—2000 [J]. 经济研究, 2004 (10): 35 -44.

[34] ROMER P M. Increasing Returns to Long-Run Growth [J]. Journal of Political Economy, 1986, 94 (5): 1002-1037.

第十章 中国经济增长过程中的结构效应：加速还是减速？*

郭 晗 任保平**

摘 要 本文采用结构分析方法对中国经济增长趋势性变动的结构效应机理进行了阐释，并分别从增长的短期视角和长期视角对中国经济增长过程中出现的“结构性加速”和“结构性减速”进行了分析。研究表明：(1) 劳动生产率提升是中国经济高增长的决定因素，而中国近15年来劳动生产率变动有16.98%来自“结构性加速”，这一效应存在明显的地区差异。(2) 中国当前还并未迈入由工业向服务业转型过程中的“结构性减速”，在后工业化时期，中国是否会进入“结构性减速”取决于工业与服务业的产业比较效率，从短期视角来看，“结构性减速”即将发生，从长期视角来看，随着产业比较效率发生变化，中国也可能从“结构性减速”重新进入“结构性加速”通道。(3) 未来经济增长能否实现从“结构性减速”向“结构性加速”的转型，主要取决于服务业发展中的人力资本积累效应、产业关联效应与溢出效应，因此未来应当着力提升服务业结构，提升人力资本积累水平，并进一步改善城市化格局，从而提高产业比较效率，提升中国经济增长潜力。

关键词 结构性加速；结构性减速；产业比较效率；结构分析法

---

* 本文受到全国统计科学研究项目“新常态下中国潜在经济增速的测算及趋势分析”（2017LY80）、陕西省软科学研究计划项目“新常态下陕西经济增长质量的监测预警研究”（2017KRM115）的资助。

** 郭晗，经济学博士，西北大学经济管理学院副教授，主要研究方向为中国经济增长。任保平，教育部人文社科重点研究基地——西北大学中国西部经济发展研究中心主任、西北大学研究生院院长，教育部长江学者特聘教授，教授、博士生导师，主要研究方向为中国经济增长质量与发展的政治经济学。

一、问题的提出

自2010年第一季度以来，中国经济增长速度持续出现下滑，2010年至2013年全年经济增长率分别为10.4%、9.3%、7.8%、7.7%。这一现象引发了学界的广泛讨论，有学者从“结构性减速”视角对当前经济增长速度的下滑进行了解释（袁富华，2012；吕健，2012；张平，2012；沈坤荣和滕永乐，2013），认为在后工业化时期的产业结构转型中会出现经济增长速度减缓。结构性减速的理论核心在于，产业劳动生产率存在部门差异，工业劳动生产率要高于服务业和农业，因此在产业结构转型过程中将出现经济增长速度的结构性变化。改革开放以来，中国农业向工业的转型所引致的“结构性加速”，成就了前30年的经济高增长奇迹，但是，随着工业化向城市化递进，产业结构的重心发生由第二次产业向第三次产业的演化，根据这一观点的基本思想，近年来经济增长速度的下滑实际上正是长期经济增长路径中的“结构性减速”的体现。

“结构性减速”的基本观点源于Baumol（1967）发表在美国《经济学季刊》的《非平衡增长的宏观经济学：城市病的剖析》一文，他认为服务部门作为一个整体，比工业部门具有更低的生产率，并且增长速度十分缓慢。基于此，他提出了著名的鲍莫尔成本病（Baumol's Cost－Diseases）概念，认为由于服务业生产率相对滞后，名义工资的上升会使得服务业生产成本提高，若经济均衡发展，则劳动力将会向服务业转移，整体经济增长率将下降。此后，Baumol（1985）在之前的研究基础上，将模型扩展为三部门非均衡模型，进一步证实了经济中存在鲍莫尔成本病。鲍莫尔非均衡增长模型指出：为了经济均衡发展，两部门的实际产出比例应保持不变，因此，劳动力将不断转移到“停滞”部门，从而使得整体经济增长速度下降，即服务业相对较低的生产率将降低经济增长的潜力，导致经济增长受阻。国内也有学者探讨中国存在的“成本病”问题（程大中，2004，2008），认为在中国结构转型过程中服务业较低的生产率将会使长期经济增长减缓。

无论从现象上还是从理论上，“结构性减速”的观点在解释中国结构转型和经济增速减缓两大问题上似乎都显得富有解释力。但是，这一解释要成立至少存在两个前提条件：第一，结构转变对经济增长的影响是决定性的，其影响超过了要素供给变化以及行业内劳动生产率变化的影响，否则很难将本轮经济增速减缓的原因归结于产业结构的变化。第二，各产业部门内的相对劳动生产率保持稳定，即产业比较效率保持不变，产业比较效率的变化将意味着无论“结构性减速”或“结构性加速”都可能只是一个阶段性现象，而不是一个长期现象。这就意味着，对结构效应的定量研究和对结构转型过程中产业比较效率的研究是重要且有意义的。基于此，本文从结构变化与经济增长的关系出发，通过一个增长核算和结构分解的基本框架计算增长中的结构效应，并进一步研究产业比较效率的变化，力求回答以下问题：中国过去的经济增长有多少来自结构转变？未来的结构转型会导致经济增长发生什么样的变化？如何通过结构转型提升中国经济增长的潜力？

与已有文献相比，本文可能的边际贡献在于：第一，通过一个结构分析框架定量计算了中国经济增长过程中的结构效应；第二，从产业比较效率变化的视角分别分析了短期和长期结构转型的不同影响；第三，从服务业发展的效应阐释了从“结构性减速”转向“结构性加速”的基本通道。本文内容如下：第二部分对过去增长中的结构效应大小进行回答；第三部分对未来结构转型如何影响增长进行回答；第四部分对如何从“结构性减速”步入“结构性加速”进行回答；第五部分是结语和政策建议。

二、中国传统经济增长过程中的结构效应

基于“结构性减速”的假说，部门劳动生产率之间的差异是结构转变作用于经济增长的基本前提，结构转变主要通过改变全行业劳动生产率来影响经济增长。为了理解中国传统经济增长过程中的结构效应，我们首先采用一个不同于传统生产函数的核算框架来对经济增长的影响因素进行分解，从而得出劳动生产率变化对增长的影响，进一步通过劳动生产率的结构分解，采用比较静态分析的基本思路，通过设置一个反事实的劳动生产率得出结构变动对劳动生产率的影响。最后，通过分析 30 多年来行业劳动生产率和就业结构的变化，来研究结构效应的动态变迁。

1. 经济增长因素分解

Y 代表实际 GDP，P 代表总人口，E 代表就业人口，A 代表经济活动人口（包括就业人口和正在找工作的人口），L 代表劳动年龄人口，即处于 15—64 岁的人口。

（1）人均 GDP：$y_t = \left(\frac{Y}{P}\right)_t$

（2）劳动生产率：$pro_t = \left(\frac{Y}{E}\right)_t$

（3）经济活动人口就业率：$active_t = \left(\frac{E}{A}\right)_t$

（4）劳动参与率：$work_t = \left(\frac{A}{L}\right)_t$

（5）劳动年龄人口比重：$labor_t = \left(\frac{L}{P}\right)_t$

则得出人均 GDP 增长率的因素分解方程如下：

$$y_t = \left(\frac{Y}{P}\right)_t = \left(\frac{Y}{E} \times \frac{E}{A} \times \frac{A}{L} \times \frac{L}{P}\right)_t = pro_t \times active_t \times work_t \times labor_t$$

对上式两边取对数，并对时间求导，可得：

$$\left(\frac{\dot{y}}{y}\right)_t = \left(\frac{\dot{pro}}{pro}\right)_t + \left(\frac{\dot{active}}{active}\right)_t + \left(\frac{\dot{work}}{work}\right)_t + \left(\frac{\dot{labor}}{labor}\right)_t$$

从上式看出，经济增长率被分解为四个部分：劳动生产率变动率、经济活动人口就业率变动率、劳动参与率变动率、劳动年龄人口比重变动率。

根据《中国统计年鉴》数据，我们可计算出影响经济增长的四个因素的贡献份额。其中 GDP 数据采用以 1978 年为基期进行折算，就业人口、经济活动人口、15—64 岁人口比重均来自统计年鉴。为了反映各因素在时间阶段上的变化，我们以 5 年为一个时期，计算出各因素变动率和贡献份额如下：

表 1　1982—2012 年中国经济增长来源的因素分解

		1982—1987	1987—1992	1992—1997	1997—2002	2002—2007	2007—2012
人均实际 GDP 增长率		59.35%	36.56%	62.89%	42.78%	68.75%	52.21%
劳动生产率	变动率	51.06%	19.67%	62.83%	41.65%	68.72%	52.79%
	贡献份额	86.03%	53.81%	99.90%	97.36%	99.96%	101.12%
经济活动人口就业率	变动率	0.31%	-0.42%	-0.45%	-0.25%	0.05%	-1.21%
	贡献份额	0.52%	-1.16%	-0.71%	-0.58%	0.07%	-2.33%
劳动参与率	变动率	0.89%	16.73%	-1.40%	-2.77%	-3.19%	-1.60%
	贡献份额	1.50%	45.78%	-2.22%	-6.48%	-4.64%	-3.07%

续表

		1982—1987	1987—1992	1992—1997	1997—2002	2002—2007	2007—2012
劳动年龄人口比重	变动率	7.09%	0.58%	1.90%	4.15%	3.17%	2.23%
	贡献份额	11.95%	1.58%	3.03%	9.69%	4.61%	4.28%

注：原始数据来自《中国统计年鉴》，表内数据经作者计算整理。

根据上表可以观察到一些有意思的增长特征：（1）劳动生产率变动是影响中国经济增长的最主要因素。特别是20世纪90年代以来，劳动生产率几乎与人均实际GDP保持了同步增长，几乎可以解释经济增长的全部。（2）劳动年龄人口比重对经济增长也存在正向影响，这反映出人口年龄结构变动对增长带来的"人口红利"，这种"人口红利效应"对经济增长的影响大约不到10%。（3）劳动参与率自20世纪90年代以来对经济增长的影响持续为负，这主要是因为近20年来中国的劳动参与率持续下降，这是一个很容易得到经验验证的结论，因为近20年整体教育水平的提升使得社会平均初次就业年龄提升，从而使得15岁以上人群中就业的人口减少。（4）经济活动人口就业率对经济增长的影响不明显，这主要是因为我国的失业率一直保持稳定在2%～4%。（4）20世纪90年代以来，人口结构因素对经济增长的正向影响几乎被劳动参与率与经济活动人口就业率对经济增长的负向影响所抵消。这反映出，虽然在这一时期内劳动年龄人口比重有所上升，但由于整体教育水平的提升使得初次就业年龄延缓，从而使得就业人口占总人口比重并没有出现明显的变化，这就意味着，人口结构的变动并没有提升劳动力的"数量"，但由于就业人口的教育水平和人力资本提升，劳动力的"质量"得到提升，而这一部分并不反映在人口因素本身，而是反映在劳动生产率中。因此，劳动生产率就成为我们重点分析的部分。

2. 劳动生产率变动的结构分解

据前文分析，劳动生产率是经济增长变动的决定因素，因此劳动生产率的变动成为值得关注的核心。对劳动生产率进行分产业结构分解，由于劳动生产率等于各产业劳动生产率与该产业就业比重乘积的加总，即有：

$$pro_t = \left(\frac{Y}{E}\right)_t = \sum_{i=3}^{i}\left(pro_{i,t} \times \frac{E_{i,t}}{E_t}\right)$$

则推导出劳动生产率的增长率：

$$\left(\frac{\dot{pro}}{pro}\right)_t = \frac{\sum_{i=3}^{i}\left[(pro_{i,t+1} - pro_{i,t}) \times \left(\frac{E_{i,t}}{E_t}\right)\right]}{pro_t} = \sum_{i=3}^{i}\left[\left(\frac{pro_{i,t+1}}{pro_t} - \frac{pro_{i,t}}{pro_t}\right) \times \frac{E_{i,t}}{E_t}\right]$$

分别提出各产业劳动生产率与总劳动生产率之比的公因子，得出：

$$\left(\frac{\dot{pro}}{pro}\right)_t = \sum_{i=3}^{i}\left[\left(\frac{pro_{i,t+1}}{pro_{i,t}} - 1\right) \times \left(\frac{pro_{i,t}}{pro_t} \times \frac{E_{i,t}}{E_t}\right)\right] = \sum_{i=3}^{i}\left[\left(\frac{pro_{i,t+1}}{pro_{i,t}} - 1\right) \times \frac{Y_{i,t}}{Y_t}\right]$$

从上式观察到，劳动生产率的变动率分解为两部分：一是各产业的劳动生产率变动，这一部分受到资本深化程度、技术发展水平等综合因素的影响。二是各产业增加值比重，这一部分即是影响劳动生产率变动的结构性因素。我们采取一种反事实分析法来测算劳动生产率变动的“结构效应”。首先，我们可根据前文分析将现期的劳动生产率表示如下：

$$pro_{t+n} = \sum_{i=3}^{i}\left(pro_{i,t+n} \times \frac{E_{i,t+n}}{E_{t+n}}\right)$$

进一步，设定一个用于比较的基期的产业结构，为了得出现期相对于基期的劳动生产率变动有多少是由于结构变化带来的，计算出一个反事实的不包括结构变化的劳动生产率，即：

$$\overline{pro_{t+n}} = \sum_{i=3}^{i}\left(pro_{i,t+n} \times \frac{E_{i,t}}{E_t}\right)$$

将现期劳动生产率与反事实劳动生产率之差除以现期劳动生产率本身，即得出劳动生产率变动的结构效应，即：

$$SE = \frac{pro_{t+n} - \overline{pro_{t+n}}}{pro_{t+n}} \times 100\%$$

根据这一算法，我们计算出 1997—2012 年中国劳动生产率变化的结构效应 SE 为 16.98%，同时，为了反映结构效应的区域差异，我们参照《中国经济增长质量报告 2012——中国区域经济增长质量指数及排名》（任保平等，2012）的区域划分方法，分别计算了四大区域的结构效应 SE，其中东部地区 SE 为 18.35%，西部地区 SE 为 17.41%，中部地区 SE 为 6.17%，东北地区 SE 为 −16.17%，表现出了比较明显的地区差异，即结构性加速主要发生在东部地区和西部地区。同时我们也计算了各省区的结构效应 SE，得出结果如下：

表 2 1997—2012 年各省区结构效应（SE）

强结构性加速（$SE>20\%$）	北京（39.64%），上海（25.79%），江苏（20.97%），浙江（22.31%），海南（29.45%），重庆（22.15%），云南（28.94%），宁夏（21.37%）
中结构性加速（$10\%<SE<20\%$）	安徽（14.96%），福建（17.43%），山东（18.61%），湖南（11.16%），广东（18.68%），广西（16.54%），四川（16.91%），贵州（19.45%），陕西（16.03%），青海（14.59%）
弱结构性加速（$0<SE<10\%$）	天津（3.64%），河北（5.16%），河南（8.68%），江西（4.81%），新疆（6.86%）
非结构性加速（$SE<0$）	辽宁（−14.67%），吉林（−14.88%），黑龙江（−19.18%），山西（−2.79%），内蒙古（−9.23%），湖北（−2.83%），甘肃（−1.10%）

注：原始数据来自《中国统计年鉴》和各省《统计年鉴》，经作者计算整理。

3. 结构效应的动态变迁

此外，从动态的角度，我们主要关注三次产业劳动生产率和就业比重的变化。从第 203 页图 1 反映的趋势来看，20 世纪 90 年代以来的三次产业劳动生产率处于上升趋势，相对水平保持稳定。工业劳动生产率最高，服务业略次之，农业最低。从第 203 页图 2 反映的趋势来看，20 世纪 90 年代以来我国的就业结构变化可以分为三个阶段，第一阶段是 1990—1996 年，这一阶段农业就业比重下降，工业和服务业就业比重上升，但服务业就业比重上升速度要快于工业，这意味着这一阶段发生的是农业向工业和服务业的转型，以农业向服务业的转型为主；第二阶段是 1996—2003 年，这一阶段农业就业比重保持稳定，工业就业比重下降，而服务业就业比重上升，这意味着这一阶段发生的主要是工业向服务业的转型；第三阶段是 2003—2012 年，这一阶段农业就业比重下降，而工业和服务业就业比重同步增长，这一阶段发生的是农业向工业和服务业的转型。

将三次产业劳动生产率变化和就业比重变化结合起来分析，可以发现：整体而言，20 世纪 90 年代以来发生的是由农业向工业和服务业转型所带来的“结构性加速”；但分阶段而言，1990—1996 年的结构效应以农业向服务业的转型为主，由于农业生产率低于服务业，发生的是“结构性加速”；1996—2003 年的结构效应以工业向服务业的转型为主，由于工业生产率高于服务业，发生的是“结构性减速”，当然，这一转型并不意味着此时的中国进入了后工业化时期，这一阶段的结构转型与政策原因有很大关系，1998 年以来的国企改革强调“减

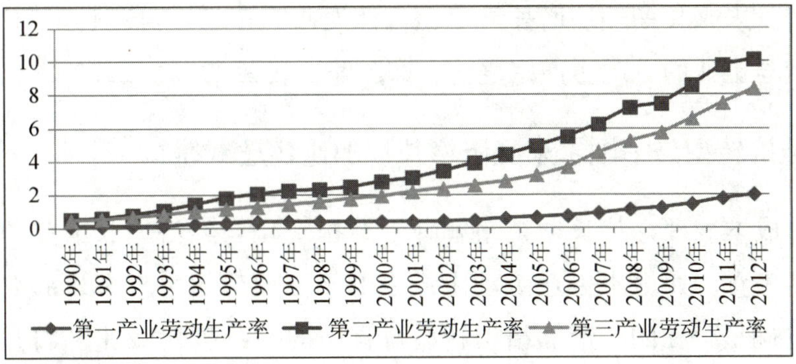

图 1　1990—2012 年中国三次产业劳动生产率变化趋势

注：原始数据来自《中国统计年鉴》，表内结果经作者计算整理。

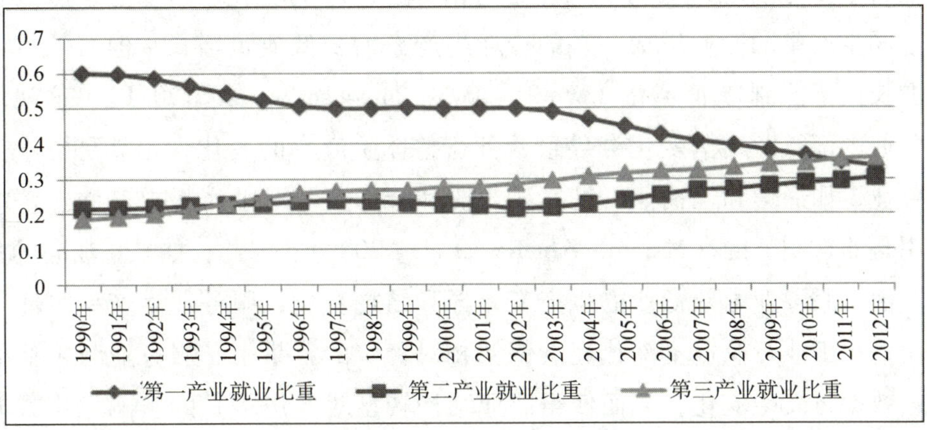

图 2　1990—2012 年中国三次产业就业比重变化趋势

注：数据来自《中国统计年鉴》。

员增效、下岗分流”，大量传统国有企业的工人下岗后进入传统服务业，虽然从结构层面来说是“结构性减速”，但产业内生产率的提升是巨大的；2003—2012 年的结构效应以农业向工业和服务业的转型为主，因此这一阶段又称为“结构性加速”，应当注意的是，这一阶段工业和服务业的就业比重保持稳定，后工业化时期的“结构性减速”还并未发生。

从就业结构的趋势来看，过去的二十年是农业向工业和服务业转型的过程。但在可预见的未来，随着农业现代化的发展，第一产业就业人员比重将进一步降低至稳定水平；而随着资本深化和禀赋结构的升级，工业就业人员比重将在未来某一时刻开始降低，即出现工业向服务业的转型（Acemoglu et al.，2006）。

这就意味着，未来长期经济增长是“结构性加速”还是“结构性减速”，主要取决于服务业与工业的劳动生产率之比，即产业比较效率。

三、结构转型与中国未来经济增长：加速还是减速？

鲍莫尔成本病理论从长期视角解释了结构变化与经济增长的趋势，如果从静态的角度来看，如果服务业劳动生产率低于工业劳动生产率，那么“鲍莫尔成本病”的确是存在的，产业结构转型过程中的“结构性减速”将是一个不可避免的长期现象。但这一理论存在两个固有缺陷，一是从服务业整体来研究其生产率，较少关注服务业内部行业生产率的差异；二是认为工业与服务业的产业比较效率保持固定，忽视了二者之间相对生产率的变化。事实上，服务业本身由不同生产率的行业组成，有的行业生产率增长低或负增长，但有的行业生产率增长甚至比制造业还高（Wolff，2003；Jorgenson et al.，2011），这就意味着服务业内部行业结构变化会导致服务业整体生产率的变化，尤其是资本密集型服务业，如通信和运输业、批发零售业和金融业等对生产率提升和经济增长的作用是非常明显的（Maroto－Sánchez et al.，2009）。因此，如果从动态的角度来看，由于服务业内部行业的生产率差异和结构变化，服务业生产率可能会发生变化，在工业行业资本深化速度保持相对稳定的背景下，服务业与工业的产业比较效率将发生变化，从而使得产业结构转型对经济增长的影响发生方向性的变化。

随着中国进入后工业化时期，未来服务业将成为吸纳就业的主要部门。由于目前我国服务业劳动生产率仍然低于工业劳动生产率，因此从短期视角来看，结构转型会使中国未来经济增长出现“结构性减速”，即陷入“鲍莫尔成本病”。但从更长期的视角来看，产业比较效率可能是发生变化的，我们需要探讨的是，中国的“结构性减速”会是一个阶段性现象还是一个趋势性的长期现象。为了回答这一问题，需要考察产业比较效率（服务业劳动生产率/工业劳动生产率）这一指标的变化。我们从空间和时间两个维度来观察产业比较效率变化的经验事实。空间维度主要是不同经济体产业比较效率的差异，时间维度则主要观察从中国三十年来产业比较效率的变化。

1. 经验事实之一：不同经济体产业比较效率的差异

基于数据的可得性和完整性，我们从《国际统计年鉴》中选出 7 个典型发展中国家和7个发达国家，并分别测度了这些国家2000年和2010年服务业与工业的产业比较效率（图3）。从2000—2010年发达国家和发展中国家产业比较效率来看，产业比较效率是存在差异的，服务业发展水平较高的发达国家其产业比较效率也普遍较高，而服务业发展水平较低的发展中国家的产业比较效率普遍较低。发达国家产业比较效率普遍高于发展中国家，其中有5个国家甚至超过1，这意味着发达国家的服务业结构主要是以现代服务业为主，从第二产业向服务业转型的过程中不会面临“结构性减速”的危险，而发展中国家的产业比较效率则普遍低于1，这反映出当前发展中国家普遍存在的问题是现代服务业的欠缺，在没有提升现代服务业的情况下，后期向服务业的转型会面临“结构性减速”。

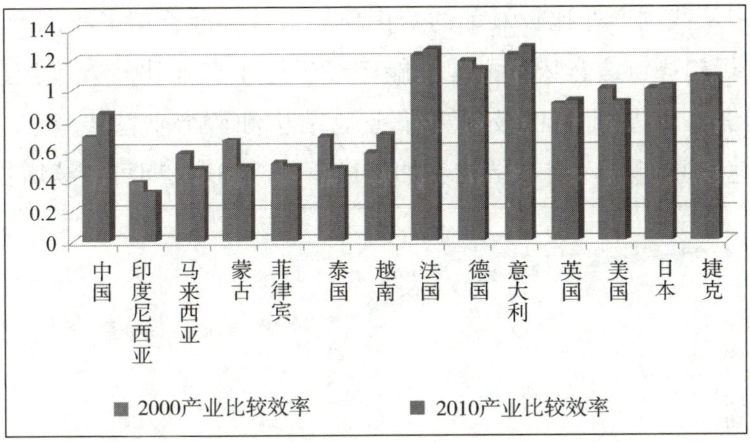

图3　2000—2010年各国产业比较效率

注：原始数据来自《国际统计年鉴》，表内结果经作者计算整理。

从发达国家与发展中国家的对照可以看出，产业比较效率并非不变的，如果在转型过程中能够提高产业比较效率，那么“结构性减速”在长期将会变成“结构性加速”。这就意味着，“结构性减速”只是增长的短期现象，在长期能否改变“结构性减速”为“结构性加速”取决于产业比较效率的演进。

2. 经验事实之二：产业比较效率的U型规律

事实上，如果考虑到服务业内部行业结构的变化，我们可以发现，产业比较效率的演进本身存在着一般规律（Sasaki，2012）。在工业向服务业转型的前期，由于服务业结构中占比较大的是传统服务业，因此产业比较效率将趋于下降，当服务业结构中现代服务业发展起来，从而使得服务业生产率增速快于工业生产率增速时，产业比较效率将得到提升。从整体上来看，产业比较效率的演进将遵循“U型”规律，而能否越过“U型”拐点则取决于现代服务业是否能得到发展、服务业结构是否能得到提升。这也表明，“结构性减速”只是增长的短期现象，在长期能否改变“结构性减速”为“结构性加速”取决于产业比较效率的演进。

从1978年到2012年，中国的产业比较效率整体上处于一个下降的趋势，这也反映出服务业的增加值更多的来自劳动生产率较低的传统服务业。近十年来产业比较效率有了小幅回升，基本能够符合产业比较效率的演变规律，但其绝对值目前仍然低于1，这意味着，如果产业比较效率维持在现有水平，那么在工业化后期工业向服务业转型的过程中，我国经济增长将不可避免地出现“结构型减速”。但从我国产业比较效率的变化趋势来看，近十年来我国产业比较效率已经迈入上行趋势，这意味着我国可能已经迈过了产业比较效率演进的U型拐点，如果能够在此基础上积极提升服务业结构和服务业生产率，就有可能从“结构型减速”重新进入到“结构性加速通道”，实现长期可持续增长。

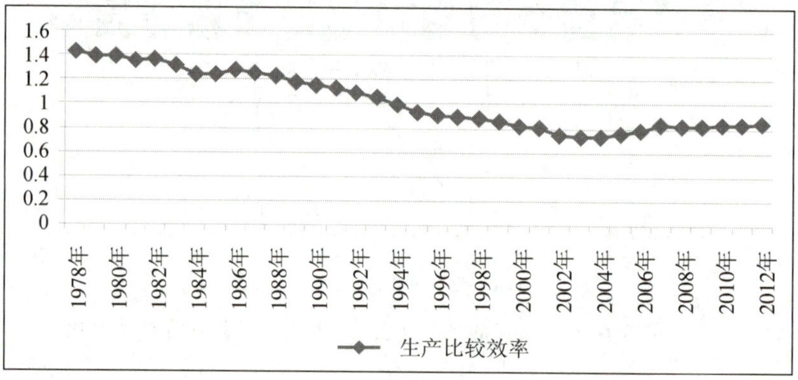

图4 1978—2012年中国产业比较效率的变化趋势

注：原始数据来自《中国统计年鉴》，表内结果经作者计算整理。

四、从“结构性减速”向“结构性加速”转型的影响因素

如果技术进步以一个相对稳定的速度增长，同时技术进步的方式不发生明显的变化，那么在工业行业资本深化速度将保持一个相对稳定的速度，从而工业行业劳动生产率将以稳定的速度进行增长。这就意味着，在产业比较效率演进的“U型规律”中，其能否实现拐点的转型主要决定于服务业内部结构的提

升和生产率的改进。未来经济增长能否实现从“结构性减速”向“结构性加速”的转型，主要取决于服务业发展中的人力资本积累效应、产业关联效应与溢出效应。

1. 人力资本积累效应

服务业消费增强了人力资本，特别是教育科研、技术服务等现代服务业对人力资本积累的影响是巨大的。若人力资本积累效应较大，则劳动力转向服务业时，并不会降低劳动生产率和人均实际 GDP 水平（Pugno，2006；DeVincenti，2007）。鲍莫尔成本病理论的缺陷之一在于仅将劳动投入作为服务业的投入要素，而服务业生产率增长是外生的，但事实上，在服务业发展过程中的人力资本积累往往快于其他行业，而其对生产率的影响是非常大的，这也就意味着，服务业生产率本身是内生的。若服务业生产率增长是外生化的且增长速度比制造业慢，则劳动力向服务业转移会降低人均实际 GDP 增长；若服务业生产率增长是内生化，则劳动力向服务业转移未必降低经济增长率。

Sasaki（2012）曾建立一个两部门的鲍莫尔服务悖论模型分析了劳动力向服务业转移中的人力资本积累效应。这个模型考虑了服务业和制造业都具有技术进步：一方面，服务业消费促进了人力资本积累；另一方面，制造业学习—生产效应有利于技术进步，这说明，服务业和制造业的生产率增长都是内生的。结果发现，起初随着劳动力向服务业转移，人均实际 GDP 增速放缓，但达到某个时点后，人均实际 GDP 加速增长，这个结论既符合 Baumol（1967）提出的“结构性减速”假说（劳动力向服务业转移会降低人均实际 GDP 增长），又支持 Pugno（2006）提出的“结构性加速”假说（劳动力向服务业转移会增加人均实际 GDP 增长）。根据该模型的分析，随着服务业就业份额的增加，制造业的学习—生产效应下降，而服务业的人均积累效应增加，这两种相反的效应使得服务业内部行业结构和服务业生产率得到提升，从而服务业就业比重与经济增长呈现出“U”型关系。因此，要跨越“U”型拐点，使经济增长从“结构性减速”进入“结构性加速”，必须加快提升服务业结构，充分发挥服务业发展的人力资本积累效应。

2. 迂回生产与产业关联效应

服务业对经济发展既有直接作用，也有间接作用。直接的贡献来自该部门自身的活力，间接贡献指该部门通过对其他行业产生知识和技术溢出效应促进经济增长。一方面，服务业自身市场需求的增加有利于经济发展；另一方面，服务业作为中间投入品使得更多部门间的联系越来越紧密，这对经济发展起到关键性的作用（Bogliacino et al.，2011），服务业对经济增长的间接贡献很大，包括就业、生产率和创新等方面（Kox et al.，2007），但其中最大的，是作为中间投入的生产性服务业提升了经济体的迂回生产程度，从而充分发挥服务业的产业关联效应。

在鲍莫尔成本病理论中，服务业仅生产最终产品。但事实上很多服务业往往作为中间产品投入到工业发展过程中。特别地，相对于直接需求的消费性服务业，作为中间投入品的生产性服务业更能把知识资本和人力资本引入到商品和服务的生产过程中，进一步刺激制造业对服务业的需求，从而影响经济增长。若服务业作为制造业的中间投入品，服务业就业比重的提高会增加人均实际GDP水平（Oulton，2001）。这就意味着，作为中间产品投入的服务业能够增加迂回生产链条，从而充分发挥产业关联效应，并可以提升整体劳动生产率。这些作为中间产品投入的服务业，也被称为生产性服务业，包括金融业、通信业和商业服务业等（Guerrieri et al.，2005），由于生产性服务业的作用使得工业结构不断优化，从而增强整体生产率水平。同时，随着生产性服务业的多样化，迂回生产程度和分工水平也会不断提高。因此，要使经济增长从“结构性减速”进入“结构性加速”通道，要特别注重生产性服务业的发展，提升生产性服务业在服务业中的比重，从而发挥其产业关联效应，提升整个经济体的劳动生产率。

3. 经济集聚与溢出效应

服务业相对于工业的一个基本特征，在于服务业的经济集聚与溢出效应更加明显。集聚对服务业发展的影响是巨大的，因此服务业总是与城市化发展密切相关（陈建军等，2009）。合理的城市化规模格局将通过集聚效应实现现代服务业的规模报酬递增，提升服务业结构及其生产率，提升产业比较效率，从而变“结构性减速”为“结构性加速”。就中国的具体情况而言，近十几年来的城市化更多的政府推动的结果，而不是自然演化的过程。因此，我们通过考察政策的变迁以及城市规模格局的变化来观察服务业的集聚与溢出效应。

长期以来，中国实行控制大城市规模、合理发展中小城市和城镇的城市规模政策。1978 年 3 月召开的第三次全国城市工作会议，明确提出“控制大城市规模，多搞小城镇”的方针。1980 年 12 月，国务院批准的《全国城市规划工作会议纪要》把“控制大城市规模，合理发展中等城市，积极发展小城市”作为中国城市发展的基本方针。1990 年 4 月实施的《城市规划法》又明确提出“严格控制大城市规模、合理发展中等城市和小城市”。这一政策方针一直延续到 20 世纪 90 年代末。

2001 年 3 月九届全国人大四次会议通过的“十五”计划纲要，提出要“走符合我国国情、大中小城市和小城镇协调发展的多样化城镇道路，逐步形成合理的城镇体系”。这种“大中小城市和小城镇协调发展”的方针，体现在随后的各种政策文件中。2011 年 3 月十一届全国人大四次会议通过的“十二五”规划纲要，提出“以大城市为依托，以中小城市为重点，逐步形成辐射作用大的城市群，促进大中小城市和小城镇协调发展”。2012 年 11 月，中共十八大报告进一步明确提出，要“构建科学合理的城市化格局”。

由此可见，在 2000 年之前，中国的城市规模政策主要是强调发展中小城市和小城镇，而之后则强调大中小城市和小城镇协调发展。与政策相对应地，我国自 2000 年以来，大城市发展较快，而中小城市出现萎缩（表 3）。城市的集聚效应促进了服务业结构的提升与生产率的变化。由于大城市的集聚效应更强，服务业市场规模更大，分工水平更高，我国的产业比较效率在 2000 年以后也开始提升，因此集聚的城市化规模格局更加有利于提升产业比较效率，从而能够更快地实现从“结构性减速”进入“结构性加速”。

表 3　2000—2012 年中国城市规模格局的变化

城市人口规模	2000 年		2012 年	
	城市数量	人口比重	城市数量	人口比重
200 万以上	13	22.53%	24	31.87%
100 万～200 万	25	14.55%	39	16.18%
50 万～100 万	54	15.54%	96	19.11%
20 万～50 万	220	28.86%	245	22.90%
20 万以下	353	18.52%	251	9.94%

注：原始数据来自《中国城市统计年鉴》和《中国人口与就业统计年鉴》，表内结果经作者计算整理。

五、结语与政策建议

综上，本文从结构变化与经济增长的关系出发，通过一个增长核算和结构分解的基本框架计算增长中的结构效应，并进一步研究产业比较效率的变化，对短期和长期视角下中国的结构转型与经济增长进行了解释。主要结论如下：(1) 劳动生产率变动决定中国经济高增长，而结构转型决定了中国近 15 年来劳动生产率变动的 16.98%；同时，这一效应存在明显的地区差异，过去的“结构性加速”主要发生在东部地区和西部地区。(2) 目前中国还并未迈入“结构性减速”，未来结构转型对中国经济增长的影响取决于工业与服务业的产业比较效率，而产业比较效率存在着“U 型”演变规律，从短期视角来看，“结构性减速”即将发生，从长期视角来看，随着产业比较效率发生变化，中国也可能从“结构性减速”重新进入“结构性加速”通道。(3) 未来经济增长能否实现从“结构性减速”向“结构性加速”的转型，一是取决于服务业发展中的人力资本积累效应，二是取决于服务业在深化分工过程中的迂回生产与产业关联效应，三是取决于在城市规模格局变化过程中服务业的经济集聚与溢出效应。

基于以上结论，本文分别从短期视角和长期视角提出建议如下：

从短期视角来看，未来应当正确看待经济增长过程中可能出现的“结构性减速”，避免出现过去需求管理为主的刺激性政策的负效应。同时，在加快向服务业转型的过程中，一方面发展知识密集型服务业和生产性服务业，着力改善服务业结构，提升服务业生产率；另一方面也应积极提升制造业内部生产率，从而应对“结构性减速”。具体而言：(1) 积极发展知识密集型的现代服务业，推进知识密集型服务业自主创新，充分发挥知识密集型服务业的人力资本积累效应。建立健全技术创新机制，鼓励知识密集型服务业企业建设各类研究开发机构和增加科技投入，使企业成为研究开发投入的主体，通过创新形成新的增长潜力。(2) 加快发展生产性服务业，释放生产性服务需求，加大政策支持力度，强化专业化服务企业的分工优势，并加强产业关联。对生产性服务业发展进行引导，对影响大、带动作用强、具有示范效应的服务业重点项目予以支持，特别是积极发展知识服务业集聚区、金融业、商务服务业、信息服务业等领域及现代物流业等高度专业化的生产性服务业。(3) 在劳动力从工业向服务业转移过程中，积极推动制造业内部结构的提升，推动智能制造、云计算和物联网信息产业在制造业中的应用、实现工业化与信息化相融合，实现工业内劳动生产率的提升，以弥补“结构性减速”带来的对于总体生产率的负效应。（4）充分发挥生产性服务业的迂回生产与产业关联效应，变单纯的制造业集聚、服务业集聚为集成制造与服务功能的产业链集聚。从而提升整体产业结构和生产率，进一步提升中国经济增长潜力。

从长期视角来看，未来应着力提升人力资本水平，并通过城市化格局的改善，充分提高产业比较效率，加快从“结构性减速”进入“结构性加速”，提升中国经济增长潜力。具体而言：（1）打通从传统经济增长模式向新经济增长模式转变的通道。传统经济增长模式强调总量扩张，忽视了经济结构的均衡和优化。未来在经济增长过程中要充分遵循产业比较效率演变的规律和结构变化的规律，以提高产业内生产率和产业比较效率为重心，从传统强调总量扩张的增长模式转向经济增长与结构优化并重的新经济增长模式，充分挖掘中国经济增长潜力。（2）加大人力资本投入，特别是加强高等教育投入，在过去高等教育发展中数量已经得到提升的基础上，着力提升高等教育质量，充分发挥人力资本积累效应，改变过去以要素驱动和投资驱动为主的增长模式为创新驱动的增长模式，创造新的“人力资本红利”，通过人力资本积累为高端服务业为主的服务业结构提供人才基础，从而形成新的增长潜力，加速从“结构性减速”向“结构性加速”的转变。（3）改变过去“以地为本”的传统城市化模式，实行“以人为本”的新型城市化，将人口城市化作为城市化的核心，进一步深化改革，促进劳动力自由流动，形成更为合理的城市化规模格局，特别地，要靠城市群的形成和发展充分发挥其对现代服务业的推进作用，从而实现城市的集聚效应与溢出效应，扩大现代服务业的市场规模和分工水平，提升中国经济增长潜力，实现从“结构性减速”向“结构性加速”的转变。（4）适应第三次工业化的发展趋势，推动创新型经济的发展和战略性新兴产业的成长，打破产业结构的低端锁定，加快结构转变，创造结构红利，在实现产业结构多元化的基础上，推动产业结构高级化，通过结构调整开发增长潜力，实现长期可持续增长。

参考文献

[1] ACEMOGLU D, GUERRIERI V. Capital Deeping and Non Balanced Economic

Growth [R]. NBER Working Paper, 2006, No. 12475.

[2] BAUMOL W J. Macroeconomics of Unbalanced Growth: The Anatomy of Urban Crisis [J]. The American Economic Review, 1967, 57 (3): 415 -426.

[3] BAUMOL W J, BLACKMAN S B, WOLFF E N. Unbalanced Growth Revisited: Asymptotic Stagnancy and New Evidence [J]. American Economic Review, 1985, 75 (4): 806 -817.

[4] DE VINCENTI C. Baumol' s Disease, Production Externalities and Productivity Effects of Intersectoral Transfers [J]. Metroeconomica, 2007, 58 (3): 396 -412.

[5] GUERRIERI, MELICIANI. Technology and International Competitiveness: The Interdependence Between Manufacturing and Producer Services [J]. Structural Change and Economic Dynamics, 2005 (16): 489 -502.

[6] JORGENSON, TIMMER. Structural Change in Advanced Nations: A New Set of Stylised Facts [J]. Scand. J. of Economics, 2011, 113 (1): 1 -29.

[7] KOX, RUBALCABA. Analysing the Contribution of Business Services to European Economic Growth [R]. Bruges European Economic, Research Papers, 2007, No. 9.

[8] OULTON N. Must the Growth Rate Decline? Baumol's Unbalanced Growth Revisited [R]. Oxford Economic Papers, 2001, 53 (4): 605 -627.

[9] PUGNO M. The Service Paradox and Endogenous Economic Growth [J]. Structural Change and Economic Dynamics, 2006, 17 (1): 99 -115.

[10] MAROTO - SÁNCHEZ A, CUADRADO - ROURA JR. Is Growth of Services An Obstacle to Productivity Growth? A Comparative Analysis [J]. Structural Change and Economic Dynamics, 2009 (20): 254 -265.

[11] SASAKI H. The Rise of Service Employment And Its Impact on Aggregate Productivity Growth [J]. Structural Change and Economic Dynamics, 2007, 18 (4): 438 -459.

[12] SASAKI H. Endogenous Phase Switch in Baumol's Service Paradox Model [J]. Structural Change and Economic Dynamics, 2012, 23 (1): 25 -35.

[13] WOLFF A. Productivity Growth in Service Industries [R]. STI Working Paper, 2003, OECD.

[14] 袁富华. 长期增长过程的“结构性加速”与“结构性减速”：一种解释 [J].

经济研究，2012（3）：127－140.

［15］张平．“结构性”减速下的中国宏观政策和制度机制选择［J］．经济学动态，2012（10）：3－9.

［16］吕健．产业结构调整、结构性减速与经济增长分化［J］．中国工业经济，2012（9）：31－43.

［17］沈坤荣，滕永乐．“结构性”减速下的中国经济增长［J］．经济学家，2013（8）：29－38.

［18］程大中．中国服务业增长的特点、原因及影响——鲍莫尔—富克斯假说及其经验研究［J］．中国社会科学，2004（2）：18－32.

［19］程大中．中国服务业存在“成本病”问题吗？［J］．财贸经济，2008（12）：32－41.

［20］陈建军，陈国亮，黄洁．新经济地理学视角下的生产性服务业集聚及其影响因素研究——来自中国222个城市的经验证据［J］．管理世界，2009（4）：34－47.

［21］任保平，等．中国经济增长质量报告2012——中国经济增长质量指数及省区排名［M］．北京：中国经济出版社，2012.

第十一章 技术创新、人口增长和中国历史上的经济增长*

豆建春**

摘　要　古代中国自宋以来出现了较长时期的技术进步，人口大量增长，但是以人均收入衡量的经济增长却并不显著。本文将技术创新区分为效率型技术进步和产品创新，通过一个包含产品种类的内生生育率动态模型，从不同技术创新与人口增长的角度对这一现象进行了探讨。分析表明，只要孩子类似于一种“正常商品”，生育率的变化就与效率型技术进步正相关，而与产品创新负相关。如果经济中出现了相对较快的产品创新，人均收入增长率最终将收敛于劳均产出增长率水平。如果技术创新更多地表现为效率型技术进步，人均收入增长率将下降到一个低于劳均产出增长率的水平。自宋代开始的农业技术进步和明清时期早期工业的发展都以生产率的提高为主要特征，缺乏有效的产品创新。这种技术进步倾向于提高人口增长率，从而削弱了技术进步的增长效应。这是古代中国有技术进步而无经济增长的一个重要原因。

关键词　经济增长；技术进步；产品创新；人口增长

一、引　言

为什么古代中国自宋以来出现了较长时期的技术进步却无显著的经济增长？

---

* 发表于《中国大学教学》，2008 年第 9 期。

** 豆建春，经济学博士，陕西师范大学西北历史环境与经济社会发展研究院助理研究员，主要研究方向：人口转变与经济发展。

一个浅显的说法是人口增长几乎吞噬了技术进步的所有成果。对比西方世界的增长史不难发现，这不是古代中国特有的现象，西欧在同一时期也经历了类似的增长过程。即便是在工业革命时期，以人均收入衡量的经济增长也并不是特别显著。在对工业革命开始后的几十年所取得的成就做了介绍后，科尔和菲利斯迪恩写道："以绝对值计算，这一时期英国的国民产值增长率提高了三倍。……但是，实际人均产值很少或者没有提高。"其中的原因无非是，在这短短几十年里，英国的人口增加了将近1/5。[1]

以 Galor 为代表的统一增长理论（Unified Growth Theory）特别强调人口转变对于长期经济增长的重要意义。[2]但是也有一些研究认为，历史上的人口增长率并不是很高，因此人口对经济增长的影响并不如统一增长理论表明的那样重要。[3]这里可能存在一些误解。首先，中国古代历史上的人口增长率在经济恢复时期往往可以达到10‰以上，在后来的一些时期和别的发展中国家也曾出现过年均2%，甚至3%的增长率，相对于历史上的技术进步速度，这种人口增长率也不能算低。其次，人口转变是通过三个渠道，即改变经济中的抚养比、储蓄率和人力资本积累水平对长期经济增长产生影响的，据此进行的一个经验研究也表明人口转变对于起飞经济体经济增长的长期贡献超过了1/3。[4]因此，人口对于理解历史上的经济停滞和增长具有重要意义。

不过，也有一些研究者认为，宋以后的经济停滞源于技术进步的停滞，如珀金斯、伊懋可等。[5][6]然而，对于宋代的技术进步及其经济效应的估计可能过高了，而元、明、清时期的技术和经济也都有很大的发展。[7]出现这种判断上的差异的原因可能是由于前者特别看重器物改进和对人均增长具有重要意义的技术进步，而忽略了对"密集化"技术发展的考察。这种密集化的技术进步以新作物品种的引进为基础，以新耕作方式和种植制度的出现为特征，导致了一种被称为"高水平均衡陷阱"或是"过密化"的经济增长。因此，从宋代开始，中国的经济和技术都有很大的发展，只是这种技术不同于西方兴起时的那种主要体现为工具、机器和动力革新的技术，否则我们无法解释这一时期巨大的人口增长，尤其是考虑到耕地面积的扩张很大程度上依赖于新作物品种引进这一事实之后。

然而，这种"高水平均衡陷阱"或是"过密化"特征的经济增长的形成依赖于人口增长与收入增长正相关的"马尔萨斯假设"。只是这种假设并不易获得，因为技术创新与人口增长之间的关系并不是单调的。技术进步或者引起人均收入的增长，或者只带来人口规模的扩大。其中的奥妙究竟是什么？统一增长理论认为是人力资本价值的上升转动了孩子“数量与质量”的杠杆，使得技术进步从19世纪末开始倾向于更多地推动人均收入的增长。但是Brezis认为，当时的人力资本存量甚微，不足以引起人口增长的迅速转变，实物资本积累降低了童工收入在家庭收入中的重要性才是19世纪末开始人口转变的根本原因。[8]对于处于工业革命时期的欧洲来说，“大量的技术变革被物化在新的资本当中”，[9]因此资本的持续积累实际上也是对技术进步的反映。Blackburn et al.、Greenwood et al. 则更为明确地指出了这一点。[10][11]他们认为技术进步引起收入在代际间转移方向的变化是人口增长背离技术进步的关键。这些理论都有一个特点，即认为技术创新是同质的，都表现为效率增进型的技术进步。但是科学技术史表明，在19世纪后半期，技术创新的内容和方向出现了一些新的变化，在继续提高生产率的同时伴随着越来越多的“产品创新”。

技术创新可能表现为“过程创新”，也可能以“产品创新”的形式出现。前者带来效率型技术进步，引起生产率的提高，后者则创造出新产品，扩大了消费集，二者对人们的决策都会产生影响。① 效率型技术进步引起收入的上升，即预算的扩张，而产品创新引起消费集的扩大。如果消费集不变，收入增加引起每种产品消费的上升；如果收入不变，消费集扩大引起每种产品消费的下降。已有的增长文献都以“中间品”种类扩张的形式将多样化引入生产函数进行处理，并认为这种变化只有分析方法上的差异，其结论与效率型技术进步是完全一致的。格罗斯曼和赫尔普曼虽然将多样化处理为消费品种类的扩张，但是他们认为将多样化看作是“中间品”种类的扩张还是消费集的扩大是无关要旨的，而且因为他们在一个外生生育率框架内进行分析，因此产品种类的变化也就不会对人口增长产生任何影响。[12]然而，这种简单化的认识和处理既可能与事实和经验严重不符，也可能低估了产品创新对于经济增长的重要意义。

技术创新的这种差异对于经济增长有什么影响呢？本文的观点是，出现显著的产品创新对于技术进步增长效应的体现至为重要。如果经济中只有效率型技术进步，那么收入的提高将引起包括“孩子”在内的所有商品消费数量的增

① 很明显，本文所讲的产品创新主要是指消费品的创新，“中间品”或者资本品的创新被归入效率型技术进步。在模型部分，我们对此有一个清晰界定。

加。这意味着，人口增长将随着产出水平的上升而提高，而这是20世纪以前人类增长史的基本特征。但是产品创新通过消费集扩大带来的“分配效应”和生育成本上升引起的“价格效应”削弱了效率型技术进步的人口效应，因而对人均收入的增长有重要意义。已有的文献特别关注收入与生育率之间的关系，而忽略了消费集扩大对人口增长的影响；特别关注效率型技术进步与生育成本的关系，忽略了产品创新对生育成本的推动作用。本文综合考虑了产品创新的这两个方面，在此基础上构建的模型表明，只要“孩子”带给人们的效用类似于“正常商品”，长期人口增长就与人均收入的变化正相关，但是产品种类的扩张倾向于降低生育水平。这意味着，如果没有产品创新，单纯依赖效率型技术进步，中国可能无法摆脱马尔萨斯经济的泥沼。这一点在很长一段时间内被研究者忽视了。在新近的一个研究中国长期经济增长的文献中，在肯定了中国自宋以来所出现的技术进步和所取得的经济成就后，作者问道：为什么中国未能充分利用它早期的技术优势继续维持在世界主要经济体中的领先地位?[13]事实上，不仅仅是中国，即便是西欧，如果没有19世纪后半期开始出现的产品创新，也不可能利用它工业革命时期积累起来的技术优势在增长路径上与东方世界分道扬镳。

据此，本文提出了一个理解中国传统经济增长的假说，即没有出现明显的产品创新是古代中国自宋以来虽有技术进步却无显著增长的一个重要原因。本文接下来的安排如下：第二部分对中、西方增长史进行了简单的比较，从历史的角度说明了人口转变对于经济增长的重要意义，同时对中、西方的技术史做了简要的回顾，以便为本文提出的有关异质性技术创新的论断提供一些史料方面的支撑；第三部分通过一个动态模型分析了技术进步和产品创新与人口增长之间的关系；在此基础上，第四部分讨论了不同技术创新对经济增长产生的影响；最后一部分是结束语。

二、中、西方的比较：经济增长和技术创新

（一）中、西方历史上的经济增长

公元元年开始后的第一个千年里，中国的人口峰值从此前西汉时的6000多万上升为盛唐时的8000万左右，在这一千年里增长30%多。从1000年到1840年，人口峰值由此前的8000多万增长到了4亿多，在不到一千年的时间里增长

了400%。中国历史上的人口增长与疆域面积变化的关系并不是很大，因此中国人口的变化基本反映了固定土地上可承载的人口数量的变动。其中，耕地的增加为土地供养更多的人口贡献颇多，但是依据何炳棣的观点，中国历史上耕地数量的增加更多地反映了技术进步的成果。[14]因此，人口增长的长期趋势基本上反映了古代中国技术进步的情况。如果从人口增长角度来衡量技术进步或是经济绩效，中国自宋以来经历了显著增长。

从经济总量的比较来看，中国和西欧的增长趋势在很长一段时间内是一致的，即便西方开始了工业革命以后，这一特征也没有发生变化。图1描绘了中国和西欧经济总量的长期变化。从中可以看出，除过明末清初时的短暂波动以外，到19世纪前叶，中国与西欧的增长趋势几乎是完全相同的。

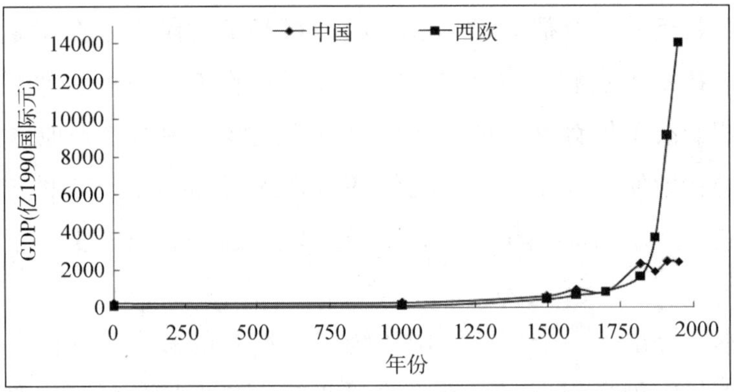

图1 中国和西欧经济总量的长期增长（0—1950年）

数据来源：安格斯·麦迪森. 世界经济千年史. 北京：北京大学出版社，2003：259.

然而，就人均收入而言，自1700年以来中国就已经开始落后了。不过有一些学者认为这些数据夸大了工业革命以来欧洲出现的增长，真实的人均收入的变化在此期间并不显著。彭慕兰肯定地指出，中西方发展的分野发生在19世纪，而不是更早的1750年。[15]统一增长理论继承了这一观点。Galor指出，在19世纪末开始人口转变之前，西方世界依然处于马尔萨斯的阴影之中，技术进步与人口增长同步发展，只是当生育率开始出现较大幅度的下降以后，西方主要工业国家的人均收入才出现了快速增长。这一观点得到了经济史学家的支持。莫基尔在对19世纪的技术进步做了详细介绍后，评价道："尽管取得了长足进步，人们还是认为19世纪的技术……最终未能让人类脱出贫穷这个苦海。"[9]因此，尽管欧洲在发展水平上超越了中国，但是在19世纪中期以前，西欧的经济增长依然受其人口增长“所累”。图 2 反映了中国和西欧人均收入长期变化的情况。

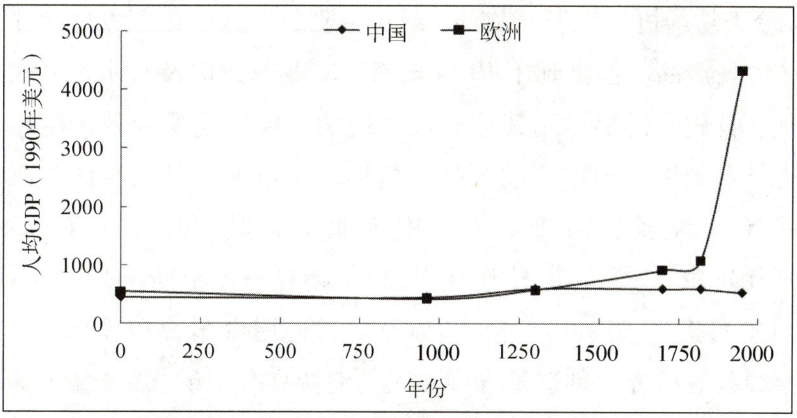

图 2　中国和西欧人均收入的长期变化（0—1952 年）

数据来源：安格斯·麦迪森．中国经济的长期表现：公元 960—2030 年．上海：上海人民出版社，2011：21，39．欧洲不包括苏联和土耳其。

技术水平的差距从根本上决定了东西方之间发展水平上的差异。但是，在经过了一百多年持续不断的革命性的技术突破之后欧洲依然没有将中国从同一轨道上甩开，而是在 19 世纪后半期走上了另一条发展路径。从 19 世纪后半期开始，西欧国家以及西欧后裔国（Western Offshoots）经历了一次人口转变，人口增长率一改此前的上升趋势，开始出现下降。前者的人口平均年增长率从 0.77% 下降到了 0.42%，后者则从 2.87% 下降到了 2.07%，并且这种下降趋势一直延续到了 20 世纪 50 年代。统一增长理论强调了人口转变对于现代增长的重要意义。但是为什么发生在中国的技术进步（也包括欧洲 19 世纪中叶以前的技术进步）只是带来了人口的大规模增长，而西方 19 世纪后半期以后出现的技术进步却引起了生育率的下降，进而对经济增长产生了不同的影响？这种差异是由于不同社会对技术进步的反馈机制不同造成的，还是技术进步本身就存在一些变化？前文提到的有关人口转变的文献大都集中在社会对技术进步反馈机制的差异方面，本文主要关注技术进步本身发生的变化。那么从历史上看，技术进步到底发生了什么样的重要变化呢？

（二）中、西方历史上的技术创新

在 19 世纪中叶以前，技术创新以效率型技术进步为主要特征。工业革命中的重要技术发明都是对土地、劳动力和能源短缺的反应，“铁、煤和蒸汽机成为那个时代标志性的资源”，其经济意义也在于极大地提高了生产率。正如经济史学家指出的那样，工业革命时期最重要的行业——纺织业中的进步，如“水力纺纱机”“珍妮纺纱机”以及“螺机”，其主要后果是摧毁了家庭手工纺织业和部分替代了国外产品。但是到了19后半期，工业革命以及技术创新表现出了一些新的特征。首先，科学，尤其是现代物理学、现代化学和分子生物学与技术的结合变得日益紧密，为连续的产品创新提供了可能。其次，作为产品创新的一个主要平台，许多公司成立了应用工业实验室，如拜耳（1874）、标准（1880）、通用电气（1901）、杜邦（1902）、帕克—戴维斯（1902）、康宁玻璃（1908）、贝尔实验室（1911）、柯达（1913）、通用汽车（1919）等。这些实验室专门从事经验性研究，创造了许多对人类消费具有变革意义的新产品。[16]

史学家普遍认为，19世纪中叶以前，西方世界的人们可消费的产品与古罗马时期相比几乎没有什么大的变化，也与当时的东方世界相差无几。当代人们熟知的消费品如自行车、照相机、打字机、缝纫机、电话、电灯、汽车、留声机和电影都出现在第二次工业革命中，而不被人们所注意到的产品创新要比留在科技史上的标志性发明多得多。这些发明遍及人们的“衣食住用行”以及教育、娱乐、休闲和医疗卫生等各个方面，对社会发展产生了重要影响。在公共消费领域，新的供水、排水系统，公共卫生规划和设施，巴斯德灭菌法对于城市生活的改造以及公共交通体系也都是在19世纪60年代后开始的。[17]

技术创新的这种变化在社会领域产生了广泛影响。比如，伊万丝就特别提到，女性在19世纪后半期成为“很多制造行业的市场”，而且这一变化“十分民主，而非仅仅限于富人和特权阶层”。[18]在一部享有世界学术声誉的著作中，在叙述近代以来的技术革新对社会变迁的影响时，史蒂文·瓦戈几乎没有论及效率或是生产率的提高，而是着重探讨了新产品对人类社会变化的重大影响，描述了这些产品对财富分配、权力、文化、投票率、饮食、工作，乃至婚姻和性别关系的重塑。[19]从中我们可以窥见发生在19世纪后半期的第二次工业革命中的技术创新与此前的技术进步有着怎样的不同。

以上是西方世界的技术创新在19世纪发生的变化，那么中国的情形又如何呢？与欧洲19世纪中叶以前相同，中国自宋代以来的技术进步都以提高生产率和供给更多的产品为主要特征，在这期间，并没有出现过有重要消费意义的产品创新。农业中的发展，无论是水利建设还是农业生产工具的改进都不可能带来新产品。新作物，如占城稻、高粱、玉米等的引进实际上是这次农业进步的主要推动力，但是这些新作物并不能实质性地引起消费集的变化。就消费结构而言，农产品种类的扩张，尤其是粮食作物品种的增加，不具有消费意义上的多样化特征。明清时期中国早期工业，尤其是江南工业的发展给经济史学家留下了深刻的印象，其间发生的技术进步也为研究者所津津乐道。但是，与农业发展相同，这一时期工业中的进步也以生产率的提高为主。尽管在传统染色技术上取得了一些成绩，但是就对整个中国社会变迁的影响而言，这些技术进步的消费意义并不明显。

宋代以来，中国的大众消费有了一些重要发展，尤其是明清江南地区的消费更是呈现出许多新特点。但是，这一时期江南地区的消费呈现出了明显的波动性特征，历代前期并无特别之处，都是在中晚期出现了繁华景象。显然，这种消费上的多样性的出现与其说是产品创新的结果，不如说是经济繁荣的表现。孙竞昊对明清江南地区消费主体和消费结构的分析都表明传统中国的消费与收入、身份和地位高度相关，而与产品种类的变化并无直接关系。[20]因此，宋代以来，古代中国（尤其是江南地区）的消费发展更多地与经济发展相关，是效率型技术进步的表现。

实际上，发生在西方19世纪后半期的产品创新以现代科学，尤其是现代物理学中的电、磁、光、声和现代化学以及分子生物学为基础，以新的实验方法为主要手段，以现代企业和工业创新为主体，以现代商业环境和市场经济为平台，而传统中国并不具备这些条件，因此在产品创新上很难表现出西方世界19世纪后半期那样的创造力。古代中国在消费品生产工艺上有非常重要的革新，这是毋庸置疑的。但是要说宋元或者明清时期出现了许多具有消费意义的新产品，恐怕是很难成立的。尤其是当我们将目光对准人口占绝大多数的普通农家的厅堂厨卫时，明清与秦汉可能也就只有朝代名称上的差异而已。

三、技术创新和人口增长：基本模型

（一）消费

关于内生生育率下的人口增长，Becke et al. 提供了一个迭代分析框架。[21]考虑到加总时可能出现的一些困难，巴罗和萨拉—伊—马丁建议在一个连续时间框架内对父母的生育行为进行分析，并据此构建了一个包含内生生育率特征的无限寿命家庭效用函数：[22]

$$U = \int_0^{\infty} (L(t))^{1-\varepsilon} u(t) \mathrm{e}^{-\rho t} \mathrm{d}t, \quad \rho > 0, 0 < \varepsilon < 1 \tag{1}$$

其中，$u(t) = u(x_i(t), n(t))$ 表示每个成年人的即期效用函数，x_i 表示产品 i 的消费量，n 表示每个成年人生育的小孩数量。$L(t)$ 代表了 t 时的成年人数量，根据 Becke et al. 的设定，$\varepsilon > 0$，保证了利他性是孩子数量的递减函数。ρ 表示主观贴现率。在式（1）中，主观贴现率的引入也反映了父母的利他主义程度。

代表性家庭由最初的一个成年人和他的后代组成。家庭向市场提供劳动和资产获得收入，并将所得用于消费、生育孩子和积累。拥有孩子能带给父母正的效用，并且这种效用随着孩子数量的增加是递减的。许多内生生育率文献都使用了柯布—道格拉斯类型的即期效用函数，这意味着孩子的数量为零时，再多的消费对父母都是无意义的。[①] 一个更为可取的假设是，尽管父母偏好于孩子的数量为正，但孩子并非是必需的。考虑到这些情况，我们给出的即期效用函数为：

$$u(x_i, n) = (an^{\alpha} + b\int_0^I x_i^{\alpha} \mathrm{d}i)^{1/\theta}, \quad a \geqslant 0, b > 0, 0 < \alpha < \theta < 1, i \in (0, I] \tag{2}$$

这是对 Dixit 和 Stiglitz（1977）分析产品多样化时使用的效用函数的一个扩展。其中，α 和 θ 为决定孩子和其他产品替代弹性的参数。所不同的是，此处假设 $\alpha < \theta$，排除了孩子和消费的规模“报酬”不变和递增的特征。对于描述偏好的效用函数而言，这是一个更为真实的假设。况且，如若偏好不具有规模报酬递减的特征，在贴现率为正的情况下，家庭和个人更有激励在每一个时刻消费掉所有产出，长期分析有可能退化为一个静态问题。

在式（2）中，$I = I(t)$ 表示 t 时经济中的产品种类。通过式（2），我们可以对产品创新进行界定。简单地讲，产品创新导致 I 的增大。孩子和任一产品的消费都满足边际效用为正且递减的设定以及“稻田条件”，即当孩子或其他产品的数量趋于无穷大（或趋于0）时，其边际效用趋于0（或无穷大）。这些条件

① 选择柯布—道格拉斯形式的效用函数在处理动态问题时具有极大的简便性，这也是许多文献选择该函数的一个重要原因。但是，除了文中指出的缺陷外，该函数具有支出份额不变的特征。这意味着，每一个支出项都随着人均收入的增长而增长。对于那些想要预测到人口转变的文献来说，这是一个重要缺陷。为了克服这个缺陷，往往对生育或者消费的最低水平进行限制，在柯布—道格拉斯效用函数中引入死亡率的意义正在于此。

保证了父母偏好于多样化消费。因此，即便孩子并非是必需的，父母也会选择生育小孩。a 和 b 的相对大小用来衡量孩子和消费的相对重要性，也反映了时代的特征，比如社会保障水平、要素市场的完善程度以及父母的价值观念等等。当 $a=0$ 时，父母倾向于不要小孩。

k 表示每个成年人拥有的资产。[①] w 表示工资率，r 表示利率，E 代表每个成年人的当期支出。假设资本的折旧率为零，式（3）和式（4）分别给出了家庭的动态预算约束方程和劳动人口的动态方程：[②]

$$\dot{k} = w + rk - nk - E \tag{3}$$

$$\dot{L} = nL \tag{4}$$

如果将式（2）直接代入式（1），并根据式（3）和式（4）构建汉密尔顿函数来求解这个动态问题，将面临两个控制变量和两个状态变量。再加上即期效用函数的加性特征，这将使得求解该问题变得异常复杂。过于复杂的求解过程和数学表达式极易掩饰相关的经济学含义。为了简化分析并得到直观的经济学解释，我们使用间接效用函数来代替式（2）。间接效用函数也有助于我们观察收入和价格（成本）变化时生育率和消费所发生的变化。

令 $E = cn + \int_0^I x_i \mathrm{d}i$，表示 t 时成年人的人均预算约束。其中，c 表示生育一个小孩的成本，包括父母的时间投入和产品投入，并统一转化为产品进行度量。生育成本是时间的函数，随着技术创新而发生变化。在后面，我们将对生育成本与技术创新的关系进行讨论。根据式（2），家庭的最优生育水平和消费水平为：

$$n = \frac{Ec^{1/\alpha-1}}{c^{\alpha/\alpha-1} + I/\lambda} \tag{5}$$

$$x_i = \frac{E}{\lambda c^{\alpha/\alpha-1} + I} \tag{6}$$

在上面的式子中，$\lambda = (a/b)^{1/1-\alpha}$，度量了孩子和消费的相对重要程度。当

---

① 本文中的资产包括劳动工具、牲畜、存货、生息资本等。更为重要的是，在本文中 k 还包括耕地，在传统农业经济中，这是农民家庭最为重要的资产。从单个家庭来看，耕地的数量是可变的。就整个经济而言，长期来看，耕地的数量和质量也是投入的函数。仅是清代，耕地的面积就增加了一倍有余。

② 在式（3）、式（4）中，$\dot{k}$ 和 $\dot{L}$ 分别表示变量 k 和 L 对时间的导数。在后面的叙述中，对于其他变量的时间的导数，我们都将采用类似的表示方法。

孩子的价格 c 上升时，父母选择减少小孩的数量而增加产品消费，支出水平的提高将引起生育率和消费水平的上升，这些都与标准的经济理论相一致。此外，式（5）和式（6）表明，产品种类的扩张将引起生育率和任一产品消费数量的下降。这是因为父母偏好于多样化消费，新产品的出现引起了支出的重新分配。定义：

$$z_1 \equiv \frac{c^{1/\alpha-1}}{c^{\alpha/\alpha-1} + I/\lambda} \tag{7}$$

$$z_2 \equiv \frac{1}{\lambda c^{\alpha/\alpha-1} + I} \tag{8}$$

并且，z_1，z_2 通过 c 和 I 与时间相联系。据此有 $n = z_1E$，$x_i = z_2E$，并代入效用函数式（2），可得间接效用函数：

$$v(E) = (az_1^\alpha E^\alpha + bIz_2^\alpha E^\alpha)^{1/\theta} = (az_1^\alpha + bIz_2^\alpha)^{1/\theta}E^{\alpha/\theta} \tag{9}$$

用式（9）替换式（2），由此得到无限寿命家庭效用函数：

$$U = \int_0^\infty L(t)^{1-\varepsilon} z(t)E(t)^{\alpha/\theta}e^{-\rho t}dt \tag{10}$$

其中，$z(t) \equiv [az_1(t)^\alpha + bI(t)z_2(t)^\alpha]^{1/\theta}$。将 $n = z_1E$ 代入动态预算方程式（3），有

$$\dot{k}(t) = w(t) + r(t)k(t) - z_1(t)E(t)k(t) - E(t) \tag{11}$$

此时，家庭的收入用于“支出”和积累，决策问题也同时由决定消费和生育率的时间路径演变为决定支出的最优时间路径的问题。根据式（10）、式（11）构建汉密尔顿方程：

$$H = L^{1-\varepsilon}zE^{\alpha/\theta}e^{-\rho t} + \mu(w + rk - z_1Ek - E) \tag{12}$$

横截条件为：$\lim_{t\to\infty}[\mu(t)\cdot k(t)] = 0$。求解此动态问题可以得到：

$$\frac{\dot{E}}{E} = \frac{\theta}{\theta-\alpha}\left[\gamma_z - \varepsilon z_1E - \rho - \frac{z_1k}{z_1k+1}(\gamma_z + \gamma_k) + r\right] \tag{13}$$

其中，$\gamma_z \equiv \dot{z}/z$，$\gamma_k \equiv \dot{k}/k$。令 $\hat{E} = E/A$，$\hat{k} = k/A$，分别表示每个成年人的人均有效支出水平和人均有效资本水平，并记 $\gamma_A \equiv \dot{A}/A$，$\gamma_{\hat{k}} \equiv \dot{\hat{k}}/\hat{k}$。由于$\dot{\hat{E}}/\hat{E} = \dot{E}/E - \gamma_A$，根据式（13），可得：

$$\frac{\dot{\hat{E}}}{\hat{E}} = \frac{\theta}{\theta-\alpha}\left[\gamma_Z - \varepsilon z_1A\hat{E} - \rho - \frac{z_1\hat{k}}{z_1\hat{k}+1/A}(\gamma_z + \gamma_{\hat{k}} + \gamma_A) + r - \frac{\theta-\alpha}{\theta}\gamma_A\right] \tag{14}$$

（二）生产

为了简化分析，我们假设每一种产品 i 的生产都使用相同的技术。根据式(2)，产品 i 以对称的形式进入效用函数，这意味着在相对价格相等的情况下，对每种产品的需求量都是相同的。如果 K（t）表示 t 时社会拥有的总资本量，那么它将和劳动被平均分配在每一种产品的生产上。假设生产函数采用柯布—道格拉斯形式，则有

$$X_i = AK_i^{\beta}L_i^{1-\beta} = \frac{A}{I}K^{\beta}L^{1-\beta} \quad 0<\beta<1 \tag{15}$$

式（15）表明，产品种类的扩张会引起每种产品产出的下降。这是因为产品种类的增加减少了每种产品生产过程中可获得的要素数量。在研究多样化的增长效应时，格罗斯曼和赫尔普曼（2009）已经揭示了这一点。根据式（15），生产要素的均衡价格为：

$$r = \frac{\partial X_i}{\partial K_i} = \beta A k^{\beta-1} = \beta A^{\beta}\hat{k}^{\beta-1} \tag{16}$$

$$w = \frac{\partial X_i}{\partial L_i} = (1-\beta)Ak^{\beta} = (1-\beta)A^{1+\beta}\hat{k}^{\beta} \tag{17}$$

因为每种产品的生产都使用相同的技术，且生产过程具有规模报酬不变的性质，因此产品种类的变化不会影响到要素的边际产出，也就不会对要素的价格产生影响。实际上，多样化不改变一个经济的生产能力，它只在产品间产生分配效应。真正对社会总产出的增长有决定意义的是全要素生产率。这也是式（16）和式（17）中不包含产品种类的原因。然而，这并不是说产品种类的扩张，或是多样化对经济没有影响。Peretto et al. 发现，多样化对于消除增长中的规模效应，进而获得平衡增长有很大的帮助。[23] 从消费方面讲，多样化扩大了消费集，对人类福利的增进有重要意义。本文旨在阐述多样化的另外一个效应，即对生育率，进而是人均收入产生的影响。

（三）稳态

将式（16）和式（17）代入式（11），整理后可得：

$$\dot{\hat{k}} = A^{\beta}\hat{k}^{\beta} - \gamma_A\hat{k} - (Az_1\hat{k}+1)\hat{E} \tag{18}$$

上式和式（14）共同构成了一个一阶微分系统。在式（18）中，令 $\dot{\hat{k}}=0$，得到：

$$\hat{E}=\frac{1}{1+Az_1\hat{k}}(A^{\beta}\hat{k}^{\beta}-\gamma_A\hat{k}) \tag{19}$$

能够证明式（19）满足$\partial\hat{E}/\partial\hat{k}>0$，$\partial\hat{E}^2/\partial^2\hat{k}<0$（证明见附录A1）。根据式（14），令$\dot{\hat{E}}/\hat{E}=0$，能够得到：

$$\hat{E}=\frac{1}{\varepsilon z_1 A}\left[\beta A^{\beta}\hat{k}^{\beta-1}-\frac{z_1\hat{k}}{z_1\hat{k}+1/A}(\gamma_z+\gamma_{\hat{k}}+\gamma_A)+\gamma_z-\rho-\frac{\theta-\alpha}{\theta}\gamma_A\right] \tag{20}$$

不难证明，式（20）满足$\partial\hat{E}/\partial\hat{k}<0$，$\partial\hat{E}^2/\partial^2\hat{k}>0$。根据式（19）和式（20）做出的相位图如图3所示。

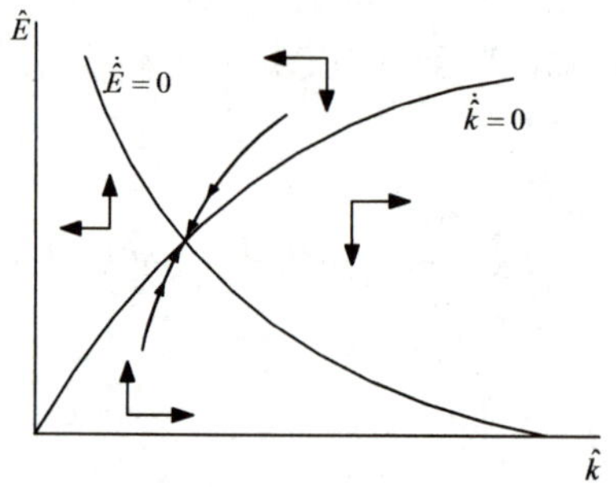

图3　模型的稳态和均衡

根据图3可知，由微分方程（14）和（18）构成的系统存在一条鞍点路径。因为从鞍点路径以外的任何一点出发的路径在现实中都不可能存在，所以这条鞍点路径是唯一可行的。在平衡增长路径上，$\dot{\hat{E}}/\hat{E}=0$，$\dot{\hat{k}}/\hat{k}=0$，但是每个成年人的平均支出E和劳均资本k都以不变的速度γ_A在增长，即$\gamma_E\equiv\dot{E}/E=\gamma_A$，$\gamma_k=\gamma_A$。

（四）生育率与消费的长期变化

对式（5）和式（6）的两边同时取对数，并求时间的导数，可以得到

$$\gamma_n\equiv\frac{\dot{n}}{n}=\gamma_E-\frac{1}{1-\alpha}\frac{\dot{c}}{c}-\frac{[\alpha/(\alpha-1)]\ c^{1/\alpha-1}\dot{c}+(1/\lambda)\ \dot{I}}{c^{\alpha/\alpha-1}+(1/\lambda)\ I} \tag{21}$$

$$\gamma_{x_i}\equiv\frac{\dot{x}_i}{x_i}=\gamma_E-\frac{\lambda\ [\alpha/(\alpha-1)]\ c^{1/\alpha-1}\dot{c}+\dot{I}}{\lambda c^{\alpha/\alpha-1}+I} \tag{22}$$

从式（21）和（22）来看，如果我们要对生育率和消费的变化进行分析，

还必须确定生育成本的变化。贝克尔认为，父母生育并抚养孩子是劳动密集型的活动，并且几乎没有相近的替代性投入品，因而技术进步对这项活动投入时间的影响非常小，但是时间价值却随着技术进步不断上升，因此生育成本是技术进步的增函数。[24]许多与生育率有关的文献都继承了这一思想。遵循巴罗和萨拉—伊—马丁的简单设定，假设 $c=\eta A$，η 是一个常数，且 $\eta>0$，则 $\dot{c}/c=\gamma_A$。如果不考虑产品种类，并使用 $\gamma_E=\gamma_A$，根据式（21）、式（22）有：

$$\gamma_n=\gamma_A-\frac{1}{1-\alpha}\gamma_A-\frac{[\alpha/(\alpha-1)]\ c^{\alpha/\alpha-1}\gamma_A}{c^{\alpha/\alpha-1}}=0 \tag{23}$$

$$\gamma_{x_i}=\gamma_A-\frac{\lambda\ [\alpha/(\alpha-1)]\ c^{\alpha/\alpha-1}\gamma_A}{\lambda c^{\alpha/\alpha-1}}=\frac{1}{1-\alpha}\gamma_A \tag{24}$$

式（23）和式（24）表明，如果不考虑产品种类，生育率将不会因为技术进步而有任何的变化，但是消费却会以大于技术进步率的速度增长。这是因为技术进步引起的生育成本的上升产生的替代效应抵消了技术进步带来的收入效应。然而，这个结论却与历史事实有极大的冲突。因为本文不考虑未成年人的死亡率，生育率同时也就代表了人口增长率。在 19 世纪末以前，就世界范围来看，技术进步都伴随着人口增长；对几乎所有国家而言，只要处于马尔萨斯和后马尔萨斯发展阶段，人口增长与技术进步之间便存在着显著的正相关关系。

事实上，如果没有产品种类的扩张，在边际效用递减规律的支配下，人们对技术进步带来的新增产出的评价会越来越低，以工资率衡量时间的价值很有可能掩盖了人们对时间的真实评价。① 如果能用比过去更少的时间生产出更多的产品，人们可能更愿意花费时间在孩子身上而不是去参加工作。因此，无论是从历史上看，还是从理论上讲，生育成本是技术的增函数这一点都是不可靠的。

或许，产品种类的扩张对于生育成本的变化有着更为重要的影响。从代际间看，生育成本的上升更多地反映了产品种类的增加。如果一代人的成长成本大于上一代人，是因为这一代人“需要”的东西更多，而不是单一产品的需要量有了很大增加，或者是父母的时间更为昂贵。生育成本随着产品种类的增加

---

① 这一点在变革中的中国很容易得到证实。20 世纪 80 年代的父母将自己的小孩扔在家里或是田间地头便开始了一天的工作，他们对孩子的粗疏管理是当代父母无法想象的；到了现代，农村低收入的父母往往抛下自己尚不会说话的孩子便外出打工，城里的父母则选择更多地与孩子待在一起。工资率是一种产品表示的收入流，收入流的大小不能代表人们对时间用途的评价。如果一个时代没有新产品出现，我们可以肯定地说，工资率较低的人对工作时间的评价更高，而不是相反。

而上升，是因为产品种类的扩张引起了成为一个“社会人”所要求的最低人力资本水平的变化。仅仅具有合格生命体特征的孩子并不具备类似于“正常商品”的性质，因为他（她）带给父母的效用不是正的。一个满足“正常商品”性质的孩子，应该具备消费这个时代的产品的能力，这种消费能力要求孩子拥有最低的人力资本水平，而这与产品种类是正相关的。

若 $c=\tau I$，τ 是一个常数，且 $\tau>0$，则由式（20）和式（21）可得：

$$\gamma_n=\gamma_A-\frac{1}{1-\alpha}\gamma_I-\frac{[\alpha/(\alpha-1)]\ \tau^{\alpha/\alpha-1}I^{1/\alpha-1}+1/\lambda}{\tau^{\alpha/\alpha-1}I^{1/\alpha-1}+1/\lambda}\gamma_I \tag{25}$$

$$\gamma_{x_i}=\gamma_A-\frac{\lambda\ [\alpha/\ (\alpha-1)]\ \tau^{\alpha/\alpha-1}I^{1/\alpha-1}+1}{\lambda\tau^{\alpha/\alpha-1}I^{1/\alpha-1}+1}\gamma_I \tag{26}$$

从式（25）和式（26）来看，产品创新倾向于降低生育率。这种负效应来源于两个方面，一是新产品的出现引起了支出在“孩子”和所有产品间的重新分配，二是产品种类的扩张引起生育成本的上升，产生了不利于人口增长的价格效应。但是，价格效应对于消费的影响却是正向的。为了更为清楚地观察产品创新对生育率的影响，我们求 I 渐近趋于无穷或零时的结果。

$$\lim_{I\to\infty}\gamma_n=\gamma_A-\frac{2-\alpha}{1-\alpha}\gamma_I \tag{27}$$

$$\lim_{I\to 0}\gamma_n=\gamma_A-\gamma_I \tag{28}$$

式（27）和式（28）表明，当产品种类增加时，产品创新对于生育率的影响逐渐增强；当产品种类减少时，产品创新对生育行为的影响也开始减弱。但是，总的来讲，这种效应不改变多样化对生育行为影响的方向。我们使用式（29）统一表示生育率的变化：

$$\gamma_n=\gamma_A-\varphi\gamma_I\quad \varphi>1 \tag{29}$$

式（29）的意义在于它说明生育率的变化取决于技术进步和产品创新的相对速度。由于 $\varphi>1$，所以若要人口增长率出现一个正的变化，技术进步的速度必须快于产品创新。这是因为，技术进步不但要克服新产品出现引起的分配效应，还要克服产品种类增加后生育成本上升引起的替代效应。一个不是特别严谨的结论性表述是：

当经济中出现了相对较快的效率型技术进步时，人口的增长速度也随之提高；但是当经济中出现了相对更为频繁的产品创新时，人口增速会下降。

四、经济增长

在上一节，我们内生化了生育率，将其表示为效率型技术进步率和产品创新速度的函数，这一节将讨论其对经济增长所产生的影响。在平衡增长路径上，$\dot{k}y = 0$，劳均有效资本长期稳定在一个水平上，而劳均资本却以 γ_A 的速度增长。根据 $K = AL\hat{k}$，可以计算出资本存量的变化率：

$$\gamma_K \equiv \frac{\dot{K}}{K} = \gamma_A + n \tag{30}$$

因为在经济中，每一种产品的生产都使用相同的技术，各种要素都在产品间平均分配，因此式(15)表示的生产函数描述了相当于一个代表性产品的生产，X_i/L_i 的变化实际上反映了整个经济劳均产出的变化。用 $\tilde{y}$ 表示整个经济的劳均产出，则

$$\frac{\dot{\tilde{y}}_0}{\tilde{y}} = \frac{\dot{\tilde{y}}_i}{\tilde{y}_i} = \gamma_A + \beta\gamma_K - \beta\gamma_L$$

将 $\gamma_L = n$，以及式(30)代入上式，整理后可得：

$$\frac{\dot{\tilde{y}}}{\tilde{y}} = (1 + \beta)\gamma_A \tag{31}$$

式(31)描述了劳均产出的长期增长率。如果要计算统计实践中衡量经济增长的人均收入，就需要总人口的概念。用 $N(t)$ 表示 t 时经济中的总人口，则 $N = (1 + n)L$。用 y 表示人均收入，则

$$y = \frac{\int_0^I X_i \mathrm{d}i}{(1 + n)L} = \frac{AK^{\beta}L^{1-\beta}}{(1 + n)L} \tag{32}$$

据此计算人均收入的增长率：

$$\frac{\dot{y}}{y} = (1 + \beta)\gamma_A - \frac{n}{n + 1}\gamma_n \tag{33}$$

将式(29)代入上式，并根据式(31)，可得：

$$\frac{\dot{y}}{y} = \frac{\dot{\tilde{y}}}{\tilde{y}} - \frac{n}{n + 1}(\gamma_A - \varphi\gamma_I) \tag{34}$$

式（34）对人均收入的增长率进行了分解。其中，技术进步的效应体现在两个方面，一是提高了劳均产出增长率，二是引起了人口增长率的上升；产品种类扩张对人均收入增长的贡献则在于降低了生育率。与外生人口增长理论不同的是，技术进步不仅通过全要素生产率的提高对经济增长有一个促进作用，而且通过对生育率的正向影响部分抵消了这种增长效应。与 Peretto et al. 不同的是，多样化对经济增长的影响不在于其消除了规模效应，有助于获得一个平衡增长路径，而在于其对人口增长产生的抑制效应。但是由于生育率不可能无限降低，因此多样化本身并不能带来经济的持续增长。①

为了更为清楚和深刻地理解产品创新对于经济增长的意义，我们探讨人均收入增长率在时间上的演进特征。根据式（33），有

$$\frac{d(\dot{y}/y)}{dt} = -\frac{n}{(n+1)^2}(\gamma_A - \varphi\gamma_I)^2 \tag{35}$$

$$\frac{d^2(\dot{y}/y)}{dt^2} = \frac{n(n-1)}{(n+1)^3}(\gamma_A - \varphi\gamma_I)^3 \tag{36}$$

式（35）表明，无论生育率如何变化，人均收入增长率随着时间递减。根据式（34），如果 $\gamma_A > \varphi\gamma_I$，人均收入增长率将会在劳均产出增长率的基础上减掉一个正数。此时，$\gamma_n > 0$，随着时间的演进，n 逐渐增大，记 $\bar{n}$ 为受到生理和社会经济条件限制的生育率所能达到的最大值，则人均收入的增长率收敛于 $\bar{\chi}$，

$$\bar{\chi} \equiv (1+\beta)\gamma_A - \frac{\bar{n}}{\bar{n}+1}(\gamma_A - \varphi\gamma_I) \tag{37}$$

如果 $\gamma_A < \varphi\gamma_I$，人均收入增长率将会在劳均产出增长率的基础上加上一个正数。但是此时，$\gamma_n < 0$，随着时间的演进，n 逐渐趋近于 0，人均收入的增长率最终收敛于 $(1+\beta)\gamma_A$，即劳均产出增长率。第 231 页图 4 描述了人均收入增长率的时间路径（假设 $0 \leqslant n \leqslant \bar{n} < 1$）。

假设经济的初始状态为 $\gamma_A = \varphi\gamma_I$，则人均收入以 $(1+\beta)\gamma_A$ 的速度增长。如果技术创新发生了变化，产品创新变得更加活跃，则生育率会出现下降，引起人均收入增长率的提高。但是根据式（33）或者式（34），由于人口增长率的持续下降，这种增长效应会逐渐减小，最后仍将恢复到初始的人均收入增长率

① 但是从理论上讲，这种持续增长效应可能是存在的。这种不切实际的增长来源于“稻田条件”的假设。当人口不受限制地趋于 0 时，人均产出亦趋于无穷大。

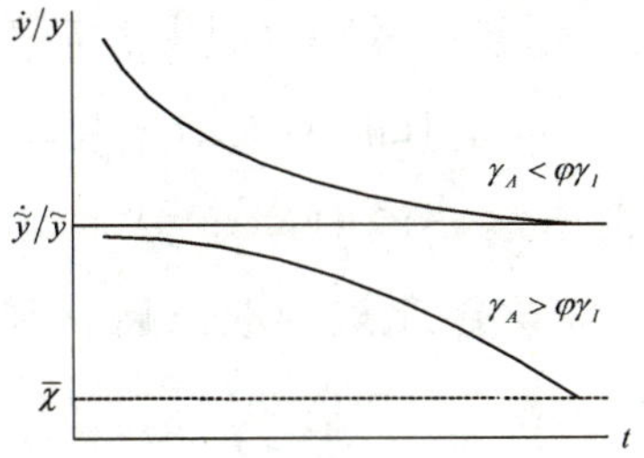

图4　人均收入增长率的时间路径

水平。因此，经济的持续增长最终决定于效率型技术进步率。如果技术创新突然更多地表现为效率型技术进步，则会出现两个方面的变化：一是劳均产出增长率会永久性的提高；二是人口增长率也会出现上升的趋势，这又引起了人均收入增长率的部分下降，最终使经济增长率稳定在一个新的水平上。由式（37）可知，最终的增长率要小于劳均产出增长率上升的幅度。据此，我们可以得到以下两个基本结论：

结论4.1　效率型技术进步对劳均产出增长率的上升具有永久性效应，对于人均收入增长率的影响则依赖于其与产品创新的相对速度。

结论4.2　当产品创新的速度相对较快时，人口增长率逐渐下降，人均收入增长率最终保持在与劳均产出增长率相同的水平上，技术进步的增长效应（对经济增长的促进作用）得到充分释放；当效率型技术进步的速度相对较快时，人口增长率逐渐上升，人均收入将以低于劳均产出增长率的速度增长，技术进步的增长效应受到了削弱。

上面这两个结论，尤其是结论4.2意味着，即使经济中观察到了较为明显的效率型技术进步，人均收入的增长也可能并不显著，但是持续的人口增长却容易被观察到。工业革命时期的西方世界表现出了类似的特征，在前文我们对此已经作了较多的说明。就中国历史上的经济增长而言，从宋代开始，出现了较为明显的技术进步，人均收入也一度从450美元上升到了600美元，但是此后经济增长基本停滞，长期维持在600美元的水平上。[25]史学家曾经认为元、明时期中国的农业发展出现了停滞，但是有一些研究认为，无论是从亩产量还是从劳动生产率的增长来看，元、明、清时期依然取得了重要成就。[7]不过有一点是肯定的，那就是相对于人均收入的停滞和劳均产出的增长，人口增长方面的成就则令世人瞩目。尽管人口史研究否认中国历史上的人口增长率有大的变化，如曹树基，[26]但是长期来看人口增长率的提高是非常明显的。先秦的人口由于资料的限制难以做出可靠的估计，但是其时的人口增长与世界人口增长的特征应该没有大的差别，人口翻一番所需要的时间至少在两千年以上。人口从西汉的6000万增长一倍到1.2亿，应该在北宋中期以后，其间经历了一千多年。从北宋的1亿多到清乾隆年间人口增长到2亿多以上，经历了大概了600多年，从2亿多翻一番增长到4亿至5亿，则不会超过200年。可见，人口的增速长期来看是加快的。虽然缺少可靠的证据，但是基本上可以确定，从西汉初创到清朝灭亡这两千多年的时间里，比起发明有消费意义的新产品来，中国人在提高效率，养活更多的人口方面做得更为成功。由于缺乏显著的产品创新，这种效率型的技术进步并没有转化为人均收入方面的成果，而是更多地促进了人口规模的持续增长。

五、结　语

关于中国历史上长期增长的研究，更多地集中在对“李约瑟之谜”的解答上，研究者主要围绕着技术进步或者其他因素与产出的关系展开。本文从技术创新与人口增长的角度出发，对中国历史上自宋以来的经济增长进行了描述和解释。效率型技术进步提高了人均收入水平，倾向于提高人们的消费和生育率，但是产品种类的增加引起了消费集的扩大和生育成本的上升，对生育率的上升有抑制作用。西方世界之所以能迎来人口转变，一个很重要的原因是19世纪后半期出现了较快的产品创新，生育孩子的激励得到了有效抑制；而没有出现显著的产品创新，也是中国自宋以来有技术进步而无经济增长的一个重要原因。

早些时候，经济学家认识到实验性科学对于理解中国长期经济增长具有重要意义，但是后来发现工业革命与现代科学技术的关系并不大，因此放弃了对相关问题的继续探讨。由于产品创新主要依赖于实验性科学，而且在时间上与现代科学技术的发展高度契合，因此从产品创新与人口增长的视角出发继续探讨实验性科学与中国长期经济增长的关系可能是有意义的。本文所进行的研究只是初步的，对技术史的论述更多地带有猜想的性质。理论分析所得到的结论虽然在经济学上容易理解，但是无法得到可靠的经验证据的支持。我们希望通过对产品创新的强调，能为经济史和技术史的研究带来一些新的启示。此外，在本文中，技术创新非常重要，但却是外生的，这也是本文的一个重要缺憾。

然而讨论技术创新的内生问题，需要对中国古代社会的诸多方面进行详尽的考察，这只能留待以后继续研究了。

参考文献

[1] 波斯坦，哈巴库克. 剑桥欧洲经济史：第6卷［M］. 北京：经济科学出版社，2002.

[2] GALOR O, WEIL D N. Population, Technology, and Growth: From Malthusian Stagnation to the Demographic Transition and Beyond［J］. American Economic Review, 2000, 90（4）: 806－828.

[3] 代谦，李唐. 技术传承方式与长期增长：对传统中国增长停滞的一个解释［J］. 经济研究，2010（6）：143－158.

[4] LIAO P. Does Demographic Change Matter for Growth?［J］. European Economic Review, 2011, 55（5）: 659－677.

[5] 珀金斯. 中国农业的发展（1368—1968）［M］. 上海：上海译文出版社，1984.

[6] ELVIN M. The Pattern of the Chinese Past［M］Stanford: Stanford University Press, 1973.

[7] 李伯重. 多视角看江南经济史（1250—1850）［M］. 北京：生活·读书·新知三联书店，2003.

[8] BREZIS E S. Social Classes, Demographic Transition and Economic Growth［J］. European Economic Review, 2001, 45（4－6）: 707－717.

[9] 莫基尔. 富裕的杠杆：技术革新与经济进步［M］. 北京：华夏出版社，2008.

[10] BLACKBURN K, CIPRIANI G P. Intergenerational Transfers and Demographic Transition［J］. Journal of Development Economics, 2005, 78（1）: 191－214.

[11] GREENWOOD J, ANANTH S. The U. S. Demographic Transition［J］. AEA Papers and Proceedings, 2002, 92（2）: 153－159.

[12] 格罗斯曼，赫尔普曼. 全球经济中的创新与增长［M］. 北京：中国人民大学出版社，2009.

[13] BRANDT L, MA D, RAWSKI T G. From Divergence to Convergence: Re－evaluating the History Behind China' s Economic Boom［R］. Working Papers, 2012,

No. 158/12.

[14] 何炳棣. 明初以降人口及其相关问题：1368—1953 [M]. 北京：生活·读书·新知三联书店，2000.

[15] 彭慕兰. 大分流：欧洲、中国及现代世界经济的发展 [M]. 南京：江苏人民出版社，2003.

[16] 麦克莱伦第三，哈罗德·多恩. 世界科学技术通史 [M]. 王鸣阳，译. 上海：上海科技教育出版社，2007.

[17] 约翰·巴克勒，贝内特·希尔，约翰·麦凯. 西方社会史：第三卷 [M]. 桂林：广西师范大学出版社，2005.

[18] 伊万丝. 社会简史：现代世界的诞生 [M]. 上海：复旦大学出版社，2010.

[19] 史蒂文·瓦戈. 社会变迁 [M]. 第5版. 北京：北京大学出版社，2007.

[20] 孙竞昊. 明清江南商品经济与消费结构关系探析 [J]. 齐鲁学刊，1995 (4)：55-60.

[21] BECKER G S, BARRO R J. A Reformulation of the Economic Theory of Fertility [J]. Quarterly Journal of Economics, 1988, 103 (1): 1-25.

[22] 罗伯特·巴罗，夏威尔·萨拉—伊—马丁. 经济增长 [M]. 上海：格致出版社，2010.

[23] PERETTO P F, MICHELLE C. The Manhattan Metaphor. Journal of Economic Growth, 2007, 12 (4): 329-350.

[24] 贝克尔. 家庭论 [M]. 北京：商务印书馆，1988.

[25] 安格斯·麦迪森. 中国经济的长期表现：公元960—2030年 [M]. 上海：上海人民出版社，2011.

[26] 曹树基. 中国人口史：第五卷 [M]. 上海：复旦大学出版社，2001.

附录

证明式(19)满足 $\partial \hat{E}/\partial \hat{k} > 0, \partial \hat{E}^2/\partial^2 \hat{k} < 0$

对式(19)求 $\hat{k}$ 的偏导数,有

$$\frac{\partial \hat{E}}{\partial \hat{k}} = \frac{1}{(1 + Az_1\hat{k})^2}(\beta A^\beta \hat{k}^{\beta-1} + \beta z_1 A^{\beta+1}\hat{k}^\beta - \gamma_A - z_1 A^{\beta+1}\hat{k}^\beta)$$

根据前文中的汉密尔顿方程式(12),可得

$$\frac{\partial H}{\partial k} = \mu(r - z_1 E) = -\dot{\mu}$$

由上式可得

$$\mu(t) = \mu(0)\mathrm{e}^{-\int_0^t (r - z_1 E)\mathrm{d}v}$$

将上式代入横截条件,并依据式(16),以及 $E = A\hat{E}$,化简后有:

$$\lim_{t\to\infty}[\hat{k}(t)\mathrm{e}^{-\int_0^t (\beta A^\beta \hat{k}^{\beta-1} - \gamma_A - z_1 A\hat{E})\mathrm{d}v}] = 0$$

若是横截条件成立,则要求

$$\beta A^\beta \hat{k}^{\beta-1} - \gamma_A - z_1 A\hat{E} > 0$$

将式(19)代入上面的不等式,得到

$$\beta A^\beta \hat{k}^{\beta-1} - \gamma_A - \frac{z_1 A}{1 + z_1 A\hat{k}}(A^\beta \hat{k}^\beta - \gamma_A \hat{k}) > 0$$

对上面不等式的两端同乘以 $1 + z_1 A\hat{k}$,整理后可得:

$$\beta A^\beta \hat{k}^{\beta-1} + \beta z_1 A^{\beta+1}\hat{k}^\beta - \gamma_A - z_1 A^{\beta+1}\hat{k}^\beta > 0$$

由此可知:$\partial \hat{E}/\partial \hat{k} > 0$。在此基础上,容易证明,$\partial \hat{E}^2/\partial^2 \hat{k} < 0$。

证毕。

第三编

转型与经济发展研究

第十二章　中国经济衰微与复兴的历史大转型分析*

王津津　任保平**

摘　要　中国经济衰微与复兴的动态变迁过程，是一系列多层次、大规模、不均衡转型的外在反映。本文构建“制度变迁—技术进步—结构转变”的理论分析框架，对中国经济衰微与复兴的历史形成机制进行深层次解释。认为传统经济的由盛转衰，是农业经济向工业经济转型的必然结果；1949 年以后经济复兴的重启，得益于近代市场经济向计划经济的转型；1978 年以来经济高速增长的动力，源自计划经济向社会主义市场经济的转型。而包容性制度环境的构建、经济开放度的提高、经济增长模式的转变以及供需结构的调整，是中国经济由衰微走向复兴带来的重要启示。

关键词　经济表现；制度变迁；技术进步；结构转变；历史转型

一、引　言

十八大以来，实现中华民族伟大复兴，成为我国经济社会发展的一个重大目标，要探索实现复兴之路，就必须总结衰微的教训。在世界历史的 1500 年前

* 本文受到教育部哲学社会科学发展报告项目（13JBGP014）、陕西高校人文社会科学青年英才支持计划项目（HSSTP201401）资助，谨致谢忱。

** 王津津，西北大学经济管理学院，博士研究生，主要研究方向：中国经济长期转型增长与发展。任保平，教育部人文社科重点研究基地——西北大学中国西部经济发展研究中心主任、西北大学研究生院院长，教育部长江学者特聘教授，教授、博士生导师，主要研究方向为中国经济增长质量与发展的政治经济学。

后，全球存在四大文明，即中华文明、印度文明、中东文明、欧洲文明。强势的皇权、繁荣的经济以及深厚的文化底蕴，赋予了中华文明旺盛的生命力，使其一直保持领先地位。但是，随后席卷整个欧洲大陆的工业革命，拉动了经济飞速增长的引擎，促使西方国家顺利走上了经济增长的快车道，而正值鼎盛时期的中国，却未能维持"康乾盛世"的繁荣景象，毫无预警地进入了沉睡状态。至此，中华文明开始不断走向衰落。20 世纪初期，中国已沦落为世界上最贫穷的国家之一。为了实现救亡图存与中华文明复兴，近代时期的仁人志士发起了一系列改革措施，促使中国迈进了工业化时代，也给经济的复苏带来了一丝转机。但是这些举措的先天缺陷及其背后的利益交织，使得整个工业化道路徒有其名，中华文明衰落的局势并未得到扭转。1949 年大规模强制重启工业化、现代化之后，经济开始不断复苏，特别是 1978 年改革开放以来，中国创造了令人震惊的增长奇迹，在世界格局中所处的地位不断上升。

从整个发展轨迹来看，长期视域下的中国经济增长，既是一个几经沉浮的动态变迁过程，也是一个不断转型的过程。本文就是透过大历史的整体观与系统观，对中国经济的衰微与复兴进行历史转型分析，在不同时期经济的转型增长中，去找寻中国古代经济持续繁荣的原因是什么？又有哪些因素导致了经济的衰退？经济复兴重启的动力来自哪里？以此作为响应中华文明伟大复兴的理论探索。

二、中国经济衰微与复兴的分析框架

中国经济衰微与复兴分析框架的构建，涉及两方面内容：其一，对中国经济衰微与复兴分析进行理论上的界定与特征层面的归纳；其二，通过构建"制度变迁—技术进步—结构转变"的理论分析框架，对中国经济衰微与复兴的历史形成机制进行深层次解析。

（一）中国经济衰微与复兴分析的界定及特征

中国经济衰微与复兴分析，旨在透过大历史的整体观与系统观，将中国长期经济增长的动态演进过程，重新置于世界增长史的范畴进行研究，通过还原不同时期经济表现的历史轨迹，更加完整、系统地解释中国经济增长在世界历史上的动态表现，即由繁荣走向衰退及其再度重启复兴之路的历史形成机制。因此，中国经济衰微与复兴分析，具有以下三方面特征。

第一，中国经济衰微与复兴的分析是长期动态演进分析。这既包括对一个国家长期经济发展规律的归纳与总结，也涉及动态演进过程的高度抽象与概括，特别是其在世界范围内的盛衰转化轨迹。不同时期的经济表现，反映了资源约束条件下，经济行为个体根据既定制度框架做出最优选择的结果，制度的变迁、资源环境的改变以及个体行为偏好的变化，都内含于经济增长的动态演进过程，具有一定的历史继承性。因此，中国经济衰微与复兴的分析是一种长期动态演进分析，需要把细碎化的研究时段，看作是整个中华文明兴衰史上高度关联又相互影响的重要组成部分，才能从更深层次把握中国经济衰微与复兴的逻辑机理。

第二，中国经济衰微与复兴的分析是大转型分析。就内容而言，涵盖了不同历史时期、不同地区以及不同条件下的多种转型。包括从传统农业文明向现代工业文明转型、从自给自足的自然经济模式向遵循等价交换的商品经济模式转型、从中央集权的计划经济向社会主义市场经济转型、从封闭半封闭经济向开放经济转型等各个方面。就规模而言，涉及政治、经济、文化等多个领域的重大历史事件，以及不同阶段的数次小规模转型，这些规模不一的转型相互交织、共同作用于经济增长过程，最终构成符合长期历史趋势的大转型。就速度而言，不局限于特定时期内突发、快速的转型，而是从缓慢的大转型过程中，来把握经济繁荣与衰退的内在逻辑。

第三，中国经济衰微与复兴的分析是多变量比较分析。任何试图还原与解释中国经济长期表现的努力，都离不开对整个社会连续、不平衡发展过程的考察。这种社会历史发展趋势，是由自然变量、政治变量、外部环境变量、经济变量等多变量构成的分力，在相互博弈、形成合力的过程中形成的。[1]因此，中国经济衰微与复兴分析，不仅需要区分哪些变量对中国经济的荣发展起到了驱动作用，哪些变量导致了经济的衰退；还要弄清主导变量的作用是如何被放大，某些不符合历史演进趋势的变量影响，又是如何被抑制的。经济增长过程在空间与时间上的不平衡性，决定了中国经济衰微与复兴分析是一种比较分析。通过不同历史时期与国别间的比较，能够真实、全面地刻画出中国经济繁荣、衰退与复兴的历史轮廓，挖掘中国经济增长演进过程的内在逻辑。

（二）中国经济衰微与复兴的理论解释框架

对长期经济增长历史形成机制的探索，和特定时段内经济增长问题的研究有所不同，一个无法回避的历史事实，是长期经济增长过程产生于不断发生变化的制度环境中。经济史学家的研究思路，有效避免了传统古典经济学制度外生假定的局限性。将技术进步与生产力的变化看作是解释经济增长本身的重要因素，从制度层面找寻经济增长产生的终极原因。[2]后续学者以此为基点，将研究范畴进一步拓展到制度的有效性和动态变迁过程，以及政治制度与经济制度互动可能对长期经济增长产生的影响。制度有效性视角下的长期经济增长研究认为，有效率的产权制度、规章制度以及宏观经济稳定制度，通过约束政府、促进技术进步以及加速资本积累推动经济增长[3]。制度的动态化研究认为，制度变迁会改变生产要素的结合方式或者行为主体的潜在收益，进而对经济增长表现产生不同影响。[4]从政治制度与经济制度互动视角进行研究的学者认为，政治制度内生于经济制度。[5]能够有效约束权力的政治制度，可以促进良好经济制度的产生。[6]僵化的政治制度会通过固化利益集团来阻碍有效率经济制度的形成与运行。[7]造成形式权威的不平等分配，使经济增长陷入停滞。[8]因此，本文在构建中国经济衰微与复兴理论解释框架的过程中，秉承上述研究思路，认为：中国经济衰微与复兴的历史过程，是由多种因素共同决定的；从整个制度环境演进的视角，来分析不同时期的经济表现差异，更加符合历史事实；制度层面的变化既可以直接影响经济增长，也可以通过作用于技术与结构因素，对经济增长产生影响。

首先，国家根据既定的外部环境与资源约束条件，做出相应的制度安排。不同时期的外部环境与资源约束条件不尽相同，其背后隐含的要素回报率也有所差异。具有暴力潜能的国家根据成本收益原则制定出最优的制度架构，在剥削与服务、租金与税收之间做出平衡，以此保障目标收益的最大化。但是，当要素相对价格、技术水平以及偏好发生变化，或者原有制度无法顺利通过适应效率下的制度有效性检验时，就会引起制度供给与需求意愿的改变，打破原有均衡状态，促使原有制度向新的制度变迁。制度的变迁方式，主要包括强制型制度变迁与诱致型制度变迁。前者是由国家采取自上而下纵向推进，或者由小到大试点推广等手段实现的制度变迁方式；后者是由不同行动集团基于潜在收益，有序推进的制度变迁方式。

其次，新的均衡制度，催生出政治发展战略、经济发展模式以及文化发展手段。在整个制度架构中，政治制度与经济制度是最为重要的制度内容。其中，政治制度是国家在治理过程中，所采用的政府形式及其代理人（政治精英）合法的权力分布。[9]特定的政府形式以及权力分布，暗含了国家各项事务的治理权以及控制经济资源背后的收益权，这种效率与分配的不可分割性，决定了权力拥有者有动机与能力确立相应的政治发展战略。经济制度是国家为了实现一定的经济目标，而对不同主体做出的规范性安排，既包括资源的分配方式，也包括对主体行为动机的影响。当经济制度无法满足行为个体的一致性偏好时，政治制度内含的权力分布，会成为各种利益冲突的最终仲裁者。政治制度与经济制度的互动，保证了既定政治发展战略下经济发展模式的顺利形成。除此以外，在正式制度的规范与修正下，政治制度与经济制度中的主流意识形态、思想文化等非正式制度，能够衍生出特定的文化发展手段，充当各项正式制度之间的向心力与黏合剂，有效降低了制度运行的操作成本，进一步巩固与加强现存制度架构的地位与权威。

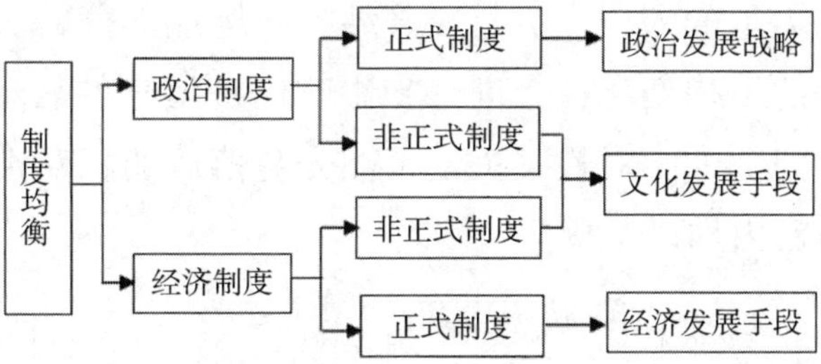

图1　制度架构的基本组成

再次，政治发展战略、经济发展模式以及文化发展手段，共同作用于技术进步，促使国家走向不同的经济发展路径。技术进步是一个极具包容性的概念，其内容不单局限于机器、工具的革新，还包括一定时期内，为了提高技术水平而进行的提升管理效率、创新组织形式以及改进技术传播方式等方面的努力。制度架构内生出的政治发展战略、经济发展模式以及文化发展手段，一方面作用于生产关系，形成新的技术进步管理力量；另一方面通过引导技术创新需求与供给，在不同领域、产业以及阶层之间的分布，进一步影响技术进步的方向、动力与程度。政治发展战略，能够体现国家在特定时期内的主要政治发展愿望与目标，这种愿望与目标通过国家机器，对技术的应用和发展方向做出严格界限；特定时期的经济发展模式，会影响行为个体从事技术创新活动的预期成本与收益，激励或阻碍技术创新需求与供给的形成；文化发展手段通过对技术来源、变革与扩散等环节的引导与约束，来提高现存制度安排的运行效率，降低政治发展战略与经济发展模式的实施成本。而技术进步的方向、动力以及程度，决定现有经济发展模式或是继续维持，或是发生改变。继续维持的粗放型经济发展模式，将通过不断自我强化，促使经济增长过程停留在无效率的制度锁定状态，落入低水平的发展路径，而转变至集约型的经济发展模式，意味着经济增长迈入高水平的发展路径。

最后，不同的经济发展路径通过政策措施改变经济结构，进而影响经济增长表现。经济增长过程的线性表现，只产生于特定的时间段，就长期来看，整个增长过程不断发生着结构上的变化。这种变化可能是由于较为先进社会的外部入侵所导致的原始结构解体，也可能源自生产率的革命性变革引起的结构内部个别组成部分的急剧扩张或收缩。[10]不同的经济发展路径，将催生出与之相适应的政策安排，这些政策安排会通过影响生产要素流动、产品需求与贸易机会，来加速或阻碍外部力量的入侵，引起经济结构各组成部分的次序变化。源自需求、供给因素推动的结构变化，会进一步影响经济增长的表现。但是，经济增长表现在时间与空间上的相对性，决定了领先与落后的相对性，应该从整个历史进程以及世界范围内加以考察。

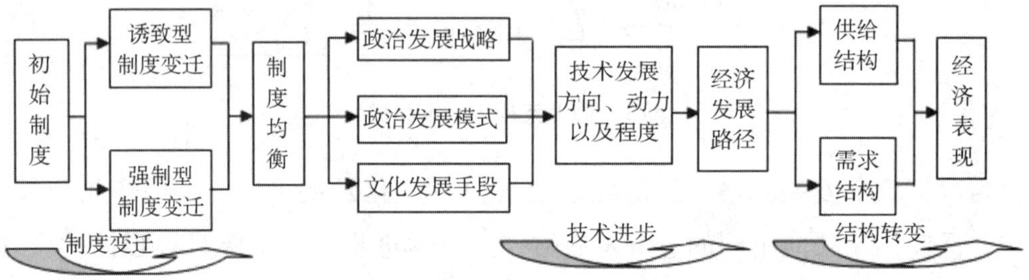

图 2　中国经济衰微与复兴的理论分析框架

三、中国经济繁荣衰退的历史轨迹

中国的经济发展，先后经历了古代传统农业经济的高度繁荣、近代经济的不断衰退、1949 年之后经济的全面复苏以及改革开放以来经济的高速增长四个阶段。

（一）中国历史上的传统农业经济一直处于高度繁荣

从 1820 年以前的整个历史时期来看，中国的各项经济指标在世界范围内均处于领先地位。印度与中国以绝对优势共同主导着第一个千年里世界人口与经济的增长，前者拥有最多的人口数量、最大的经济总量以及最高的人均 GDP，中国紧随其后，并在第二个千年里超越印度成为世界最大的经济体。

表 1　1—1820 年中国与欧洲相关指标对比表　（单位:%）

年份	中国 GDP 占世界 GDP 总量比重	印度 GDP 占世界 GDP 总量比重	中国人口数量占世界人口数量比重	印度人口数量占世界人口数量比重	中国人均 GDP 占世界人均 GDP 比重	印度人均 GDP 占世界人均 GDP 比重
1	26.1000	32.9000	25.8000	32.5000	101.1600	101.2300
1000	22.7000	28.9000	22.1000	28.0000	102.7100	103.2100
1500	25.2000	24.4000	23.5000	25.1000	107.2300	97.2100
1600	28.9000	22.7000	28.8000	24.3000	100.3500	93.4100
1700	21.7000	19.8000	22.9000	26.7000	94.7600	74.1600
1820	32.9000	16.1000	36.4000	20.1000	90.3800	80.1000

资料来源：根据麦迪逊《世界经济千年统计》，北京：北京大学出版社，2009 年版，相关数据计算而得。

公元 1000 年以前，中国的农业经济发展处于相对稳定的状态，但是随后发生的数次大规模战乱以及气候的急剧变化，致使人均可耕地面积下降，土地税源的缩减成为皇权稳定的最大隐患。为了寻找更为适宜的农作物种植环境，中国的人口、经济重心全面南移，超过 3/4 的人口迁至长江以南。水稻耕作的扩大，刺激了工具改进、复种轮作等农业集约化发展技术的需求，加之宋朝政府为开辟财源供给出了鼓励手工业发展、贸易开放的相关制度，有效刺激了冶炼、纺织、航海等行业的技术进步供给与需求。铁、铜等金属被大规模生产出来，并应用于改进农业生产工具，1064 年的人均铁产量达到 2.91 磅，远高于欧洲同期水平。水利纺织技术的出现，不逊于 18 世纪欧洲的同类纺织机器。活字印刷、火药、指南针在知识传播、军事、航海活动中的应用，更被视为中国技术领先世界的标志。农业生产率的提高，促使人口数量全面增长，而商业化成分的增强，又将农业剩余劳动力吸引至商品化活动与手工业活动中。伴随着生产结构与收入结构的改变，中国迎来了历史上经济增长最为强劲的时期，人均 GDP 由 960 年的 450 美元，上升至 1300 年的 600 美元，远超同期世界各国水平。[11]

但是在随后频繁的政权更迭过程中，疆域拓展缓解了皇权维稳的税源压力，统治层中央集权意愿的加强，压制了宋朝孕育出的农业以外技术进步力量。明朝严苛的禁海政策，将私人贸易活动限制在非法范畴，民间造船、航海等方面的技术进步陷入停滞，“朝贡式”官方贸易丧失了市场功能。国家统一、巩固皇权的政治战略，促使生产向小农家庭复归，土地兼并、地主高利贷等扭曲的高回报率，阻断了商业资本向工业资本的转化渠道，而重税、苛捐、助饷政策，又造成了商业资本的无谓消耗，促使中国古代农业主导型经济结构不断被强化。公元16世纪，中国以传统农业国的身份跃至世界经济总量排名的首位，GDP占据世界份额的25.20%，并且以0.41%的GDP增长率将这种优势一直保持到1820年，最终以高达32.90%的世界GDP份额迈入历史最高点。

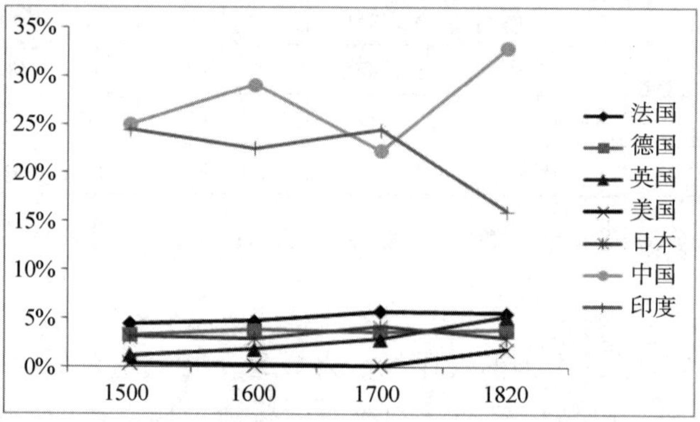

图3 公元1500—1820年七国GDP占世界GDP比重变化图

资料来源：根据麦迪逊《世界经济千年统计》，北京：北京大学出版社，2009年版，相关数据计算而得。

（二）近代资本主义世界经济体系的扩张与中国传统农业经济的衰退

从世界经济体系的形成过程来看，15—19世纪君主专制下的欧洲通过“中心—边缘”对外扩张方式，带动了整个世界的经济增长。[12]市民、商人阶层的相继崛起，加速了以争夺自治权为基础的政治变革，生产、贸易、市场等基础经济制度不断形成，加之经验唯物主义探索思维以及民族意识的觉醒，整个制度架构的变迁将技术进步与商业变革、贸易扩张紧密联系在一起，再由“中心—边缘”体系加以强化。中心地借助贸易联系、技术扩散控制边缘区，边缘区通过单一化的经营方式提供资本与原料，闲置劳动力的释放，加快了非农业领域的多样化、专业化发展，不断累积的商业变革与贸易扩张冲动，形成技术进步的又一轮驱动力，促使世界经济在工业化过程中，实现了结构转变与经济快速增长。以1930年的英国为例，工业占GDP比重已经达到10.30%，农业份额较1780年下降了近20.10%。从1820—1870年与1870—1913年的世界GDP与人口年均复合增长率中可以看出，较1870—1913年增长了2.26倍的GDP增长率，支持了近两倍的人口增长率，促使人均GDP年均增长率提高到1820—1870年的2.45倍。

与欧洲经济体相反，官僚行政体系下的国家统治者，更倾向采用增加水稻种植面积、促进农业技术集约化改革等对内扩张方式，来促进经济增长。海上贸易的周期性限制，致使中国无法利用世界分工体系对技术变革的外向引力，加之工业化取向的技术进步主体匮乏，经济结构变迁缺乏必要的技术支持，近代中国依旧维持传统农业国的身份，并且与世界经济发展呈现出趋异的态势。1890年以制造业、运输业为代表的现代产业仅占GDP的0.50%，农业占比高达68.50%，；GDP总量占世界GDP总量的份额由1820年的32.90%，下降至1913年的8.90%；1913年人均GDP仅为美国的10.41%，占世界人均GDP的份额较1820年下降了53.76%。

随着世界技术革命的积累效应趋于弱化，资本主义经济于1912年相继步入大萧条。而此时的中国在政策层面放松了与世界经济联系的限制，以被动参与者的身份吸收世界资本与科学技术，并孕育出三次工业化浪潮。根据珀金斯[13]、罗斯基[14]等人的估算，中国在1914—1931年的制造业实际产出增长率维持在8.00%，经济结构中制造、运输等现代产业部门的产值占GDP总额，由1890年的0.70%上升至1933年的5.30%。但是从较长的视域来看，经济“黄金期”的出现具有很强的偶然性，技术变革过于依赖战后市场与国外资本，并且多发生于城市工业、军事、交通等领域，无法形成独立的工业体系以及合理的经济结构，更无法从根本上转变为现代工业国，整个近代中国的经济依旧处于衰退状态。

（三）游离于世界经济体系之外的中国经济在1949年之后开始逐渐复苏

1949年以后，世界各国经济相继走出大萧条的泥潭，制度、政策环境的构建促使新的世界经济秩序逐渐形成。近代殖民体系的瓦解引起世界市场进一步扩张，战后投资需求的大幅上升促使国际贸易联系不断增强，加之电子、通信等领域新一轮科学技术革命的持续推进，资本主义世界经济体系进入了空前繁荣的增长时代。而中国在这一时期采用脱离世界经济体系的发展策略，确立了封闭条件下由国家发动、城市主导的工业化赶超战略，在极短时间内强制重启工业化建设。

新中国成立初期的重工业优先发展战略，主要依靠加快工业领域的技术进步来推进。一方面，以苏联援建为契机，通过直接从苏联定向模仿、引进的方式搭建工业化、现代化的技术平台。“一五”期间，中国接受苏联援建工业项目达156个，能源工业、国防工业、机器制造业以及冶金工业占到总项目比重的89.70%，引进技术专家3000余人。另一方面，通过国家资助与管理的高度捆绑，将技术进步的发生领域限制在工业范畴，以奖励代替专利的方式推进私人发明创造的国有化。从实施的效果来看，“一五”时期工业增加值年均增长率高达19.80%，远高于同时期的美国、英国与日本，1957年工业内部构成中的重工业占比达到45.10%，较1952年上升了近10.10%；经济增长势头十分明显，GDP年均增长率达到9.20%。

表2　各方对“一五”时期中国经济指标的统计与估计　（单位:%）

数据统计/估计来源	GDP年均增长率	工业增加值年均增长率	农业增加值年均增长率
中国统计局官方统计	9.2000	19.8000	3.8000
麦迪森估计	5.9000	15.2000	3.7000
珀金斯估计	7.7000	17.9000	—
罗斯基估计	—	19.2000	—
刘大中、叶孔嘉估计	6.2000	19.0000	1.7000

资料来源：中国统计局官方统计数据来源于《中华人民共和国发展国民经济的第一个五年计划》，北京：人民出版社，1995年版；珀金斯的估计数据来自《中国农业的发展（1368—1968年）》，上海：上海译文出版社，1984年版；麦迪森的估计数据来源于www.ggdc.net/Middison；罗斯基、刘大中、叶孔嘉的估计数据来源于《战前中国经济的增长》，浙江：浙江大学出版社，2009年版。

但是这种封闭、扭曲的技术进步方式，不仅无法形成以世界市场为需求导向、以技术层级扩散为供给方式的技术进步新型驱动力，反而在降低原有经济模式自我强化成本的同时，增大了增长路径的转换成本，引起整个经济结构的扭曲与增长表现的失控。因此，与创造了“东亚”奇迹的日本与中国台湾不同，中国经济在经历了“一五”时期的高速增长之后，并未步入“经济起飞”阶段，而是转入大起大落的不均衡增长路径。根据中国统计年鉴对1957—1976年的GDP及各产业增长率指标的记录进行计算，1957—1960年的工业增长率累计上升至88.60%，而农业增长率累计下降至－28.80%；1957—1966年的农业增长率波动系数高达538.46%，是工业增长率波动系数的3倍，GDP年均增长率仅为5.82%，增长率波动系数达到232.99%；1967—1976年间的GDP年均增长率进一步下降至5.46%，远低于日本、韩国、新加坡等国家的同期水平。

表3　1957—1965年中国GDP、农业、工业增长率表现　　（单位:%）

年份	GDP增长率	农业增长率	农业累计增长率	工业增长率	工业累计增长率
1957	5.1000	3.1000	3.1000	11.4000	11.4000
1958	21.3000	0.4000	3.5000	53.4000	64.8000
1959	8.8000	－15.9000	－12.4000	29.1000	82.5000
1960	－0.3000	－16.4000	－28.8000	6.1000	88.6000
1961	－27.3000	1.4000	－27.4000	－39.0000	49.6000
1962	－5.6000	4.5000	－22.9000	－13.3000	36.6000
1963	10.2000	11.3000	－11.6000	13.3000	49.9000
1964	18.3000	12.9000	1.3000	25.6000	75.5000
1965	17.0000	9.7000	11.0000	25.8000	101.3000
1966	10.7000	7.2000	18.2000	23.8000	125.1000
1967	－5.7000	1.9000	20.1000	－15.1000	11.0000
1968	－4.1000	－1.6000	18.5000	－8.2000	101.8000
1969	16.9000	0.8000	19.3000	33.0000	134.8000
1970	19.4000	7.7000	27.0000	35.2000	17.0000
1971	7.0000	1.9000	28.9000	12.3000	182.3000
1972	3.8000	－0.9000	28.0000	7.6000	189.9000
1973	7.9000	9.0000	37.0000	8.8000	198.7000
1974	2.3000	4.1000	41.1000	1.0000	199.7000
1975	8.7000	2.0000	43.1000	16.0000	215.7000
1976	－1.6000	－1.8000	41.3000	－3.1000	212.6000
均值	5.6400	2.0700	—	11.1900	—
(1957—1966)	5.8200	1.8200	—	13.6200	—
(1967—1976)	5.4600	2.3100	—	8.7500	—
标准差	11.0900	7.3600	—	20.3700	—

续表

年份	GDP 增长率	农业增长率	农业累计增长率	工业增长率	工业累计增长率
(1957—1966)	13.5600	9.8000	—	24.0300	—
(1967—1976)	7.8900	3.5000	—	15.5300	—
波动系数	196.6300	355.5600	—	182.0400	—
(1957—1966)	232.9900	538.4600	—	176.4300	—
(1967—1976)	144.5100	151.5200	—	177.4900	—

数据来源：根据中国统计年鉴（2002），北京：中国统计出版社，2002 年版的相关数据计算而得。

（四）重新融入世界经济体系的中国创造了经济高速增长奇迹

改革开放以后，计划经济向社会主义市场经济的转型，始于渐进、开放式发展战略在制度变迁以及技术进步过程中的全面贯彻。首先，围绕增加自主权的改革，有效激励了微观经济主体的生产积极性，经营机制运行效率的提高，进一步激发出技术进步的微观驱动力。以农业领域为例，“专业户”“生产能人”等新型微观主体的出现，加速了化肥、农机等现代绿色农业技术变革的进程，1979—1988 年间，现代技术要素对农业产出的贡献份额已经达到 94.36%。其次，双轨制的渐进式改革，能够满足计划经济以外非国有成分的资源配置需求，以及国有企业的最低资源支撑，在重塑技术进步成本驱动力的同时，有效降低了国民经济突发性失衡与衰退的可能性。最后，充分汲取全球贸易往来与世界要素市场在社会主义市场经济体制建设中的推动力量，形成开放体系下的“出口—投资”双驱动经济发展模式，寻求技术进步的外部驱动力。1978—2013 年，出口总额由 167.60 亿元上升至 137131.43 亿元，其中货物与服务净出口由 1978 年的 -11.40 亿元上升至 2012 年的 24229.40 亿元。通过以“资金引入”带动“技术引入”的思路，1983—2013 年间实际利用外资额由 22600 万美元，上升至 11872100 万美元，较 1983 年增长了 524 倍。

在技术进步新型驱动力的作用下，“投资—出口”双依赖的要素驱动型经济增长方式，有效促进了产业结构的优化与升级。从 1978 年与 2013 年的三产产值结构对比图来看，除第二产业占总产值比重较为稳定以外，一产产值占比由 1978 年的 28.19% 下降至 2013 年的 9.41%，三产占比由 1978 年的 23.94% 上升至 2013 年的 46.92%。除此以外，三大产业对 GDP 的贡献率也发生了变化，农业对 GDP 的贡献率由 9.90% 下降至 4.40%；工业贡献率由 61.80% 下降至 48.00%，第三产业对 GDP 的贡献率由 28.30% 上升至 47.60%。

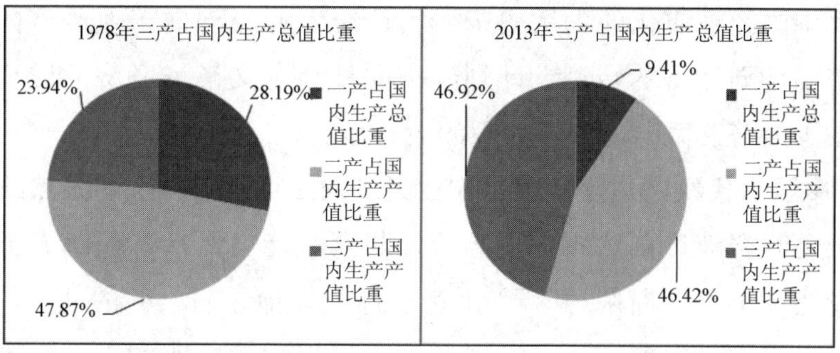

图 4　1978 年、2013 年三产产值占生产总值比重的对比图

数据来源：中国国家统计局网站。

从世界范围内十个国家的人均 GDP 年均复合增长率比较图中可以看出，改革开放后的中国经济，已经彻底摆脱衰退状态，"稳定为先、逐步推进"的渐进式改革路径，有效保障了经济高速增长的稳定性与有序性。1978—2003 年间的中国人均 GDP 增长率较 1952—1978 年上升了近两倍，以 6.60% 的高速增长率位列十国之首，而采用激进式改革策略的俄罗斯，在这一时期出现了严重的经济衰退。2013 年的人均国内生产总值与城镇人均可支配收入分别由 1978 年的 381.00 元、343.40 元，增长至 2013 年的 41907.60 元、29547.00 元，全社会固定资产投资总额与城镇固定资产投资逐年上升，在 2013 年分别达到 446294.00 亿元、435747.00 亿元，资本形成率较 1978 年上升了 9.59%。

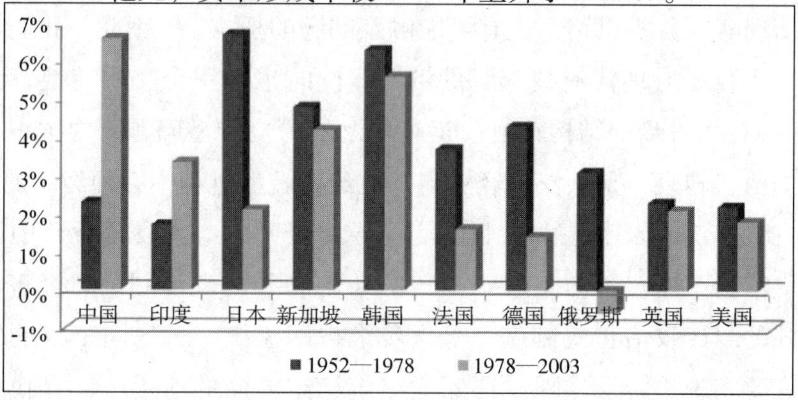

图 5　1952—1978 年、1978—2003 年十国人均 GDP 年均复合增长率

数据来源：www.ggdc.net/Middison。

四、中国经济衰微与复兴的历史转型分析

从整个中国经济演化的大历史来看，传统农业经济向工业经济的转型、近代市场经济向计划经济的转型、计划经济向社会主义市场经济的转型，共同构成了整个中国经济衰微与复兴过程中的大转型。

（一）中国古代经济由盛转衰是农业经济向工业经济转型的必然结果

在人类逐渐突破对自然界有限的认知与驾驭能力之后，阻碍人类文明发展的因素转变为“马尔萨斯制约”。[15]生存目标与人地矛盾之间的冲突与协调，成为中国乃至世界农耕文明产生、发展并成为世界主导文明的重要原因。但是到1800年以后，欧洲经济力量全面兴起，由东方农业文明主导的世界经济格局彻底让位于西方工业文明。这段承载着巨大落差的历史过程，引发了学术界对“文明分叉”“经济大分流”等众多命题的探讨，而这些命题的触发源自于“李约瑟之谜”对现代科技起源于欧洲而非中国、印度的追问。Elvin认为人地比例失调引起的工业投资匮乏、劳动替代型技术需求不足，致使1400年以后的中国彻底失去技术优势。[16]林毅夫将中国错失工业革命的原因，归结为未能完成技术发明模式由经验试错向重复试验的转变。[17]文贯中认为地理禀赋、自然环境等外生变量的作用是近代科学萌芽的必要条件。[18]陈强将制衡政治结构匮乏造成的工商产权薄弱，看作是“李约瑟之谜”出现的根本原因。[19]除此以外，系统论、分工论等视角下的研究成果不胜枚举。赵红军认为众多解释性假说的涌现与共存是“李约瑟之谜”复杂、宏大的性质使然，引入多种机制、强调动态调整、拟合非均衡现实的分析思路，更有可能触及问题的根本。[20]因此，我们认为“李约瑟之谜”不仅是对现代科技起源的诘问，同时也是一个文明转换背景下具有“制度变迁—技术进步—结构转换”运行机制的历史转型问题，中国古代科技与经济表现的由盛转衰，是从农业经济向工业经济转型过程中必须经历的过程。

中国古代经济的繁荣是由农业经济主导的繁荣，这主要得益于中国的官僚行政体系供给出了能够不断突破“马尔萨斯制约”的政治制度与经济制度。首先，集权式的封建政治正式制度，暗含着维护国家统一、巩固王权的政治发展战略，这就要求统治阶层在保障国家大一统稳定局面的前提下，寻找维持日常开支的税收来源。其次，封建土地所有制的经济正式制度将土地所有权无条件收归国有，地主与农民之间的依附关系，既导致农地的高度细碎化，又促使小

农经济主体的农业生产行为与官僚阶层强制性征税目标直接挂钩，形成自给自足式的小农经济发展模式。最后，封建专制主义的政治非正式制度与重农抑商主流文化等经济非正式制度组成的文化发展手段，既能够借助儒家教育、普及重农抑商主流文化，加强对小农行为主体农业生产活动的管控，又可以通过“学而优则仕”的官本位文化夸大官僚精英的地位与特权，进一步巩固官民社会二重结构。[21]至此，政治发展战略、经济发展模式与文化发展手段实现了高度匹配，上至皇权所有者下至黎民百姓，都将农业视为最重要的经济命脉。

尽管政治制度与经济制度的协调与抵触程度，决定了不同朝代政权的稳定与动荡，但是政治制度由失衡向均衡的重复性运动，总能将非均衡状态下的经济制度重新拉回与既有政治制度相适应的均衡状态。[22]因此，天下“分合”与朝代更迭，恰恰是又一轮封建制度架构重建、巩固的开始。在这种超稳固的封建制度架构下，政治发展战略将技术进步的发生领域，限制在降低政权风险、强本抑末的农业经济范畴。小农经济发展模式更重视技术进步的农业效率增进功能，有效刺激了扩大农作物产出的技术进步需求，以及保障农业生产的水利、灌溉、耕作等技术进步供给。封建专制主义下的“官本位”利益取向，将精英、知识、财富与政治高度捆绑，既有利于统治阶层直接干预技术创新、扩散过程，又提高了技术进步主体从事科技、工艺创新的机会成本。而重农抑商主流文化的普及，在阻碍农业生产剩余向工商业进行技术投资的同时，降低了农业剩余劳动力转变为工商业技术进步主体的可能性。

技术进步对制度的过度依赖，加速了小农经济发展模式的自我强化。工商业的发展不得不依赖农业生产剩余的积累，有限的商业积累资本又多用于土地兼并、地主放贷而非向产业资本转化，致使工商业在整个古代经济结构中，始终处于农业经济的附属位置。因此，当整个世界格局的主导权交由工业文明来掌控的时候，没有发生根本性制度变迁的中国，无法产生以工商业为核心的技术进步，更无法抓住 1840 年鸦片战争所带来的开放机遇。外国资本、科学技术以及新型工业经济渗入的外部冲击，仅仅带来了各别行业的扩张，而没有从农业主导的传统经济结构过渡到工业主导的现代化经济结构。伴随着这场农业经济向工业经济的转型，资本主义经济几经萌芽却无法蓬勃发展，缺乏实质性变革的工商业，始终无法通过结构因素成为经济增长路径转换的动力源，中国传统农业经济由盛转衰在所难免。

（二）1949 年之后经济复兴的重启得益于近代市场经济向计划经济的转型

1949 年后外部环境发生了三方面的变化。其一，世界经济增长呈现出分化态势，西欧及西欧衍生国与亚、非、拉之间的经济增长差距不断拉大，世界经济转入不平衡增长阶段；其二，苏联社会主义经济建设起到的强烈示范作用，以及波兰、南斯拉夫等东欧国家对经典计划体制的积极修正，凸显了社会主义计划经济体制的优越性；其三，受到冷战世界格局的影响，以美国、英国为代表的世界经济先行者，由近代中国现代化过程的帮助者转变为 1949 年后经济封锁与孤立政策的实施者。就转型前的初始状态来看，尽管近代市场经济体制下出现了一系列工业化改革运动，经济发展也迎来了第一个黄金增长期。但是这一时期的制度变迁，具有明显的滞后、被动与不彻底特征，过于依赖外部环境的技术进步方式，促使经济发展路径呈现出无序、低效以及不均衡的特征。经济结构中的工业化、现代化成分微弱，以先进技术水平为特征的机器制造业、石油化工业几乎为空白，1949 年前的经济依旧处于衰退阶段。

受到外部环境变化与 1949 年前初始状态的影响，国家迅速确立了计划经济体制的制度供给意愿，通过一系列由政府主导并强制实施的激进式制度变迁集合，快速推进近代市场经济向计划经济的转型。在新的均衡制度架构内，计划经济下高度集权的政治正式制度，确立了以国家安全为核心的封闭式追赶型政治发展战略。以指令为基础的经济正式制度，也随之细化为优先发展重工业的经济发展模式。政治、经济领域内的“一元化”强意识形态构成计划经济架构下非正式制度的内核，个人政治观念、道德判断、价值认知以及知识体现相互交锋的“公共领域”趋于消失，基于权威、经验、习惯的政治非正式制度以及重视群体本位、追求平均主义、倡导单向服从的经济非正式制度，共同构成执政党集体领导下的“理性共识”，并进一步演化为“目标确立—政治动员—群众参与”的文化发展手段。

均衡制度架构内政治、经济、文化三方面的力量，共同作用于技术进步。封闭式追赶型政治发展战略，促使技术进步的方向由传统技术转向现代技术，技术进步的方式由自我创新，转向从苏联定向模仿、引进。优先发展重工业的经济发展模式促使工业领域内的技术进步需求激增，扭曲的要素、价格支持体系刺激城市工业技术供给力量勃发。强意识形态下的文化发展手段以最小成本，提高了政治发展战略与经济发展模式在技术领域的运行效率，“目标确立—政治动员—群众参与”的运作方式，促使技术进步的实际管理力量向上集中，由民间的自发行为转向国家的统一规划。

尽管这些技术层面的变化促使中国在转型初期迅速建立了较为完整的工业、国民经济体系，交通运输、水利农田等基础设施建设也取得了快速发展。但是随着转型的不断推进，这种封闭、单一、扭曲的技术进步方式，进一步强化了“城市工业”“国有经济”双优先的发展策略，催生出粗放且不可持续的经济增长方式，致使“一五”后的经济增长很快落入低水平的发展路径。受到偶发政治运动以及决策阶层理性共识的影响，人为提高资本积累比率与倾斜式资源要素投入等政策的应用呈现出周期性变化，工业化、国有化、城市化特征在投资结构、产业结构、要素投入结构以及财政收入结构中不断增强的同时，也出现了剧烈的波动。但从整个经济增长表现的历史维度来看，近代市场经济向计划经济的转型，让原本处于不断衰退的中国经济，在不到三十年的时间内迅速恢复至历史最高水平，为整个经济复兴的重启提供了良好契机，也为改革开放以后经济的高速增长奠定了坚实基础。

（三）改革开放以来经济高速增长的动力源自计划经济向社会主义市场经济的转型

改革开放前，中国在世界地缘政治中不断被边缘化，但是随着国际紧张局势的不断缓和，由美、苏主导的两极世界格局，逐渐演变为发达国家主导、发展中国家从属的多极世界格局。以此为契机，秉承“不结盟”外交战略的中国放弃了闭关自守的发展思路，通过加入国际组织、寻找贸易伙伴、实施援助计划等途径增强与世界各国的联系，谋求国际合作对现代化建设的推动作用。但是从转型的初始状态来看，计划经济高度集权体制的缺陷在1949年后不断显现，特别是民主决策正式制度的失灵对经济制度产生了极大干扰，引起这一时期经济的大幅波动。1966年开始的以阶级斗争为纲的制度变迁，迫使国家制度在阶级斗争的影响下不断被摧毁与重建。[23]范围过大、程度过深以及速度过快的一系列制度变迁，造成整个国家的无序、混乱以及国民经济的大幅衰退。

计划经济向社会主义市场经济的转型涉及整个制度架构的全面变迁。高度集权的政治制度变迁为开放型政党制度，并在此基础上确立了“稳定为先、逐步推进”的政治发展战略，直接决定了经济制度改革的渐进性与有序性。随着认识的不断加深，以指令型为基础的经济制度最终变迁为社会主义市场经济制度，经济模式也由封闭经济条件下的优先发展重工业模式，转向了开放经济条件下的“出口—投资”双驱动经济发展模式。“改革、发展、开放”的“多元化”意识形态构成新的非正式制度内核，基于民主、监督、学习的政治非正式制度以及重塑个体意识、强化契约观念、突出效率思维等经济非正式制度的形成，有利于决策层与大众在转型过程中形成“重叠共识”。非正式制度下确立的旨在解放思想、构建社会主义核心价值体系的文化发展手段，能够发挥稳定、规范、约束与纠偏的功能，帮助化解非正式制度与正式制度可能存在的冲突，保障转型的平稳、顺利推进。

新的制度架构下，政治发展战略确立了技术领域内稳定为先、顺序推进的引导原则，技术进步的发生领域由赶超战略下的重工业范畴，复归至承担国民经济基础作用的农业范畴，技术扩散方式由全面推进转向“局部试点、渐进推广”。开放经济条件下的“出口—投资”双驱动经济发展模式，更为重视世界范围内要素禀赋与市场需求变化对技术进步的作用力，全局视野下的比较优势原则成为技术进步主体衡量预期成本与收益的重要组成因素，技术进步方式由强制供给转变为需求激励。“多元化”意识形态的推广有助于决策层与技术创新主体形成开放式创新意识的“重叠共识”，而旨在解放思想、构建社会主义核心价值体系的文化发展手段，在市场经济体系建设中又起到了规范经济行为、化解矛盾、降低交易成本的作用。

整个制度体系的变迁，有效纠正了改革开放前过分追求国有化、工业化的封闭式技术进步偏好。在开放、平衡的发展策略下，以“投资—出口”双依赖为特征的要素驱动型经济增长方式逐渐形成，经济政策的调整思路也由短期被动适应型转向长期主动战略型，在突出经济结构增量与存量“双调整”的基础上，发挥技术进步与制度创新对供需结构优化的推动力。[24]需求结构中“投资—出口”外需力量的加强与供给结构中要素市场的重建相互作用，释放出较改革开放前三十年更为合理与稳定的经济高速增长动力。至此，计划经济向社会主义市场经济的转型，促使中国在世界范围内实现了由衰退到全面复兴的历史愿望。

五、结论与展望

本文将中国经济的历史动态表现，看作是一系列多层次、大规模、不均衡转型过程的外在反映，利用“制度变迁—技术进步—结构转变”理论解释框架，对中国长期经济衰微与复兴的内在机理进行了深层次分析，得到如下结论。第一，中国古代超稳固的制度架构，赋予了农业经济在整个经济结构中的主导地位，政治制度的绝对权威，通过阻碍经济制度的偶发性变迁、限制技术进步的发生领域，来固化既有的社会、经济结构。这种缺乏变迁动力的制度架构，在世界经济格局由农业文明转向工业文明的过程中，抹杀了中国农业经济向工业经济转型的可能，从根本上决定了中国传统农业经济由繁荣走向衰退的历史大趋势。第二，近代市场经济向计划经济的转型，意味着制度变迁由零散、滞后、低效的自发行为，转变为全面、快速、高效的强制行为，新的制度架构通过作用于技术进步，在短时间内激发出巨大的经济增长动力。但是依旧游离于世界分工体系之外的经济发展策略，促使封闭状态下高度集权体制的缺陷被进一步放大，大起大落的不均衡增长状态，决定了这一时期只能作为经济复兴的重启阶段，而非全面推进阶段。第三，改革开放之后，计划经济向社会主义市场经济的转型，是整个封闭型制度架构向开放型制度架构的全面变迁过程。政治发展战略、经济发展模式以及文化发展手段之间的良性互动，既保障了转型过程的渐进性与有序性，又激发了需求层面对技术进步的驱动力，加之重新融入世界经济体系的“全球化红利”，为中国经济的全面复兴注入了持久的推动力。

任何时期的经济增长表现，都是历史演进过程中必不可少的组成部分，既是对过去历史遗产的继承，也是决定未来经济走势的重要原因。以史为鉴，通过总结经济衰微与复兴的规律，才能更好地展望未来。为此，我们得到以下几点启示。

第一，包容性制度环境的构建是中国经济由衰微走向复兴的重要基石。制度环境由“一元”向“多元”、由“排斥”向“兼容”、由“主导”向“平衡”的转变，既打破了改革开放以前中国制度架构中政治制度的绝对权威，又提高了政治发展战略、经济发展模式以及文化发展手段在目标、运作上的协调性，为经济的全面复兴提供了良好的制度环境。

第二，封闭经济向开放经济的稳步推进是中国经济由衰微走向复兴的动力之源。改革开放前的中国是世界经济体系自发演进过程的旁观者，只能偶然获得这种经济互动带来的“溢出”效应。改革开放后的中国主动与世界经济接轨，在重新融入世界经济体系的过程中获得的“全球化红利”，构成中国经济由衰微走向复兴的动力之源。

第三，经济发展模式的转变是破除路径依赖、实现经济复兴的有效途径。不同历史时期的经济发展模式，会通过改变技术供给力量与需求力量影响技术进步的方向、动力与程度，引导经济增长过程走上不同的路径，进而决定未来经济的走势。因此，转变经济发展模式，既能够为经济增长过程由低水平向高水平路径的转换提供契机，同时也是破除路径依赖、全面推进经济复兴的有效途径。

第四，供需结构的调整是中国经济复兴全面推进的必要保障。经济的复兴过程，同时也是一个结构不断转变的过程，需求结构在消费、投资、出口之间的比例变化，会对经济表现产生不同大小的拉动作用，而供给结构通过作用于要素投入结构与产业结构，对经济表现产生差异化的推动作用，这种拉力与推力的此消彼长，决定了经济复兴过程在时间与空间上的不平衡性与波动性。因此，供需结构调整，既是复兴进程中熨平经济剧烈波动的重要手段，也是经济由衰微向复兴全面推进的必要保障。

参考文献

[1] 胡鞍钢. 中国政治经济史论（1949—1976）［M］. 北京：清华大学出版社，2008：21－23.

[2] 道格拉斯·诺斯. 经济史中的结构与变迁［M］. 陈郁，等，译，上海：上海人民出版社，2005：55－59.

[3] LEVINE R. Finance and Growth：Theory and Evidence［R］. NBER：Working Paper，2004.

[4] 道格拉斯·诺斯，罗伯斯·托马斯. 西方世界的兴起［M］. 厉以平，译. 北京：华夏出版社. 2009：45－55.

[5] BHALLA A，SURJIT S. Freedom and Economic Growth：A Virtuous Circle?［M］. New York：Cambridge University Press，1997.

[6] BARRO R J. Determinants of Economic Growth：A Cross-Country Empirical Study［M］. New York：Cambridge MIT Press，1997.

[7] 曼库尔·奥尔森. 国家兴衰探源：经济增长、滞胀与社会僵化［M］. 吕应中，陈槐庆，等，译. 北京：商务印书馆，1993：171－182.

[8] 皮建才. 权威委托机制与李约瑟之谜：基于文献的批判性思考［J］. 经济科

学，2009（6）：58－70.

[9] 达仁·埃塞姆格鲁，西蒙·约翰逊，詹姆斯·罗宾逊，等. 制度：长期增长的根本原因［J］. 南大商学评论，2006（3）：1－20.

[10] 罗斯托. 经济增长的阶段：非共产党宣言［M］，郭熙保，王松茂，译. 北京：中国社会科学出版社，2001：6－7.

[11] 安格斯·麦迪森. 中国经济的长期表现［M］. 吴晓鹰，马德斌，译. 上海：上海人民出版社，2011：49－52.

[12] 沃勒斯坦. 现代世界体系：第1卷［M］. 罗荣渠，译，北京：高等教育出版社，1998：230－247.

[13] 珀金斯. 中国农业的发展（1368—1968年）［M］. 宋海文，等，译，上海：上海译文出版社，1984：231－235.

[14] 罗斯基. 战前中国经济的增长［M］. 杭州：浙江大学出版社，2009：21－29.

[15] 韦森. 斯密动力与布罗代尔钟罩——研究西方世界近代兴起和晚清帝国相对停滞之历史原因的一个可能的新视角［J］. 社会科学战线，2006（1）：72－85.

[16] ELVIN M. The Pattern of the Chinese Past［J］. History Reviews of New Books, 1975, 1（9）：214－214.

[17] 林毅夫. 李约瑟之谜、韦伯疑问和中国的奇迹——自宋以来的长期经济发展［J］. 北京大学学报（哲学社会科学版），2007（4）：5－22.

[18] 文贯中. 中国的疆域变化与走出农本社会的冲动——李约瑟之谜的经济地理学解析［J］. 经济学（季刊），2005（1）：519－540.

[19] 陈强. 李约瑟之谜再思考：工商产权的保护［J］. 新政治经济学评论，2013（1）：16－46.

[20] 赵红军. 李约瑟之谜：经济学家应接受旧解还是新解？［J］. 经济学（季刊），2009（4）：1615－1646.

[21] 张杰. 二重结构与制度演进——对中国经济史的一种新的尝试性解释［J］. 社会科学战线，1998（6）：12－25.

[22] 侯家驹. 中国经济史：上［M］. 北京：新星出版社，2008：22－23.

[23] 麦克法夸尔，费正清. 剑桥中华人民共和国经济史［M］. 谢亮生，等，译. 北京：中国社会科学出版社，1990：163－165.

[24] 杨德才. 中国经济史新论（1949—2009）［M］. 北京：经济科学出版社，2009：321－323.

第十三章 “中国模式”转型绩效及评价

刘若江*

摘 要 本文在对“中国模式”转型绩效内涵进行了界定的基础上，将“中国模式”转型绩效划分为三个主要维度，分别为体制转型绩效、结构转型绩效和发展方式转型绩效。构建“中国模式”转型绩效评价体系，确定系统层、状态层和要素层，分配指标权重，对“中国模式”转型绩效综合指数进行测算。测算结果得出：第一，从总体来看，中国改革开放三十三年的时间内，“中国模式”转型绩效呈现逐年递增的趋势，但是未来，如何保持“中国模式”转型绩效的不断递增趋势，这也就是说，未来中国长期的制度变迁中，如果避免边际报酬递减，实现规模报酬递增需要考虑后期制度变迁效率、“中国模式”转型的成本大小，以及“中国模式”转型成本分摊中的利益方博弈失衡所带来的效率损失大小。第二，“体制模式”转型绩效是最为突出的，也是促进中国经济发展最为直接的贡献力量。这表明在“中国模式”转型中，国家越来越倾向于转变政府职能，实现从“微观”调控向“直接”调控的转变，发挥市场在资源配置中的基础作用，减少国家行政干预。第三，“中国模式”转型绩效阶段主要分为四个阶段，四个阶段的变化与中国现实发展状况相互符合。对此本文提出两点政策建议：第一，发挥国家主体在“中国模式”转型后的有效控制作用；第二，“中国模式”转型后期的重点需要根据转型实际结果进行调整。

关键词 “中国模式”；转型；绩效

* 刘若江，女，1981年5月，汉，陕西西安人，西北大学经济管理学院经济学博士，西安财经大学教师，研究方向为经济转型。

“中国模式”转型中，中国基本国情的特殊性决定了相比较苏联和东欧更加具有复杂性，根据中国历史发展现实，1979 年中国经济体制转化之前，中国是一个农业基础大国，其中农业人口在全国总人口中占据 80% 的水平。而苏联和东欧的情况与中国正好相反，在模式转型之前苏联和东欧都已经基本完成了现代化和工业化，在全国总人口中，农业人口比重仅为 14%。因此，“中国模式”转型不仅仅是实现“体制模式”转型，更是在“体制模式”转型中，完成工业化和现代化，以及社会进步和发展方式的转型。同时“中国模式”的转型，更是实现在对外开放过程中，参与国际竞争和分工，利用全球化机遇，实现“中国模式”的全方位转型。本文将从中国体制转型绩效、结构转型绩效和发展方式转型绩效三个方面对“中国模式”转型绩效进行综合评价。鉴于评价定量性指标的获取，本文“中国模式”转型绩效的评价体系的构建侧重于经济学的视角。

一、“中国模式”转型绩效内涵

“中国模式”转型绩效从最终结果来看，重要表现为经济的全面发展，经济全面发展的核心本质是指实现经济、社会等各领域的帕累托改进。“中国模式”转型中朝着帕累托效率改进的方向前进，这就意味着“中国模式”转型效益与经济绩效是呈现正相关的。

但是“中国模式”转型绩效表现为“收益”为主的特征，这就要求该特征在一定的时间点上呈现一致性规律要求。由于“中国模式”转型是一个复杂、动态和非均衡的过程，因此，“中国模式”需要进一步经历实践的考验。我们在构建“中国模式”转型绩效的描述性指标时，选取能长期促进中国经济水平、社会稳定发展、收益长期稳定增长的制度安排，才是“有效率”制度安排，该类制度安排在中国经济社会发展中表现为长期的绩效水平，成为“中国模式”转型绩效的内容。

因此，本文对“中国模式”转型绩效内涵进行界定，他是指中国制度变迁中（本文指计划经济体制向社会主义市场经济体制转化中），模式经济体内部静态效益和动态效益提高部分的收入和效率改进。根据对“中国模式”转型绩效的内涵界定，可以得出以下两个基本内涵：

第一，“中国模式”转型绩效与“中国模式”转型过程是相互联系、相辅相成的。“中国模式”的转型表现为非均衡特征，因为模式转型过程中所产生的转型绩效会随着转型阶段的变化而发生变化，只有那些在模式转型中长期实现效率改进和收益增强的部分才可以纳入模式转型绩效体系中。

第二，“中国模式”转型绩效来源于“有效率”制度安排的帕累托改进，制度安排可以有效影响“中国模式”转型绩效与转型绩效的一致性，因此促进“中国模式”转型绩效，实现模式转型绩效，可以通过适当的国家宏观调控力量来实现。

二、“中国模式”转型绩效评价体系的构建

（一）评价原则

为了探索“中国模式”转型绩效的影响因素，提高“中国模式”转型绩效效率，合理配置城市土地资源，本节的“中国模式”转型绩效评价体系的构建从体制转型绩效、结构转型绩效和发展方式转型绩效等三个方面分析入手，构建一套科学的指标体系，建立多目标决策分析模型，以综合指数定量反映出“中国模式”转型绩效状态。评价过程主要遵循以下原则：

（1）科学性原则。从转型经济学、发展经济学、制度经济学以及政治经济学等相关理论中提取能够支持本题目观点的理论依据。所选指标内涵明确，能尽量科学地、全面地反映“中国模式”转型绩效程度及动态未来变化趋势。

（2）主导性原则。影响“中国模式”转型绩效的因素很多，但作用功能互异。指标的选择要针对“中国模式”转型绩效状况，将对“中国模式”转型绩效起主要性作用的主导因素作为必选指标。

（3）数据一致性原则。因为统计指标的口径差异，各个指标数据在单位、统计标准，尤其横向纵向维度上存在不一致，所以采用的数据必须来自同一口径，保证数据之间的可比性。

（4）简洁、可靠性原则。定量数据统计过程中，数据来源的可靠、数据的简洁是十分关键的，这决定了统计结果的准确性和可靠性，在指标的选取过程中我们尽量做到简洁和可靠性的原则。

（5）可操作性原则。评价方法和所选用的指标要简单明确，尽可能向现有统计指标靠拢，易于收集。原则上采用各种统计年鉴，同时参考相关部门已有的各种统计报表资料，评价方法简单可行。

（6）可比性原则。所选取的评价方法和指标要适用于不同区域之间的评价，最大限度地减少主观因素所造成的误差，增加相关评价结论的可信度。

（7）目的性原则。评价方法与所选指标必须与提高“中国模式”转型绩效的目的相一致，充分反映“中国模式”转型绩效的内涵。

（8）引导性原则。评价指标及评价方法应尽可能反映“中国模式”转型绩效今后的发展趋势和发展重点，对“中国模式”转型绩效未来的发展具备一定的引导性。

（二）评价指标体系的构建

根据对“中国模式”的定义可见，“中国模式”是一个全方位、多层次的复杂体系，因为“中国模式”转型绩效的测量必须构建一个“中国模式”转型绩效综合指数。“中国模式”转型绩效综合指数是一个合成指数，它由影响“中国模式”转型的各个影响因素组成，各因素经过指数加权形成综合转型绩效指数，因此“中国模式”综合转型绩效指数测量，首先要构建“中国模式”转型绩效评价体系。

本研究将“中国模式”划分为“体制模式”“结构模式”和“发展模式”，同时利用转型绩效和转型成本的逻辑关系，对应将“中国模式”转型绩效划分为三个主要维度，分别为体制转型绩效、结构转型绩效和发展方式转型绩效。“中国模式”转型绩效评价体系的构建参见表1。

表1 “中国模式”转型绩效评价指标体系

<table>
<tr><th>总体层</th><th>系统层</th><th>状态层</th><th>要素层</th><th>要素属性</th></tr>
<tr><td rowspan="9">“中国模式”转型绩效（E）</td><td rowspan="9">体制转型绩效（F1）</td><td rowspan="4">市场化程度（G1）</td><td>规模以上国有及非国有企业增加值中非国有企业所占比重（H1）</td><td>正</td></tr>
<tr><td>非国有经济投资占全社会固定资产投资比重（H2）</td><td>正</td></tr>
<tr><td>外方注册资金占外商投资企业总注册资金的比重（H3）</td><td>正</td></tr>
<tr><td>城镇非国有单位从业人员占城镇从业人数比重（H4）</td><td>正</td></tr>
<tr><td rowspan="3">政府控制理性化（G2）</td><td>政府消费占国民消费的比重（H5）</td><td>逆</td></tr>
<tr><td>政府资本转移占政府总储蓄比例（H6）</td><td>逆</td></tr>
<tr><td>政府转移支付和政府补贴及GDP比率（H7）</td><td>逆</td></tr>
<tr><td rowspan="2">商品价格自由化（G3）</td><td>消费品零售总额中市场定价的比重（H8）</td><td>正</td></tr>
<tr><td>生产资料销售总额中市场定价比重（H9）</td><td>正</td></tr>
</table>

续表

<table>
<tr><th>总体层</th><th>系统层</th><th>状态层</th><th>要素层</th><th>要素属性</th></tr>
<tr><td rowspan="18">“中国模式”转型绩效（E）</td><td rowspan="7">结构转型绩效（F2）</td><td rowspan="2">二元结构转化（G4）</td><td>农村人均纯收入增长率（H10）</td><td>正</td></tr>
<tr><td>农业劳动力占总劳动人口比重（H11）</td><td>逆</td></tr>
<tr><td rowspan="3">产业结构优化（G5）</td><td>第三产业产值占 GDP 比重（H12）</td><td>正</td></tr>
<tr><td>信息产业增加值占 GDP 比重（H13）</td><td>正</td></tr>
<tr><td>农业产值占 GDP 比重（H14）</td><td>逆</td></tr>
<tr><td rowspan="2">城市发展（G6）</td><td>城市人口占总人口比重（H15）</td><td>正</td></tr>
<tr><td>非农劳动力占总劳动力比重（H16）</td><td>正</td></tr>
<tr><td rowspan="11">发展方式转型绩效（F3）</td><td rowspan="2">要素使用集约化（G7）</td><td>单位能耗比率倒数（H17）</td><td>正</td></tr>
<tr><td>劳动生产率（H18）</td><td>正</td></tr>
<tr><td rowspan="3">福利改善（G8）</td><td>人均 GDP 占 5000 美元比例（H19）</td><td>正</td></tr>
<tr><td>人均住房面积（H20）</td><td>正</td></tr>
<tr><td>人力资本积累（每百万大学生毕业人数）（H21）</td><td>正</td></tr>
<tr><td rowspan="2">人口质量提高（G9）</td><td>每千名医护人员服务人数（H22）</td><td>正</td></tr>
<tr><td>死亡率（H23）</td><td>逆</td></tr>
<tr><td rowspan="3">创新驱动水平（G10）</td><td>R&D 投入费用/GDP（H24）</td><td>正</td></tr>
<tr><td>技术效率变动（H25）</td><td>正</td></tr>
<tr><td>新产品产值（H26）</td><td>正</td></tr>
<tr><td>资源利用与生态环境（G11）</td><td>资源利用与生态环境代价（H27）</td><td>逆</td></tr>
</table>

（三）数据来源

本文所使用的数据期限为 1981—2013 年，本文所有的原始数据均来自历年《中国统计年鉴》《新中国六十年汇编》《中国对外经济贸易年鉴》，以及中国宏观经济数据库，其中，消费品零售总额中市场定价的比重、生产资料销售总额中市场定价比重两者指标的数据则是来源于《三种价格形式比重测算报告》。某些年份个别数据的缺失，本文则是利用时间序列建立回归方程，弥补空缺年份的相关数据。

三、“中国模式”转型绩效评价

（一）数据的标准化处理

由于指标数据的单位不同，为便于比较和分析，就要对指标数据进行标准化处理。研究中常用的标准化处理方法有总和标准化法、标准差标准化法、极大值标准化法和极差标准化法，本文采用极差标准化法进行标准化处理，运用其计算公式为：

$$Y = \frac{x_{ai} - \min\limits_{1 \leqslant i \leqslant n}\{x_{ai}\}}{r_a}, i = 1,2,\cdots,n, n = 1,2,\cdots,n,$$

如果指标属性为逆向，可以利用下面的进行标准化处理：

$$Y = \frac{\max\limits_{1 \leqslant i \leqslant n}\{x_{ai}\} - x_{ai}}{r_a}, i = 1,2,\cdots,n, n = 1,2,\cdots,n,$$

前面两个公式中，其中 r_a 为极差，即 $r_a = r_{\max} - r_{\min}$。将处理以后的数值进行加权汇总，就可以得到“中国模式”转型中各个分模式的转型绩效指数值。

（二）指标权重的选择

根据“中国模式”转型绩效评价体系表可见：体制转型绩效、结构转型绩效和发展方式转型绩效构成了评价体系的系统层，然后分别对系统层进行了状态层的划分，并对状态层的各影响因素进行了要素层的划分。其中评级体制表中状态层和系统层的权重则是采用 AHP 方法来确定，即中国通常所说的专家打分法，对要素层则是利用平均分配方法确定权重。系统层、状态层和要素层均确定以后，则直接构建成为“中国模式”转型绩效综合指标指数，参见下面公式：

$$E = \sum_{i=1}^{3} M_j \sum_{j=1}^{n} \left| M_{ij} \sum_{K=1}^{m} (M_{ijk} C_{ijk}) \right|$$

本文利用了设计问卷，进行问卷调查，本文选取 20 位专家进行打分，利用加权平均得出判断矩阵。状态层权重则是重新打分以后的结果。第 266 页表 2 为“中国模式”转型绩效系统层的权重大小，第 266 页表 3 为“中国模式”转型绩效状态层的权重大小。

表 2 "中国模式"转型绩效系统层的权重

	F1	F2	F3	特征向量	最大特征值	一致性检验
F1	1	2	3	0.54	3.01	CR = 0.0046
F2	1/2	1	2	0.30		
F3	1/3	1/2	1	0.16		

表 3 "中国模式"转型绩效状态层的权重

	G1	G2	G3	特征向量	最大特征值	一致性检验
G1	1	4	3	0.63	3.02	CR = 0.0091
G2	1/4	1	1/2	0.14		
G3	1/3	2	1	0.24		

	G4	G5	G6	特征向量	最大特征值	一致性检验
G4	1	1/4	3	0.23	3.09	CR = 0.0429
G5	4	1	5	0.67		
G6	1/3	1/5	1	0.10		

	G7	G8	G9	G10	G11	特征向量	最大特征值	一致性检验
G7	1	3	5	3	1	0.35	5.01	CR = 0.0013
G8	1/3	1	2	1	1/3	0.12		
G9	1/5	1/2	1	1/2	1/5	0.06		
G10	1/3	1	2	1	1/3	0.12		
G11	1	3	5	3	1	0.35		

根据以上确立的"中国模式"转型绩效要素层的权重大小，我们利用平均分配方法对要素层进行了权重的分配，参见第 267 页表 4：

表4 “中国模式”转型绩效各个指标的权重

系统层		状态层		要素层	
指标	权重	指标	权重	指标	权重
体制转型绩效（F1）	0.54	市场扩大化（G1）	0.337	规模以上国有及非国有企业增加值中非国有企业所占比重（H1）	0.08425
				非国有经济投资占全社会固定资产投资比重（H2）	0.08425
				外方注册资金占外商投资企业总注册资金的比重（H3）	0.08425
				城镇非国有单位从业人员占城镇从业人数比重（H4）	0.08425
		政府控制理性化（G2）	0.0736	政府消费占国民消费的比重（H5）	0.0245
				政府资本转移占政府总储蓄比例（H6）	0.0245
				政府转移支付和政府补贴及 GDP 比率（H7）	0.0245
		商品价格自由化（G3）	0.1286	消费品零售总额中市场定价的比重（H8）	0.0643
				生产资料销售总额中市场定价比重（H9）	0.0643
结构转型绩效（F2）	0.3	二元结构转化（G4）	0.067	农村人均纯收入增长率（H10）	0.0335
				农业劳动力占总劳动人口比重（H11）	0.0335
		产业结构优化（G5）	0.2001	第三产业产值占 GDP 比重（H12）	0.0667
				信息产业增加值占 GDP 比重（H13）	0.0667
				农业产值占 GDP 比重（H14）	0.0667
		城市发展（G6）	0.0299	城市人口占总人口比重（H15）	0.01495
				非农劳动力占总劳动力比重（H16）	0.01495
发展方式转型绩效（F3）	0.16	要素使用集约化（G7）	0.0566	单位能耗比率倒数（H17）	0.0283
				劳动生产率（H18）	0.0283
		福利改善（G8）	0.0196	人均 GDP 占 5000 美元比例（H19）	0.0065
				人均住房面积（H20）	0.0065
				人力资本积累（每百万大学生毕业人数）（H21）	0.0065
		人口质量提高（G9）	0.0105	每千名医护人员服务人数（H22）	0.00525
				死亡率（H23）	0.00525
		创新驱动水平（G10）	0.0196	R&D 投入费用/GDP（H24）	0.0065
				技术效率变动（H25）	0.0065
				新产品产值（H26）	0.0065
		资源利用与生态环境（G11）	0.0566	资源利用与生态环境代价（H27）	0.0566

（三）“中国模式”转型绩效综合指数的测算

利用“中国模式”转型绩效综合指数公式，以及各指标的权重，本文进行“中国模式”转型绩效综合指数的测算，测算结果如图1。

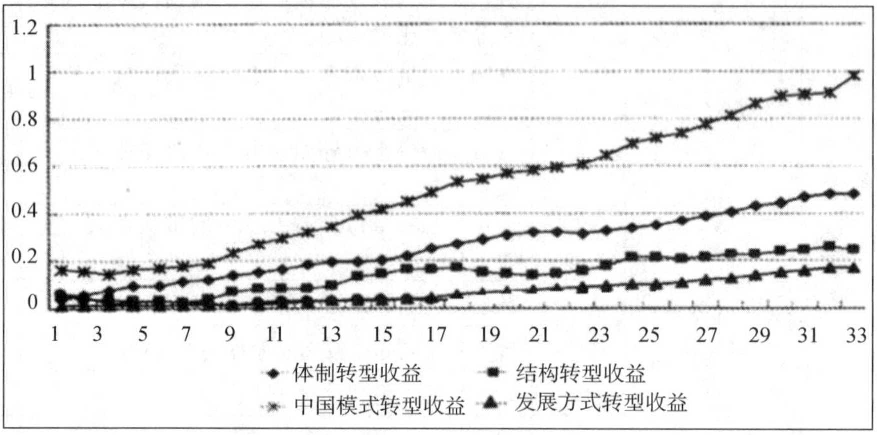

图1 “中国模式”转型绩效综合指数

根据图1显示：1981—2013年，33年的时间内，“中国模式”转型绩效呈现逐年递增的趋势，1981年“中国模式”转型绩效为0.16，到2013年“中国模式”转型绩效达到了0.99，接近1的水平。这说明改革开放40年的时间内，“中国模式”转型是成功的、有成效的，解放了生产力，促进了生产关系的发展，对各个分模式转型绩效进行测量发现：总体上，体制转型绩效、结构转型绩效和发展方式转型绩效也呈现逐年递增的趋势，尽管在某些年份有所波动，但是波动幅度较小。这说明中国非公有制经济得到快速发展，市场化扩大、城乡二元制结构得到改善，城市得到发展，人民生活水平得到提升，国家经济结构的失衡问题得到有效调整，中国参与国际市场竞争的开放程度得到提升。未来，如何保持“中国模式”转型绩效的不断递增趋势，并实现规模报酬递增是下一步“中国模式”转型需要考虑的问题，也是一个重要的发展战略创新问题。

为探索中国长期制度变迁中，“中国模式”转型的收益的发展趋势和状况，本文进一步对“中国模式”转型绩效进行了多元统计分析，研究未来“中国模式”转型发展的内在规律和特征，并对其进行经济学上的解释。

1. “中国模式”转型绩效趋势的分析

本文利用Eviews 6.0，采用HP滤波方法，针对“中国模式”转型绩效趋势，以及其波动性进行模拟。发现：经过HP滤波以后，“中国模式”转型发展趋势呈现45度夹角上扬趋势，这说明“中国模式”转型经历了一个由简单到困难的过程，未来“中国模式”转型绩效是呈现增长趋势的。

2. “中国模式”转型绩效阶段性特征分析

采用多元统计分析中的聚类分析——有序样本最优分割法，得出关于中国经济转型绩效阶段划分的最优分割结果以及与每一种划分阶段相对应的误差函数，做出关于经济转型绩效变动的最优分段数的判断。根据最优分段结果判断：“中国模式”转型绩效波动主要分为四大主要阶段，第一个阶段是改革开放以后到1985年，改革开放以后是中国经济转型的起始阶段，该阶段中国经济总量偏小，但是发展速度十分迅速；第二个阶段是1986年到1993年，为“中国模式”转型的过渡时期，此时“中国模式”转型成效明显，增强速度也十分明显；第三个阶段为1994年到2001年，属于“中国模式”转型的中期和深化阶段，此阶段“中国模式”转型绩效也较为明显，但是属于“中国模式”转型最为波动的阶段，表现为前期上升中期下降，最后其有呈现上升趋势；第四个阶段为2003年到2013年阶段，此阶段属于“中国模式”转型的后期深化阶段，阶段特征表现为“中国模式”转型绩效成效现状，社会经济文化等各个领域发生了巨大的变化，产生了正绩效，“中国模式”转型绩效明显，呈现增加趋势。但同时如果实现规模递增，保持“中国模式”转型绩效也是未来发展需要考虑的重要问题。

四、评价结果的理论分析

第一，对改革开放以后到2013年“中国模式”转型绩效进行测算得出，从总体来看，中国33年的时间内，“中国模式”转型绩效呈现逐年递增的趋势，但是未来，如何保持“中国模式”转型绩效的不断递增趋势，并实现规模报酬递增是下一步“中国模式”转型需要考虑的问题，也是一个重要的发展战略创新问题。这也就是说，未来中国长期的制度变迁中，如果避免边际报酬递减，实现规模报酬递增需要考虑后期制度变迁效率、“中国模式”转型的成本大小，以及“中国模式”转型成本分摊中的利益方博弈失衡所带来的效率损失大小。

第二，对“中国模式”转型绩效框架进行分析可见，“体制模式”转型绩效是最为突出的，也是促进中国经济发展最为直接的贡献力量。这表明在“中国模式”转型中，国家越来越倾向于转变政府职能，实现从“微观”调控向“直接”调控的转变，发挥市场在资源配置中的基础作用，减少国家行政干预；结构性转型绩效波动较大，前十几年波动较为平缓，1993 年以后增速十分显著，这说明中国从传统到现代化的结构转型中，二元制结构已经逐步改善，城乡发展进一步协调。但是城乡差距依然很大，是制约中国发展中十分重要的因素，结构转型绩效要想进一步提升，未来还需要加强调整力量。另外发展方式转型也是呈现逐步递增的趋势，但是与“体制模式”转型绩效、“结构模式”转型绩效相互比较，仍然存在很大的差距，增长幅度有限，21 世纪以后，其收益趋势更加明显，开始逐步发挥发展方式转变所带来的效益。

第三，对改革开放以后到 2013 年“中国模式”转型绩效阶段性变化特征进行判断可见：“中国模式”转型绩效阶段主要分为四个阶段，四个阶段的变化与中国现实发展状况相互符合，比较符合中国发展实际，中国发展是一个长期的历史发展过程，未来“中国模式”转型中，应继续加强和深化改革。

第四，发挥国家主体在“中国模式”转型后的有效控制作用。国家调控对国民经济发展具有十分重要的作用，国家调控状况直接界定了“中国模式”转型的能力，推动了中国改革进程。可以说“中国模式”转型中，政府合理的宏观调控促进了中国经济改革路径的内在化、规律化和合理化。在体制转型中，通过减少国家行政干预，给予市场经济以合适的自由空间，强化市场调节的作用，淡化国家干预，有利于促进市场经济的合理、有序发展，发挥国家主体在“中国模式”转型后的有效控制作用，恰恰是国家提高市场经济效率的重要举措，为市场经济主义构建了相对自由的制度创新保障。随着当前“中国模式”转型的深化，“体制模式”转型绩效在“中国模式”转型绩效中所占的比重会逐步加大，中国政府应该充分认识到“体制模式”变迁在中国经济发展中的重要作用，促进制度创新，增强体制创新所带来的效率改进，实现体制转型绩效的不断增加，有利于保障国家宏观调控在中国市场经济稳定发展中的合理和高效运行。

第五，“中国模式”转型后期的重点需要根据转型实际结果进行调整。众所周知，制度变迁是一个长久的过程，“中国模式”转型作为一个制度的根本性变化，是一个长期且十分复杂的过程。“中国模式”转型已经进入后期阶段，模式转型的目标已经确定，但是在转型过程中，中国应该根据转型实践结果，进行重点领域的调整，“中国模式”转型的重点只有结合中国国情和实践，中国的转型才算是成功的、有保障的。特别是“中国模式”转型中，转型速度的处理问题上，不可以一味地追求快，从而忽视了中国经济现实承受能力，我们只有认识到这一点，未来转型绩效才能保障实现规模效益递增，中国经济的增长和发展才能最终是一种良性的发展。

五、中国模式未来转型的制约因素分析

“转型”是国家发展路径的转变，包括计划经济体制向市场经济体制的转变；传统社会向现代社会、封闭性社会向开放性社会、农业社会向工业社会的转变；社会结构、机制、利益和观念的转变。这是一个相互联系、相互影响、有机统一的过程，需要加强改革动力，同时循序渐进，不断发展完善。

随着经济全球化的迅猛发展，国际形势风云变幻，国际间的竞争也日趋激烈，我们一方面要努力融入全球一体化之中，一方面要努力实现现代化国家的治理模式，才能实现现代化和持续繁荣。各个国家都有适合自身国情的治理方式来实现转型，中国也需要在立足国情的基础上，强化政府主导，在保持传统体制生产结构和资产存量稳定的前提下，循序渐进地推进政治、经济和社会变革，实现“软着陆”。

六、结论性述评

本文将“中国模式”转型绩效划分为三个主要维度，分别为体制转型绩效、结构转型绩效和发展方式转型绩效，构建“中国模式”转型绩效评价体系，对“中国模式”转型绩效进行综合性评价。首先指出了“中国模式”转型绩效的内涵，其次构建“中国模式”转型绩效评价体系，提出评价的原则、确立权重，测算“中国模式”转型绩效综合指数。

测算结果得出：第一，从总体来看，中国33年的时间内，“中国模式”转型绩效呈现逐年递增的趋势，但是未来，如何保持“中国模式”转型绩效的不断递增趋势，这也就是说，未来中国长期的制度变迁中，如果避免边际报酬递减，实现规模报酬递增需要考虑后期制度变迁效率、“中国模式”转型的成本大小，以及“中国模式”转型成本分摊中的利益方博弈失衡所带来的效率损失大小。第二，“体制模式”转型绩效是最为突出的，也是促进中国经济发展最为直

接的贡献力量。这表明在“中国模式”转型中，国家越来越倾向于转变政府职能，实现从“微观”调控向“直接”调控的转变，发挥市场在资源配置中的基础作用，减少国家行政干预。第三，“中国模式”转型绩效阶段主要分为四个阶段，四个阶段的变化与中国现实发展状况相互符合。对此本文提出两点政策建议：第一，发挥国家主体在“中国模式”转型后的有效控制作用；第二，“中国模式”转型后期的重点需要根据转型实际结果进行调整。

参考文献

[1] 热若尔. 罗兰. 转型与经济学 [M]. 张帆，等，译. 北京：北京大学出版社，2002.

[2] 柯武刚，史漫飞. 制度经济学——经济秩序与公共政策 [M]. 韩朝华，译. 北京：商务印书馆，2000.

[3] 道格拉斯·诺斯. 经济史上的结构和变革 [M]. 厉以平，译. 北京：商务印书馆，1992.

[4] 道格拉斯·诺斯. 新制度经济学及其发展 [J]. 路平，何玮，译. 经济社会体制比较，2005 (2).

[5] 康芒斯. 制度经济学：上册 [M]. 于树生，译. 北京：商务印书馆，1962.

[6] 青木昌彦. 比较制度分析 [M]. 上海：上海远东出版社，2001.

[7] 阿尔弗雷德·马歇尔. 经济学原理 [M]. 朱志泰，译. 北京：商务印书馆，1981.

[8] BROMLEY D. Sufficient Reason: Institutions and Economic Change [Z]. Manuscript, 2000.

[9] 米多斯. 增长的极限 [M]. 于树生，译. 北京：商务印书馆，2003.

[10] SACHS J, WOO W T. Structural Factors in the Economic Reform of China, Eastern Europe, and Former Soviet Union [Z]. Economic Policy, 1994.

[11] POLANYI K. The Economy as Instituted Process [Z]. [s. n.], 1992.

[12] MCMILLAN J, NAUGHTON B. How to Reform a Planned Economy: Lesson From China [J]. Oxford Review of Economic Policy, 1992, 8 (1).

[13] NOLAN P. China's Post Maoist Political Economy: A Puzzle, Contributions to Political Economy [Z]. [s. n.], 1993 (12).

[14] SOLOW R M A. Contribution to the Theory of Economic Growth [J]. Quarterly Journal of Economics, 1965, (70).

[15] World Bank. Transition—the First Ten Years: Analysis and Lessons for Eastern Europe and the Former Soviet Union [Z], 2002.

[16] 北京大学中国国民经济核算与经济增长研究中心. 中国经济增长报告——经济结构与可持续发展 [M]. 北京: 中国经济出版社, 2008.

[17] 钞小静, 任保平. 中国经济增长质量的时序变化与地区差异分析 [J]. 经济研究, 2011 (4).

[18] 曹新. 中国经济发展模式的选择 [J]. 经济研究参考, 2005 (7).

[19] 陈平. 中国的结构转型与经济增长 [J]. 世界经济, 2001 (3).

[20] 陈晓光, 龚六堂. 经济结构变化与经济增长 [J]. 经济学 (季刊), 2005 (4).

[21] 程恩富. 中国模式的经济体制特征和内涵 [J]. 经济学动态, 2009 (12).

[22] 倪建涛. 经济转型与市场秩序重构 [M]. 北京: 经济科学出版社, 2004.

[23] 樊纲, 王小鲁, 张立文, 等. 中国各地区市场化相对进程报告 [J]. 经济研究, 2003 (3).

[24] 樊纲. 渐进之路: 对经济改革的经济学分析 [M]. 北京: 中国社会科学文献出版社, 1993.

[25] 樊胜根, 等. 中国经济增长和结构调整 [J]. 经济学 (季刊), 2002 (2).

[26] 国家统计局科学技术部. 中国科技统计年鉴 [M]. 北京: 中国统计出版社, 2012.

[27] 高贺. “中国模式”的内生性与可持续性研究 [D]. 北京: 外交学院, 2011.

[28] 葛新元. 中国经济结构变化对经济增长的贡献的计量分析 [J]. 北京师范大学学报 (自然科学版), 2000 (1).

[29] 郭克莎. 中国: 改革中的经济增长和结构变动 [M]. 上海: 上海三联出版社, 1996.

[30] 洪银兴. 中国经济转型和转型经济学 [J]. 经济学动态, 2006 (7).

[31] 洪银兴. 社会转型, 体制转型与经济增长方式的转型 [J]. 江海学刊, 2003 (5).

[32] 霍利斯·钱纳里, 莫尔塞思·赛尔昆. 发展的型式: 1950—1970 [M]. 北京: 经济科学出版社, 1988.

[33] 靳涛. 双层次互动进化博弈制度变迁模型——对中国经济制度渐进式变迁的解释 [J]. 经济评论，2003 (3).

[34] 景维民，孙景宇. 转型经济学 [M]. 北京：经济管理出版社，2008.

[35] 雷钦礼. 中国经济结构的演化及其增长效益的测度分析 [J]. 统计研究，2007 (11).

[36] 李彬. “中国模式”的形成，内涵及完善研究 [D]. 济南：山东财经大学，2012.

[37] 李怀. 制度生命周期与制度效率递减 [J]. 管理世界，1999 (3).

[38] 李永友. 我国需求结构失衡及其程度评估 [J]. 经济学家，2012 (1).

[39] 厉以宁. 转型发展理论 [M]. 北京：同心出版社，1996.

[40] 林毅夫，蔡昉，李周. 中国经济转型的地区差距分析 [J]. 经济研究，1998 (10).

[41] 林毅夫，苏剑. 论中国经济方式的转换 [J]. 管理世界，2007 (11).

[42] 刘世锦. 中国经济增长模式评估与转型选择 [J]. 改革，2012 (1).

[43] 任保平，钞小静. 以二元经济结构的转化推进我国和谐社会的构建 [J]. 福建论坛：人文社会科学版，2006 (10).

[44] 任保平. 以质量看待增长：对新中国经济增长质量的评价与反思 [M]. 北京：中国经济出版社，2010.

[45] 任保平，等. 中国经济增长质量报告 (2012)：中国经济增长质量指数及省区排名 [M]. 北京：中国经济出版社，2012：63 - 83.

[46] 任保平，钞小静. 从数量型增长向质量型增长转变的政治经济学分析 [J]. 经济学家，2012 (11).

[47] 任保平，郭晗. 红利变化背景下中国经济发展方式转变的路径转型 [J]. 西北大学学报（哲学社会科学版），2012 (4).

[48] 任保平，魏婕. 追求质量是未来中国经济增长的主题 [J]. 经济纵横，2012 (4).

[49] 任保平. 结构失衡新特征背景下加快中国经济发展方式转变的机制 [J]. 社会科学战线，2013 (3).

[50] 任保平，刚翠翠. 社会转型促进经济增长质量提高的机理及路径 [J]. 陕西师范大学学报（哲学社会科学版），2014 (1).

[51] 任保平. 以创新驱动提高中国经济增长的质量和效益 [J]. 黑龙江社会科学，

2013 (4).

[52] 任保平，郭晗. 经济发展方式转变的创新驱动机制 [J]. 学术研究，2013 (2).

[53] 王玉海. 平滑转型推进的动力机制 [M]. 北京：社会科学文献出版社，2007.

[54] 魏杰. 中国经济发展模式的转型 [J]. 政治经济学评论，2010 (2).

[55] 吴敬琏. 中国增长模式抉择 [M]. 上海：上海远东出版社，2006.

[56] 吴敬琏. 中国经济体制与发展模式转型 [J]. 新金融评论，2015 (2).

[57] 俞可平. 大数据与大数据经济学 [J]. 中国软科学，2013 (7).

第十四章　中国改革开放前三十年经济社会发展绩效评价：基于跨国比较的分析

李　媛　任保平*

摘　要　对改革开放前三十年经济社会发展状态的量化是研究中国前三十年经济社会发展问题由定性分析转向定量分析的基础。本文从经济发展、社会发展、经济遗产以及外部环境四个方面出发，构建了由26个基础指标构成的经济社会发展绩效评价体系，并对包括中国在内的22个发展中国家1952—1978年的经济社会发展水平进行测度和排序。研究表明，改革开放前三十年中国在经济发展方面的排名比较落后，在社会发展方面的排名也并不十分靠前，但在相继考虑了经济遗产和外部环境后，中国的综合排名有了明显上升。这说明，中国前三十年的发展为后三十年经济起飞奠定了坚实的基础，同时也说明是否考虑外部环境对评价中国前三十年发展至关重要。

关键词　前三十年；绩效评价；跨国比较；主成分分析

一、引　言

以中共十一届三中全会为标志，新中国的60年可分为前后两个三十年。如何认识这两个三十年的关系，并客观、准确地评价前三十年的经济建设和社会

* 李媛，女，1985年3月，回，陕西咸阳人，西北大学经济管理学院博士生，研究方向为产业政策；任保平，教育部人文社科重点研究基地——西北大学中国西部经济发展研究中心主任、西北大学研究生院院长，教育部长江学者特聘教授，教授、博士生导师，主要研究方向为中国经济增长质量与发展的政治经济学。

发展，是理论界长期探讨的一个话题。2013 年 1 月国家主席习近平在《新进中央委员、候补委员学习贯彻党的十八大精神研讨班上的讲话》中明确指出：“对改革开放前的历史时期要正确评价，不能用改革开放后的历史时期否定改革开放前的历史时期，也不能用改革开放前的历史时期否定改革开放后的历史时期。”可见，对这一问题的认识决定着对新中国 60 年的整体评价，同时对于改革、发展、稳定的大局也有十分重要的意义。前三十年为中国社会主义建设事业奠定了重要的基础，也为后三十年发展提供了可以借鉴的经验教训，对此无论是理论界还是学术界都没有太大的异议。但是，由于前三十年中国的经济效率整体较低（世界银行经济考察团，1985），人民的生活水平长期没有得到明显改善，同发达国家之间的差距也在逐步拉大，尤其是占人口绝对多数的农村居民 1959—1977 年的平均卡路里消费量持续低于世界银行的营养充足标准（Rawski，2007）。而与此形成鲜明对比的是后三十年中国经济各方面都取得了举世瞩目的成就。这就容易促使公众一方面习惯于用后三十年的经济成就去否定前三十年的发展，而很少考虑前后两个三十年发展过程中所面临的外部发展环境约束的不同以及国内经济基础的变化；另一方面习惯于用建立在“和平与发展”基础上的今时今日的价值和偏好去评价建立在“战争与革命”基础上的前三十年的国家战略。这些问题的存在，都会影响社会公众对前三十年发展做出客观公正的判断。那么，如何才能正确评价改革开放前的历史时期？能否从经济、社会、文化、外部环境等方面进行综合地评价？进一步，与同时期的发展中国家相比，中国改革开放前的发展成绩究竟处于什么样的水平？对以上问题的研究，不仅能让我们客观的把握前三十年中国经济社会发展的现实状态，还能够为正确理解中国前三十年经济社会发展提供一个新的视角。

已有一些文献涉及对前三十年的评价问题。世界银行（1981）、森（2002）以及胡鞍钢（2012）认为，尽管前三十年中国的经济发展水平确实低于绝大多数发展中国家，但那段时期中国的社会人文发展指标总体都是较好的，尤其是前三十年的土地改革、普及识字、扩大医疗保健等政策，对改革后的经济增长起了非常有益的作用。Rawski（2011）强调了中国经济增长的继承性，尤其指出了历史上的人力资本积累对近三十年来经济增长的重要意义，并特别说明了新中国在增加人们受教育机会方面做出的巨大努力和成绩。世界银行经济考察团（1985）、卢恩来（2009）通过数据比较分析了改革开放前中国的社会公平，发现尽管当时中国存在分配上的差距，但贫困人口的生活水平比大多数其他发展中国家同阶层的人的生活水平又高得多。但是总的来讲，现有文献对中国前三十年发展评价研究至少存在三个方面的局限性：其一，大多数研究都是基于定性的统计对比描述，缺少系统全面的定量分析；其二，统计描述方面过于单一，大多集中在对经济方面的数据统计分析，而对于社会事业方面的关注相对较少，也缺少对经济增长的长期后果的评估；其三，许多跨国比较研究所选择的样本国家数量较少，而且往往忽视外部环境对一国发展产生的影响，难以做出令人信服的分析。

对经济社会发展的绩效评价是衡量前三十年发展问题由定性分析转向定量分析的基础。发展绩效往往体现在经济发展水平、社会发展水平以及对后期社会经济发展的积累上，并且在进行国际比较时，有必要考虑不同国家所面临的发展环境的差异，以便正确评价各国为促进本国经济发展所做出的努力。在评价经济结构乃至经济独立性时，不应忽略时代背景和外部环境约束的差异（林毅夫，1994；姚洋，2007）。因此，如果能够在一个统一的标准之下获得中国以及具有可比性的发展中国家经济社会发展水平的量化结果，就能够帮助我们客观公正地评价中国前三十年的成绩，也会在前三十年发展评价问题由定性分析转向定量分析的进程上迈出一大步。

基于此，本文选择 21 个同时期具有地区代表性的发展中国家作为比较对象①，从经济发展、社会发展、经济遗产以及外部环境四个方面构建经济社会发展指数，对包括中国在内的共 22 个发展中国家 1952—1978 年经济社会发展水平进行度量、比较并做出评价。“说某个国家富裕其实就是说该国在过去经历了经济增长。”（莫基尔，2008）这即是说，如果我们要评价（而不是解释）一个国家或地区过去一个时期的发展，结点数据就可以说明之前的发展状况。如果是要进行跨国比较，就需要对起点上的差异进行必要的处理。因此，我们决定用 1978 年这个时间点的数据，结合 1952 年各国的人均收入数据对 1952—1978 年的各国经济社会发展水平进行评价。

本文的结构安排如下：第二部分是对中国前三十年经济社会发展进行统计性描述；第三部分建立量化指标并选择合适的测度方法；第四部分从总体层面

---

① 韩国不属于发展中国家，但鉴于韩国 20 世纪 50 年代初期的经济发展条件与中国大致相同，具有一定的比较价值。为了全文表述方便，暂将其列入所选择的 21 个发展中国家。

对22个发展中国家1952—1978年经济社会发展绩效进行测度；第五部分是本文的结论和启示。

二、中国改革开放前三十年经济社会发展的统计性描述

（一）中国改革开放前三十年的经济发展现状

总的来看，中国前三十年经济基础薄弱，经济增长波动性较大，经济结构严重失衡。首先，从人均GDP的比较来看，1952年中国的人均GDP为112.85美元，1978年为195.03美元，人均GDP增长率为2.1%。印度在1952年和1978年的人均GDP分别为145.98美元和302.19美元，人均GDP增长率为2.8%。印尼分别为164美元和500.27美元，人均GDP增长率为4.4%；泰国为192.70美元和829.91美元，人均GDP增长率为5.8%。同时期处于冷战前沿的韩国在1952年和1978年的人均GDP分别为194美元和4186.40美元，人均GDP增长率高达12.5%。同时，中国的经济总量占世界的比重也由1966年的6%下降到1978年的5%（胡鞍钢，2007）。

其次，从经济结构的均衡来看，当时中国的经济结构严重失衡。第一，在国家工业化思路下，重工业投资比重过大。1978年，中国的工业增加值占GDP的比重高达47.9%。其中，1965年到1975年的十年间，重工业在投资总额中所占比重由34.8%上升到40.6%，轻工业比重则由35.4%下降至30.9%。第二，固定资本积累与国民消费的比例不断升高。经济转型前，中国国内积累占国民收入的比重一直维持在30%以上，最高达1974年的35%。这两项结构的失衡，极大地影响了人民及时享受经济增长的成果。投资倚重于重工业，降低了农产品与轻工产品供给增加的速度，几乎所有的消费品供给都出现了短缺现象。过高的积累率，再度降低了人民的消费购买能力。主要发展中国家经济方面的比较参见第280页图1。

（二）中国改革开放前三十年的社会发展特征

1949年以后，在社会发展方面做出了极大的努力。从公民享受的基本社会保障看，尽管至1979年止，公民享有的保障水平很低，但社会主义体制的确已经为人民提供了发展所需要的基本医疗、卫生保健、教育与住房等保障。国家始终保障了最低的食品需求；小学入学率远高于其他低收入国家；绝大多数人口已经享有基本的医疗卫生服务与计划生育服务（卢周来，2009）。1952年至

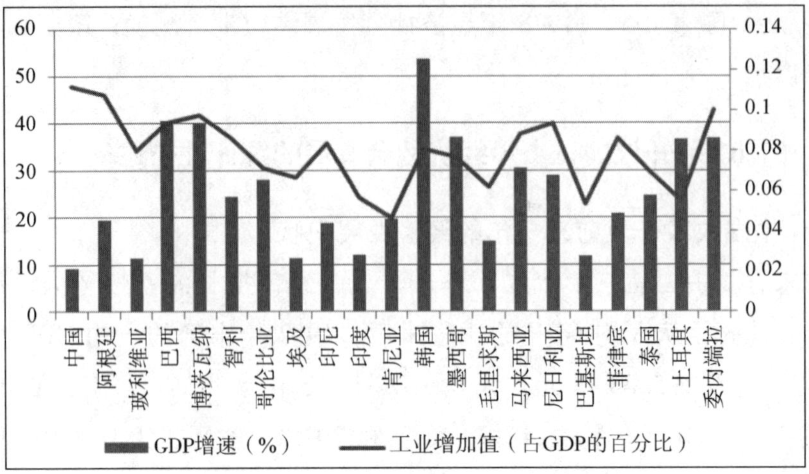

图 1　1952—1978 年国际间经济发展方面比较

数据来源：世界银行数据库；宾夕法尼亚大学世界表。

1975 年间教育参与率大幅上升，小学适龄儿童入学率从 1952 年的 49.2% 上升到 1957 年、1965 年和 1975 年的 61.7%、84.7% 和 95.0%。这些人力资本都成为后三十年经济增长的重要因素（Rawski，2011）。在 1952 年，中国出生率和死亡率分别高达 37.0‰和 17.0‰，自然增长率达到 20.0‰的较高水平；到 1978 年，出生率和死亡率迅速下降为 18.25‰和 6.25‰，并实现了自然增长率的较大幅度下降，为 12.00‰，可见当时人民生活已经明显改善（金冲及，2012）。

由第 281 页表 1 可以看出，1978 年中国的疫苗接种率和人均预期寿命都高于 22 个发展中国家的平均水平，其中预期寿命排在 22 个国家中的第 5 位，这说明当时中国的医疗卫生防疫工作得到改善，危害人民生命的急性传染病基本得到控制。女性劳动参与率为 75.1%，显著高于同时期大部分发展中国家的平均水平，在 22 个发展中国家中排名第 2 位。但是中学女生与男生的入学比例却略低于平均水平，排名第 14 位。这说明，虽然当时中国妇女的解放程度很高，但是妇女的入学教育程度并不高。反映社会福利的人类发展指数①不但低于泰国、菲律宾等国家，也略低于平均水平，在 22 个发展中国家中排名第 15 位，相对比较靠后。这表明，当时中国的主要目标还是解决人民的温饱以及提供最基本的社会保障，而对于社会福利的整体发展还是难以全面兼顾。

① 关于人类发展指数将在全文第三部分详细介绍。

表 1　1978 年部分发展中国家社会发展方面指标排名

	免疫接种率	出生时的预期寿命	中学女生与男生的入学比例	女性劳动参与率	人类发展指数
中国	50（10）	66.51（5）	76.733（14）	75.1（2）	0.553（15）
阿根廷	44	68.92（1）	114.553	27.2	0.798（1）
智利	93（1）	67.58	108.54	26.7	0.735
泰国	49	63.20	84.081	77.4（1）	0.645
巴基斯坦	2	57.36	33.643（22）	7.4（22）	0.37（22）
菲律宾	47	61.79	119.343（1）	54.8	0.683
尼日利亚	1（22）	44.76（22）	53.951	43.8	0.386
22 个国家均值	43.863	60.769	83.376	38.409	0.6066

数据来源：世界银行数据库；世界劳工组织 KILM 数据库；《2001 年人类发展报告》。

注：括号内是各国各项指标在 22 个发展中国家中的总体排名。下同。

（三）中国改革开放前三十年的经济遗产状况

一个国家的经济增长既是过去积累的结果，也会对后期经济发展产生有利或不利影响。比如，一个国家的短期发展，可能得益于来自外部的大规模外债援助，但是这种增长却为经济的后续发展带来了沉重的负担。如果在评价时，只看到其经济增长的短期成果，而对其外债视而不见，则是不够客观的。再比如，基础设施建设和教育投资对于经济的长期发展和社会福利的增进有非常重要的影响，但在短期内其经济效应和社会效应并不明显。因此，我们在通过跨国比较的方法评价中国前三十年经济社会发展绩效时，也应该综合考虑各个国家的各种经济遗产。

前三十年的人力资本积累，对于改革开放后中国经济高速发展起到了不可估量的作用。但是很多涉及方面因为缺少有效的数据，因此无法做时间序列的精确分析。然而，Perkins（2008）通过估计 16—65 岁非学生身份的成年人受学校教育情况的分布，可以明显看出前三十年中国劳动力受教育情况发生的变化，如第 282 页表 2 所示。第 282 页表 2 中，1952 年，在达到工作年龄的成年人中，仅有 1/4 完成了小学教育，并且只有 1/15 拥有高于小学水平的文凭。到 1978 年，一半以上达到工作年龄的成年人拥有小学以上的文凭，并且达到初中、高中水平的比例明显提升，没有文凭的比例也显著下降①。

① 这些数字没有包括学校教育以外的其他教育，因而低估了教育参与的广泛程度。

表 2　工作年龄非学生身份成年人拥有的最高文凭（%）

年份	没有文凭	小学	初中	高中	本科及以上
1952	73. 9	19. 6	4. 8	1. 4	0. 4
1978	39. 6	33. 4	20. 6	5. 7 0. 7	

数据来源：Perkins and Rawski，2008，第 837 页。

根据 Perkins（1969）估计，在 1952—1978 年间，中国的灌溉面积比例由 18. 5% 提高到 45. 2%。并且麦迪森（1999）认为，中国的灌溉面积比例远远高于印度和欧洲（1850 年时只有 3. 5%），也明显高于美国（1995 年为 10%）。然而，中国当时的人均公共基础设施消费却不高。从表 3 可以看出：在人均电力消费方面，1978 年中国为每人 264 度，22 个国家的平均水平为 645 度，中国排名第 16 位。同年南非的人均消费水平最高为每人 3213 度，是中国的 12 倍。在单位面积铁路里程方面，中国每平方公里的铁路里程约为 52 公里，平均水平为 82. 2 公里，韩国单位面积的铁路里程最多为 316. 6 公里，是中国的 6 倍。在外债存量方面，中国的外债最低，占 GNI 的比例不到 3%，而埃及的外债最高占 GNI 的比例高达 90%，同时期 22 个国家的平均外债存量也为 31%，这说明那个时期中国的社会发展几乎没有依靠外部援助，同时也没有为后期发展带来负担。人口抚养比方面，中国的抚养比优于 22 个国家的平均水平，排在第 5 位，这意味着前三十年没有为后三十年发展造成过多的劳动力抚养负担。

表 3　1978 年部分发展中国家经济遗产方面指标排名

	人均电力消费（度）	单位面积铁路里程（公里/平方公里）	外债存量（占 GNI 的%）	抚养比
中国	264（16）	52. 015（10）	2. 988（1）	72. 940（5）
阿根廷	1171	122. 992	23. 403	61. 179（1）
毛里求斯	331	0（22）	18. 783	68. 006
韩国	859	316. 666（1）	– –	64. 652
埃及	380	44. 325	90. 631（22）	81. 863
南非	3213（1）	193. 251	16. 250	81. 429
印尼	44（22）	33. 900	33. 886	82. 761
肯尼亚	93	36. 224	42. 487	112. 687（22）
22 个国家均值	645	82. 233	31. 394	81. 531

数据来源：世界银行数据库，《2001 年人类发展报告》。

（四）中国改革开放前三十年的外部环境描述

1949年，冷战的序幕已经在世界范围内拉开。朝鲜战争的爆发，进一步将世界割裂为两个对立的阵营。中国在朝鲜战争爆发后，被迫选择了“一边倒”的外交政策，同时在政治、经济、科技、文化等方面遭到了西方主要发达国家的孤立和封锁。改革开放前的中国只是在成立之初的头十年接受过苏联的帮助，但是伴随着中苏关系的破裂，之后的十几年里一直处于孤立无援的境地，基本没有分享到正常的国际贸易、资本流动、技术扩散以及其他国际交往带来的机遇和好处，这一点与改革开放之后的情形大相径庭。另一方面，新中国的前三十年，正是“革命与战争”的年代，意识形态对立引起的国家间的冷战与“热战”在世界范围内此起彼伏。中国周边战事不断，国家安全始终受到强大的威胁，外部环境长期严峻。在这种时代背景和国际环境下，国家对自力能力的评价非常高。

由图2可以看出，1978年中国商品贸易占GDP的比重只有14%，而同时期发展中国家的平均水平是41%。接受的官方援助更是少之又少。1978年，中国已收到的官方发展援助（ODA）净额占总资本形成的比例仅为0.02%，而同时期的印度占4%。这也充分说明中国前三十年发展的自力能力比较高。一方面，它反映了中国当时外部环境的恶劣；另一方面，也可能是由于这种不利的外部环境又反过来强化了国家对自力能力的评价。

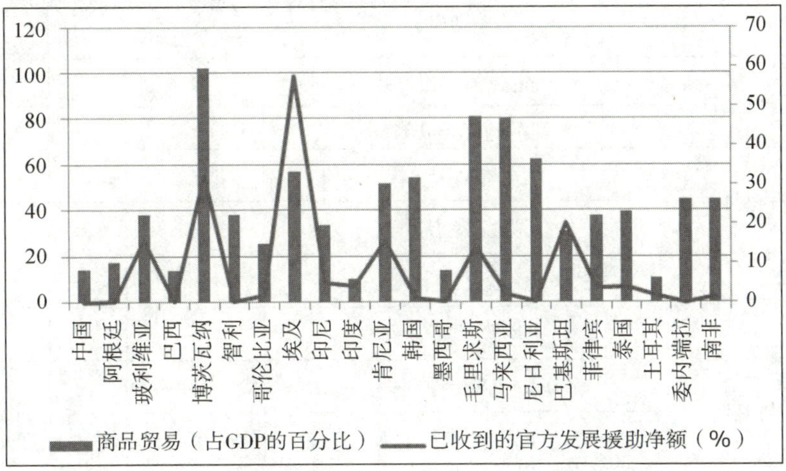

图2 中国改革开放前三十年国际间商品贸易和官方援助比较

数据来源：世界银行数据库。

三、经济社会发展绩效的评价体系

（一）绩效评价指标的构建

如前所述，对经济社会发展的绩效评价不能仅仅从经济发展的角度入手，还应包括社会发展和经济遗产。并且通过跨国比较的方法评价一国的发展绩效，也要考虑不同国家所面临的外部环境的巨大差异。为了将外部环境差异纳入评价体系，本文构建了“自力程度”指数，该指数的分值越高表明其外部环境越差。因此，我们所构建的绩效评价指数就包括经济发展、社会发展、经济遗产以及自力程度四个方面的内容（表4）。

表4 经济社会发展绩效评价指标构成一览表

方面指数	分项指标	基础指标	计量单位	指标属性		
				正指标	逆指标	适度指标
经济发展	经济结构	工业增加值/GDP	—	√		
		工业就业比重	%			√
	经济增速	人均 GDP 增速	%	√		
	资本积累	固定资本形成总额/GDP	—	√		
	农业发展	谷类产量	千克/公顷	√		
		农业机械	台/100平方公里	√		
	经济独立性	能源依存度	%		√	
		商品进口/GDP	—		√	
社会发展	福利变化	人均 GDP	美元	√		
		人类发展指数	—	√		
	人口发展	婴儿死亡率	%		√	
		人均预期寿命	—	√		
	公共卫生	DPT 免疫接种率	%	√		
		五岁以下儿童死亡率	%		√	
	女性解放程度	女性劳动参与率	%	√		
		中学女生与男生的入学比例	%	√		

续表

方面指数	分项指标	基础指标	计量单位	指标属性		
				正指标	逆指标	适度指标
经济遗产	人力资本积累	平均受教育年限	年	√		
		高等院校入学率	%	√		
	公共基础设施	农业用地灌溉面积比例	%	√		
		人均电力消费	千瓦时/人	√		
		铁路里程	公里/万平方公里	√		
		道路部门能源消耗量	千吨/万平方公里	√		
	外债	外债存量/GNI	%		√	
	人口结构	扶养比	—		√	
自力程度	对外贸易	商品贸易额/GDP	%		√	
	外部援助	已收到的官方发展援助净额/总资本形成	%		√	

从经济发展测度指标的选择来看，可以从经济结构、经济增速、资本积累、农业发展和经济独立性五个层面来测度经济发展。诚如前文所言，经济独立性这一指标是由当时的国际环境决定的，当时的中国基本上没有与世界其他国家有贸易往来，因此，经济独立性就显得尤为必要。但是，并不是所有发展中国家都对经济独立性有较高的要求和评价，所以需要对代表经济独立性的指标进行后期调整，以区分经济独立性对各个国家的重要性。具体的调整方法是：选择对外贸易额构建一个调整系数，用调整系数乘以反映经济独立性的指标对经济独立性进行调整。之所以选择对外贸易额是因为对外贸易可以体现一个国家对外部的依赖程度，从而可以反映出该国对经济独立性的评价。但是由于对外贸易额的大小与一国的规模高度相关，因此若直接使用绝对值进行调整，可能扭曲各国对经济独立性的真实评价，所以我们采用各国对外贸易额与均值的比较来进行调整。

关于经济独立性的测度可以通过各国能源和商品的贸易情况来反映，因此，我们选取能源依存度、（商品进口/GDP）两个二级分项指标。其中，能源依存度主要通过能源净进口占能源使用量的百分比来衡量。经济结构的测度指标主要包括能够反映三次产业之间比例的指标，但在当时那个阶段，尤其是发展中国家基本都处于由第一产业向第二产业过渡阶段，因此在经济结构的指标选择中我们采用（工业增加值/GDP）以及工业就业比重两个反映工业化率的指标来测度经济结构。经济增速的测度指标一般有人均 GDP 增速、GDP 增速以及固定资本增速等，为了能更加精确的反映经济增速，我们选择人均 GDP 增速作为经济增速的测度指标。常见的资本积累的测度指标有外汇储备、货币积累、固定资本形成总额等，基于多方面综合考虑，我们选择（固定资本形成总额/GDP）作为资本积累的测度指标。由于资本积累受经济发展水平的影响较显著，起点上的差异可能对后期的影响比较大，因此简单地选取 1978 年数据进行比较有失公允，所以我们对相应指标后期进行了调整。1952 年的人均 GDP 能够反映各国不同的起点，所以我们利用各国 1952 年人均 GDP 数据，采用与贸易调整系数相似的算法计算出起点调整系数对固定资本形成总额予以调整。能够衡量农业发展的指标很多，但考虑到数据的可得性，我们选择谷类产量和农业机械两个指标作为农业发展的测度指标。

从社会发展测度指标的选择来看，当时的社会发展主要是从人口发展、人口福利变化、公共卫生以及女性解放程度四个方面来进行考察，因此我们也从这四个层次来测度社会发展。其中福利变化主要是从总体上来考察社会发展所带来的各国居民的福利改善问题，我们选择人均 GDP 和人类发展指数作为人口福利的基础测度指标①。测度人口发展的指标一般包括出生率、死亡率、人口平均预期寿命等，考虑到数据的可得性，我们选择婴儿死亡率来代替死亡率以及人均预期寿命作为测度人口发展的基础指标。涉及公共卫生的测度指标包括医护人员数量、医院床位数量、农村改善的卫生设施、儿童免疫接种率以及儿童死亡率等，但考虑到数据的可得性，我们最终选择 DPT 免疫接种率②和 5 岁以下儿童死亡率作为公共卫生的基础测度指标。对于女性解放程度的测度指标我们选择女性劳动参与率和中学女生与男生的入学比例作为基础指标，其中女性劳动参与率按照 25 岁以上就业女性占女性总数的比例计算。

---

① 人类发展指数来自联合国开发计划署《2001 年人类发展报告》，该报告的主要目的是评估全球人类发展状况，侧重反映人类福利，而不仅仅是经济发展的趋势。

② 儿童免疫接种率衡量的是 12—23 个月年龄组的儿童在满 12 个月前或调查前的任何时间接种疫苗的百分比。儿童在接种 3 次白喉、百日咳和破伤风（DPT）疫苗后可视为对这些疾病有足够的免疫力。

从经济遗产这一维度的测度来看，主要是测量能对社会经济产生后续影响的指标，具体包括人力资本积累、公共基础设施建设、人口结构以及外债情况。对于人力资本积累层面我们采用平均受教育年限和高等院校入学率作为基础测度指标。公共基础设施主要是从总体上考察经济发展所带来的各国居民的生活水平的改善，我们主要从人均占用公共资源方面入手，分别选择农业用地灌溉面积比例、人均电力消费、单位面积的铁路里程以及单位面积的公路里程，但鉴于数据的可获得性，我们采用道路部门能源消耗量这一指标代替公路里程来反映公路情况。外债情况选择（外债存量/GNI），人口结构采用抚养比作为测度指标。

从自力程度测度指标的选择来看，对于对外贸易层面我们构建一个新指标：（商品贸易额/GDP）作为基础测度指标，对于外部援助层面我们构建一个新指标：（已收到的官方发展援助净额/总资本形成）作为基础测度指标。

（二）经济社会发展绩效评价指数的计算

1. 数据来源与指标处理

本文中所采用数据的来源详见第 288 页表 5。由于个别数据在数据库中缺失，因此我们通过搜罗相关文献从中获取合适的数据。具体来源是：铁路里程数据中，阿根廷、玻利维亚、巴西、博茨瓦纳、智利、哥伦比亚的铁路里程数据来源于蔡馥秋《1979 年世界各个国家和地区铁路营业里程》；人均电力消费的数据中，毛里求斯的数据根据尤·丘莉帕科娃（1981）《毛里求斯的经济发展》中 1977 年国内电产值数据以及 1968—1977 年的电产值增长率估算出 1978 年数据；能源自给率数据中，毛里求斯的能源自给率数据也是根据《毛里求斯的经济发展》中毛里求斯进出口中的能源数据和国内总产值的数据计算出。博茨瓦纳的能源数据则源自阿·阿尔丘欣（1983）《博茨瓦纳的经济和对外贸易》。外债存量数据中，智利的数据来源于苏振兴、卢后盾（1981）《智利的经济复兴政策及成效》，且是 1980 年外债存量数据；DPT 免疫接种率数据中，中国、肯尼亚、尼日利亚以及南非缺失 1978 年数据，我们则通过建立回归方程的方法，运用已有数据进行估测；女性劳动参与率数据中，世界劳工组织 KILM 数据库中没有中国女性劳动参与率的数据，因此，我们采用了潘锦棠（2002）《经济转轨中的中国女性就业与社会保障》中提供的数据；能源净进口反映的是各国能源自给情况，但对于能源出口则不是我们研究的重点，所以对于能源净进口数据中的负值，我们则一律用 0 代替。韩国的外债存量数据和毛里求斯的道路部门能源消耗量数据缺失，也无法从其他文献资料中获得，因此只能空缺，各指标数据具体来源见表5。

表5 基础指标数据来源一览表

世界银行数据库	能源依存度；商品进口/GDP；工业增加值/GDP；工业就业比重；谷类产量；固定资本形成总额/GDP；农业机械；婴儿死亡率；人均预期寿命；DPT免疫接种率；5岁以下儿童死亡率；中学女生与男生的入学比例；高等院校入学率；扶养比；铁路里程；道路部门能源消耗量；外债存量/GNI；商品贸易额/GDP；已收到的官方发展援助净额/总资本形成
联合国开发计划署《2001年人类发展报告》[21]	人类发展指数；平均受教育年限；人均电力消费
宾夕法尼亚大学世界表PWT5.6	人均GDP；人均GDP增速
世界劳工组织KILM数据库	女性劳动参与率
世界粮农组织数据库	农业用地灌溉面积比例

各发展中国家经济社会发展绩效评价指数涉及26个基础指标，由于是横截面数据，共两个数据缺失，因此，缺失数据对于总体评价的影响基本可以忽略。整体来说该数据集质量较高，基本能够反映各国经济社会发展状况。

由于各基础指标的属性和量纲量级不同，使得我们无法对其直接进行合成，因此在进行主成分分析之前，需要进行一定的变换与处理，对于指标属性问题，经济社会发展评价指数的各个基础指标属性是不同的，如果对不同性质指标直接加总就不能正确反映不同作用力的综合结果，因此我们对所有逆指标均采取倒数形式使所有指标对经济社会评价的作用力趋同化。对于量纲量级问题，经济社会发展评价指数的各项基础指标分别具有不同的量纲和量级，如果直接采用原始值就会造成主成分过分偏重于具有较大方差或数量级的指标，因此我们选择均值化方法对原始指标进行无量纲化处理①。

① 目前最常使用的无量纲化处理方法为标准化方法，但这一方法处理后的各指标均值都为0，而标准差都为1，它只反映了各指标之间的相互影响，却抹杀了各指标之间变异程度上的差异，因此，标准化方法并不适合用于多指标的综合评价中。而经过均值化方法处理的各指标数据构成的协方差矩阵既可以反映原始数据中各指标变异程度上的差异，也可以包含各指标相互影响程度差异的信息。基于如上考虑，我们选择均值化方法对原始指标进行无量纲化处理。

在进行主成分分析时，既可以使用相关系数矩阵，也可以使用协方差矩阵，现有研究文献一般采用相关系数矩阵，使用正态标准化后的数据作为主成分分析的输入，这样可以消除量纲的影响，避免主成分过分依赖于量级过大的指标变量，但是由于各指标变量都具有单位标准差，就可能导致低估或夸大不同指标的相对离散程度。而采用均值化后的协方差矩阵不仅可以消除量纲和数量级上的差异，还能保留各指标在离散程度上的特性，避免低估或夸大指标的相对离散程度。因此，本文选择协方差矩阵作为主成分分析的输入。

基于此，在进行主成分分析之前，我们对所有逆指标采取倒数形式使其正向化，适度指标采取原始值与适度值的差值的绝对值进行处理，通过均值化方法对原始数据进行无量纲化处理，并以协方差矩阵作为主成分分析的输入。

2. 基础指标与方面指数的权重确定

但是单个主成分综合原始数据信息的能力是以其贡献率来衡量的。这样的方法反映的仅是前面几个主成分单独综合原始数据信息能力的总和，其综合原始数据信息的能力不可能超过前面几个主成分的累积综合能力，第一主成分综合原始数据信息的能力是最强的。因此，我们采用第一主成分来确定权重，将第一主成分系数除以其相应的特征根开根后所得到的单位特征向量作为基础指标的权重，由此求得各方面指数，再以同样的方法计算各方面指数的权重（表6），最终获得 1952—1978 年经济社会发展绩效评价指数值。

表 6　各基础指标、方面指数的系数向量与相应权重

	基础指标	第一主成分系数	基础指标权重
经济发展（0.6818）	能源依存度	0.943	0.3966
	商品进口/GDP	-0.144	-0.0606
	工业增加值/GDP	-0.181	-0.0761
	工业就业比重	-0.419	-0.1762
	人均 GDP 增速	0.370	0.1556
	固定资本形成总额/GDP	0.109	0.0458
	谷类产量	0.007	0.0029
	农业机械	0.110	0.0462

续表

	基础指标	第一主成分系数	基础指标权重
社会发展（0.0862）	人均 GDP	0.031	0.0256
	人类发展指数	0.014	0.0115
	婴儿死亡率	-0.369	-0.3052
	人均预期寿命	0.005	0.0041
	DPT 免疫接种率	0.184	0.1522
	5 岁以下儿童死亡率	-0.485	-0.4012
	女性劳动参与率	0.052	0.043
	中学女生与男生的入学比例	0.021	0.0173
经济遗产（0.0729）	平均受教育年限	0.004	0.0022
	高等院校入学率	0.226	0.1263
	农业用地灌溉面积比例	-0.063	-0.0352
	人均电力消费	-0.268	-0.1499
	铁路里程	0.005	0.0028
	道路能源消耗量	0.120	0.0671
	扶养比	0.005	0.0028
	外债存量/GNI	-0.764	-0.4272
自力程度（0.0442）	商品贸易额/GDP	-0.032	-0.0159
	援助净额/总资本形成	0.990	0.4938

由上表可见，经济发展在第一主成分指数中的权重最高，为 0.6818，这说明在 1952—1978 年间各个国家的发展更多的仍然依靠经济的发展，各国经济结构以及经济增速的不同造成了各发展中国家 1978 年之前发展的不同。其次，社会发展与经济遗产在 1952—1978 年发展中的权重大致相同，分别为 0.0862 和 0.0729，这说明这两个维度对 1978 年之前经济社会发展指数的贡献大小基本相当。最后是自力程度的权重最小为 0.0442，这说明相比于以上 3 个维度，外部环境对 1952—1978 年经济社会发展的影响是最小的。

四、经济社会发展绩效评价的国际比较

为了能够对中国前三十年的经济社会发展水平进行客观公正的评价，我们挑选了同一时期具有可比性的 22 个发展中国家进行绩效评价，期望能够从对比

中发掘出反映中国前三十年发展的一些特征。

（一）各发展中国家经济社会发展指数测度结果及排序

我们首先根据得到的各基础指标的相应权重求得各方面指数值，然后采用同样的方法获得各方面指数的权重合成1952—1978年经济社会发展综合评价指数值，测度结果如表7所示。得分最高的前5位依次是哥伦比亚、巴西、土耳其、韩国和中国，说明这5个国家在1952—1978年经济社会发展的综合水平较高。其中，哥伦比亚和巴西属于拉美国家，这两个国家经济上起步较早，并且在19世纪时曾一度与美国比肩。20世纪80年代以前也没有出现过较大的经济波动，国家的经济社会发展水平一直比较稳定。土耳其也有类似经历，在经过“凯末尔改革”之后，经济社会一度有了较快发展。而韩国自20世纪50年代经历了战争后，能在20世纪60年代迅速进入“经济起飞”阶段，并维持了之后将近40年的快速增长，创造了所谓“东亚”经济增长奇迹，值得借鉴。中国虽然排名紧跟韩国之后，但是分值却相差较多，可见两国当时的发展还是有一定差距。

表7　各国经济社会发展绩效评价指数测度结果汇总

国家	方面指数								综合指数	排名
	经济发展	排名	社会发展	排名	经济遗产	排名	自力程度	排名		
中国	-0.2630	10	0.1226	8	0.5739	4	3.2991	1	0.0187	5
阿根廷	-0.1856	8	0.2653	6	0.6126	3	0.1043	5	-0.0544	7
玻利维亚	-0.5018	22	-0.7678	19	-0.0515	14	-0.4965	18	-0.4340	22
巴西	0.8912	2	-0.3553	15	0.2871	6	-0.0577	7	0.5954	2
博茨瓦纳	-0.4516	21	0.0301	9	-0.1068	15	-0.5747	22	-0.3385	17
智利	-0.2191	9	0.7765	3	0.2402	8	-0.0482	6	-0.0671	8
哥伦比亚	2.9726	1	-0.0778	11	0.1125	10	-0.4189	10	2.0098	1
埃及	-0.3674	17	-0.5703	17	-1.3786	22	-0.5078	19	-0.4226	21
印尼	-0.3905	18	-0.6403	18	-0.3513	19	-0.4714	16	-0.3679	20
印度	0.0654	5	-0.7895	20	-0.3806	20	-0.4342	11	-0.0703	9
肯尼亚	-0.4302	20	-0.2437	14	-0.2322	18	-0.5129	20	-0.3539	18
韩国	0.1816	4	2.5347	1	0.0435	12	-0.4099	9	0.3242	4
墨西哥	-0.2741	12	-0.1380	13	0.3090	5	1.1247	3	-0.1266	12
毛里求斯	-0.2688	11	0.6381	4	0.0367	13	-0.5462	21	-0.1525	13

续表

国家	方面指数								综合指数	排名
	经济发展	排名	社会发展	排名	经济遗产	排名	自力程度	排名		
马来西亚	-0.4206	19	0.9382	2	0.0797	11	-0.4960	17	-0.2220	15
尼日利亚	-0.3123	14	-0.8536	21	-0.1672	17	0.4001	4	-0.2811	16
巴基斯坦	-0.2853	13	-0.8782	22	-0.9731	21	-0.4703	15	-0.3619	19
菲律宾	-0.1584	7	-0.0136	10	0.2582	7	-0.4671	13	-0.1110	10
泰国	-0.1355	6	0.1459	7	-0.1548	16	-0.4674	14	-0.1117	11
土耳其	0.7328	3	-0.4622	16	0.1225	9	-0.4019	8	0.4510	3
委内瑞拉	-0.3637	16	0.4626	5	0.9482	2	2.2941	2	-0.0377	6
南非	-0.3408	15	-0.1235	12	1.4001	1	-0.440	12	-0.1604	14

为了进一步考察各发展中国家1952—1978年经济社会发展水平存在差异的原因，我们详细比较了22个发展中国家具体方面的指数值。上表中，经济发展方面指数排在前5位的依次是哥伦比亚、巴西、土耳其、韩国和印度；排在后5位的依次是玻利维亚、博茨瓦纳、埃及、肯尼亚、马来西亚和印尼。可以看出，经济发展方面指数的排名与综合评价指数的排名相关度比较高，这是因为经济发展指数在综合评价指数中的权重较大，很大程度上决定着整体发展指数的排名，同时也说明，经济发展仍然是决定一国总体发展的基础性因素。值得注意的是，印度在经济发展方面的排名是第5位，但在1952—1978年整体发展中的排名跌至第9位，说明印度在这一时期虽然在经济发展方面表现较好，但是在其他方面则表现比较差。而中国在经济发展方面的排名是第10位，但在1952—1978年综合评价中的排名却是第5位，这说明中国在前三十年发展中对社会事业发展等其他方面给予了更多的关注。

在社会发展方面，排名在前5位的依次是韩国、马来西亚、智利、毛里求斯以及委内瑞拉；排名在后5位的依次是巴基斯坦、尼日利亚、印度、玻利维亚以及印尼。值得注意的是，在经济发展指数排名中比较靠前的哥伦比亚、巴西、土耳其、印度等国在社会发展指数排名中都出现了大幅度的下降。而在经济发展方面表现并不突出的毛里求斯、智利、马来西亚、委内瑞拉等国在社会发展指数的排名中反而有很大的提升。这或许是因为，新独立的发展中国家在后来的发展中更重视社会事业的建设，而智利、委内瑞拉等国家则受到社会主义思潮的影响，在经济建设中对社会发展的投入也比较大。

在经济遗产方面，排名在前5位的依次是南非、委内瑞拉、阿根廷、中国以及墨西哥；排名在后5位的依次是埃及、巴基斯坦、印度、印尼以及肯尼亚。中国在经济遗产方面的较好表现意味着中国在前三十年确实为后三十年经济增长奠定了一定的基础，也是中国综合指数排名靠前的一部分原因。值得注意的是，印度虽然在经济发展方面的排名比较靠前，但在经济遗产方面的排名却非常靠后，影响了综合指数排名。

在自力程度方面，排名在前5位的依次是中国、委内瑞拉、墨西哥、尼日利亚以及阿根廷，这说明这些国家在发展过程中接收到的官方援助非常有限，也很少从外部贸易中获益。排名在后5位的依次是博茨瓦纳、毛里求斯、肯尼亚、埃及以及玻利维亚，这说明这五个国家在当时的发展过程中外部环境优越，接收到的援助比较多，但是，这些外部条件并没有帮助这些国家提高其综合发展水平，他们的综合评价指数排名都比较靠后，这一现象充分表明了国家在发展过程中自力更生的重要性。

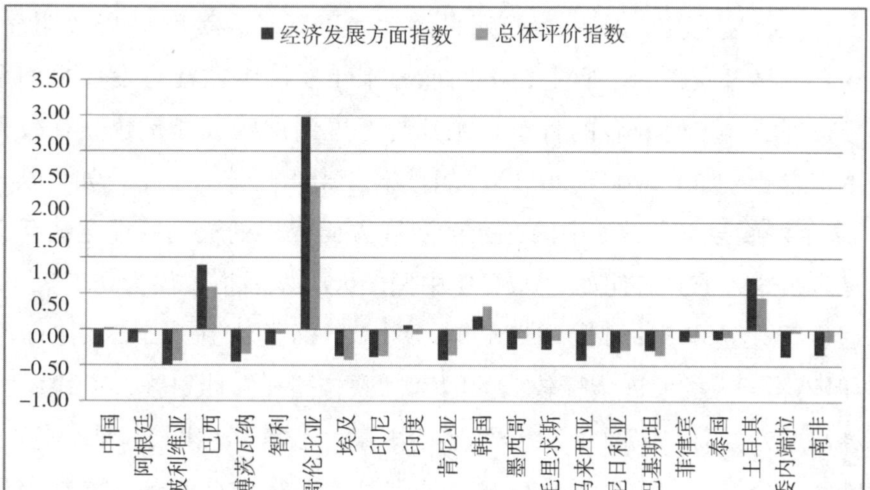

图3　各国1952—1978年的发展绩效评价对比

图3对各个国家在仅考虑经济方面时的发展绩效水平与综合考虑社会发展、经济遗产以及外部环境后的综合绩效水平进行了详细对比。从中可以直观地看出，中国、阿根廷、韩国、南非等国家在经过综合调整后的评价指数都有了明显提升。而巴西、哥伦比亚、土耳其经过调整后的评价指数则有所降低。这种

变化说明了在只考虑经济发展的情况下做出的评价往往不够全面，不能客观反映各国为发展做出的努力，也就不能准确理解各国在经济社会发展中取得的成绩。

（二）改革开放前三十年中国各方面发展在发展中国家的排名

中国前三十年的发展是一个曲折复杂的过程，尤其是经济发展更是跌宕起伏，历尽艰辛。从第295页图4中可以看出，中国前三十年的总体经济发展在22个发展中国家中处于中游，不但落后于哥伦比亚、巴西等拉美早期资本主义国家，而且也落后于印度、泰国、菲律宾等亚洲后起的发展中国家，这说明中国前三十年的经济发展确实不够理想。

在社会发展方面，中国在22个发展中国家排名第8，落后于韩国、马来西亚、智利、毛里求斯等国家，但是相对于哥伦比亚、土耳其、巴西、印度等在经济发展方面表现比较好的国家则有较大的提升。前三十年中，中国在低收入条件下，迅速经历了人口转变，即由高出生率、高死亡率到低出生率、低死亡率的现代人口再生产类型转变。城乡人民的健康水平大大提高，人口平均预期寿命大大延长，婴儿死亡率和孕妇死亡率大大下降。人类发展指数明显进步。社会结构发生显著变化。事实上，中国前三十年发展中在社会发展方面取得的成绩已经得到了许多研究者的肯定，尤其是考虑到这些成绩是建立在较低收入水平的事实之后，如Rawski（2011）、胡鞍钢（2008）等。但是，如果从本文选择的这22个发展国家来看，中国在社会发展方面取得的成绩既非乏善可陈，但也绝不是多么令人惊异。比如，1950年中国的人类发展指数仅为0.159，略低于印度，远低于发达国家；到了1978年，这一指标提高到0.553，比印度高出0.147，但仍属于人类发展指标较低的国家（联合国开发计划署，2001）。

在经济遗产方面，中国在22个发展中国家排名第4，比较靠前。这一时期，中国的铁路、公路、空运、邮电和城市基础设施获得空前发展，农村农田水利基础设施得到了明显改善，人力资本迅速增长。促进现代化发展的各类基础在1952—1978年期间都得到不同程度的增长，管道增长最快（20.5%），其他依次是发电量（13.7%）、民航里程（9.8%）、公路里程（7.8%）。只有内河里程增长率最低（为1.4%）。全国灌溉面积由1952年的3亿亩扩大到6.7亿亩，翻了一倍之多。1949年时，中国大学毕业生人数只有12万人，1978年为87万人。这些大学毕业生是改革开放时期重要的人力资本（胡鞍钢，2008）。

在自力程度方面，中国的得分和排名最高，说明中国前三十年所处的外部环境最差，这与人们的直观感觉相符。在前三十年的发展中，中国基本上被隔离在全球化之外，未能分享到全球化带来的好处，得到的外部援助在很长一段时期内也非常有限。中国庞大的人力资源、自然资源无法参与到世界分工和国际贸易中去，极大地限制了中国的经济发展和人均收入的提高。技术封锁也使得中国的生产技术在几十年内几乎没有显著的提高，这一点与改革开放后形成了鲜明的对比。前三十年的发展就是建立在这样的背景之上的。

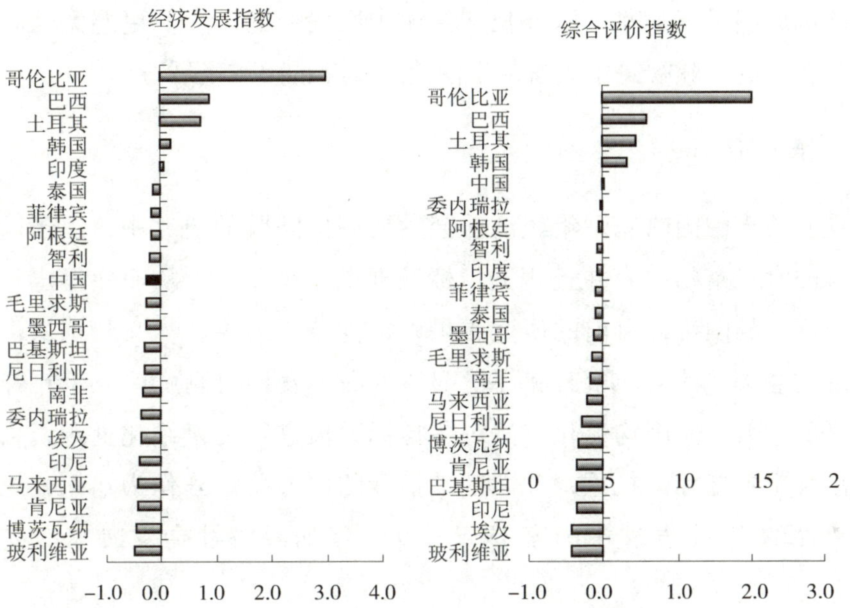

图4　中国在发展中国家中的位置变化

综合考虑了经济发展、社会发展、经济遗产、外部环境四个方面之后，在综合评价指数中，中国在22个发展中国家中排名第5位，与经济发展和社会发展的排名相比，有了明显提升（图4）。排在中国之前的哥伦比亚、巴西和土耳其经济起步较早，已经经历了较长时间的发展和积累，因此发展水平要比中国高许多。然而韩国作为后起之秀，充分利用了朝鲜战争之后有利的国际政治、经济环境，在经济社会发展方面取得了巨大的成绩，为世界所瞩目。中国之所以能紧跟韩国排在第五位，主要得益于中国在经济遗产和外部环境方面较高的得分。虽然在经济增长，尤其是提高人民生活水平方面中国的表现并不理想，但是在社会改造、基础设施建设方面却做出了极大的努力，也卓有建树，为后来的发展留下了一份丰厚的遗产。自力更生、艰苦奋斗的发展历程也没有为后续发展留下沉重的债务包袱。较差的外部环境使得中国在前三十年的发展中取得的成绩更显来之不易。正是因为有了这两方面的考虑，中国的排名才有了大幅度的上升。而这似乎恰好能够解释为什么相对于国人的直观感受，国外学者对中国前三十年的评价往往比较中肯，甚至赞扬有加？比如《剑桥插图中国史》在介绍中国1949年后的发展过程时评论道："无论是在最激进的还是在最强调改革的年代，中国都值得骄傲地成为发展中国家的榜样"（伊佩霞，2002）。一个很重要的原因可能就是，国外长期关注中国发展的学者们更愿意从较长的历史视角和较大的国际视野中去看待中国前三十年的整体发展。

五、结　论

在现有关于中国前三十年经济社会发展评价问题的研究中，由于这一范畴本身包含非常丰富的内容并且相关指标数据比较难获取，从而使得定量分析的实现存在巨大的困难，目前的研究成果以定性分析为主。本文分别从衡量前三十年发展的经济、社会、遗产和环境四个方面出发构建测度前三十年经济社会发展水平的指数，使用均值化方法对各指标数值进行无量纲化处理，采用主成分分析法确定各指标的权重，并以基础指标的协方差矩阵作为输入，对与中国具有可比性的22个发展中国家1952—1978年的经济社会发展水平进行量化考察。

本文结论如下：第一，从总体评价的角度来看，在综合考虑了经济发展、社会发展、经济遗产以及外部环境四个方面后，中国前三十年的综合发展水平并不低。第二，从具体方面分析的角度来看，前三十年中国在经济方面的表现不够理想，社会方面也差强人意，基本落后于一些最具有可比性的发展中大国。但在经济遗产和外部环境方面，中国的绝对水平则有很大提升。根据以上分析，我们得出以下几点启示：

第一，改革开放前三十年的发展为我国20世纪80年代后经济起飞奠定了重要基础。虽然前三十年各项事业的发展和人民生活水平的提高，远没有后三十年那么显著，但并不能就此否定前三十年为后三十年发展奠定的基础。对中国当前经济高速增长的分析，除了强调历史根源，也不应低估改革开放前发展的人力资源的重要贡献，这表现在世界上人口最多的国家的公共卫生的改善、教育参与的扩大和预期寿命的延长（Rawski，2011）。如果没有在这些方面的长期积累，中国是很难在改革开放后短短几十年取得如此高的经济增长奇迹。马克·薛尔顿（1991）认为，正是由于1976年之前大量增加积累率及投资，导致工业快速而持续地增长，为中国未来重工业发展奠定了基础。胡鞍钢（2008）提到，正是这些工业体系和国民经济体系后来成为中国在20世纪80年代后经济起飞的重要基础，也成为中国能够有效地吸引外国直接投资，在20世纪90年代成为世界制成品加工基地的基础。中国比其他上亿人口的发展中大国（如印度、印尼等国家）有更好的工业化基础、产品的专业化分工和配套能力。

第二，改革开放前三十年的发展是在特殊的外部环境下取得的。事实上，是否考虑外部环境已经成为影响评价中国前三十年发展成就的一个重要因素。这也许能够解释为什么国内许多学者在评价中国改革开放前三十年经济社会发展时普遍持否定态度[①]，而国外很多学者却中肯地肯定中国在前三十年取得的经济成就（Meisner，1999；Bramall，2009；Wang，2008；科斯，2013）。如麦迪森在评价中国的发展时就特别指出，尽管当时中国在政治和经济上孤立，与美苏都处于敌对关系，进行了朝鲜战争，但它仍然取得了这些成就（麦迪森，2011）。

第三，改革开放前三十年的发展确立了中国在国际社会中的地位。前三十年的国家战略，如工业化，尤其是重工业化，经济独立性等，都有其时代价值，不能用当代的眼光去评判。国外有关中国近代以来社会发展的研究和阐述，特别强调历史的延续性和时代特征。建立在1949年前历史废墟上的新中国，特别看重国家统一和经济独立，而工业化则是实现该目标的必然过程（麦克法夸尔，1998）。也正因为如此，使得中国从1952年到1978年这一时期，特别希望能从一个落后的农业国迅速转变为世界政治、军事和综合国力强大的大国之一，确立中国在国际社会中的地位（胡鞍钢，2008）。并且，这并不是中国一个国家才有的情结，同时期许多新独立的亚非拉国家都将此作为国家战略的一部分。印度在尼赫鲁统治时期对重工业和完整国民经济体系的追求也使印度付出了巨大的代价（罗德里克，2009）。当然，这并不是无视前三十年发展中存在的问题和

① 国内的学者或研究在评价前三十年的发展时，往往在"数量"上予以肯定，比如国民总收入、工业比重、粮食产量增加了多少等等，但是从"效益"和"结构"两个方面又加以否定。实际上，由于否定了后者，前者的意义即便不为"负"，恐怕也可以忽略了。

偏误，而是要说明单纯地使用当代的价值观去评判具体历史时代的追求和发展是有失公允的。

参考文献

[1] 世界银行经济考察团. 中国：长期发展的问题和方案主报告［M］. 北京：中国财政经济出版社，1985：32－35.

[2] RAWSKI T. Social Capabilities and Chinese Economic Growth［M］//TANG W, HOLZNER B. Social Change in Contemporary China：C. K. Yang and the Concept of Institutional Diffusion. Pittsburgh PA：University of Pittsburgh Press，2007：89－103.

[3] 世界银行经济考察团. 中国：社会主义经济的发展主报告［M］. 北京：中国财政经济出版社，1981：28－29.

[4] 阿马蒂亚・森. 以自由看待发展［M］. 北京：中国人民大学出版社，2002：259－260.

[5] 胡鞍钢，马伟. 现代中国经济社会转型：从二元结构到四元结构［J］. 清华大学学报（哲学社会科学版），2012（1）：16－29.

[6] RAWSKI T. 人力资源与中国长期经济增长［J］. 经济学（季刊），2011（4）：1154－1184.

[7] 卢恩来. 改革开放前中国的效率与公平［J］. 开放导报，2009（4）：38－43.

[8] 林毅夫，蔡昉，李周. 中国的奇迹：发展战略与经济改革［M］. 上海：上海人民出版社，1994：29－35.

[9] 姚洋，郑东雅. 外部性与重工业优先发展［J］. 南开经济研究，2007（2）：3－19.

[10] 乔尔・莫基尔. 富裕的杠杆：技术革新与经济进步［M］. 北京：华夏出版社，2008：3－4.

[11] 胡鞍钢. 中国崛起之路［M］. 北京：北京大学出版社，2007：312－322.

[12] 金冲及. 二十世纪中国史纲［M］. 北京：社会科学文献出版社，2012：535－536.

[13] PERKINS D, RAWSKI T. Forecasting China's Economic Growth to 2025［M］// BRANDT L, RAWSKI T. China's Great Economic Transformation. Cambridge and

New York：Cambridge University Press, 2008：829 – 886.

[14] PERKINS D. Agricultural Development in China, 1368—1968 [M]. Chicago：Aldine Publishing, 1969.

[15] 安格斯·麦迪森. 中国经济的长远未来 [M]. 北京：新华出版社，1999：12 – 13.

[16] 蔡馥秋. 1979 年世界各个国家和地区铁路营业里程 [J]. 铁道科技动态，1982 (12)：38 – 40.

[17] 尤·丘莉帕科娃，飞鸥. 毛里求斯的经济发展 [J]. 国际经济评论，1981 (1)：70 – 73.

[18] 阿·阿尔丘欣，飞鸥. 博茨瓦纳的经济和对外贸易 [J]. 国际经济评论，1983 (8)：79 – 80.

[19] 苏振兴，卢后盾. 智利的经济复兴政策及成效 [J]. 拉丁美洲丛刊，1981 (3)：1 – 10.

[20] 潘锦棠. 经济转轨中的中国女性就业与社会保障 [J]. 管理世界，2002 (8)：59 – 68.

[21] 联合国开发计划署. 2001 年人类发展报告 [M]. 北京：中国财政经济出版社，2001：139 – 142.

[22] 胡鞍钢. 中国政治经济史论（1949—1976） [M]. 北京：清华大学出版社，2008：692 – 697.

[23] 伊佩霞. 剑桥插图中国史 [M]. 山东：山东画报出版社，2002：253 – 254.

[24] 马克·薛尔顿. 中国社会主义的政治经济学 [M]. 台北：台湾社会研究丛刊，1991：27 – 28.

[25] MAURICE M. Mao’ s China and After [M]. 3rd edition. Free Press, 1999.

[26] BRAMALL C. Chinese Economic Development [Z]. Routledge, 2009.

[27] WANG N. The Chinese Economic System Under Mao [Z]. Paper presented at the 2008 Chicago Conference on China’s Economic Transformation, 2008.

[28] 科斯，王宁. 变革中国：市场经济的中国之路 [M]. 北京：中信出版社，2013.

[29] 安格斯·麦迪森. 中国经济的长期表现：公元 960—2030 年 [M]. 上海：上海人民出版社，2011：59 – 99.

[30] 麦克法夸尔，费正清. 剑桥中华人民共和国史：革命的中国的兴起：1949—

1965 年［M］. 北京：中国社会科学出版社，1998：162.
［31］罗德里克. 探索经济繁荣：关于经济增长的描述性分析［M］. 北京：中信出版社，2009：201－223.

第十五章　双重结构扭曲下的经济失衡：理论与经验证据*

魏　婕** 任保平　李　勇

摘　要　高投资低消费为特征的结构失衡成为困扰中国经济的一大顽疾，其造成的资源错配和经济增长质量问题被广泛诟病。以投资消费结构为主要分析对象，通过横、纵向数据比较分析，本文发现中国投资率和消费率均不在两者的合意区间，投资消费结构失衡状况明显。基于双重的结构视角，我们采用中国1998—2011年的省际面板数据对其失衡原因进行计量检验和分析，发现中国投资消费结构失衡的基本逻辑在于需求与供给层面双重经济结构扭曲，需求层面收入分配结构扭曲（收入分配畸形所产生的总量效应）和供给层面技术结构扭曲（低水平技术供给所产生的结构效应）的共同作用是导致失衡的重要原因。未来对于中国经济失衡的纠偏，根源在于中国发展的着力点在保增长的前提下，更重要的在于结构调整和战略转型，特别是对双重结构扭曲的治理和矫正。

关键词　投资消费结构；经济失衡；双重扭曲

一、引　言

回顾过去六十年的经济增长轨迹，我们在欣喜之余总会在好奇心的驱使下追问其背后的逻辑：（1）建国的前30年（1949—1978）实行重工业优先发展的

* 本文获得教育部优秀人才支持计划、国家社科基金青年项目、陕西省重点学科西方经济学建设项目的资助。

** 魏婕，女，西北大学经济管理学院副教授，经济学博士，研究方向为经济增长与转型。

战略，并在资本十分短缺的情况下，以牺牲消费为代价，集中一切资金从事生产，形成了“高积累、低消费”的发展格局，这种错配一方面使我国能够在短时间内建立起了门类齐全的工业体系，但另一方面也因为要素禀赋的缺陷造成了企业“自生能力”的低下和巨大的“增长拖累”；（2）改革开放后，为了实现企业的自生能力和摆脱“增长拖累”，我们依托劳动力和资源要素禀赋优势，实行了符合市场原则的“比较优势”发展战略，从而迎来了持续30多年的高速增长。不断的高速增长固然令人欢欣鼓舞，但在地方政府晋升激励约束下，投资需求长期急剧扩张致使需求约束问题，以高投资低消费为特征的结构失衡不仅没有改观，反而愈演愈烈，其具体的负效应包括：过度能耗和资源破坏（吴敬琏，2005；经济增长前沿课题组，2003）、通货膨胀风险（北京大学经济研究中心宏观组，2004）、外贸依存度高（吴敬琏，2005）和大范围的产能过剩（Rawski，2003）。归纳起来说，以投资消费结构为核心的经济失衡造成了资源的错配，是现阶段中国经济增长质量不高的具体表现。当追求经济增长质量成为中国经济未来发展的主旋律时，对于中国经济失衡问题的特征、原因和机制的探究，即为繁荣增长下的中国经济进行断病，治未病之病，通过辨识“病灶”以寻求“对症之药”，谋求中国经济未来长期、持续和健康的发展。

关于中国投资消费结构失衡，克鲁格曼2009年曾撰文拷问“中国会崩溃吗?”，其中对中国低的消费率和居高的投资率表示了极大的担忧①，宣称中国经济“正在变成世界经济的又一危险区域”和“危机的新震源”。对于中国这一复杂问题的关注，国外近些年诸多研究，Blanchard et al.（2005）分析了中国汇率制度改革以后的经济平衡问题，指出中国经济存在高储蓄和高资本积累、高出口和高进口现象，并同时出现省与省之间、不同熟练程度劳动力之间以及部门之间的不平衡增长的社会性和经济性失衡。Aziz（2006）认为中国经济增长中的高投资、低消费的原因是资本成本太低。扩张性的逆周期货币政策使得利率更低，更低的资本进一步加剧了原有的经济不平衡增长。Presad（2009）指出，影

① 保罗·克鲁格曼2011年12月18日在《纽约时报》发文“Will China Break?”提道，“即便官方数据也让人感到困扰，最近非常引人注目的新闻足以为我们敲响警钟。最明显的信息来自中国近十年的居民消费水平，虽然有了增长，但远低于国民经济增长的水平。预计2011年中国居民消费支出只占国民生产总值的35%，相当于美国的一半水平。那么谁为过剩的产品和服务买单？部分由国际市场消化。但是随着消费份额所占经济比重的下降，中国更多依靠贸易顺差维系工业的正常发展。但更为严重的非正常现象是中国投资支出，所占比例迫近GDP的50%”。

响中国高储蓄、低消费的因素主要包括：消费平滑整个生命周期、人口因素、文化因素、习惯、预防性储蓄以及发达的金融体系等。上述研究为我们考察中国的结构失衡问题提供了很好的借鉴，但上述研究更像是事实的罗列和经验的考察，而对背后的原因和内生机制却很少触及。那么，寻找中国经济结构失衡背后的内生机制还需借鉴国内的相关研究文献。幸运的是国内对这一问题的研究由来已久，并形成了大量研究成果。部分研究学者（郭克莎，2009；蔡跃洲等，2010）将中国结构性失衡归结为具体的经济发展阶段，投资消费失衡的原因与工业化早期的粗放式经济发展方式息息相关。但一方面没有直接的经验证据证明结构性失衡与经济发展方式之间的相关性；另一方面粗放式发展方式背后的具体特征又表现为何呢？上述研究还很难给出令人满意的解答。对于后者，另外的研究学者结合我国具体的经济和制度环境（转轨特征）发现在工业化早期，我国的市场发育还不太完善，政府职能带有浓重的计划色彩。那么，政府和市场的双重失效便构成了结构性失衡的重要原因（邹卫星等，2008）。但问题是随着市场化改革的不断深入，我国的市场发育程度逐渐完善，政府职能也日益规范，那么政府和市场的失效将逐步减弱，但我们却并没有发现中国的结构性失衡出现减弱的趋势。因此，对于中国的结构性失衡还需进一步考察。

于是，何帆等（2006），华民（2007）首先将中国的结构性失衡与发展战略结合起来，认为中国目前的失衡在于错误战略的僵化，失衡的矫正在于战略转型。应该来说，从发展战略的视角来理解中国的经济增长和结构性失衡由来已久。在传统的“赶超”战略下，由于其所选择的行业不符合当时的比较优势，在市场环境下企业将不具有自生能力，那么便需要以资本、劳动等要素价格的人为压低为条件，从而导致了“高投资、低消费”的失衡结构，并一直影响至今（姜学勤，2009；黄益平等，2011）。与此同时，除了要素价值扭曲之外，其他相伴随的一系列制度安排也对中国的结构性失衡产生了重要影响。具体来说，由于重工业在当时的市场环境下不具有比较优势，使得资源的计划配置制度和缺乏自主经营权的企业制度被选择。在这个企业制度下，企业不仅具有获取收入、创造利润的功能，同时还承担了国家的“赶超”目标和社会保障职能——“政策性负担”（林毅夫等，1994），并最终产生了企业的低效和巨大的“增长拖累”（刘瑞明等，2010）。于是，为了摆脱国有企业的低效和“增长拖累”，国有企业改革（摆脱政策性负担）、市场化改革和财政体制的改革便应运而生。但一方面，在摆脱国有企业“政策性负担”的过程中，社会保障在市场缺失和市场失灵的双重影响下被不断削弱，收入差距被不断拉大，进而导致了中国经济的结构性失衡（方福前，2009；刘伟等，2010；孙祁祥等，2013）；另一方面，为了解决巨大的代理成本问题，晋升激励和分税制改革也被引入，这固然使得政府在促进经济增长的积极性方面得到了极大的提升，并进一步导致了30年经济增长的奇迹，但同时也导致了财政制度的扭曲、投资过度以及投资效率的低下，并成为理解中国经济结构性失衡的又一重要原因（许小年等，2003；李永友，2010）。国内大量投资形成的生产能力没办法被消费所吸收消化，只有通过对外输出，从而形成过高的对外依存度，从而导致内外结构失衡出现（房林等，2008；樊纲等，2010；余文建，2010）。

综上所述，可以发现现有研究成果基于我国具体的经济和制度环境对中国的结构性失衡问题进行了有益的探索。可以明确的是：（1）上述研究均是从单一的视角对我国的结构性失衡问题进行了解读，但很显然，中国的投资消费结构失衡是多种因素共同作用的结果，既有发展战略、体制滞后等问题，又有收入分配结构以及城乡二元分割等等因素的影响（杜亚丽等，2010；史晋川等，2011；方红生等，2010）。那么，任何从单一视角对结构性失衡问题进行解答的尝试将显得不合时宜。（2）上述研究均是从制度和需求层面对中国的结构性失衡进行了解读，但最近出现的新情况则是产业被长期低端锁定、产业升级困难也是导致中国结构性失衡问题出现的重要原因。这就意味着：在转轨阶段市场化水平不断提高的大背景下，以发展战略为逻辑起点，综合考虑需求和供给两个层面—双重结构视角，对中国的结构性失衡进行解读将无疑更具合理性。

鉴于此，本文尝试从一个双重结构的视角对中国的结构性失衡问题进行解读。本文剩余的结构安排如下：首先寻找出并确定中国现在发展阶段投资率和消费率的合意区间，以此为依据来判断投资消费失衡与否。其次归纳出引致投资消费结构失衡的双重结构问题，即需求和供给层面的双重扭曲是经济失衡的基本逻辑，再次通过中国省际的数据进行了实证分析，以期获得有意义且可靠可信的结论、建议和启示。

二、中国投资消费结构失衡的基本判断

仅仅通过理论抽象和经验判断来说明中国经济的投资消费结构失衡显然是

不合时宜的，那么我们便有必要利用翔实的统计资料从截面和时序角度对上述问题进行分析，以期得出更加合理的判断。

（一）中国投资率和消费率的合意区间界定

按国民核算支出法计算的国内生产总值由三部分组成，即资本形成、最终消费和净出口。其中资本形成所占的比率称为投资率，最终消费所占的比率称为消费率。投资率和消费率的最优值，从资源配置的角度来讲，应满足资源合理配置的要求，即实现总供给和总需求平衡的要求。具体来讲，最优的投资率和消费率意味着能够实现宏观经济的基本目标，既能保证经济增长又能保证经济稳定性，同时还能保证充分就业、国际收支平衡。由此可见最优的投资率和消费率仅存在于理论层面。从现实层面考察，投资率和消费率的理想状态，即形成两者之间的合理比例，这一合理比例会随着经济发展水平和发展条件的变化而变化，是根植于发展模式。对于讨论消费率和投资率，经典文献是钱纳里和赛尔奎因在《发展的模式：1950—1970》通过对100多个国家的2万多个数据进行回归，计算出某一类国家在某一经济发展水平的经济变量的标准结构。虽然近些年钱纳里和赛尔奎因的观点与近几十年的事实相去甚远，但是他们为研究投资率和消费率的合理比例提供了一个现实中可供操作和比对的方法。

所以研究中国投资率和消费率的合意区间，从理论层面推演最优投资率和消费率不异于缘木求鱼。虽然对于这一问题的探讨有些国内学者形成第一种思路（第306页表1），即试图通过经济理论模型数理求导出投资率和消费率的合意水平，但西方标准模型在中国的适用性如何，却无法回答。同时各种决定消费率和投资率的模型也是多种多样，莫衷一是，以及模型假设太强，现实性大打折扣的问题无法回避。所以多数研究中国投资率和消费率合意区间，依然是循着钱纳里和塞尔奎因的思路，虽然钱纳里关于不同经济发展阶段国家消费率的分析模型与标准值的解释意义被广泛诟病，但我们认为虽然钱纳里的分析模型固然有其缺陷，但其毕竟是通过对多国长时序上万个数据进行分析和研究的结果，其方法论意义不能轻易否定，特别是来抽象出现实国家的投资率和消费率的合意比例可借鉴性明显。于是本文循着这一思路，通过历史比较和国别分析，利用外推法来总结投资率和消费率的合意区间，最终确定符合中国现在发展阶段的投资消费的合意比例关系。

表 1 关于投资率和消费率合意区间的相关研究

作者	合意区间	作者	合意区间
思路之一：从理论模型出发，推导出投资率或消费率决定的理论模型，进而求出投资率或消费率的合意区间		思路之二：通过大规模的国别比较和长时期历史比较，根据经济发展水平和阶段来确定投资率或消费率的合意区间	
吴忠群；2002	投资率 35% ~38%； 消费率 61% ~65%	卢中原；2003	2020 年投资率低于 35%； 2020 年消费率 60%
乔为国，潘必胜；2005	投资率不超过 32. 4% 消费率不应低于 67. 6%	贺铿；2006	投资率 30% ~35%； 消费率 60% ~65%
荆林波，王雪峰；2011	增长率为 8%：消费率 60. 26% ~68. 26% 增长率为 7%：消费率 64. 11%	蔡跃洲、王玉霞；2010	投资率 40% ~45% 消费率 55% ~60%

1. 中国投资率和消费率对钱纳里“标准模式”的背离

钱纳里通过对多国数据的考察，发现随着收入水平在经济结构所发生的规律性变化，即“标准模式”。投资率和消费率的变化是钱纳里“标准模式”的内容之一，其认为投资率和消费率随着人均收入水平的增长而变化①。

表 2 不同人均收入水平上中国投资率、消费率与钱纳里“标准模式”的差值比较

单位:%

	投资率			消费率		
	中国值	标准模式	差值	中国值	标准模式	差值
100 美元	26. 2	15. 8	+10. 4	73. 2	85. 7	-12. 5
500 美元	42. 6	22. 0	+20. 6	59. 3	78. 3	-19. 0
1000 美元	37. 8	24. 0	+13. 8	59. 6	76. 5	-16. 9
2100 美元	47. 2	23. 0	+24. 2	48. 5	77. 0	-28. 5
差值平均	—	—	+17. 2	—	—	-19. 2

注：①表中钱纳里“标准模式”数据摘自《发展的型式：1950—1970》（经济科学出版社，1988 年版）一书；②表中收入水平计价单位为 1964 年美元；③表中“+”表示高出“标准模式”，“-”表示低于“标准模式”。

① 钱纳里和赛尔奎因得出，一般工业化初期（人均 GDP 达到 140 美元），投资率和消费率分别为 15% 和 85%；工业化中期（人均 GDP 达到 560 美元），投资率和消费率则分别为 20% 和 80%；工业化末期（人均 GDP 达到 2100 美元），投资率则为 23%，消费率则降到 77%。

我们将不同人均收入水平的中国值和“标准模式”进行对比（第306页表2），中国各水平的投资率大大高于“标准模式”，投资率高于“标准模式”呈现起伏的态势；而中国消费率则远远低于“标准模式”，且随着收入水平的提高，中国消费率低于“标准模式”的幅度更大；中国投资率和消费率与钱纳里“标准模式”相比，消费率偏离的程度更大（平均低19.2%＞平均高17.2%），由此可见，在不同发展阶段上，中国投资率和消费率对钱纳里“标准模式”呈现不同程度的背离，所以长期以来我国国内需求结构存在着不容忽视的总量性失衡问题。

2. 基于国际比较外推法的中国投资率和消费率合意区间的确定

仅用钱纳里“标准模式”一概而论地判断中国投资消费结构失衡略有局限，所以我们需要进一步利用国际比较外推法来确定。一般来讲投资消费比例的关系具有明显的阶段特征，其演变规律随着经济发展阶段而表现不同。钱纳里认为人均收入超过1000美元后，投资率、消费率就大体稳定下来。从理论层面来讲，一国投资率和消费率不会无限制的演变下去，最终两者会达到经济稳定增长所要求的特定比率，经济实现最优增长状态（李建伟，2003）。现实中投资率和消费率的演变规律又受到地域、文化等因素的影响。

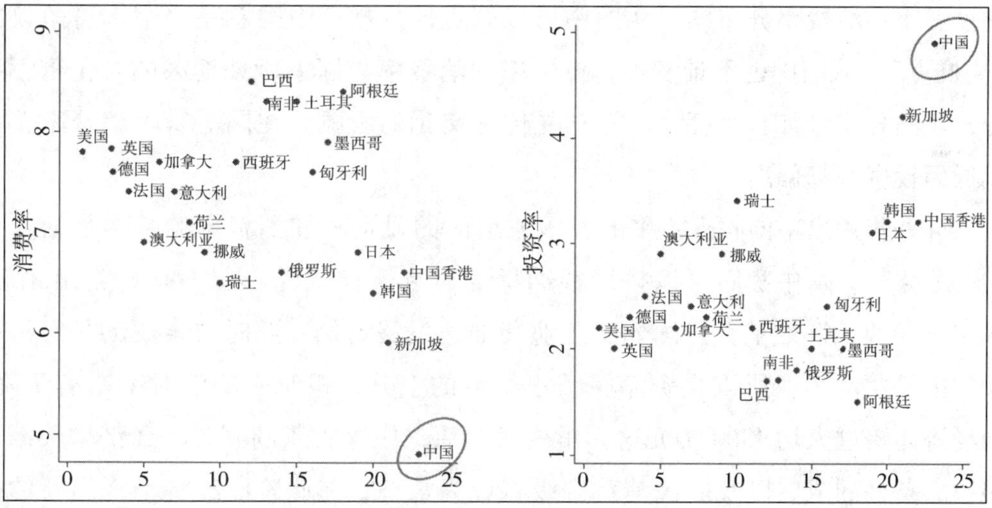

图1　人均GDP为1000美元（现价美元）各国消费率和投资率分布图

数据来源：世界银行WDI数据库和CEIC数据库①。

① 图1和第308页图2数据均来源于WDI数据库，个别国家数据缺失，以CEIC数据库的相应国家数据进行补充。

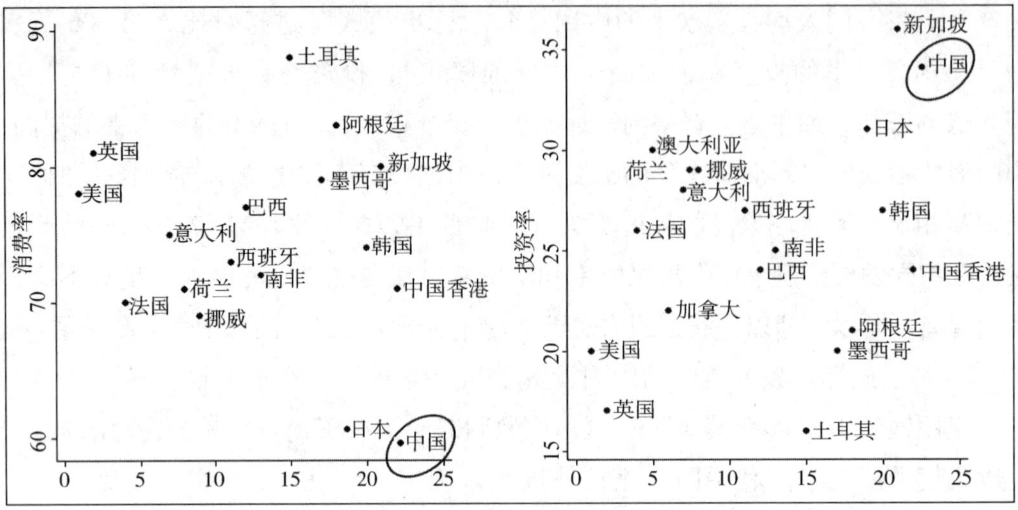

图 2　人均 GDP 为 5000 美元（现价美元）各国消费率和投资率分布图

数据来源：世界银行 WDI 数据库和 CEIC 数据库。

我们来考察不同发展水平，不同国家和地区投资率和消费率的状况：第 307 页图 1 和图 2 分别是人均 1000 美元（现价美元）和人均 5000 美元（现价美元）的投资率和消费率分布图，从图中可以直观地发现，中国总是一个不可争议的“离群点”。从图中也不难发现，投资率和消费率与国家所处地区的文化密不可分，亚洲各国（如日、韩、新等）受传统文化的影响，在同等阶段消费率普遍偏低而投资率却偏高。

进一步列出不同收入水平的各国或地区的投资率和消费率的基本数据（第 309 页表 3），从中我们可以扩展钱纳里的“标准模式”，人均 4000 美元之前，即“中等收入”之前，各国处于工业化加速发展时期，此时要素驱动是经济增长的主要驱动力，所以投资率持续小幅度的上升，相对应的消费率略有下降。当经济体跨过人均 4000 美元这一重要关口后，中等收入的到来，经济增长结构转换的条件的成熟以及居民消费升级将成为常态，在此阶段经济呈现出新的模式，投资率缓慢下降，取而代之的是消费率的上升。

表3 各国（或地区）不同收入水平的投资率和消费率汇总表① 单位:%

	投资率			消费率		
	最大值	最小值	平均值	最大值	最小值	平均值
1000 美元	36	16	25	88	60	75
2000 美元	38	19	27	81	60	71
3000 美元	38	19	30	78	62	70
4000 美元	40	17	28	83	62	72
5000 美元	42	15	26	85	59	74

数据来源：世界银行 WDI 数据库和 CEIC 数据库。

基于此，我们利用国际外推法来确定中国投资率和消费率，首先要充分考虑发展的阶段，构造并计算人均 1000 美元至人均 5000 美元的不同收入水平的在置信水平为 95% 的投资率和消费率的上、下限②；其次也应考虑中国所处的“儒家文化圈”这一地理文化因素。进一步拓展的投资消费的合意界限。我们以考察的代表性国家投资率在 95% 置信水平下最大值（40%）作为目前中国投资率可以达到的最大极值，向下 10% 作为中国投资率可以达到的最低极限值（仍高于各个收入水平的投资率的平均值，更远远高于 95% 置信水平下的投资率的下限）；以代表性国家消费率在 95% 置信水平下最小值（60%）作为消费率可以达到的下限，向上 10% 作为中国消费率可以达到的最高极限值（仍低于各个收入水平的消费率的平均值，更远远低于 95% 置信水平下的消费率的上限）。最终确定中国投资率和消费率合意区间应分别为 30% ~40% 和 60% ~70%。

（二）中国投资消费结构失调的显著特点

前文得出了人均 1000 美元至人均 5000 美元中国投资率和消费率的合意区间，进一步列出中国不同收入水平的投资率和消费率（第 310 页表 5），可以看出在 1000 美元时候中国投资率和消费率在合意区间，随后随着经济发展阶段的提升，投资率和消费率不同程度地偏离投资率和消费率的合意区间，由此可见

① 各国或地区包括：①欧美发达国家：美国、英国、德国、法国、澳大利亚、加拿大、意大利、荷兰、挪威、瑞士、西班牙；②中上收入的发展中国家：巴西、南非、俄罗斯、土耳其、匈牙利、墨西哥、阿根廷；③亚洲的国家或地区：日本、韩国、新加坡、中国香港。

② 对样本均值的双侧置信区间构造采用 $\bar{x}-\frac{t_{0.95}}{\sqrt{n}}s<\mu<\bar{x}+\frac{t_{0.95}}{\sqrt{n}}s$ 的公式。其中之所以选择 95% 的置信水平，考虑到置信区间的估计精度随着置信水平的提高而下降，所以 95% 的水平则相对较合适。计算不同收入水平下样本方差，不论是消费率和投资率均约为 5，$t_{0.95}$ 则约为 2，则用 2 代替。

中国当前投资消费结构明显失衡。

表4 各国（或地区）不同收入水平在95%的置信水平下投资率和消费率① 单位：%

	在置信水平95%下			
	投资率		消费率	
	上限	下限	上限	下限
1000美元	35	15	85	65
2000美元	37	17	81	61
3000美元	40	20	80	60
4000美元	38	18	82	62
5000美元	36	16	84	64

表5 中国不同收入水平的投资率和消费率汇总表 单位：%

	1000美元	2000美元	3000美元	4000美元	5000美元
投资率	34.3（是）	40.4（否）	43.4（否）	45.8（否）	45.6（否）
消费率	62.0（是）	50.8（否）	47.8（否）	47.7（否）	49.3（否）

再进一步从横、纵向来来分析中国投资消费结构失衡的特征。从纵向的时间来看，从1978年到2011年资本形成总额增长率明显高于最终消费支出增长率（第311页图3a），投资年均增长率为16.7%，而消费年均增长率低一点，为15.1%。进一步从驱动经济增长的三大马车看（第311页图3b），总消费对GDP的贡献率持续走低，1978—2000年，消费平均贡献率为63.7%；2001—2011年平均为49.4%。与之相对，投资对GDP的贡献率在1978—2000为28.0%，而2001年以后至2011年则上升为54.9%。如果说投资增长快于消费与发展阶段相关，但从投资消费对产出的贡献可以看出，特别是进入21世纪以后，投资过快的增长而消费的疲软，构成愈演愈烈内需结构失衡的基本特征。

从横向来看，中国与金砖各国都是新兴市场国家且发展阶段也类似，所以我们比较金砖国家的投资消费结构情况。中国消费率低于其他几国，而投资率

① 各国或地区包括：①欧美发达国家：美国、英国、德国、法国、澳大利亚、加拿大、意大利、荷兰、挪威、瑞士、西班牙；②中上收入的发展中国家：巴西、南非、俄罗斯、土耳其、匈牙利、墨西哥、阿根廷；③亚洲的国家或地区：日本、韩国、新加坡、中国香港。

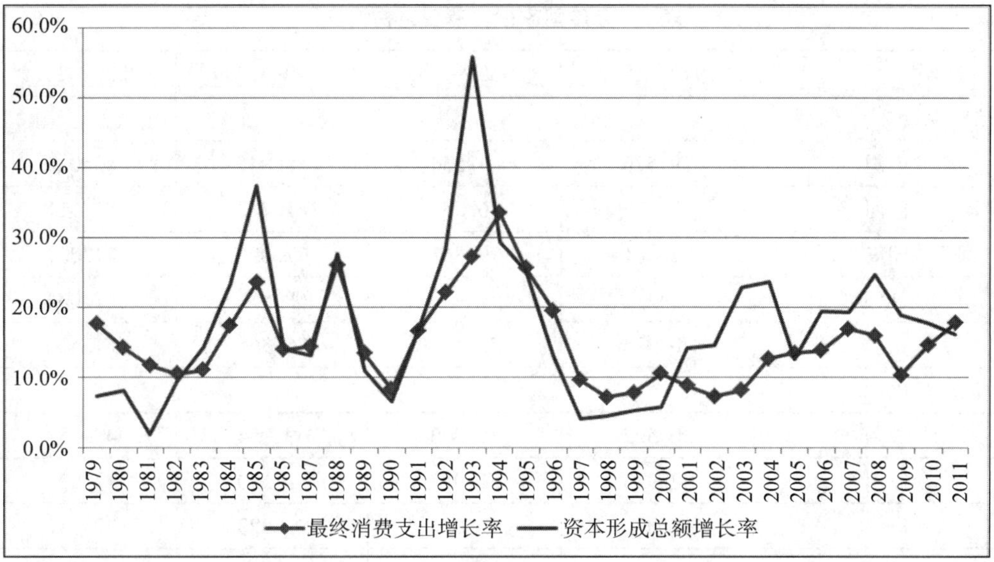

图 3a　1978—2011 年消费与投资的增长率

数据来源：《中国统计年鉴 2012》。

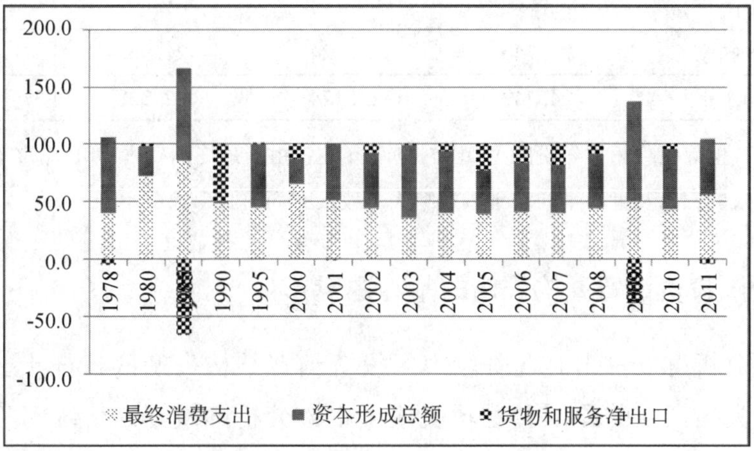

图 3b　三大需求对 GDP 的贡献率

数据来源：《中国统计年鉴 2012》。

明显最高。20 世纪 70 年代这种差距并不是很大，随着时间的推移，这种差距越来越大。2000—2011 年中国平均投资率已经高于东亚及太平洋地区的发展中国家均值约 5 个百分点。从横向的国家比较来看，中国现阶段这种投资消费结构失衡状况同样明显。

表 6　金砖国家投资消费结构情况　　单位:%

	1970—1979	1980—1989	1990—1999	2000—2011
消费率（%）				
中国	69.576	64.554	58.845	53.044
巴西	79.187	76.555	81.742	81.111
印度	82.501	79.841	77.097	71.009
俄罗斯	—	—	68.519	67.004
南非	70.925	71.521	80.865	81.500
投资率（%）				
中国	30.522	36.000	39.054	42.457
巴西	22.923	21.017	18.530	17.929
印度	17.874	22.076	23.923	32.147
俄罗斯	—	—	25.443	21.672
南非	27.643	23.428	16.655	18.545
东亚及太平洋地区（仅发展中国家）	28.633	33.310	36.278	37.298
中等收入国家	25.746	26.324	26.968	27.214
世界平均水平	24.749	23.174	22.328	21.168

数据来源：世界银行相关年份的 WDI 数据库。（注：由于最终消费占 GDP 比重东亚及太平洋地区、中等收入国家以及世界平均水平数据缺失，故没有列出）。

三、中国投资消费结构失衡的基本逻辑

从上文分析可以看出，现阶段中国投资消费结构失衡的特征十分明显，所以究其这一失衡产生的原因和逻辑就成了本文分析的重点，传统对于这一问题的解释，只是关注需求或是供给层面单方的扭曲或是错配，我们认为中国投资消费结构失衡的基本逻辑既离不开需求层面也脱不开供给层面，是双重结构扭曲造就的结果。

（一）双重结构扭曲之一：需求（收入分配）结构扭曲所造成的“总量效应”

不论是当期收入还是持久收入，其对于消费能力和消费结构的提升均具有举足轻重的作用（Keynes，1936；Friedman，1957）。然而，就中国的实际情况

而言，我国的收入增长速度却一直较为缓慢[①]：首先，1949年初，为了快速的摆脱贫穷落后的经济面貌，我们选择了一条“重投资、轻消费”的“投资先行”策略—“重工业先发展战略”。为了保证重工业优先发展战略的“投资先行”不得不形成扭曲要素价格的宏观政策环境，这其中对要素市场最大扭曲就来自于对劳动力价格的压低，以长期低收入牺牲消费的格局来保证“投资先行”顺利实现。其次，改革开放后虽然发展战略改变，但是在经济分权以及政治锦标赛的作用下，地方政府对增长绩效的追求产生投资饥渴症，招商引资，将自身异化成市场经济活动的参与者，面对“负盈不负亏”的买卖，只要有投资机会，地方政府和企业就会毫不犹豫地投入使用（周黎安，2008），所以“投资先行”的格局并未改变。与之相配套的人为扭曲的要素价格体系也没有改变，正是对劳动力价格的长期扭曲以及中国要素禀赋结构决定了资本相对劳动力较为稀缺，能够使得我们长期采用“资本偏向型”收入分配制度，劳动要素跟资本要素的收入分配差距越来越大。

除此之外，再考虑到我国社会保障和公共服务增长速度缓慢和分布不均后，我国的实际收入差距可能更大：由于中国计划经济时期的扭曲发展，以及改革开放后一时无法解决好的历史遗留问题，使得当前中国的社会保障程度与人民群众日益增长的需求之间还存在较大的差距。社会保障支出占财政支出比重这一指标在中国一直浮动在20%上下，而发达国家社会保障支出占财政支出比重一般在30%以上，英国等欧洲社会福利型国家的这一比重更是接近40%。中国社会保障覆盖率低，很多不在正规部门就业以及广大农村人口仍未纳入社保范围。同时最重要的问题在于中国社会保障的有效性不高。在医疗保障制度上，我们普遍存在“看病难、看病贵”的问题，对疾病的担忧增加了普通民众的生活风险；基本养老保险至今没有调整到位；住房福利制度特别是住房公积金制度也暴露很多问题等等（郑功成，2007）。中国社会保障方面的相对滞后，使得整体民众对未来的预期不是很好，为了减低未来的风险就会想方设法地拥有财富和资产以求得未来安全的生活保障。

---

① 2007世界银行发布报告称，中国工资收入占GDP的比重呈持续下降态势，已经从9年前的53%下降到去年的41.4%，远远低于美国57%的水平。白重恩等（2009）研究也证明了1996至2005年，居民部门收入占比从66.83%下降到54.12%，与此同时企业和政府部门收入占比反而上升，其中劳动报酬下降是居民收入占比下降的主要原因之一。

这种畸形的收入分配结构和不健全的社会保障制度，一方面制约了消费结构的提升（除了保证基本生活必需消费外，全部问题都在考虑生活的安全问题，所以其对在有限的收入中对财富或资本的追求就成了一种理性选择，以防不测以及求得自给保障能力）；另一方面还降低了人们的消费意愿（使得人们偏好增加储蓄来放弃当下的消费需求，更多的收入变为了储蓄乃至投资，投资消费结构不断失衡加剧也是在所难免的）。因此我们便有理由认为：低的收入和社会保障水平总是和较高的收入差距相联系，日益扩大的收入差距降低了人们的消费意愿，制约了消费结构的提升，进一步还导致人们总是通过增加储蓄（从而转化为投资）的方法来缓解未来生活的不确定性，即：投资—消费结构失衡。需求层面的收入分配结构扭曲造就消费和投资“量”的差异，一边是不断膨胀的“热”投资需求而一边是不甚兴旺的“冷”消费需求，这种“一冷一热”构成了投资消费结构失衡的“总量效应”。

（二）双重扭曲之二：供给（技术）结构扭曲所造成的“结构效应”

对于投资消费结构失衡的分析，集中在对需求层面的扭曲分析只是“硬币”的一面，另一面则是重点分析供给层面的扭曲。同时投资消费结构失衡不仅存在“总量效应”，而且还存在“结构效应”。

从供给层面来说，技术结构的扭曲对于投资—消费结构失衡具有重要的影响。这主要表现在：改革开放以来，中国明确了产业发展要与要素禀赋结构相匹配这一准则，通过实行“比较优势发展战略”来增加经济剩余。在比较优势发展战略下，我国首先通过技术引进、技术模仿等等途径的技术进步“干中学”机制（中国经济增长与宏观稳定课题组，2006），迅速改变了原有技术基础薄弱的现状，缩小与发达国家和地区的技术差距；然后再通过扭曲的宏观价格体系（政府人为地压低土地、劳动力、资源等价格）快速完成原始积累（林毅夫等，1994；刘霞辉等，2008）。正是这两条件在改革开放后的存在，中国企业能够承接发达国家的产业转移以及参与全球分工，并进一步使中国形成了对低端产品和低附加值的产品以及产业绝对优势。

然而，基于劳动力优势所参与的国际分工主要依靠资源能源的优势，技术层级相对较低，进一步决定了其只能更多的参与国际上的垂直分工[①]。那么，按照比较优势参与国际分工的发展模式便不可避免的导致了技术结构的失衡（以模仿创新为主，自出创新缺失）：首先，从企业层面来看，当传统的优势在逐渐丧失的情况下，面对巨大调整成本的存在，企业缺乏承担转型风险的能力，所以宁愿固守传统产业而不是去尝试转型。其次，从政府层面来看，中国政府GDP考核导向，使得地方政府有热情来促进经济增长。地方政府从传统发展模式中获得了GDP快速的增长，到目前为止这种发展模式虽然式微，但政府基于就业、税收、资金投入、经济增长等考虑也难以割舍传统产业来支持转型升级，这样的导向存在使得固守低端产品和产业就成了一种路径依赖。同时企业在政府这种“有形的手”帮助下，更是没有动力去打破这种低端“均衡”。这造成的严重后果就是影响了产业结构的升级和优化，使得我们不能依据要素禀赋变化和技术水平的提高来升级产业结构。最后，由于我们长期技术进步模式依靠模仿创新来实现，使得中国技术进步呈现一个边际收益递减的状态，初期的技术创新进步在消散，而自主创新的作用却无法接力，这样一种技术供给结构困境更是进一步加重了产业结构升级的困难，使产业结构陷入一种低端锁定的状态。

于是可以发现，“比较优势发展战略”虽然使我们快速的缩小了与先进国家的技术差距，实现了快速的经济增长，但却不可避免的造成了技术结构的失衡和低端锁定。那么，在既定增长目标的限制下，通过扭曲宏观价格体系所获得的经济剩余（投资）在技术结构扭曲和产业升级困难的背景下只会造成产能过剩，消费结构的升级则更是无从谈起，总体的消费水平也维持在一个较低的水平[②]，即：技术结构的失衡和产业升级的困难制约了消费结构的提升，总体消费水平较低（投资—消费结构失衡）。

总结来说：现阶段中国投资消费结构失衡来源于需求和供给结构的双重扭

---

① 国际分工从最初的产业间分工（Inter-industry Specialization）到后来的产业内分工（Intra-industry Specialization）。这种从产业间向产业内渗透和深化成为当今国际分工的主流。世界各国通过专业化生产，在国际分工体系中谋得“一席之位”。在国际产业内分工中，水平分工深化主要是以技术落差为基础，实现在产品生产价值链上不同生产工序的纵向分工，更多体现在以知识产权和人力资源优势带来的交易成本下降和规模经济效应上。而垂直分工深化以水平分工为基础，在产品生产价值链环节，主要依赖土地、资源、劳动力等要素成本低而形成的比较优势。目前发达国家之间以水平分工为主，发达国家与发展中国家以垂直分工为主（张建平等，2009；陈亮，2011）。

② 例如，生产领域的核心技术和关键设备，终端消费领域的中高档汽车、高品质文化产品、医药保健等需要靠进口（史晋川等，2011），就是以上分析的投资无法创造消费所致。

曲。需求层面收入分配结构扭曲（收入分配畸形所产生的总量效应）和供给层面技术结构扭曲（低水平技术供给所产生的结构效应）的共同作用导致中国投资消费结构的失衡。

四、实证检验

（一）变量定义及数据选取

对于投资消费结构失衡应该考察近些年的状况，而非从改革开放后至今整个发展过程，先前的消费投资结构应该还是相对合理的，比较契合中国的发展阶段。同时考虑数据的完整性，本文选取1998—2011年中国大陆除西藏外30个省、直辖市、自治区平衡面板数据为研究对象。所有原始数据都来源于《新中国六十年统计资料汇编》、各年《中国统计年鉴》、各省份历年《统计公报》和相关研究。

具体变量方面，被解释变量，对于投资消费结构失衡较难选择指标进行反映，多数文献对于投资消费结构的度量采用的是用投资率和消费率之比来度量（王宁等，2015），借鉴此构造方法，本文在此构建一个反映投资消费结构失衡程度大小的变量。上文认为中国投资率和消费率合意区间应分别为30%～40%和60%～70%，于是我们可以计算出消费投资比（RCI），即消费率/投资率的合意区间在1.5～2.33之间，区间中值为1.915。用 $UNBA = \left|\frac{RCI - 1.915}{2.33 - 1.50}\right|$，来反映投资消费结构失衡程度的大小。UNBA值越大说明投资消费结构失衡程度越大，反之亦然。

对于需求层面的收入分配畸形变量的选取：首先，考察20世纪90年代中期以来资本和劳动分配方面的不平等，对此研究甚多（罗长远等，2009；白重恩等，2009；李稻葵等，2009）。一般通过考察劳动报酬份额的变化来阐述收入分配向资本倾斜的事实，所以在此我们选择劳动报酬占比来衡量国民收入初次分配的扭曲。其次，衡量社会群里收入差距状况，既能反映居民收入差距又认可度较高，基尼系数是一个相对较好的指标，对于中国省域基尼系数测算不论是官方的统计局还是各位学者都进行了有意义的尝试（陈昌兵，2007；段景辉等，

2010），在此我们引用田卫民（2012）计算的全国27个省级区域1995—2010年[①]总体居民收入的基尼系数来反映居民间收入分配差距的状况和事实。再次，由于社会保障涉及医疗、失业和养老等多个领域，参考先前研究社会保障等方面的文献（庞凤喜等，2012；刘新等，2010），同时考虑数据可得性，在此用地区财政支出中社会保障支出[②]所占比例来衡量。

对于供给层面的低技术水平抑制高质量供给的提供，只能选择反映技术水平和产业的发展的结构状况来反映：第一，选择反映产业层次的指标。对于产业发展状况衡量的研究，干春晖等（2011）构造了产业合理化[③]和产业高级化的两个指标，在此我们选择产业高级化作为对产业升级的一种衡量，吴敬琏（2008）认为经济结构的服务化即产业结构升级的一种重要特征，则选择第三产业产值与第二产业产值之比来反映产业高级化。第二，选择反映技术水平的指标。在此我们用全要素生产率（TFP）来衡量技术水平，具体方法则采用DEA方法测算的Malmquist生产率指数作为全要素生产率（TFP）来衡量。其中以GDP作为产出指标，在此我们以1998年为基期，通过国内生产总值指数来折算得到剔除价格因素的真实GDP。以资本和劳动作为投入指标，其中资本，我们选择目前普遍采用的永续盘存法来计算各地区物质存量[④]；劳动，则用各地区从业人数来衡量。

---

① 由于只有27个省，其中山东、海南、吉林三省数据缺失。另外本文的面板数据是到2011年，则所有省份2011年数据缺失，同时天津2002年以后数据、湖南2006年以后数据、云南2007年以后数据缺失。

② 2007年之前报告的为“社会保障补助支出”，指国家预算用于社会保障的补助支出，包括对社会保险基金的补助、促进就业补助、国有企业下岗职工补助、补充全国社会保障基金等。2007年报告的为“社会保障和就业支出”，指政府在社会保障与就业方面的支出，包括社会保障和就业管理事务、民政管理事务、财政对社会保险基金的补助、补充全国社会保障基金、行政事业单位离退休、企业改革补助、就业补助、抚恤、退役安置、社会福利、残疾人事业、城市居民最低生活保障、其他城镇社会救济、农村社会救济、自然灾害生活救助、红十字事务等。虽然变量口径和所含内容发生变化，但是数据前后变化不大，所以未做特别的调整。

③ 对于产业合理化，干春晖等（2011）改造了泰尔指数的算法，即用 $TL=\sum_{i=1}^{3}\left(\frac{Y_i}{Y}\right)\ln\left(\frac{Y_i}{L_i}\ln\frac{Y}{L}\right)$ 来衡量，其中 Y 表示产值，L 表示就业，i 表示产业，当产业结构合理时，即 $\frac{Y_i}{L_i}=\frac{Y}{L}$，则 $TL=0$，其意为产业结构合理，反之对均衡的偏离都是产业结构不合理，TL 越大则产业结构不合理程度越深。产业合理化指标反映产业结构合理与否，本文最主要的在于考察产业层次的高低程度，故未选择该指标。

④ 资本存量的估算公式为：$K_{it}=K_{it-1}$（$1-\delta_{it}$）$+I_{it}$，其中 i 指第 i 个地区，t 指第 t 年。公式涉及四个变量，当年投资 I、投资品价格指数、经济折旧率 δ，以及基年资本存量 K。一般都采用固定资本形成总额来度量当年投资。并运用固定资本价格指数求得以2000年为基年的不变价格表示的真实固定资本形成总额。基期的资本存量我们按照国际常用方法计算：$K_0=I_0/$（$g+\delta$），其中，K_0 是基期资本存量，I_0 是基期投资额，g 是样本期真实投资的年平均增长率。经济折旧率我们采用张军等（2004）的研究成果，为9.6%。

在控制变量方面，由于对投资消费结构失衡的解读众多，同时影响投资消费结构的因素确实也相对较多，在此选择能反映要素失衡说、经济发展阶段说、对外开放说和城乡二元化说等指标来进行计量检验。变量定义和计算方法具体如表 7 所示：

表 7　数据变量定义和计算方法

变量性质	变量名称	变量含义	具体计算方法
被解释变量	*UNBA*	结构失衡程度	—
解释变量	*LAB*	劳动报酬占比	地区劳动者报酬/地区 GDP
	GINI	基尼系数	—
	SEC	社会保障支出占比	地区社会保障支出/地区财政支出
	TS	产业高级化	地区第三产业产值/地区第二产业产值
	TFP	技术水平	Malmquist 指数（DEA 方法）
控制变量	*REGDP*	地区人均 GDP	—
	URB	城市化率	地区非农人口数/地区总人口数
	FACTOR	要素市场发育程度	王小鲁、樊纲市场化指数中“要素市场发育指数”
	OPEN	开放度	地区进出口总额/地区生产总值

变量的描述性统计结果如表 8 所示：

表 8　描述性统计结果

变量	均值	标准差	最小值	最大值
UNBA	1. 033	0. 392	0. 003	1. 715
LAB	0. 479	0. 084	0. 246	0. 726
GINI	0. 387	0. 055	0. 229	0. 491
SEC	0. 088	0. 057	0. 006	0. 442
TS	0. 901	0. 417	0. 018	3. 295
TFP	0. 981	0. 041	0. 850	1. 112
REGDP	7211. 038	8000. 83	202. 05	53210. 28
URB	0. 441	0. 155	0. 176	0. 893
FATOR	4. 133	2. 255	0. 400	11. 930
OPEN	0. 317	0. 403	0. 032	1. 722

（二）检验模型及方法

对于面板数据的估计，首先我们设估计方程如下所示：

$$y_{it} = C + \beta_i x_{it} + \sum_{i=1}^{n} \gamma_i Control_{it} + \alpha_i + \mu_{it} \quad (1)$$

其中 y_{it} 为失衡程度，x_{it} 为核心解释变量，$Control_{it}$ 为一系列控制变量，下标 i 和 t 分别表示第 i 个省份和第 t 年。α_i 为模型取固定效应时各地区不随时间变化的效应，μ_{it} 为残差项。

虽然在前文已经详述过对投资消费结构失衡多种视角的解读，我们也尽可能寻找更多的变量（加入了 4 个控制变量）对除了文中所述的需求和供给层面之外的其他因素进行控制。但对这一复杂问题机制解读有些认为中国受儒家传统文化的影响（叶德珠，2008），所以很难寻找到合适的指标来对文化层面的问题进行度量，所以在模型的估计方面难免会存在遗漏变量的问题。而由于遗漏变量会存在内生性问题，对于内生性的解决，我们考虑工具变量法来进行解决。采取两阶段最小二乘法（2SLS），其中用内生变量的滞后项作为工具变量来进行估计。

（三）估计结果

我们用 Stata11.0 对上述模型进行计量分析，模型回归的结果如第 320 页表 9 所示。

第 320 页表 9 是报告的 2SLS 估计结果，为了保证工具变量的有效性，需要进行一系列的检验。不可识别检验中强烈拒绝“不可识别”的原假设，工具变量的秩条件可以满足。进一步，第一阶段回归检验工具变量联合显著性的 F 统计量均大于 10，故可以认为不存在弱工具变量。另外在过度识别检验中模型均为恰好识别。模型（1）至模型（4）是讨论收入分配结构扭曲对投资消费结构失衡影响的结果。首先看反映收入分配结构的劳动报酬占比（LAB）对投资消费结构失衡的影响，均是负向影响且通过显著性检验，即随着劳动报酬占比的不断下降投资消费结构失衡程度越来越严重。说明投资消费失衡很大程度在于国民收入分配与再分配过程的问题（方福前，2009；刘伟等，2010）。中国由于人口红利的存在，长期的劳动力资源丰腴而资本相对稀缺的现实，使得资本所有者分配的国民收入越来越多，反之对劳动力实现低价战略，普通劳动者报酬占有份额持续下降。不论是税前还是税后劳动分配份额自 1983 年达到顶峰后开始呈现长期逐渐下滑趋势（吕冰洋等，2012）。这样劳动和资本收入的不对等，双重激励都使

表 9　2SLS 估计结果

	被解释变量:失衡程度(*UNBA*)							
	(1)	(2)	(3)	(4)	(5)	(6)	(7)	(8)
LAB	-1.26 * (-1.96)			-2.11 ** (-2.04)				-1.46 * (-1.90)
GINI		-10.09 *** (-7.22)		-11.66 *** (-6.94)				-11.15 *** (-6.24)
SEC			-1.76 (-1.63)	1.53 (1.01)				1.45 (1.33)
TS					-0.66 *** (-2.97)		-0.48 ** (-2.46)	-0.30 (-1.04)
TFP						-4.94 *** (-3.61)	-5.18 *** (-3.37)	-4.08 *** (-2.70)
REGDP	-40.14 *** (-7.66)	-28.81 *** (-5.41)	-37.43 *** (-7.12)	-22.15 *** (-4.98)	-42.61 *** (-8.17)	-32.33 *** (-5.41)	-29.17 *** (-5.25)	-19.92 *** (-3.15)
REGDP2	133.41 *** (5.91)	82.44 *** (4.09)	128.17 *** (6.74)	84.00 *** (5.03)	135.36 *** (7.23)	121.53 *** (6.40)	118.32 *** (5.77)	64.26 *** (2.93)
UBR	0.63 (1.50)	1.96 *** (3.45)	1.56 *** (2.76)	0.92 (1.29)	0.86 (1.54)	0.61 (1.25)	0.42 (0.82)	0.95 (1.11)
FACTOR	0.03 ** (1.99)	0.05 *** (3.88)	0.08 *** (3.29)	0.07 ** (2.12)	0.08 *** (2.98)	0.06 ** (1.99)	0.06 ** (2.22)	0.06 ** (2.16)
OPEN	-0.21 (-1.06)	0.12 (0.51)	-0.36 * (-1.82)	0.24 (1.08)	-0.26 (-1.30)	-0.22 (-1.42)	-0.24 (-1.12)	0.32 (1.38)

续表

	被解释变量:失衡程度(*UNBA*)							
	(1)	(2)	(3)	(4)	(5)	(6)	(7)	(8)
不可识别检验	90.01 ($p=0.00$)	100.57 ($p=0.00$)	101.33 ($p=0.00$)	72.92 ($p=0.00$)	176.97 ($p=0.00$)	79.02 ($p=0.00$)	78.64 ($p=0.00$)	43.57 ($p=0.00$)
弱工具变量检验	123.01	181.88	153.82	23.71	522.65	107.42	54.53	13.96
过度识别检验	/	/	/	/	/	/	/	/
N	330	282	324	276	330	330	330	276
R^2	0.158	0.251	0.171	0.172	0.204	0.149	0.158	0.239

注:(1)括号中的数字为 z 值;(2)***、**、*分别表示该估计量在1%、5%、10%的水平上显著。

得投资越来越多而居民消费却越来越少，由此可见这导致消费率低迷而投资率居高不下收入分配方面的主因。其次，对用地区收入基尼系数（GINI）来衡量的收入差距的影响，结果与我们预期的呈现正向的影响出现偏差，均通过显著性检验且呈现负向影响。但是我们不能认为收入差距的扩大会对消费投资结构失衡呈现一个缓解作用。民与民之间收入分配不合理，一是表现在城乡之间，城乡之间收入差距偏离最优路径的程度在扩大（杨天宇等，2008），而这进一步引致城乡居民消费水平差距呈现长期扩大趋势（曾国安等，2008）。在农村居民占绝对多数的中国，农民消费的疲软直接影响着消费率的提升。二是表现在城镇内部之间，城镇居民收入分配差距的扩大引起了居民平均消费倾向的减小（娄峰等，2009；段先盛，2009）。所以收入差距的扩大，其结果使得全社会整体消费倾向降低，投资消费结构日趋不合理，所以在指标选择方面不能全面反映出来中国收入差距的变化现实，以至于结果有所偏差，但收入差距缩小才是促进结构失衡走向平衡的基本途径。再次，社会保障改善（SEC）对投资消费结构失衡并没有通过显著影响。对于这一结果的出现，一是我们采用“地区社会保障支出/地区财政支出”这一指标，反映的是政府财政对社会保障近些年的一个支持力度的重视问题，但是社会保障问题涉及医疗、失业和养老等多个领域，财政支出的增加不能全面反映社会保障改善状况。二是现阶段居民面对的社会保障问题过于繁重，不论是教育、医疗还是养老等社会保障问题无法从体制上予以改善，则对居民预期改变程度不大甚至没有改变，所以同样对抑制消费重视积累传统习惯的改变也无从谈起，投资消费结构改善同样不可实现。模型（5）至模型（7）是讨论供给层面的扭曲对投资消费结构影响的结果。产业结构高级化（TS）和技术水平（TFP）对投资消费结构失衡程度具有显著的负向作用。可以看出产业结构高级化和技术水平的提升都会降低投资消费结构失衡的程度。而目前中国投资消费结构失衡确实受困于产业结构和技术水平的低层次。经过30多年的发展，中国部分行业的产能过剩，低附加值、低技术含量等问题以及环境和资源约束都到了比较严重的程度，追根究底在于技术进步的步履维艰，特别是技术层次低导致的产业结构升级的困难，依然沿着传统的模式演化和畸形发展。产业结构的低端化直接导致的是投资无法创造需求，不断增加的投资只会带来产能过剩。模型（8）将反映需求层面和供给层面双重扭曲的指标均放入模型，可以看出基本与模型（1）至模型（7）的结果类似，只是产业高级化（TS）符号符合预期但未通过显著性检验，但结合前面 7 个方程的结果有理由相信供需层面的双重结构扭曲为投资消费结构失衡提供了一种解释。

在控制变量方面，第一，人均 GDP（REGDP）放入一次项和二次项，其中一次项系数显著为负，而二次项系数显著为正，说明投资消费结构失衡与人均 GDP 呈现正 U 型的关系。这与一般层面的理解出现偏差，传统理论认为投资消费结构失衡与人均 GDP 呈现倒 U 型关系，即开始阶段未到平衡增长路径时，随着人均 GDP 的提高投资消费结构失衡是会恶化的。但随着发展阶段的提升，越来越趋于平衡增长时，人均 GDP 的上升会缓解投资消费结构的失衡。但是基于中国省际数据的结果，与传统认识有一定的差异，主要在于 20 世纪 90 年代末期随着人均 GDP 的提高，中国投资消费结构失衡的问题略有改观，但进入 21 世纪后该问题却呈现出越来越恶化的趋势（第 324 页图 4），以至于随着人均 GDP 的提高投资消费结构不是趋于均衡而是失衡趋势明显，这也恰恰说明认为投资消费结构是阶段性问题，以及通过收入水平提高自动化解的机制在中国是不存在的。第二，对于城市化率（UBR）对投资消费结构失衡程度的影响，多数方程没有通过显著性的检验，或是通过显著性检验且呈现正向影响，与以往文献分析结论不同，这意味着城市化率的提高对于投资消费结构改善无明显的促进影响，追问原因应是城市化本身问题造成的。中国过去城市化自身存在的问题只是带来了大量的基础设施建设或是不必要的投资，真正从收入方面对居民的改善作用有限。所以引致的结果是成为投资率居高的推手而对启动城乡居民消费却作用不足。第三，要素市场发育程度（FACTOR）对投资消费结构失衡呈现正向的影响，且所有模型均通过了显著性检验，即要素市场发育程度越高对投资消费结构失衡却没有正向的改善作用。这与投资消费结构失衡根源是要素市场的扭曲的论证（Huang，2010；姜学勤，2009）还是有偏差的。要素市场的扭曲，一方面是劳动力市场的扭曲增加不确定性抑制消费，另一方面是资本和资源市场的扭曲，特别是“低价战略”会制造“经济租”，对投资的不断增加提供错误的激励，但是可以看出要素市场市场化的程度的提高并不能从根本上解决投资消费失衡问题，是一个多重扭曲的结果，从单一要素市场扭曲来解释这一问题略显牵强。第四，对外开放（OPEN）对消费投资结构失衡的影响基本没通过显著性检验，我们认为对外开放程度的提高对投资消费结构改善并无作用。对于对外开放可以说最初阶段，对于提高整体收入和引致投资都有正面的效应，但是时至今日这种出口导向的战略弊端凸显，国内低质的投资和低附加值的产品有了国外市场，通过出口来加以出清，出口增加后带来的整体产出的增长，但对日益恶化的内需结构改善明显不足。

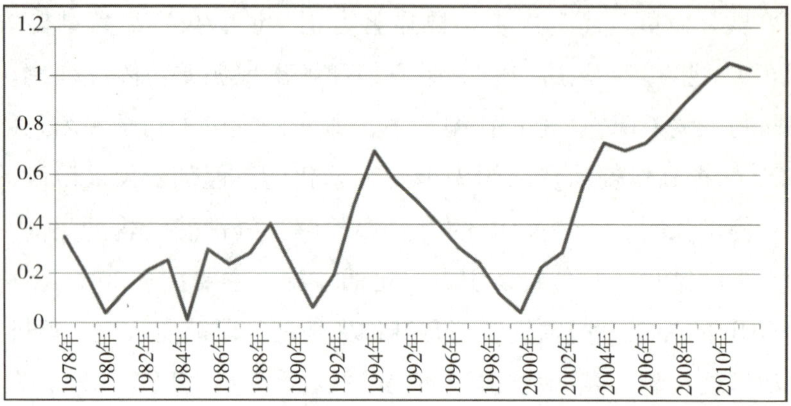

图 4　中国 1978—2011 年投资消费结构失衡的程度变化趋势

（四）稳健性检验

为了考虑研究的结果的稳健性，首先采用不同处理内生性的方法 SYS-GMM，并对以上结果做了如下的稳健性分析：其一，重新构造投资消费结构失衡指标，避免以投资消费比来衡量投资消费结构失衡可能存在的弊端。在此构造投资率和消费率偏离之和①作为投资消费结构失衡的衡量（STRU）。具体见第 325 页表 10 所示，结果可见上述结果是稳健的。重新构造的投资消费结构失衡的被解释变量，同样可以被双重结构扭曲的指标来解释，相关系数显著且符合预期。

其二，在反映收入分配结构扭曲方面，我们用“资本报酬占比”“泰尔指数”和“社会保障支出占 GDP 的比重”三个代理变量。其中“资本报酬占比（CAP）”反映国民收入初次分配对资本倾斜的程度；对于收入差距，选择“泰尔指数（TEL)”，但主要是度量城乡收入差距，在此采用王少平等（2008）的

---

① 参考多元统计对适度指标的处理方法，运用 $A(X_i)=\begin{cases}1 & X_i > X_{\max} \\ \dfrac{X_i - X_{\min}}{X_{\max} - X_{\min}} & X_{\min} < X_i < X_{\max} \\ 1 & X_i < X_{\min}\end{cases}$ 对投资率和消费率偏离适度区间的程度进行衡量。其中 $A(X_i)$ 为投资率和消费率处理后的偏离值，X_t 为投资率和消费率实际数值，$X_{\max}$ 和 $X_{\min}$ 为投资率和消费率适度的上、下限值。于是在此构造投资率和消费率偏离之和作为投资消费结构失衡的具体衡量，即 $STRU = A(X_{投资}) + A(X_{消费})$。

表 10　GMM 估计的稳健性结果 1

	被解释变量:投资消费结构失衡(*STRU*)							
	(17)	(18)	(19)	(20)	(21)	(22)	(23)	(24)
*L. STRU*①	0.37 *** (11.54)	0.28 *** (3.89)	0.35 *** (5.95)	0.28 *** (4.48)	0.38 *** (7.75)	0.34 *** (8.30)	0.36 *** (9.40)	0.30 *** (5.48)
LAB	-0.89 *** (-4.15)			-0.32 *** (-2.74)				-0.42 *** (-3.03)
GINI		-2.19 ** (-2.35)		-0.69 ** (-1.95)				-2.26 *** (-2.71)
SEC			-1.15 *** (-5.98)	-0.82 ** (-2.24)				-1.49 *** (-2.64)
TS					-0.05 *** (-3.41)		-0.08 *** (-3.90)	-0.55 ** (-2.25)
TFP						-1.57 ** (-2.14)	-2.27 ** (-2.30)	-1.81 ** (-2.10)
CONS	2.43 *** (6.96)	2.28 *** (7.04)	1.53 *** (2.64)	2.05 *** (3.61)	1.43 *** (2.94)	3.08 *** (2.77)	3.94 *** (4.18)	4.56 *** (2.92)
控制变量	显著	显著	显著	显著	显著	显著	显著	显著
Sargan 检验 *P* 值	1.0000	1.0000	1.0000	1.0000	1.0000	1.0000	1.0000	1.000
AR(1) 检验 *P* 值	0.0006	0.0031	0.0009	0.0027	0.0003	0.0006	0.0004	0.0010
AR(2) 检验 *P* 值	0.1638	0.1982	0.1223	0.2488	0.0833	0.1736	0.1664	0.2039

注:(1)括号中的数字为 *z* 值;(2) ***、**、* 分别表示该估计量在 1%、5%、10% 的水平上显著。

① *L. STRU* 为以投资率和消费率偏离之和作为投资消费结构失衡的衡量(*STRU*)的滞后一期。

相关研究成果①；对于社会保障的水平，我们用“社会保障费总额占 GDP 的百分比（SEC1）”来确定其水平的高低②。其二，在反映供给结构扭曲方面，产业水平的高低采用丁梓楠等（2012）有关研究，运用“产业层次系数（ILC）”来衡量③；对于技术水平则采用较常用的“研究地区 R&D 经费支出占 GDP 比重（ZC）”来衡量创新水平。结果见第 327 页表 11 所示，可以看出各个系数基本符合预期，与上文研究的结果基本不变。

五、结论及政策选择

站在现在的时点上，回首过去几十年的发展，中国既有经济规模的成功，也有社会与经济无法承受的失衡。同时，也正是失衡的存在使其成为中国未来是否顺利跨过中等收入陷阱绕不开的话题。在上述背景下，大量研究学者根据各自不同的观察视角对中国投资消费结构失衡问题进行了深入剖析，并得出了有意义的研究结论。但仔细观察可以发现，中国的投资消费结构失衡问题可能是由多方面因素综合引起的，而从单一视角对中国经济失衡问题进行解读的研究方法便显得不合时宜，从而制约了其解释力。鉴于上述缺陷，本文从双重结构的视角对以投资消费结构失衡为代表经济失衡进行剖析，发现需求层面收入分配结构扭曲（收入分配畸形所产生的总量效应）和供给层面技术结构扭曲（低水平技术供给所产生的结构效应）的共同作用是导致中国经济失衡的重要原因。那么，结合发展战略，从需求和供给两个层面系统、综合地看待投资消费结构失衡便成为本文研究的重要启示。

---

① 泰尔指数具体的定义和计算公式：$dis_t = \sum_{i=1}^{2}\left(\frac{p_{it}}{p_t}\right)\ln\left(\frac{\frac{p_{it}}{p_t}}{\frac{Z_{it}}{Z_t}}\right)$，其中 dis_i 代表 t 时期的泰尔指数，$i=1$，2 分别表示城镇和农村地区，Z_{it} 表示 t 时期城镇或农村的人口数量，Z_t 表示 t 时期的总人口，p_{it} 表示城镇和农村的总收入（用相应的人口和人均收入之积表示），p_t 表示 t 时期的总收入。

② 对社会保障水平衡量，穆怀中（2002）研究具有代表性，他构建社会保障水平的测定模型：$S = S_a/W * (W/G) = Q * H$，其中 S 代表社会保障水平，Sa 代表社会保障支出总额；W 代表工资收入总额；G 代表国内生产总值；Q 为社会保障负担系数；H 称为劳动生产要素分配系数。将公式简化一般就用“社会保障支出总额占 *GDP* 比重”来衡量社会保障水平。

③ 产业层次系数（Industrial Level Coefficient）来衡量产业层次，通过高层次产业与低层次产业的结构之比，说明产业层次的高低。首先构建第二、三产业系数（*ILC*1），$ILC1_i = (Y_{2i} + Y_{3i})/Y_{1i}$ 和第三产业系数（*ILC*2），$ILC2_i = Y_{3i}/(Y_{1i} + Y_{2i})$，其中 Y 表示某产业产值，1，2，3 表示第一产业、第二产业和第三产业。然后在构建总产业层次系数，$ILC3_i = ILC1_i + ILC2_i$，在此采用总产业层次系数（*ILC*3）来衡量产业层次的高低。

表 11　GMM 估计的稳健性结果 2

	被解释变量:投资消费结构失衡(UNBA)							
	(26)	(27)	(28)	(29)	(30)	(31)	(32)	
*L. UNBA*①	0.36 *** (14.87)	0.37 *** (34.18)	0.40 *** (20.49)	0.33 *** (12.09)	0.24 *** (7.73)	0.29 *** (10.66)	0.31 *** (12.73)	0.33 *** (12.75)
CAP	0.51 *** (3.08)			0.72 *** (3.44)				0.33 (1.37)
TEL		-0.02 *** (-14.71)		-0.02 *** (-2.74)				-0.02 *** (-5.00)
*SEC*1			-1.40 (-1.48)	0.33 (0.34)				0.08 (0.08)
ILC					-0.01 *** (-23.47)		-0.01 *** (-7.43)	-0.004 *** (-8.26)
ZC						-7.95 (-1.45)	-6.98 *** (-3.68)	-12.96 *** (-5.31)
控制变量	显著	显著	显著	显著	显著	显著	显著	显著
CONS	2.62 *** (13.50)	2.53 *** (10.63)	2.36 *** (9.67)	2.88 *** (7.98)	2.88 *** (9.82)	2.62 *** (9.16)	2.36 *** (7.95)	2.61 *** (8.57)
Sargan 检验 *P* 值	1.0000	0.9999	0.9999	1.0000	1.0000	1.0000	1.0000	1.0000
AR(1) 检验 *P* 值	0.0003	0.0001	0.0002	0.0003	0.0015	0.0004	0.0002	0.0002
AR(2) 检验 *P* 值	0.1529	0.0526	0.0629	0.1090	0.3875	0.9476	0.5683	0.1257

注:(1)括号中的数字为 *z* 值;(2) ***、**、* 分别表示该估计量在 1%、5%、10% 的水平上显著。

① *L. UNBA* 为以用 $UNBA = \left|\frac{RCI - 1.915}{2.33 - 1.50}\right|$ 公式构造反映投资消费结构失衡(*UNBA*)的滞后一期。

纠偏经济失衡，完成结构转型并在此基础上实现长期经济增长，其重要性是不言而喻的。我们认为，需要系统、综合地看待中国投资消费结构失衡，要标本兼治，更加强调结构调整和战略转型，全力推进经济发展方式转变，谋求经济增长的持续性，以期中国经济下一个辉煌周期建立在结构均衡的逻辑起点上。

首先是在发展理念方面，发展战略应该进行全方位的转型，发展重点不应再局限于增长数量，而在于谋求经济增长的质量和效益。调整经济结构是提高经济增长的质量和效益、增强经济竞争力、实现经济持续快速健康发展的内在要求和有效途径。所以破解结构失衡的政策层面启示，仍是需要促进需求和供给两个层面的结构调整，即需要采取供给管理与需求管理相结合的宏观经济政策。在这种基调下，要以扩大生产可能性边界为基本目标，以供给管理为主并辅之以需求管理：首先，在供给管理方面，一是通过创新来创造新的增长空间，破解产业的低端锁定困局。具体方式是通过技术创新、产品创新、组织创新、商业模式创新、市场创新等一系列创新方式及手段来促进产业升级，逐步实现传统产业的改造转型，提升产业竞争力以及提高产业内外关联水平，推动产业跳出低端锁定的状态从而实现结构升级。二是要提高投资的效率，根本途径在于深化改革，消除投资的体制性障碍，政府不应再将自己作为投资的主体来对待而是回归原位，让投资体制真正内生于市场。同时完善民间投资制度保障体系，特别是要完善对小企业的支持政策。

其次，在需求管理方面，纠偏收入分配结构，实施收入倍增计划，发挥消费需求的作用。“十八大”将实施收入倍增计划正式提出，旨在实现高质量的就业，增加劳动者报酬收入以及改善收入分配的畸形结构。20 世纪 60 年代日本提出国民收入倍增计划（Income Doubling Program）造就了日本的黄金时代。借鉴日本经验，针对中国各种收入差距不断扩大，劳动报酬在国民收入中比重日益下滑的现实，我们未来需要：首先要给劳动者体面就业的机会和均等的就业机会，给予普通劳动者人文关怀，特别是让低收入群体能够分享经济发展的成果；其次通过政策税收等手段改变当前中国“哑铃型”的社会结构模式，促进中等收入占绝大多数的“橄榄型”结构的转变。

总之，中国投资消费结构失衡的问题解决必须构筑经济战略转型的整体性框架，以彻底摒弃资源型、粗放型的经济发展模式。将中国经济由不可持续、不均衡的投资和外需驱动发展模式，转换到依靠技术与消费驱动的内生性规模报酬递增的发展轨道上来。

参考文献

[1] 白重恩，钱震杰．谁在挤占居民的收入——中国国民收入分配格局分析［J］．中国社会科学，2009（5）．

[2] 北京大学中国经济研究中心宏观组．产权约束、投资低效与通货紧缩［J］．经济研究，2004（9）．

[3] 蔡跃洲，王玉霞．投资消费结构影响因素及合意投资消费区间——基于跨国数据的国际比较和实证分析［J］．经济理论与经济管理，2010（1）．

[4] 曾国安，胡晶晶．论20世纪70年代末以来中国城乡居民收入差距的变化及其对城乡居民消费水平的影响［J］．经济评论，2008（1）．

[5] 陈昌兵．城市化与投资率和消费率间的关系研究［J］．经济学动态，2007（9）．

[6] 陈亮．中国跨越“中等收入陷阱”的开放创新——从比较优势向竞争优势转变［J］．马克思主义研究，2011（3）．

[7] 丁梓楠，穆怀中．中国产业层次对地区初次分配福利水平的提升效应——基于省级面板数据的实证分析［J］．经济理论与经济管理，2012（6）．

[8] 杜亚丽，孟耀．投资与消费比例失调的影响及其对策［J］．东北财经大学学报，2010（2）．

[9] 段景辉，陈建宝．基于家庭收入分布的地区基尼系数的测算及其城乡分解［J］．世界经济，2010（1）．

[10] 段先盛．收入分配对总消费影响的结构分析——兼对中国城镇家庭的实证检验［J］．数量经济技术经济研究，2009（2）．

[11] 樊纲，张晓晶，魏强等．中国经济再平衡之路［M］．上海：上海远东出版社，2010．

[12] 方福前．中国居民消费需求不足原因研究——基于中国城乡分省数据［J］．中国社会科学，2009（2）．

[13] 方红生，金祥荣．赶超战略、财政制度安排与中国失衡的消费投资结构［D］．浙江大学经济学院工作论文，2010．

[14] 房林，邹卫星．中国消费投资失衡的现状与危害述评［J］．消费经济，2008（24）．

[15] 干春晖，郑若谷，余典范．中国产业结构变迁对经济增长和波动的影响［J］．

经济研究，2005（5）.
[16] 郭克莎. 我国投资消费关系失衡的原因和“十二五”调整思路［J］. 开放导报，2009（6）.
[17] 何帆，王世华. 寻求治理中国经济内外部失衡的政策组合［J］. 中国金融，2006（16）.
[18] 贺铿. 中国投资、消费比例与经济发展政策［J］. 数量经济技术经济研究，2006（5）.
[19] 洪兴建. 基于S基尼系数的中国行业工资差距分析［J］. 统计研究，2010（5）.
[20] 华民. 应对中国经济内外失衡的开放战略［J］. 学术界，2007（1）.
[21] 黄益平，陶坤玉. 中国外部失衡的原因与对策：要素市场扭曲的角色［J］. 新金融，2011（6）.
[22] 纪明. 需求结构演进逻辑及中国经济持续均衡增长［J］. 社会科学，2013（2）.
[23] 姜学勤. 要素市场扭曲与中国宏观经济失衡［J］. 消费导刊，2009（3）.
[24] 经济增长前沿课题组. 经济增长、结构调整的累积效应与资本形成——当前经济增长态势分析［J］. 经济研究，2003（8）.
[25] 荆林波，王雪峰. 消费率决定理论模型及应用研究［J］. 经济学动态，2011（11）.
[26] 李稻葵，刘霖林，王红领. GDP中劳动份额演变的U型规律［J］. 经济研究，2009（1）.
[27] 李建伟. 投资率和消费率的演变规律及其与经济增长的关系［J］. 经济学动态，2003（3）.
[28] 李永友. 失衡的增长结构与财政制度安排［J］. 经济理论与经济管理，2010（9）.
[29] 林毅夫，蔡昉，李周. 中国的奇迹：发展战略与经济改革［M］. 上海：上海三联书店，1994.
[30] 刘瑞明，石磊. 国有企业的双重效率损失与经济增长［J］. 经济研究，2010（1）.
[31] 刘伟，蔡志洲. 国内总需求结构矛盾与国民收入分配失衡［J］. 经济学动态，2010（7）.

[32] 刘霞辉，张平，张晓晶．改革年代的经济增长与结构变迁［M］．上海：上海人民出版社，2008.
[33] 刘新，刘星，刘伟．财政社会保障支出的就业效应——基于1978—2008年的经验数据［J］．山西财经大学学报，2010（7）.
[34] 娄峰，李雪松．中国城镇居民消费需求的动态实证分析［J］．中国社会科学，2009（3）.
[35] 卢中原．关于投资和消费若干比例关系的探讨［J］．财贸经济，2003（4）.
[36] 罗长远，张军．经济发展中的劳动收入占比：基于中国产业数据的实证研究［J］．中国社会科学，2009（4）.
[37] 吕冰洋，郭庆旺．中国要素收入分配的测算［J］．经济研究，2012（10）.
[38] 穆怀中．国民财富与社会保障收入再分配［M］．北京：中国劳动社会保障出版社，2002.
[39] 庞凤喜，潘孝珍．财政分权与地方政府社会保障支出——基于省级面板数据的分析［J］．财贸经济，2012（2）.
[40] 钱纳里，罗宾逊，塞尔奎因．工业化和经济增长的比较研究［M］．上海：上海三联书店，1995.
[41] 乔为国，潘必胜．我国经济增长中合理投资率的确定［J］．中国软科学，2005（7）.
[42] 史晋川，黄良浩．总需求结构调整与经济发展方式转变［J］．经济理论与经济管理，2011（1）.
[43] 孙祁祥，肖志光．社会保障制度改革与中国经济内外再平衡［J］．金融研究，2013（6）.
[44] 田卫民．省域居民收入基尼系数测算及其变动趋势分析［J］．经济科学，2012（2）.
[45] 王宁，史晋川．要素价格扭曲对中国投资消费结构的影响分析［J］．财贸经济，2015（4）.
[46] 王少平，欧阳志刚．我国城乡收入差距的度量及其对经济增长的效应［J］．经济研究，2008（7）.
[47] 吴敬琏．中国增长模式抉择［M］．上海：上海远东出版社，2005.
[48] 吴忠群．中国经济增长中消费和投资的确定［J］．中国社会科学，2002（3）.
[49] 许小年，肖晴．没有温度的高烧［J］．财经，2003（17）.

[50] 杨天宇，柳晓霞．满足消费最大化的最优居民收入差距研究［J］．经济学家，208（1）．

[51] 叶德珠．东亚国家高储蓄、低消费之谜的行为经济学解析［J］．亚太经济，2008（3）．

[52] 余文建，李雪俏，杨文玉，等．中国经济结构性失衡的原因与解决路径——基于投资和消费对经济增长贡献作用的实证分析［J］．上海金融，2010（6）．

[53] 张建平，关秀丽．国际经济结构变动趋势及对我国的影响研究［M］．北京：中国计划出版社，2009．

[54] 张军，吴桂英，张吉鹏．中国省际物质资本存量估算：1952—2000［J］．经济研究，2004（1）．

[55] 郑功成．中国社会保障制度改革的新思考［J］．山东社会科学，2007（6）．

[56] 中国经济增长与宏观稳定课题组．干中学、低成本竞争和增长路径转变［J］．经济研究，2006（4）．

[57] 周黎安．转型中的地方政府：官员激励与治理［M］．上海：上海人民出版社，2008．

[58] 邹卫星，房林．为什么中国会发生投资消费失衡［J］．管理世界，2008（12）．

[59] AZIZ J. Rebalancing China's Economy: What Does Growth Theory Tell Us［R］. IMF Working Paper, No. 291, 2006.

[60] FRIEDMAN M. A Theory of the Consumption Function［M］. NJ: Princeton University Press, 1957.

[61] KEYNES JM. The General Theory Of Employment, Interest And Money［M］. London: Macmillan, 1936.

[62] BLANCHARD O, GIAVAZZI. Rebalancing Growth in China: A Three – Handed Approach［R］. Working Paper of NBER, Nov. 25, 2005.

[63] PRESAD E S. Rebalancing Growth in Asia［R］. NBER Working Paper, No. 15169, 2009.

[64] RAWSKI T G. 投资行为将会限制中国的经济增长吗［J］．世界经济文汇，2003（1）．

[65] HUANG Y, WANG B. Cost Distortions and Structural Imbalances in China［J］. China & World Economy, 2010（18）: 1 – 17.

第十六章　转型时期我国代际间的教育流动研究
——基于中国综合社会调查（CGSS）数据

张　蓓*

摘　要　近年来，我国收入差距不断拉大，“富二代”“穷二代”“官二代”等现象成为全社会讨论的焦点。纵观这种现象发现，目前我国代际间存在传递效应，且传递形式从直观的职业、收入蔓延至教育这一中介。教育的代际传递效应形成了二次机会不公，阻碍了社会流动。在此背景下，本文以CGSS数据为样本，构造流动矩阵分别对我国城乡居民的教育流动性进行分析，结果发现我国存在一定的教育传承现象，且教育向上流动通道并不顺畅，农村家庭中子代教育的向上流动机会小于城镇家庭。在此基础上，本文利用多元logit模型，对影响教育的因素及教育的代际传递机制进行检验，结果表明亲代通过经济资本、人力资本、社会资本、文化资本四大机制共同影响子代的教育程度。最后建立收入传递的双对数模型，测算出我国的的代际收入弹性为0.292，检验结果表明，代际间教育的传递效应会弱化教育本身对收入的促进作用，从而增加代际收入弹性，阻碍整个社会的收入流动。

关键词　收入差距；代际流动；代际教育流动；代际收入流动

一、引　言

近年来，收入差距问题引发全社会关注，如何缩小收入差距也成为中国进入重要战略机遇期后亟待解决的问题之一。现实是，改革开放40年来，中国经

* 张蓓，女，1992年7月，汉，陕西西安，西北大学经济管理学院，西方经济学研究生，研究方向为经济增长、收入分配。

济一直处于高速发展时期，实际 GDP 增长了 18.1 倍，年均经济增长率也居高不下。但伴随着高速增长的同时，社会各阶层的收入差距持续扩大。纵向对比来看，自官方公布基尼系数起，我国的基尼系数一直显著高于世界平均水平，从 2003 年的 0.479 上升到 2008 年的 0.491，且官方数据与学界内测算有较大偏差，学界普遍认为官方低估了我国当前的收入差距。横向对比来看，2014 年官方公布基尼系数为 0.469，此数据与包含中国在内的新兴经济体“金砖国家”或 G20 各国的基尼系数相比，均处于较高水平，且大幅超过国际公认的警戒线。

在此大环境下，许多学者对中国的收入差距问题进行了深入研究。具体研究可划分为城乡、区域、行业、家庭及个人等多方面、多层次的收入差距。而在家庭及个人层面的收入差距中，同一家庭但不同代人之间的收入差距往往具有关联性，换言之，一个人的收入除了受自身因素影响外，还会受到亲代相关因素的影响，亲代对子代的这种影响被称为“收入的代际传递效应”。[1]这种代际传递趋势使得“二代”现象丛生，“富二代”“穷二代”“官二代”等成为全社会讨论的焦点。纵观这种现象发现，目前中国收入差距难以调节的一大原因是代际间的传递效应远高于社会竞争力的作用，从而严重影响收入分配制度运行的效率。[2]因此，近年来，从公平与效率角度，以代际流动为视角研究收入差距问题成为收入差距与收入分配领域研究的热点。

代际流动的研究源于社会学对机会公平的关注，观察与研究发现随着收入差距的持续扩大，社会阶层出现固化，阶层流动性降低，开始出现代际传递的现象。[3]而代际间除了直接以财产性收入传递外，以人力资本投资为中介的传递方式也不容忽视。尤其在当前人力资本取代传统生产要素成为新经济增长方式的核心竞争力的背景下，教育这一中介的代际传递效应可能形成二次机会不公。[4]因此，目前我国的阶层固化以及代际间的收入传递效应与代际间教育的流动性有着不可分割的关系。换言之，代际间教育的流动性与传承性将成为代际流动分析的重要部分。

二、文献综述

代际流动问题的研究最早起源于国外，可追溯到 Gary S. Becker，Becker（1979）认为收入分配差距的具体分析不仅包含同一代人不同家庭之间的收入差距，还应考虑同一家庭不同代人之间的收入差距，称作“收入的社会流动性”，是最早出现的收入的代际流动。[5] Becker 通过设定预算约束下的效用最大化模型，得出父母通过遗传和人力资本投资将“禀赋”传给孩子，从而对孩子的收入产生影响。并于 1986 年与 Nigel Tomes 共同提出代际收入传递的双对数模型。[6] Mulligan（1997）在其基础上将个人能力的差异引入代际流动模型。[7] 随后，Solon（1999）研究认为教育是影响代际间收入流动性最重要的因素，并于 2004 年通过理论模型论证了人力资本投资和公共投资的相互作用对代际收入弹性的影响。其后，国外学者分别对各国具体代际流动弹性系数进行了测算。[8]

我国的代际流动研究早期集中于理论与机制分析，后随着微观数据库的逐渐完善，推动了代际流动弹性系数的测算及其他机制的实证研究。我国的代际流动研究大致分为三种思路：

第一种是沿袭经典的代际流动模型，测算代际收入流动性强弱。方鸣（2014）利用 CHNS 数据对我国不同时期居民收入弹性进行测算，并证实了代际收入流动与收入不平等间的关系。[9] 李任玉等（2014）使用工具变量分位数回归的分解方法，通过构建低收入家庭子女与高收入家庭子女拥有相同的特征分布情况下的反事实收入分布，对高、低收入家庭子女的收入差距进行分解。[10]

第二种认为职业作为收入的载体也存在代际间的传递现象。孙三百等（2012）使用工具变量法分析人口迁徙对代际收入弹性的影响，得出结果，迁徙这一机制可以降低代际间的传递效应，增加流动性。[11] 周兴等（2014）研究中国城乡家庭职业流动的代际效应，发现中国城乡间存在明显的职业代际传递效应，且子承父业的特征阻碍了收入的流动。[12]

第三种则是从人力资本投资角度，即以教育为纽带，分析教育在代际流动中承担的角色及作用。李春玲（2003）分析了 1949 年以来，家庭背景和制度变迁对教育的影响，认为意识形态及政府相关政策的变动导致了教育不平等。[13] 郭丛斌等（2007）利用二元 logistic 回归模型分析教育与收入流动的关系，认为教育可以促进收入流动，改善社会阶层固化的现状。[14] 何婕妤（2012）在中国健康和营养调查（CHNS）数据库的基础上估计我国代际收入弹性，并从人力资本视角研究城乡家庭代际收入流动，结果表明我国部分家庭存在严重的代际传递效应。[15] 邸玉娜（2014）运用阶层线性模型（HLM）分析了代际间的交互作用机制，认为教育是打破阶层固化的重要途径，同时父代的职业对子女的教育收益率存在显著影响。[16]

尽管已有文献对我国代际流动中的人力资本投资因素做出分析，但多使用投资方程，以投资收益视角进行粗略分析；也有文献对教育流动机制进行研究，但多站在社会学研究视角。而针对我国二元经济结构，城乡分割现状，对城乡教育流动分别分析，并探讨教育流动性机制、教育流动与收入流动关系的相关研究仍属少数。对此，本文在相关研究的基础上，首先对我国城乡进行分割，分别研究代际间的教育流动情况，其次从四大方面探究代际间的教育传递机制，最后对教育的流动与传承性对代际间收入流动的影响做出解释。

三、数据及变量说明

（一）数据来源及说明

本文数据来源于中国综合社会调查（CGSS），根据需要选取 2006、2010 年数据。CGSS 抽样设计采用多阶分层概率抽样设计，在全国抽取 100 个县（区），数据样本覆盖了中国大陆所有省级行政单位，包含 480 个村/居委会，共计 12000 个家庭。调查数据包含了受访者的户口、收入、年龄、教育程度等基本信息，以及受访者父母的教育程度等信息。本文第四章现状分析部分使用 2010 年调查数据，在 CGSS 数据库中选取子代年龄大于 18 岁小于 60 岁的样本进行分析，同时剔除目前状况为“正在读”的样本，即只分析最高受教育程度已完成的人群，最终筛选出 8636 个符合条件的样本，其中包含 5284 个城市样本与 3352 个农村样本。其中受访者与其父母的最高教育程度分为 14 个等级，为简化描述，依照相关标准及实际，本文将最高受教育程度划分为 8 个类型，并对其进行赋值，从低到高依次为：

表 1　最高受教育程度分类表

分类	含义	等级赋值
未受教育	指没有受过任何教育	0
小学	指扫盲程度，包括小学和私塾	1
初中	指完成九年义务教育	2
中专	包括职业高中、中专和技校	3
高中	指普通高中	4
成人大学	指成人高等教育，包括专科与本科	5
大学	指正规高等教育，包括大学专科与本科	6
大学以上	包括硕士研究生及以上学历、其他	7

（二）变量的描述性统计

本文选取 2006、2010 年数据，但由于 2010 年为 CGSS 第二期基期调查年，此年的调查目的是了解新一批调查对象的基本信息，故问卷设计较为概括，所获得的数据信息也较为粗略，不适用于本文的机制分析和实证检验。进一步从数据的全面性及稳定性考虑，第一期调查数据完整、样本稳定，因此，本文第五、六章的实证部分中，主要使用 CGSS 第一期调查中 2006 年的数据。具体所选变量的描述性统计如下表：

表 2　变量的描述性统计

变量名称	符号	含义	均值	标准差	最小值	最大值
1. 第五章主要变量（样本量 5775）						
子代教育程度	*cedu*	小学—大学以上	2.554	1.445	1	7
子代性别	*sex*	1 = 男	0.465	0.499	0	1
子代禀赋	*gift*	藏书等级 1—7	2.579	1.510	1	7
家庭子女总数	*mem*	兄弟姐妹数	3.887	1.873	1	13
家庭总收入	*feco*	2005 年总收入（万元）	2.636	15.291	0.022	800
父亲教育程度	*fedu*	小学—大学以上	0.884	0.926	0	6
母亲教育程度	*medu*	小学—大学以上	0.590	0.768	0	6
父亲社会地位	*fgroup*	1 = 党员	0.098	0.297	0	1
母亲社会地位	*mgroup*	1 = 党员	0.017	0.129	0	1
家庭文化资本	*cul*	18 岁藏书等级 1—7	2.047	1.225	1	7
优质资源等级	*ckey*	重点学校数量级	1.125	0.432	1	4
地区虚拟变量	*province*	1 = 东部	0.473	0.499	0	1
城乡虚拟变量	*urban*	1 = 城市	0.601	0.490	0	1
2. 第六章主要变量（样本量 2376）						
子代收入对数	$\ln Y_c$	子代实际收入的对数	8.945	1.035	4.605	12.429
父代收入对数	$\ln Y_f$	父亲实际收入的对数	8.519	1.070	4.605	12.206
交互项	$\ln Y_f * edu$	父代收入与子代教育	25.179	14.726	4.605	72.163
子代教育程度	*edu*	小学—大学以上	2.873	1.508	1	7
传承虚拟变量	*same*	1 = 父子教育程度相同	0.126	0.332	0	1
子代年龄	age_c	18—60 岁之间	33.245	8.809	18	59
子代年龄平方	age_c^2	年龄平方项	1182.812	623.551	324	3481
父代年龄	age_f	父亲年龄	62.702	9.900	37	93
父代年龄平方	age_f^2	年龄平方项	4029.462	1265.414	1369	8649
子代性别虚拟变量	*male*	1 = 男	0.486	0.500	0	1
子代地区虚拟变量	*area*	1 = 东部地区	0.491	0.500	0	1
子代户口虚拟变量	*type*	1 = 城市样本	0.650	0.477	0	1

四、我国教育分布及流动的典型事实

根据 Becker、Solon 的分析，人力资本投资是代际间资源及禀赋传递的主要途径，且与收入水平正相关，而人力资本投资的结果表现为一个人的最高受教育程度，换言之，最高受教育程度与收入水平也呈正相关。但由于我国特有的二元经济结构，城市与农村在资源分配与竞争机会等方面均存在显著差异，因此，本文在研究时，分别对城市与农村的教育分布及流动情况进行分析。

（一）我国教育分布现状

首先，本文对我国当前教育概况进行分析，中国现行的教育体制为“四等七级”制①，本文根据研究需要，调整为“三等八级”。其中“三等”为：初等教育、中等教育以及高等教育②，同时，根据所选 CGSS 数据库中 2010 年调查数据进行统计，我国城乡家庭中子代与亲代最高受教育程度分布如下：

表 3　子代与亲代最高受教育程度分布统计

	子代		父代		母代	
	城镇	农村	城镇	农村	城镇	农村
未受教育	0.042	0.156	0.233	0.464	0.444	0.718
小学	0.112	0.337	0.360	0.370	0.296	0.212
初中	0.307	0.385	0.206	0.116	0.142	0.058
中专	0.114	0.030	0.047	0.008	0.033	0.001
高中	0.165	0.073	0.092	0.036	0.061	0.010
成人大学	0.099	0.008	0.018	0.002	0.008	0.001
大学	0.149	0.010	0.041	0.001	0.016	0.000
大学以上	0.013	0.000	0.004	0.002	0.001	0.000

表中显示出我国教育情况存在较大的城乡差异，对城镇家庭而言，子代接受过初中以上教育的比例为 53.86%，接受过高等教育的占 26.02%，父、母接

① 四等七级：我国现行的学校教育制度，四等是：学前教育、初等教育、中等教育和高等教育，七级是：幼儿园、小学、初中、高中、高等专科教育、本科教育和研究生教育。

② 教育等级：初等教育指小学教育；中等教育指中等普通教育（初中、高中）和中等专业教育（中专等）；高等教育指中等以上，包括正规、成人两类。

受过初等及以上教育的比例分别为：40.69%、26.01%。而农村家庭子代大多集中在初等教育水平，仅有12.23%接受过初中以上教育，接受过高等教育占比不超过2%，父、母情况同样，与城镇相比接受过初等及以上教育比例仅为：16.56%、7.04%，同水平段农村教育比例均不足城镇的50%。除此之外也存在子代相对于亲代教育的普遍性提升与教育的性别差异等问题。

（二）代际间的教育流动现状分析

为了进一步定量分析家庭代际间教育传承与流动的实际情况，本文使用流动矩阵反映代际间的教育流动情况。流动矩阵可以反映事物从一个状态到达另一个状态的变化情况，与收入的流动矩阵类似，教育的代际流动矩阵是指将样本按照亲代（父、母）受教育水平高低排序后分组，然后考察亲代受教育程度位于第 i 组的家庭中子代进入亲代所在组的概率。从而判断子代的受教育程度相对于亲代而言是上升、下降还是不变。

对于矩阵中的具体计算，本文定义代际教育流动指数、传承指数、流出指数、流入指数等指标。[17]设共有 n 个教育类型，$p_{i,j}$表示亲代的最高受教育程度为 i 且子代的最高受教育程度为 j 的频数，具体计算公式如下：

1. 代际教育流动指数 $= \dfrac{p_{ij}}{\sum_{j=1}^{n} p_{ij}}$；

其中 $i=0$，1，2，…，7，$j=0$，1，2，…，7，且当 $i=j$ 时为代际教育传承指数，表示亲代最高受教育程度为 i 时，子代最高受教育程度也为 i。

2. 代际教育流出指数 $= \dfrac{\sum_{j \neq i}^{n} p_{ij}}{\sum_{j=1}^{n} p_{ij}}$；

指亲代教育程度为 i 的家庭中，子代教育程度不为 i 的比例。当 $j>i$ 时为代际教育向上流动指数，指亲代教育程度为 i 的家庭中，子代教育程度高于 i 的比例，表示子代的最高受教育程度相对亲代而言有上升的趋势；当 $i>j$ 时为代际教育向下流动指数，表示子代的最高受教育程度相对亲代而言有下降的趋势。

3. 代际教育流入指数 $= \dfrac{\sum_{i \neq j}^{n} p_{ij}}{\sum_{i=1}^{n} p_{ij}}$；

指亲代教育程度不为 i 的家庭中，子代教育程度为 i 的比例。

根据以上公式及中国教育现状分析，本文分割城镇、农村样本计算教育流动矩阵，且分别考虑父代与子代、母代与子代的教育流动情况，如下表：

表4 代际教育流动矩阵（城镇家庭）

		子代最高教育程度								
		未受教育	小学	初中	中专	高中	成人大学	大学	大学以上	流出指数
父代最高教育程度	未受教育	0.122	0.224	0.361	0.071	0.142	0.038	0.037	0.004	0.878
	小学	0.029	0.131	0.369	0.107	0.183	0.083	0.093	0.006	0.869
	初中	0.009	0.042	0.290	0.146	0.183	0.130	0.191	0.008	0.710
	中专	0.000	0.032	0.124	0.189	0.153	0.197	0.257	0.048	0.811
	高中	0.017	0.023	0.215	0.138	0.153	0.134	0.298	0.023	0.847
	成人大学	0.000	0.000	0.064	0.074	0.085	0.255	0.457	0.064	0.745
	大学	0.000	0.009	0.060	0.120	0.130	0.162	0.458	0.060	0.542
	大学以上	0.048	0.048	0.238	0.095	0.048	0.143	0.286	0.095	0.905
	流入指数	0.330	0.580	0.806	0.922	0.915	0.954	0.874	0.971	

表5 代际教育流动矩阵（农村家庭）

		子代最高教育程度								
		未受教育	小学	初中	中专	高中	成人大学	大学	大学以上	流出指数
父代最高教育程度	未受教育	0.247	0.394	0.287	0.008	0.058	0.001	0.004	0.000	0.753
	小学	0.089	0.318	0.453	0.030	0.088	0.011	0.010	0.000	0.682
	初中	0.044	0.241	0.518	0.079	0.087	0.008	0.023	0.000	0.482
	中专	0.037	0.111	0.519	0.037	0.222	0.074	0.000	0.000	0.963
	高中	0.066	0.189	0.484	0.131	0.049	0.049	0.033	0.000	0.951
	成人大学	0.000	0.000	0.333	0.333	0.000	0.167	0.167	0.000	0.833
	大学	0.000	0.250	0.500	0.000	0.250	0.000	0.000	0.000	1.000
	大学以上	0.167	0.167	0.333	0.333	0.000	0.000	0.000	0.000	1.000
	流入指数	0.264	0.650	0.843	0.990	0.976	0.964	1.000	–	

表6　代际教育流动矩阵（城镇家庭）

		子代最高教育程度								
		未受教育	小学	初中	中专	高中	成人大学	大学	大学以上	流出指数
母代最高教育程度	未受教育	0.088	0.191	0.377	0.075	0.152	0.057	0.056	0.004	0.912
	小学	0.008	0.077	0.335	0.127	0.194	0.108	0.142	0.008	0.923
	初中	0.005	0.020	0.213	0.180	0.199	0.129	0.235	0.019	0.787
	中专	0.006	0.017	0.076	0.192	0.058	0.215	0.384	0.052	0.808
	高中	0.003	0.019	0.090	0.145	0.127	0.204	0.380	0.034	0.873
	成人大学	0.000	0.000	0.000	0.075	0.100	0.075	0.600	0.150	0.925
	大学	0.000	0.012	0.106	0.071	0.082	0.165	0.482	0.082	0.518
	大学以上	0.000	0.000	0.333	0.000	0.000	0.000	0.667	0.000	1.000
	流入指数	0.080	0.798	0.901	0.945	0.953	0.994	0.948	1.000	

表7　代际教育流动矩阵（农村家庭）

		子代最高教育程度								
		未受教育	小学	初中	中专	高中	成人大学	大学	大学以上	流出指数
母代最高教育程度	未受教育	0.207	0.383	0.321	0.018	0.065	0.004	0.003	0.000	0.793
	小学	0.034	0.256	0.539	0.045	0.092	0.017	0.017	0.000	0.744
	初中	0.005	0.097	0.602	0.128	0.097	0.015	0.056	0.000	0.398
	中专	0.000	0.000	0.800	0.000	0.200	0.000	0.000	0.000	1.000
	高中	0.031	0.219	0.375	0.063	0.156	0.125	0.031	0.000	0.844
	成人大学	0.000	0.000	0.000	0.000	0.000	0.000	1.000	0.000	1.000
	大学	–	–	–	–	–	–	–	–	–
	大学以上	0.000	1.000	0.000	0.000	0.000	0.000	0.000	0.000	1.000
	流入指数	0.050	0.839	0.908	1.000	0.980	1.000	1.000	–	

以上四组为我国教育的代际流动矩阵，每个矩阵中对角线上的元素表示亲代与子代最高受教育程度相同的概率，即代际教育传承指数。总体上分析，城

镇家庭高等教育的传承性较强，而农村家庭则是初等教育和中等教育的传承性较强。下面具体分析代际间教育的流动性：

首先，比较第 340 页表 4 与第 340 页表 5、第 341 页表 6 与第 341 页表 7 发现，城镇家庭与农村家庭的流动特征显著不同。城镇家庭中，无论是父代与子代还是母代与子代，均是初中及以下教育程度的流出指数远高于农村家庭，显示出城镇家庭中亲代受教育程度为初中及以下的群体中，子代的教育流动性较大，教育情况整体有所改善。而农村家庭则是亲代教育程度为初中以上的群体中子代流动性较大，即农村教育传承现象比较普遍，亲代受教育程度低的家庭中往往子代受教育程度也低；接受中等及以上教育的家庭中子代的教育流动性较大；流动性最大的是高等教育组，说明亲代接受高等教育最有利于子代的教育流动。

其次，比较发现，亲代中父、母对子代的教育流动有不同作用。对城镇家庭而言，母代接受过初等教育的群体中，子代的流动性远大于父代，且有明显的向上流动趋势；最为明显的是，母代接受过成人高等教育的群体中，子代流出指数为 0.9250，且超过 50% 为向上流动。对农村家庭而言，仍是母代接受过初等教育群体中，子代的流动性大于父代；但在接受过高等教育的群体中父代的作用大于母代。说明妇女接受初等教育对子代的教育流动有显著的促进作用。

最后，进一步从以上四组代际流动矩阵中计算得出，城镇家庭中代际间的平均教育向上流动指数分别为：0.1038、0.1217；农村家庭中代际间教育的向上流动指数分别为：0.0853、0.1057。可以看出，城镇家庭整体教育向上流动指数高于农村家庭，这一现象反映了城乡教育流动上的差异，这一差异可能进一步阻碍了城乡间的机会公平。同时，无论是城镇还是农村家庭，母代的教育程度对子女教育的向上流动都较为显著。但不难看出，代际间的教育向上流动率仍处于较低水平，且因多年来存在教育深化问题，子代的受教育程度本就有可能高于父代，对此，本文借鉴 Shorrocks 提出的相关方法，用亚向上流动率衡量向上流动性，即子代的受教育程度在亲代受教育程度两级以上的比例。[18] 计算发现城、乡的亚向上流动率均不足 0.1，子代相对于城镇父、母与农村父、母的亚向上流动率分别为：0.0688、0.0889、0.0334、0.0487。

综上，反映出我国教育的向上流动通道并不顺畅，且农村家庭中子代教育的向上流动机会小于城镇家庭，而教育流动的不顺畅可能加剧职业、收入、阶层流动的不顺畅，因此，需要进一步对代际间教育的传递机制进行分析。

五、代际间教育流动的影响因素分析

（一）代际间教育流动的理论分析

首先，根据社会学的分析，一个人的受教育程度会受多种因素影响，包括自身因素与环境因素，而环境因素又可分为社会环境、制度环境、资源环境、家庭环境等。[19]在此，本文提出假设：

1. 认为同一个国家中的制度环境相同，但区域间的教育差异与城乡环境差异会对最终受教育程度产生影响。

2. 参考全国范围内初、高中名校进入985、211大学的比例，认为优质的教育资源对一个人的最终受教育程度有不可忽略的影响。

在以上假设的基础上，教育程度还受自身禀赋与家庭环境的影响。对自身禀赋而言，教育研究认为智力因素与非智力因素都会影响一个人的学习情况，但由于智力因素难以衡量，本文根据相关统计认为阅读可以反映一个人的学习习惯与学习意愿，结合所选数据库资源，使用“现在家中藏书量”作为替代指标。非智力因素包含项目更多，本文使用其中的性别因素作为代表。

同时通过前文对教育分布和流动现状分析，可以看出，当前我国教育存在一定的代际传递现象，且有明显的分布差异，因此本章着重研究代际间教育流动的具体影响因素，即家庭环境的影响。家庭环境对一个人的教育的影响包括同一代人与上一代人两种方式，同代人即兄弟姐妹间的影响，上一代人即探究代际间教育流动的作用机制。国内相关研究中普遍认为父母的社会阶层、教育理念等都会影响子女的教育程度。[20]但社会阶层与教育理念描述较为模糊，为具体分析，本文参考相关文献将其归结为四大流动机制，认为亲代分别通过：经济、社会、人力、文化四大资本影响子代的受教育程度。[21]下面具体分析其作用：

第一，经济资本：传统理论认为资金约束限制亲代对子代的教育投资，李力行（2014）认为家庭的借贷约束阻碍了家庭对子女的最优教育投资，从而降低了社会流动性，并提出了增加公共教育支出可以缓解这一影响。[22]说明亲代通过经济投资可以直接影响子女的受教育程度，因此，经济资本是代际间教育传递的直接作用途径。但经济资本的衡量上有较大分歧，对此，本文借鉴李实

（2003）做法，并根据所选数据库进行调整，以“家庭全年总收入”替代“家庭长期收入”。[23]

第二，人力资本：教育程度作为人力资本积累的一种体现形式，在代际间的流动具有直接和间接效应。即亲代的教育程度影响了亲代对子代的教育观念，造成了教育培养方式的差异，同时亲代的教育程度又影响了亲代自己的职业和收入，通过教育投资的方式进一步影响了子代的受教育程度。而亲子代之间的潜移默化的传承性也影响了子代的教育程度。

第三，社会资本：“二代”现象一定程度上反映了我国社会阶层固化的现状，卢盛峰（2014）基于 CHNS 数据对我国社会阶层固化的现象予以实证分析，结果表明我国居民的社会地位与政治地位固化严重，固化的结果阻碍了代际间的教育流动和经济地位流动。[24]而对于社会资本的衡量一般采用社会阶层分类、担任职务或“是否为党员”等指标，本文根据具体数据选择“是否为党员”代表亲代的社会资本。

第四，文化资本：文化属于软环境，虽然难以量化，但却不能忽略其影响，一个家庭的文化背景对子女的受教育程度有很大影响，不仅决定了家庭对子代的教育培养理念，也影响了子代对教育的认知，并可能作用于子代的学习习惯与学习意愿。在此，与上述对自身智力分析一致，认为阅读一定程度上可以反映文化的积累，因而选取“18 岁时家中藏书量”反映家庭的文化资本。

（二）实证分析

1. 模型设定

首先根据基本的理论分析，建立基准模型为：

$$cedu = \beta_0 + \beta_1 X_i + \beta_2 Y_i + \beta_3 Z_i + \mu_i \tag{1}$$

其中，$cedu$ 为被解释变量，表示子代的最高受教育程度；解释变量 X_i 表示与子代自身相关的变量集，Y_i 表示与亲代相关的变量集，Z_i 表示与区域、城乡、资源相关的环境变量集；μ_i 为残差项。

再根据具体分析分别引入子代相关变量中的智力与非智力因素，家庭环境中的同代人数量，亲代传递机制中的经济、人力、社会、文化资本，环境因素中的区域、城乡及教育资源分布情况等作为解释变量，则上述模型可扩展为：

$$cedu = \alpha + \beta_1 sex + \beta_2 gift + \beta_3 mem + \beta_4 feco + \beta_5 fedu + \beta_6 medu + \beta_7 fgroup + \beta_8 mgroup + \beta_9 cul + \beta_{10} ckey + \beta_{11} province + \beta_{12} urban + \mu_i \tag{2}$$

其中，*sex* 表示子代性别的虚拟变量，*gift* 表示以“家庭现有藏书量”代表子代自身禀赋，*mem* 表示家庭子女总数，*feco* 表示家庭总收入，*fedu*、*medu* 分别表示父、母的最高受教育程度，*fgroup*、*mgroup* 分别表示父、母“是否为党员”的虚拟变量，*cul* 表示以“18 岁时家中藏书量”代表家庭文化资本，*ckey* 表示子代从小学起曾经上过的重点学校的数量级，*province* 表示地区虚拟变量，*urban* 表示城乡虚拟变量。

2. 模型估计

需注意的是本文的被解释变量不是连续的随机变量，因此，采用多变量 logit 模型进行回归。本文筛选出已经完成最高教育程度的样本，考虑其他条件的稳定性，选择子代年龄区间为 18—60 岁，并剔除上述解释变量中存在缺失值且无法弥补的样本，最终满足条件的家庭有 5775 个。且统计显示，由于我国扫盲教育的开展及 1986 年以来九年义务教育的普及，本文筛选出的 CGSS 数据库中子代的样本不存在未受教育的个体，因此，作为被解释变量的子代最高受教育程度实际只有 7 个阶段（取值为 1 ~ 7），令 log*it* 模型以 *cedu* =1 为基准，根据模型（2）中确定的解释变量进行回归检验，结果见下表：

表 8　代际教育流动影响因素回归结果

被解释变量	*cedu*	*cedu*	*cedu*	*cedu*	*cedu*	*cedu*
解释变量	2	3	4	5	6	7
sex	0. 413 *** (5. 60)	0. 547 *** (4. 76)	0. 721 *** (7. 39)	0. 790 *** (5. 42)	0. 812 *** (5. 41)	0. 850 (1. 57)
gift	0. 050 (1. 30)	0. 189 *** (3. 48)	0. 168 *** (3. 60)	0. 584 *** (8. 86)	0. 570 *** (8. 15)	1. 243 *** (4. 31)
mem	−0. 097 *** (−4. 85)	−0. 258 *** (−7. 62)	−0. 077 *** (−2. 85)	−0. 274 *** (−6. 18)	−0. 497 *** (−9. 75)	−0. 828 *** (−3. 16)
feco	0. 158 *** (5. 52)	0. 162 *** (5. 64)	0. 158 *** (5. 47)	0. 159 *** (5. 48)	0. 161 *** (5. 60)	0. 162 *** (5. 39)
fedu	0. 335 *** (4. 61)	0. 698 *** (7. 77)	0. 645 *** (7. 76)	0. 736 *** (7. 37)	0. 768 *** (7. 62)	0. 726 *** (3. 12)
medu	0. 430 *** (4. 89)	0. 585 *** (5. 34)	0. 505 *** (4. 97)	0. 725 *** (6. 05)	0. 769 *** (6. 44)	0. 731 ** (2. 71)
fgroup	0. 286 * (1. 66)	0. 614 *** (2. 85)	0. 584 *** (2. 99)	0. 953 *** (4. 02)	0. 713 *** (2. 86)	2. 294 *** (3. 64)

续表

被解释变量	cedu	cedu	cedu	cedu	cedu	cedu
解释变量	2	3	4	5	6	7
mgroup	-0.005 (-0.01)	0.073 (0.12)	0.250 (0.46)	-0.278 (-0.44)	0.444 (0.74)	0.275 (0.29)
cul	0.219*** (4.05)	0.433*** (6.16)	0.403*** (6.42)	0.411*** (5.19)	0.487*** (5.98)	0.181 (0.74)
ckey	0.738*** (3.93)	1.525*** (7.60)	1.396*** (7.19)	1.506*** (6.97)	2.001*** (9.71)	2.320*** (7.14)
province	0.137* (1.81)	0.446*** (3.83)	0.332*** (3.36)	0.616*** (4.11)	0.596*** (3.85)	2.098*** (2.67)
urban	0.734*** (9.27)	1.750*** (12.53)	1.763*** (15.73)	2.589*** (10.12)	2.907*** (9.50)	14.756 (0.02)
cons	-1.533*** (-6.53)	-5.532*** (-17.48)	-5.250*** (-18.53)	-8.589*** (-19.59)	-9.169*** (-19.31)	-27.454 (-0.04)
伪 R^2	0.1789	0.1789	0.1789	0.1789	0.1789	0.1789

注：* 表示在10%水平上显著，** 表示在5%水平上显著，*** 表示在1%水平上显著。

根据回归结果看出本文理论分析中的相关假说及机制成立。家庭环境、自身禀赋、区域环境、城乡环境对一个人的最高受教育程度影响均显著。对家庭环境而言，代际间教育流动四大作用机制检验结果也均为显著，具体分析如下：

首先，从经济资本来看，家庭总收入水平对不同的教育程度影响均显著为正，其中，对中专、大学及大学以上的影响作用略大于其他。其次，从人力资本来看，父、母教育程度对子代教育程度影响也均显著为正，且子代受教育程度越高，父母影响越大，受教育程度本科以上的群体父母的影响约为初中的2倍。而父、母两人的具体影响也不同，结果显示，初等教育阶段，母亲对子代的影响显著大于父亲。再次，从社会资本来看，母亲是否党员对子代教育程度影响并不显著，但父亲是否党员影响显著，且随着教育程度的提升，影响力不断加强。最后，从文化资本来看，家庭文化对子代教育程度的影响显著为正，本文以“18岁时家中藏书量”为替代指标，结果显著，同时说明家庭阅读环境对教育有显著作用。

对自身禀赋而言，智力因素对教育程度影响为正，且随着教育程度的提高影响力有增加的趋势，同家庭文化一样，本文选用“现在家中藏书量”代替智力指标，得出阅读环境和阅读数量对教育有显著作用。而非智力因素中的性别仍对教育程度有一定影响，但影响力比重不大，且对大学以上教育影响不显著，说明我国男女教育的平等上有较大改善。对其他环境而言，区域、城乡对教育程度影响显著为正，更重要的是所有因素中影响最为显著的是从小学起上过重点学校的数量级，由此看出，优质的教育资源对一个人的教育程度有显著的促进作用。

六、代际间的教育流动与收入流动

（一）模型设定

第五章中本文已经研究了教育的影响因素及代际间教育传承和流动的机制，但因为教育的流动性在很大程度上与收入乃至社会阶层的流动性有关，是衡量一个社会是否实现了机会公平的重要标准。因此，代际间教育的传承和流动性成为收入流动的桥梁，对此，本章将借用 Nigel Tomes 的收入传递双对数模型，进一步论述教育、代际间教育的传承性对收入流动的影响。

首先，经典的代际收入弹性估计方程为：

$$\ln y_c = \alpha + \beta \ln y_f + \varepsilon_i \tag{3}$$

其中 Y_c 为子代的持久性收入，Y_f 为父代的持久性收入，β 表示代际收入弹性。但持久性收入在现实中无法获得，因此，一般用暂时性或流动性收入替代持久性收入，且为缩小估计误差，一般选用子代年龄 18—60 岁之间稳定样本。同时，本文借鉴何石军（2013）的做法，通过控制子代和父代的年龄及年龄的平方项来模拟持久性收入。[25]调整后的模型为：

$$\ln Y_c = \alpha + \beta_1 \ln Y_f + \beta_2 age_c + \beta_3 age_c^{\ 2} + \beta_3 age_f + \beta_4 age_f^{\ 2} + \varepsilon_i \tag{4}$$

其中，age_c、age_f 分别表示子代和父代的年龄，$age_c^{\ 2}$、$age_f^{\ 2}$ 分别表示子代和父代年龄的平方，据此回归出的结果中 β_1 的估计值即为代际收入弹性的估计值。

最后引入子代受教育程度、教育传承性、性别、户口以及地区等影响收入的其他重要因素，进一步扩展模型（4），得到方程如下：

$$\ln Y_c = \alpha + \beta_1 \ln Y_f + \beta_2 edu + \beta_3 same + \beta_4 \ln Y_f \times edu + \beta_5 age_c + \beta_6 age_c^{\ 2} + \beta_7 age_f + \beta_8 age_f^{\ 2} + \beta_9 male + \beta_{10} type + \beta_{11} area + \varepsilon_i \tag{5}$$

其中，被解释变量 Y_c 表示子代的实际收入；解释变量 Y_f 表示父代的实际收入，*same* 表示子代与父代最高受教育程度相同的虚拟变量，*edu* 表示子代受教育程度；*male*、*type*、*area* 为控制变量，分别表示子代性别、户口类型和区域的虚拟变量。

（二）模型估计

此处使用2006年数据，选择样本年龄区间为18—60岁之间，剔除缺失值后满足检验条件的样本为2376个。下面基于上述设定，逐步回归分析，并测算我国代际收入弹性，具体操作为：模型（4）引入年龄及年龄平方来模拟持久性收入；模型（4a）在模型（4）基础上引入教育程度，衡量教育程度对收入与代际间收入弹性的影响；模型（4b）考虑教育程度、父代收入与子代教育程度的交互项对收入与收入流动的影响；模型（4c）引入教育传承性指标，以子代与父代的教育程度相同来刻画代际间的教育传承性，衡量传承性的影响；模型（4d）考虑教育及其传承性对收入与收入流动的影响；模型（5）则综合以上所有因素，测算调整后的代际收入弹性。回归结果如下表：

表9　回归结果

被解释变量	$\ln Y_c$	$\ln Y_c$	$\ln Y_c$	$\ln Y_c$	$\ln Y_c$	$\ln Y_c$
解释变量	（4）	（4a）	（4b）	（4c）	（4d）	（5）
$\ln Y_f$	0.493 *** (28.18)	0.230 *** (11.62)	0.297 *** (8.38)	0.279 *** (14.10)	0.233 *** (11.73)	0.292 *** (8.18)
edu		0.142 *** (11.49)	0.364 *** (3.92)		0.133 *** (10.49)	0.332 *** (3.50)
$\ln Y_f * edu$			−0.025 ** (−2.43)			−0.022 ** (−2.12)
same				−0.266 *** (−5.15)	−0.111 ** (−2.08)	−0.095 * (−1.76)
age_c	0.046 ** (2.46)	0.032 * (1.92)	0.030 * (1.80)	0.036 ** (2.12)	0.032 * (1.91)	0.030 * (1.80)
age_c^2	−0.001 ** (0.012)	−0.001 * (−1.90)	−0.001 * (−1.80)	−0.001 ** (−2.24)	−0.001 * (−1.87)	−0.001 * (−1.79)
age_f	0.010 (0.40)	0.017 (0.78)	0.020 (0.91)	0.024 (1.08)	0.018 (0.81)	0.020 (0.92)
age_f^2	−0.000 (−0.49)	−0.000 (−0.95)	−0.000 (−1.06)	−0.000 (−1.27)	−0.000 (−0.98)	−0.000 (−1.08)

续表

被解释变量	lnY_c	lnY_c	lnY_c	lnY_c	lnY_c	lnY_c
解释变量	(4)	(4*a*)	(4*b*)	(4*c*)	(4*d*)	(5)
male		0.470 *** (14.99)	0.465 *** (14.75)	0.485 *** (15.13)	0.469 *** (14.95)	0.465 *** (14.74)
area		0.276 *** (8.48)	0.281 *** (8.63)	0.295 *** (8.92)	0.276 *** (8.47)	0.280 *** (8.60)
type		0.646 *** (14.63)	0.634 *** (14.61)	0.760 *** (17.81)	0.638 *** (14.38)	0.629 *** (14.01)
cons	3.714 *** (5.35)	4.814 *** (7.96)	4.188 *** (6.29)	4.516 *** (7.31)	4.817 *** (7.93)	4.262 *** (6.39)
调整的 R^2	0.253	0.458	0.763	0.434	0.763	0.762

注：* 表示在 10% 水平上显著，** 表示在 5% 水平上显著，*** 表示在 1% 水平上显著。

根据模型（4）初步测算我国的代际收入弹性为 0.493，代际收入弹性越小说明社会中的收入流动性越强，父代收入对子代收入的影响越小，而模型（4）测算出的收入弹性偏大。

模型（4a）中引入教育程度，得出教育对收入有显著的正向作用，且加入教育这一因素后，代际收入弹性有所减小，说明教育对社会收入的流动性有显著的促进作用。模型（4b）父代收入与子代教育程度的交互项系数显著为负，说明代际间的收入传递效应弱化了教育对收入的影响，同时，代际收入弹性增大，整体流动性降低。模型（4c）引入教育传承性指标，系数显著为负，说明代际间的教育流动性与收入流动性显著相关，且作用一致，均增大了代际收入弹性，降低了收入的流动性，同时，与模型（4a）对比，教育的传承性对收入的作用显著为负。模型（4d）与（4a）对比，教育传承性弱化了教育本身对收入的正向作用，进一步阻碍了收入的流动。

模型（5）综合以上所有因素测算出我国的代际收入弹性为 0.292，总体代际收入弹性依然偏大，说明代际间收入传递效应较大，整个社会的收入流动性受到阻碍。具体是，解释变量中教育程度对收入有显著的正向作用，说明教育可以促进收入流动。而父代收入与子代教育的交互项以及教育的传承性都对收入有显著的负向作用，且增大了代际收入弹性，增强了代际间的收入流动，而阻碍了整个社会的收入流动。

七、结 论

已有研究表明，目前中国收入差距难以调节的一大原因是代际流动问题，代际间的传递效应远高于社会竞争力的作用，这种现象严重影响收入分配制度运行的效率。代际间的传递包括多种途径，一般研究集中于代际间的收入流动，而本文主要分析代际间的教育流动以及教育、教育流动对收入流动的影响。现状分析表明我国教育存在一定程度的代际传递效应，传承指数略高，而整个社会中的教育流动性不高。进一步对影响教育的因素及代际间的流动机制分析得出以下结论：

第一，亲代经济资本对子代受教育程度的影响显著为正，因此，政府应采取普及义务教育、增加公办教育、降低隐性成本、增加公共教育支出、扩大贫困助学受众范围等措施，以破解教育流动中的资金约束问题。[26]

第二，亲代人力资本对子代受教育程度的影响显著为正，影响最大的是高等教育阶段，因此，政府应大力扶持正规高等教育并扩大成人高等教育覆盖面，以促进整个社会的人力资本积累及传递。

第三，亲代社会资本对子代受教育程度的影响显著为正，尤其是高等教育阶段，影响最为显著，因此，政府应逐步提升基层民众的政治地位或政治参与度，以促进整个社会的阶层流动与教育流动。

第四，亲代文化资本对子代受教育程度的影响显著为正，本文对自身禀赋及亲代为化资本选用不同时期的“家庭藏书量”为替代指标，说明了阅读环境与阅读数量对受教育程度有显著促进作用。因此，政府应加强公共、社区图书馆建设、并增加线上阅读资源，营造良好的社会文化氛围，推动文化教育的发展。

第五，除上述传递机制外，区域、城乡对教育程度影响显著为正，说明我国教育还存在明显的城乡、区域差异，尤其“上过的重点学校数量”对教育程度有显著的促进作用，表明了优质的教育资源对提升人力资本的重要作用。因此，政府应平衡各地区、城乡的教育资源分布、并增加优质的公共教育资源的覆盖面。

本文研究教育、代际间教育传承性对收入流动的影响结果表明，“二代”现象的背后已经不仅仅是职业、收入、社会关系、社会地位的直接传递形式，教育这一原本作为改变命运、促进整个社会流动的中介也存在代际间的传递效应。并且，这种代际间的传递效应会弱化教育本身对收入的促进作用，从而形成了二次机会不公，加强了代际间的传递作用，降低了整个社会的流动性，最终造成社会中的固化现象。对基层民众而言，通过教育实现向上流动的概率随之减小，对政府而言，打破"马太效应"、缩小收入差距的相关政策也会受这种内在的传递机制影响。

因此，本文最终建议是，要达到缩小收入差距、促进整个社会的收入、阶层流动的目的，政府要做的不仅是收入层面的调节收入分配，更多的应该关注微观层面的机会不均等。从促进教育公平入手，打破代际间的教育传递，打通教育向上流动的通道，最大限度地改善机会不均等现象。从而使教育真正成为改变命运的途径，让人民得以实现通过教育完成收入和阶层的向上流动，以改善"二代"现象，打破社会阶层固化，尽可能实现社会主义公平的目标。

参考文献

[1] 马骁骁. 中国城镇居民收入的代际流动性及传递机制［D］. 北京：北京大学，2013.

[2] 王美今，李仲达. 中国居民收入代际流动性测度——"二代"现象经济分析［J］. 中山大学学报，2012，52（1）.

[3] 徐英. 我国代际收入流动性研究评述［J］. 时代金融，2013，（4）.

[4] 侯玉娜，易全勇. 教育与代际收入流动关系（下）——基于研究方法与经验发现的文献述评［J］. 教育学术月刊，2013，10.

[5] BECKER G S，TOMES N. An Equilibrium Theory of the Distribution of Income and International Mobility［J］. The Journal of Political Economy，1979，87：1153－1189.

[6] BECKER G S，TOMES N. Human Capital and The Rise and Fall of Families［J］. The Journal of Political Economy，1986：S1－39.

[7] MULLIGAN C. Parental Priorities and Economic Inequality［M］. Chicago：The University of Chicago Press，1997.

[8] SOLON G. A Model of Intergenerational Mobility Variation over Time and Place［M］// CORAK M. Generation Income Mobility in North America and Europe.

Cambridge: Cambridge University Press, 2004: 38 - 47.
[9] 方鸣. 代际收入流动性与收入不平等——基于面板数据联立方程模型的分析 [J]. 经济研究导刊, 2014: 29.
[10] 李任玉, 杜在超, 何勤英, 等. 富爸爸、穷爸爸和子代收入差距 [J]. 经济学 (季刊), 2014, 14 (1).
[11] 孙三百, 黄薇, 洪俊杰. 劳动力自由迁徙为何如此重要? ——基于代际收入流动的视角 [J]. 经济研究, 2012 (5).
[12] 周兴, 张鹏. 代际间的职业流动与收入流动——来自中国城乡家庭的经验研究 [J]. 经济学 (季刊), 2014, 14 (1).
[13] 李春玲. 社会政治变迁与教育机会不平等——家庭背景及制度因素对教育获得的影响 (1940—2001) [J]. 中国社会科学, 2003 (3).
[14] 郭丛斌, 闵维方. 中国城镇居民教育与收入代际流动的关系研究 [J]. 教育研究, 2007 (5).
[15] 何婕妤. 人力资本视野下中国家庭代际收入流动的"马太效应" [D]. 上海: 上海师范大学, 2012.
[16] 邸玉娜. 代际流动、教育收益与机会平等——基于微观调查数据的研究 [J]. 经济科学, 2014 (1).
[17] 顾平平. 我国教育的代际流动分析 [D]. 杭州: 浙江工商大学, 2012.
[18] SHORROCKS A F. The Mcasurcine of Mobility [J]. Econometrica, 1978, 46 (5).
[19] 胡荣, 张义祯. 高等教育机会阶层辈出率影响因素研究 [J]. 清华大学教育研究, 2007 (1).
[20] 李煜. 制度变迁与教育不平等的产生机制——中国城市子女的教育获得 (1966—2003) [J]. 中国社会科学, 2006 (4).
[21] 陈琳, 袁志刚. 授之以鱼不如授之以渔? ——财富资本、社会资本、人力资本与中国代际收入流动 [J]. 复旦学报, 2012 (4).
[22] 李力行, 周广肃. 家庭借贷约束、公共教育支出与社会流动性 [J]. 经济学 (季刊), 2014, 14 (1).
[23] 李实, 丁塞. 中国城镇教育收益率的长期变动趋势 [J]. 中国社会科学, 2003 (6).
[24] 卢盛峰, 陈思霞. 中国居民代际间地位流动性分析 [J]. 世界经济交通,

2014（3）.

[25] 何石军，黄桂田. 中国社会的代际收入流动性趋势：2000—2009［J］. 金融研究，2013（2）.

[26] 徐俊武，易祥瑞. 增加公共教育支出能够缓解“二代”现象吗？——基于CHNS的代际收入流动性分析［J］. 财经研究，2014，40（11）.

后 记

西北大学“经济增长质量论坛”由教育部人文社科重点研究基地——西北大学中国西部经济发展研究中心主任、教育部“长江学者”特聘教授国家“万人计划”哲学社会科学领军人才、陕西省特支计划“杰出人才”任保平教授创办，西北大学中国西部经济发展研究中心、西北大学经济管理学院数理经济与统计学系以及陕西宏观经济与经济增长质量协同创新中心共同承办。首期论坛开讲于2013年10月10日，至今已成功举办60余期。

“经济增长质量论坛”旨在为经济学人才培养和科学研究搭建高端学术交流平台，巩固和提升西北大学经济增长质量研究团队以及理论经济学科的综合科研实力和学术影响力。论坛以任保平教授及其团队撰写的《中国经济增长质量报告》为依托，通过系统化和规范化的学术操作，邀请国内外知名学者参与论坛，探讨与经济增长质量相关的经济问题以及研究方法。论坛作为西北大学品牌论坛多次获得西北大学学术组织奖，其受众主要包括西北大学经济管理学院博硕士研究生、本科生以及中青年教师，已成为西北大学理论经济学本科生以及硕、博士研究生学习、交流和成长的重要学术平台。

论坛鼓励本科生以及硕、博士生首先通过参与、交流和学习了解规范的学术研究工作，在此基础上组织西北大学经济增长质量研究团队内外的本科生、硕博士研究生撰写学术论文并汇报，进而通过学术研讨提升学生科研能力，最终以论坛为载体充分释放经济学思想和方法的外部性，使其惠及论坛的每一位参与者。目前，在论坛主讲过的论文已在《经济研究》《管理世界》《中国工业经济》《世界经济》和《数量经济技术经济研究》等权威及核心期刊发表，其学术质量获得学术界的高度认可。更为关键的是一批本科生及硕士、博士研究生通过“经济增长质量论坛”已崭露学术头角。

“经济增长质量论坛”的日常组织工作由西北大学钞小静教授、师博教授、魏婕副教授、郭晗副教授以及李勇副教授负责。其中，钞小静教授和魏婕副教授从本科起就加入任保平教授的科研团队，围绕“经济增长质量”研究完成了本、硕、博阶段的学业。钞小静教授作为教育部新世纪人才和陕西省“特支计划”青年拔尖人才先后在《经济研究》《数量经济技术经济研究》《经济科学》和《经济学家》等权威及核心期刊发表论文30余篇，在人民出版社、科学出版社出版学术专著2部，获得了国家社科基金、教育部人文社科基金、中国博士后基金等多项国家和省部级科研项目的资助，获得了第一届洪银兴经济学奖以及陕西省哲学社会科学优秀成果奖一等奖等多项科研奖励。魏婕副教授先后在《中国工业经济》《经济学动态》《经济科学》《南开经济研究》等权威及核心期刊发表论文20余篇，获得了国家社科基金和中国博士后基金等多项国家和省部级科研项目的资助，获得首届中国经济学“优秀博士论文奖”“孙冶方经济学青年菁英奖”等多项奖励。郭晗副教授在西北大学经济管理学院完成了本、硕、博学业，自硕士研究生阶段跟随任保平教授研究经济增长质量问题，先后在《数量经济技术经济研究》《中国经济问题》等权威及核心期刊发表论文20余篇，获得了国家社科基金、教育部人文社科基金等多项国家和省部级科研项目的资助，获得了“孙冶方经济学青年菁英奖”“刘诗白经济学奖”。作为经济增长质量团队的核心成员钞小静教授、魏婕副教授和郭晗副教授的成长轨迹与“经济增长质量论坛”与密切相关，他们的学术经历也是西北大学理论经济学本科生、硕博士研究生学业历程的写照，是西北大学理论经济学人才培养的重要成果。

为了总结“经济增长质量论坛”在西北大学理论经济学人才培养方面的经验和模式，我们精选代表性文章结集出版《经济增长质量论坛》，以期能够不断完善教育科研平台建设，从而为新时代高质量发展和西部大开发培养更多高层次经济管理人才。

本书的出版得到了西北大学师长及同仁的大力支持，在此感谢西北大学校长郭立宏，副校长贾明德教授、王正斌教授，以及孙国华副书记、常江副校长。同时，学校各级处室也给予了积极的支持，感谢社科处原处长刘丰研究员，社科处现任处长马朝奇教授，副处长李丰庆；教务处李剑利处长、学科处汪涛处长以及研究生院徐哲峰副院长。经济管理学院茹少峰教授、何爱平教授、宋宇教授、马莉莉教授、高煜教授、吴振磊教授、杜勇书记、李一凡副院长、李辉副院长都给予了论坛大力支持，在此一并表示感谢。

笔 者

二〇一九年五月